신라
왕조
실록

한국인물사연구원 편저

도 서 출 판
타오름

신라왕조실록 2

초판 1쇄 인쇄 | 2014년 8월 19일
초판 2쇄 인쇄 | 2014년 8월 19일
초판 3쇄 인쇄 | 2014년 9월 18일

지은이 | 이은식
펴낸이 | 한국인물사연구원

주간 | 지해영
편집 | 이장욱
인쇄 | RICH MEDIA

펴낸곳 | 도서출판 타오름
주소 | 서울 은평구 통일로 52길 3, 2층
전화 | 02) 383-4929
팩스 | 02) 356-6600
전자우편 | taoreum@naver.com
블로그 | http://blog.naver.com/taoreum

값 | 19,800원
ISBN 978-89-94125-35-0
ISBN 978-89-94125-33-6 (set)

「이 도서의 국립중앙도서관 출판예정도서목록(CIP)은 서지정보유통지원시스템 홈페이지(http://seoji.nl.go.kr)와
국가자료공동목록시스템(http://www.nl.go.kr/kolisnet)에서 이용하실 수 있습니다.(CIP제어번호 : CIP2014022249)」

● 차례 |2권|

김재현 金在鉉
· (전) 성균관 관장
· (재) 한국유도원 이사장
· 신라종친연합회 부총재
· 자유수호국민운동 운영위원장
· 용현개발 회장

한 나라의 오늘을 제대로 알고 또 미래를 가늠하기 위해서는 다른 무엇보다도 그 나라의 역사를 살펴야 한다는 말이 있다. 그리고 그 역사를 살핌에 있어 가장 주의를 두어야 할 것은 역사의 연출자인 인물들이다.

사마천司馬遷이 사기史記를 편찬함에 있어 인물들의 전기인 열전列傳에 가장 많은 비중을 할애한 사실에서 보듯 역사란 사람들의 삶에 관한 기록을 중심하여 파생된 각종 문화文化 경제經濟 국방國防 예도禮度 등이 그 중요성을 살펴볼 가치를 느낀다.

이 강토에서는 세계 질서에 발맞춰 가면서 국방을 기본하여 경제성장經濟成長, 종교도입宗敎導入 민주정신民主精神을 포함해 수준 높은 기술로 철기, 토기土器, 석기石器, 문자文字, 기록記錄의 과업으로 그 후대인들이 보다 더 살기 좋은 나라를 세울 후예들을 위해 그 기초인 초석을 남기고 간 국가가 있다면 바로 고구려高句麗, 백제百濟, 신라新羅 등 삼국시대三國時代의 주역이었던 삼국이 아니겠는가.

그 삼국들은 각종 문화의 꽃을 피워가면서도 같은 언어를 구사하고 있는 민족民族의 혈통血統을 함께 하는 통일統 된 나라를 갈망渴望하고 있었다. 드디어 피의 쟁투로 얻은 것이 통일신라국이다.

이 지구상에서 최장수국最長壽國이라고 하는 신라 992년의 역사의 흔적을 살펴보면 붉은 피바람의 연속이었다고 기록하고 있다.

그 반면에 신라는 그 시작부터가 6촌의 연합聯合으로 이룩된 나라로 문물생활 및 사회제도를 갖춘점으로 봐서 고대국가 치고는 나라다운 나라로 출발하여 발전했다고 보겠다.

오늘날 우리들이 누리고 있는것들중에는 신라에 그 뿌리를 둔 것이 많으며 또 이것은 백제와 고구려가 남긴 그것들과 융합하여 한반도에 펼쳐진 고대문화권 형성의 모체母體가 되었다고 볼 수 있는 역사 흔적과 사실을 가감없이 기록으로 남긴 <한국인물사연구원>원장 이은식님의 각고의 노력 끝에 완성된 천년의 공간을 담은 <신라왕조실록>책을 살펴보면 우리 先祖들은 당초 정립된 삼국이 화합과 융합의 슬기로 하나가 되었으며 남다른 독창력을 발휘하여 통일된 민족국가로 출범하여 고유성을 앞세워 찬란한 문화사文化史를 우리에게 넘겨주었으며 오늘날까지 성장할 수 있는 원동력의 한 바탕을 이룩했다고 하겠다.

그리고 우리는 그 저력을 오늘에 이어받아 남북분단南北分斷등 여러 가지 어려움을 슬기롭게 극복해야 한다는 것을 강조하고 있노라.

돌이켜 보건대 신라는 그 출발부터가 중의衆意를 모아 공론에 의하여 모든 것을 입안하고 합심하여 행동했으며 질서를 바로 세워 나라일을 처리하여 왔다는 것이다.

즉, 박혁거세 신라시조왕의 추대나 화백제도의 채택이라고 하는 대동화합이라던가 화랑도花郎道 정신精神에 입각한 호국정신護國精神의 함양 등이 이것을 말해주는 것으로 볼 수 있기 때문이다.

이와 같이 출발한 신라는 그 주도하主導下에 통일을 했지만 백제와 고구려의 문화와 인재등을 수렴포용하여 단일민족으로서의 우리 민족사를 연면連綿히 발전시켜 왔습니다.

이는 오늘에 사는 우리에게 무엇과도 바꿀 수 없는 교훈敎訓이 되는 것이라고 믿습니다.

이렇게 역사가 흘러가는 과정에서 시대적時代的으로 여러 문화文化가 융화

귀일融化歸一 해가면서 문화유산文化遺産으로 남는것이고 이러는 속에서 국력國力도 배양培養되는 것이라고 본다.

즉, 신라新羅는 통일후統一後에도 외침 왜침에 대한 국방과 선린교의에 입각한 문화교류를 통하여 천년千年이란 긴 역사를 지켜올수가 있었다고 확신하는 바이다.

그리고 신라는 문화文化와 사회제도社會制度 또한 학술적學術的 종교적宗教的으로 그리고 각 분야를 막라해 특유한 문화유산을 많이 발전發展시켜놓았다.

이와 같이 신라 백제 및 고구려의 문화가 한반도 문화의 연원이며, 오늘을 사는 우리 후예들은 그 정신과 뜻을 이어받아 조상祖上들의 얼을 되살려 현대사회現代社會에 맞춰 발전시켜갈 것은 우리모두의 책무인듯하다. 지은이가 남긴 이 책을 다시 한번 보면서 그 노고에 경의敬意를 표합니다.

책의 내용은 매우 구체적이며 자세하게 그 시대 상황을 사실에 근거하여 엮은 역사의 이야기이다. 이 책은 오늘을 살아가는 우리 모두가 서로 화합 단결하여 우리 민족의 염원인 평화적 통일 과업을 완수하기 위하여 국가 발전의 촉진과 국민역량의 집결에 지속적인 노력努力을 경주하는데 많은 도움이 될 것이라 확신하면서 추천사에 임하노라.

이어령 李御寧
·초대 문화부 장관
·신문인/문학평론가
·이화여자대학교 석좌교수
·중앙일보 상임고문

나그네라는 말은 나간 이, 즉 밖으로 나간 사람이라는 뜻이다. 그러나 역사기행이나 우리 고전 작품을 찾아가는 나그네는 밖이 아니라 안으로 들어오는 사람이다. 한마디로 우리 고전 작품을 다시 발견하고 그 배경이 되는 고장을 찾아가는 이은식 李殷植 님의 글은 한국인의 내면을 탐구하는 소중한 '안으로의 여행' 이라고 말할 수 있다.

내면이란 무엇인가. 인체를 보면 안다. 겉으로 보면 인체는 모두가 대칭형으로 되어 있다. 두 눈 두 귀가 그렇고 양손 양다리가 모두 짝을 이루어 좌우로 나뉘어 있다. 하나의 코와 입이라도 그 모양은 좌우 대칭으로 되어 있다.

그러나 내부로 들어가면 어떤가. 인체 해부도를 보아서 알 듯이 심장과 췌장은 왼쪽에 있고 간이나 맹장은 오른쪽에 있어 좌우가 다르다. 그리고 위의 생김새나 대장은 더더구나 그 모양이 외부와는 달라 모두가 비대칭적인 모양을 하고 있다.

이렇게 내면의 여행은 인체의 내부처럼 복잡하고 애매하다. 지도를 보면서 정해진 코스를 찾아가는 외부의 여행과는 딴판이다. 보이지 않는 곳은 내시경으로, 들리지 않는 박동은 청진기를 사용해야 한다. 그것이 바로 내면을 여행하는사람의 투시력이며 상상력이며 특수한 지식의 힘이다.

이은식 님의 <신라왕조실록>은 한국 전통문화의 맥을 짚어 보이지 않은 마음의 섬세한 구김살을 열어보는 투시력의 소산이다. 사전辭典 지식으로는 맛 볼 수 없는 현장성 그리고 그 배후를 꿰뚫는 정성과 분석력이 대단한 분이시다. 그의 원고를 보면 내가 누구이며 내가 어디에서 왔으며 내가 어디로 가야 할 것인가의 방향을 확실히 제시하고 있다.

이만열 李萬烈
·직전 국사편찬위원회 위원장
·독립 기념관 한국독립운동사 연구소장

 근래에 우리 주변에는 역사문화유적에 대한 일반인들의 관심이 고조되고 이에 따라 많은 종류의 역사 문화서, 기행문류, 답사 안내서들이 우후죽순처럼 출간되고 있다. 그리고 초등학생부터 대학생, 일반인들에 이르기까지 많은 역사 기행 동아리를 비롯하여 인터넷상에서는 역사 기행 관련 웹 사이트가 운영되고 있으며, 신문사나 박물관 등의 역사 관련 교양 강좌도 활발하게 이루어지고 있다. 이러한 현상은 일반인들의 역사적 식견과 의식을 높일 수 있을 뿐 아니라 역사의 대중화라는 측면에서도 상당히 긍정적인 역할을 하는 것으로 평가할 수 있다.

 전문 역사학자를 비롯하여 소설가, 언론인, 여행가들의 역사 기행문과 문화유산 답사 서적이 봇물 터지듯 출판되는 요즈음 향토 사학자이자 역사 기행가, 수필가인 이은식李垠植 님이 쓴 <신라왕조실록>은 얼핏 보면 평범한 또 하나의 역사 기행문 같지만 이 책은 단순한 기행문이 아니라 우리가 사는 땅과 그 땅에 살았던 인간의 흔적을 복원해내고 있다.

 이 책에서 우리는 많은 역사적 인물들을 만날 것이다. 당대를 풍미했던 정치가, 덕망을 자랑하던 선비, 천하를 주름잡던 장군, 개혁을 부르짖었던 혁신주의자, 노비를 부렸던 상전, 부림을 당했던 천민 등 우리 역사에서 굴곡 많은 삶을 살다간 사람들을 만날 수 있을 것이다. 그들을 만나고 그들이 살았던 땅의 실체를 느끼면서 우리는 역사가 단순한 과거가 아니라 현재요 미래라는 것을 느낄 수 있을 것이다.

 이 책은 풍요로운 오늘을 있게 한 선현들의 피나는 노력의 자취 를 재조명해 보고 역사적 인물들의 생전 삶의 기준을 교훈 삼아 더 좋은 앞날을 위한 길잡이가 되었으면 하는 마음을 새기면서 고인들의 유택과 유적지를 찾아다닌, 이은식 님의 각고의 산물이다.

 수 년 동안 전국의 산하에 산재한 역사 현장을 직접 밟고 촬영하여 체험한 내용을 쉽고 재미있게 풀어쓴 이 책이야말로 읽는 이로 하여금 역사란 멀리 있는 게 아님을 느끼게 해 주며, 바로 내가 숨 쉬며 살아가는 내 고장에 대한 인식을 새롭게 일깨워준다.

 산업화와 도시화로 훼손되고 사라지는 문화유산을 저자가 생업을 뒤로한 채 식음을 잊을 정도로 찾아다니며 쓴 이 책은 먼 후일 역사적인 인물에 대한 실체를 찾고자 하는 사람들에게 큰 도움이 될 것이다.

윤덕홍 尹德弘
· (전) 대구대학교 총장
· (전) 부총리 겸 교육인적자원부 장관
· (전) 한국학중앙연구원(옛 정신문화연구원) 원장

우리가 이 세상에 태어난 것은 우연이 아니다. 오늘의 내가 있기까지 아버지 어머니가, 아버지 어머니가 태어나기까지 다시 할아버지 할머니, 외할아버지 외할머니가 계셨다. 지난 세월 동안 무수히 많은 사람이 서로 얽혀 있었기 때문에 지금의 우리가 존재하는 것이다. 우리 모두는 연과 연이 얽혀 태어난 존귀한 생명인 셈이다. 자연의 이치요 하늘의 섭리가 아닌가. 숱한 나라를 다 놔두고 대한민국에, 그것도 과거가 아니고 미래도 아닌 오늘에 태어나서, 한국말을 사용하고 한국 문화를 몸에 익혀 산다는 것을 생각해 보라. 과거와 얽히고 설킨 것이 현재 우리들의 삶이기 때문에 이를 알고자 한다면 선조의 생활을 이해하지 않을 수 없다. 법고창신法古創新, 온고지신溫故知新은 이를 두고 하는 말이다.

그 동안 우리는 서양 사람들의 생각과 생활을 열심히 배우다 보니 우리의 것들을 등한시했다. 필자는 우연하게 일본의 마츠리를 구경한 일이 있다. 전통 의상을 차려입은 수 많은 군중이 간단한 북 장단에 단조로운 걸음으로 꼬리를 물고 이어가는 그 모습은 장관이었다. 간단한 스텝이기에 누구나 금방 배울 수 있으며 똑같은 전통 의상 차림이기에 동류의식을 느낄 것이다. 군무가 가능한 이유는 바로 이 간단성과 동질감에서 비롯하리라. 전통의상을 입고 자발적으로 참여하는 마츠리 행사는 구경하는 잔치가 아니라 함께 행하는 놀이이며 그들의 문화를 계승해 가는 일상생활이기도 하다. 그래서 일본은 일 년 내내 잔치가 이어지는 나라이며, 그것을 통해 사회 통합을 이루어 가고 있다.

잔치는 과거를 놀이로 현재화하고 그 현재의 놀이를 통해 미래를 열어가는 훌륭한 메커니즘인 셈이다. 이러한 잔치는 일본 고유의 전통을 소재로

한 문화 콘텐츠인 셈이다. 전통을 잘 보존하고 그 위에 서양의 것을 얹은 일본을 보노라면 그들의 힘이 법고창신에 있음을 알 수 있다.

이은식 님의 <신라왕조실록>은 일일이 현장을 답사하여 고증을 거친 작품으로 방대한 원고 속에 역시 방대한 역사 인물들이 등장하는 대작이다 . 존경하는 인물의 90%를 외국인이 차지하는 이 세태에, 민족과 역사의 정체성이 빛을 잃어 가는 이 시대에, 가히 법고창신의 교과서가 될 만한 인물이 망라되고 있음은 무척 다행스러운 일이다. 우리 역사에 배울 점이 풍부한 사람이 이렇게 많았던가!

난국을 슬기롭게 극복한 정치인과 장군이 있는가 하면, 맑은 삶을 산 선비가 나오고, 보수와 개혁, 착취와 저항, 한 시대를 나름대로 처절하게 살아간 선조의 삶이 총망라되어 있다. 오늘의 우리에게 적용될 만한 삶의 모델들이 이은식 님의 작품 속에 제시되어 있는 것이다. 과거를 알고 오늘의 우리를 설명하며, 내일의 우리 삶을 설계 할 수 있는 역작이기에 많은 사람들의 일독을 권한다.

김원기
· 세계로 TV 대표
· (사) 서울사학회 부회장
· (사) 퇴계학진흥회 이사

인류는 그들이 살았던 그 시대마다 역사와 문화를 남겼다. 세계 역사는 수천년동안 수많은 민족이 국가를 세우고 살아왔지만 자기 민족만의 문화를 창조하지못한 민족은 멸망하고 국가를 잃어버렸던 연유의 역사를 우리들에게 일깨워 주고있는 사항은 한 국가가 경영하는 과제 가운데 가장 우선되어야하겠다.

역사기록은 그 시대를 살았던 사람들의 삶에 따라 빛나는 역사를 남기기도 하고 부끄러운 역사를 남기기도 했다. 지금 우리가 살고있는 이 시대를 어떻게 살아야 하는 문제를 역사라는 기록물에 의하여 그 방법과 답을 찾아야 한다고 보여진다.

그렇게 하기 위해서는 우리의 역사를 바르게 알고 배워야 하겠다.

한 국가를 놓고 살펴 볼 진데, 당면했던 과제와 난제는 무엇이 었느냐?하는 연구도 오늘을 살아가는 사람들의 과제일 것이다. 작금 교육기관이 관장하는 일선 학교 학생 및 일반 대다수가 그러하듯이 우리 선조님들의 삶의 흔적인 한국사를 소홀히 하면서도 부끄러운줄 모르고 살아가는 것이 작금의 실태이다.

반면에 이웃나라들을 살펴보면 적극적일 정도로 역사학에 매달리고 있다. 그들이 그렇게 하는 이유로는 국가유지에 가장 핵심인 국경을 수호하고 경제를 세우고 문화를 보전하는것만이 미래를 보장할수있다는 확신을 오래전부터 깨우치고 있었다는 점이다.

이와 같은 일련의 사정을 우리들은 어떻게 이해하며 또한 대체할것인가를 논하여야 할 때라고 보여진다.

이러한 현실에서도 한가닥의 희망은 없지않다. 교육일선에서 노력하시던 전문가들이 절박한 사정에 뜻을 모아 묵묵히 그려놓은 역사의 이야기인 역사서이다라고 본다.

다행이도 금번 한국사만을 전문으로 밝혀오신 <한국인물사연구원>원장 이은식님이 그 기록과 흔적을 찾아 전국을 누비며 흘린땀의 값으로 신라왕조실록1.2.3.4권(약2천페이지) 분량의 책을 펴냈다. 이를 살펴본즉 이 땅에서 일어났던 삼국시대 고구려 백제 신라의 통일을 위한 각축전을 그리고 당시 군주와 위정자 백성들의 삶 등을 가감없는 문헌에 의하고 현장을 답사한끝에 세계에서 유일한 최장수국 신라 992년의 면면을 한쪽의 거울처럼 상세하게 기술하고 있는 것을 알게되었다.

앞으로 맞이해야할 기나긴 시대에는 우리들에게 주어진 시대적 사명이있다는 사실을 누가 아니라고 하지 못할 것이다

당장 눈앞에 놓인 남북한관계가 마치 천년전으로 돌아가 고구려와 신라의 시대를 반복하고 있는 실정이다. 그 당시에도 우여곡절 끝에 통일된 국가를 탄생시켰듯이 역사서를 통하여 그 방법을 해법으로 삼아 분단된 조국을 하나로 만드는 것과 강성했던 시대에 통치했던 민족의 고토古土를 회복하는 것이다. 이 시대적 사명을 완주하기 위하여 우리나라의 역사와 현실의 역사를 재조명 발굴하여 정립하고 후손들에게 전하여 배우고 할 일들은 우리 국민모두의 책무여야 한다는 생각을 강조하고싶다.

다음과 같이 <신라왕조실록>에 대하여 느낌을 남겨봅니다.

● 책을 엮고 나서

이은식 **李垠植**
· 문학·철학박사
· 한국인물사연구원 원장
· (사) 사육신현창회 연구이사
· (재) 성균관 수석부관장
· 서울시 지명위원
· (사) 서울문화사학회 부회장
· (사) 퇴계학진흥회 이사

우리 한민족이 슬기롭고 우수한 민족임을 세계만방에 과시할 수 있는 것은 우리의 선조 명현들께서 남겨 놓은 유사遺史가 입증하여 주기 때문이다.

특히 우리 땅 한반도에서는 지금으로부터 2072년 전부터 나라의 문을 열고 세계 제일의 장수국으로서의 지위를 누린 '신라'가 자리하고 있다. 신라는 992년간 56대의 왕들이 통치하였던 나라로서, 인류 역사상 신라와 같이 장수한 국가는 전무하다.

또한 신라는 같은 민족이면서도 갈등과 반목으로 목숨 건 투쟁을 하던 백제와 고구려를 차례로 평정하여 우리나라 역사상 처음으로 단일 민족국가를 이룩한 업적도 있다. 한민족의 영토를 축소시켰다는 비난 또한 두고두고 받아야 했지만, 작은 나라 신라가 강대한 고구려와 백제, 그리고 한반도를 넘보던 당唐과 끊임없이 침략하던 왜倭(일본)의 틈바구니에서 생존하기위한 최후의 선택이었는지도 모른다.

나라 이름 '신라'는 역사서에 따라서 사로斯盧, 사라斯羅, 서나徐那, 서나벌徐那伐, 서야徐耶, 서야벌徐耶伐, 서라徐羅, 서라벌徐羅伐, 서벌徐伐 등 여러 가지로표기되어 있는데 이는 새로운 나라, 동방의 나라 혹은 성스러운 장소라는의미를 가진 수풀의 뜻으로도 해석된다.

15

503년(지증왕 4)에 이르러 그 중 한자의 아름다운 뜻을 가장 많이 가진 신라로 확정하였는데 ≪삼국사기三國史記≫ 찬자의 해석에 의하면 신라의 '신新'은 '덕업일신德業日新'에서 '라羅'는 '망라사방網羅四方'에서 각기 취한 것으로, 이는 각각 어진 업적을 날마다 새롭게 하고, 사방을 망라한다는 큰 뜻을 갖고 있다.

신라는 고구려, 백제와 함께 존치해 왔지만 그 삼국 중 가장 세력이 약한 나라이면서도 지략적인 방어를 해 민주적인 통치 방법을 바탕으로 각종 문화의 꽃을 만개시켰다. 지구상에는 수많은 국가가 세워졌다가 아무런 흔적도 남기지 못하고 사라진 예를 어렵지 않게 볼 수 있다. 그러나 처음 한반도 동쪽 변방에 자리 잡은 신라는 보잘 것 없는 약소국가였음에도 불구하고 크나큰 과업을 이룩하였고 또한 그 내용을 문자文字로 남겼다. 우리 후세인들은 그 기록을 거울삼아 현재를 발전시키는 것과 더불어, 선현들의 연원과 사적을 사실에 근거하여 기록을 보존함으로써 동족 간의 근원과 계통을 이해하는데 도움이 되기를 기대해 본다.

필자는 본문에서 자세히 각종 문헌에 근거한 내용을 역사라는 이름으로 정리해 간 과정을 돌이켜 보건데, 그 내용이 매우 복잡하고 난해했음을 실감하였다. 그러나 이러한 과정을 통해 얻은 것 또한 많았다. 그 단적인 예로, 그 시대의 삶의 사정은 현재 우리의 일상과 매우 흡사하다는 것을 알 수 있었다. 당시와 비교해 본다면 첨단의 혜택과 풍요한 생활환경을 빼고는 모두가 제자리에서 발걸음을 옮겨 놓지 못하였음을 평가하게 된다.

특히, 정치, 문화, 국방, 예술, 풍속, 도덕, 단합 등의 항목들은 이 땅을 지키며 살아가는 후예들이라면 반드시 한 번 면밀히 그 실태를 살핀 후 역사의 수레바퀴를 굴려야 할 것으로 보여진다.

피와 땀으로 지켜온 우리민족의 정신문화는 더 값진 유산遺産이 된다는 것을 확신하면서 이 책을 남긴다.

2014년 8월
북한산 자락 녹번 서실에서

분황사석탑

국보 제30호, 분황사는 634년(선덕여왕 3) 멀리 백제에서 이름난 건축가를 초빙해 오기까지 하여 건립한 절이나, 잇따른 화재에 불타버리고 지금은 석탑만이 남아 있다.

우리나라의 수많은 탑 가운데서 가장 역사가 오래된 탑으로 원래는 9층으로 된 탑이었으나, 임진왜란 당시에 그 대부분이 손괴된 데다가 다시 그 뒤 이를 복구하겠다는 그 어느 승려에 의하여 도리어 상처만 더 입게 되어 결국 3층 밖에 남지 않게 되었다 한다.

방형方形의 단상에 세워진 초층 탑신은 폭이 6.5m, 높이가 2.6m, 2층, 3층으로 올라감에 따라 점차 줄어들어 탑 전체에 안정감을 주고 있다.

이 탑은 중국 남북조의 벽돌탑을 본뜬 것이라 하나, 벽돌이 아닌 석재石材를 가지고 그 느낌을 내려고 한 데에 독자적인 신라의 예술성이 엿보인다.

여래란 말은 무슨 뜻일까요?

여래란 석가모니 부처님을 부르는 열 가지 칭호(여래십호如來十號: 야래, 응공, 정변지, 명행족, 선서, 세간해, 무상사, 조어장부, 천인사, 불세존) 가운데 하나로 '완전한 인격을 갖춘 사람', '진리를 획득한 사람' 혹은 '진리에 따라 그와 같이 온 이'라는 뜻이다.

(좌) 분황사 약사여래입상

석굴암 석굴

자연석을 다듬어 쌓은 돔(Dome) 위에 흙을 덮어 굴처럼 보이게 한 석굴암은 751년(경덕왕 10)에 김대성金大城이 전생前生의 부모를 위해 창건하기 시작하여 774년 혜공왕 때 완공한 석굴사원으로 건립 당시의 명칭은 석불사石佛寺였다.

"돌로 비단을 짜듯 감실을 조성했다"는 옛 기록이 말해주듯 거친 화강암으로 부드럽고 아름다운 부처님의 모습을 표현한 것은 통일신라 불교미술의 백미白眉라 할 것이다. 석굴암은 통일신라시대의 심오한 불교문화와 과학, 예술정신이 만들어낸 희대의 걸작이다.

석굴암 석굴은 국보 제24호로 등록되어있다.

(좌) 금제감장보검
(우) 분황사 금강역사상

(좌) 석굴암 3층석탑
(우) 석굴암 금강역사상
(하) 단양 적성비

적성비 누각

서악동 고분군

기림사

단양 적성

서출지

서출지의 전설

신라 21대 소지왕이 행차를 나설 때 까마귀와 쥐가 와서 울더니 쥐가 말했다. "이 까마귀 가는 곳을 살피십시오"
왕은 병사를 시켜 까마귀를 따라가게 했다. 동남산 양피촌 못가에 이르러 두 마리의 멧돼지가 싸우는 것을 구경
하다가 병사는 그만 까마귀를 놓쳐버렸다. 이때 갑자기 못 가운데서 풀옷을 입은 한 노인이 편지를 들고 나타났
다. "병사께서는 이 글을 왕에게 전하시오." 노인은 글이 써진 편지를 건넨 뒤 물속으로 사라졌다.

왕이 봉투를 받아보자 겉봉에 "열어보면 두 사람이 죽고 보지 않으면 한 사람이 죽는다"라고 적혀있었다. 이를
본 신하가 말했다. "두 사람은 평민이고 한 사람은 왕을 가리킴이오니 열어보시는 것이 어떨까 하옵니다" 신하의
조언에 따라 왕이 봉투를 뜯었더니 '사금갑斯琴匣' 즉, '거문고 갑을 쏘아라'라고 적혀있었다.

대궐로 간 왕은 왕비의 침실에 세워둔 거문고 갑을 향해 활시위를 당겼다. 거문고 갑 속에는 왕실에서 불공을
보살피는 승려를 죽어있었다. 승려는 왕비와 짜고 소지왕을 해치려 한 것이었다. 왕비는 곧 사형되었으며 왕은
노인이 건네준 편지 덕분에 죽음을 면하게 되었다. 연못에서 편지가 나와 흉계를 막았다고 하여 서출지라 한다.

천마총

대릉원

백결선생

금관총 금제 귀고리

금관총 금제 그릇

23

천마도

천마총 금모

천마총 금관

성모사

성모사聖母祠는 서악西岳의 선도산仙桃山(해발 380m) 주봉의 높고 큰 바위 밑에 있으며 박혁거세朴赫居世의 모후인 선도성모仙桃聖母를 모신 사당으로 천년의 웅지에 품었던 옛 서라벌徐羅伐 들판을 감싸고 있다.

삼국유사三國遺事에 전하는 바에 의하면 신라 제26대 진흥왕眞興王 때 안흥사安興寺의 지혜智惠라는 비구니比丘尼가 승려들을 데리고 사당의 신령을 모신 자리 아래에서 황금 160냥을 캐었다고 하며 54대 경명왕景明王께서는 매 사냥을 즐겨하여 직접 이곳에서 매를 날렸는데 공교롭게도 매가 돌아오지 않으므로 신모神母에게 기도하기를 매를 찾게 되면 이 사당에 봉작을 하겠다 하였더니 얼마 되지 않아 매가 날아와 탁자에 앉았다고도 한다.

성모사 현판

그리고 임진왜란 때에는 후손 언수彦秀가 시조왕始祖王의 위패를 모시고 성모사에 피란하였다는 기록이 있으니 신령神靈을 모신 성모사는 신이神異한 전설과 오랜 역사를 가진 사당임을 알 수가 있다.

현재의 사당은 1974년 전참봉殿參奉 박재호朴在鎬의 아들 성형城亨 형제의 특성으로 웅장하게 중창重創하였는데 오릉성역사업五陵聖域事業을 주관했던 박재원朴在元 상임이사常任理事의 노고가 많았다.

보경사

오어사 동종

보경사 동종

오어사

불국토의 이상을 꿈꾸었던 서라벌

527년(법흥왕 14) 이차돈의 순교로 불교가 공인되자 서라벌에
는 수많은 큰 절들과 불탑, 불상들이 지어진다.

일연이 저술한 <삼국유사>에 의하면 '절들이 별처럼 이어
져 있고, 탑들이 기러기 행렬처럼 이어져 있었다'고 한다.

이차돈 순교비

통감속편

하늘을 떠받치고 있는 받침

선덕여왕(632~647) 때 만들어진 동양 최고最古의 천문
관측대이다.

신라인들의 과학정신을 반영한 건축물로 돌 하나하
나에 고도로 상징적인 의미가 담겨 있으며 각 석단을
이루는 원형의 지름이 점차 줄어들면서 유려한 곡선
을 이루고 있다.

둥근 하늘을 상징하는 원형과 네모난 땅을 상징하
는 사각형을 적절히 배합하여 아담하고 안정감 있는
주구 있다.

전체 높이 9.17m, 아래지름 5.17m, 지대석 1번의 길
이 5.35m의 규모이다.

첨성대

첨성대와 서남쪽 고분군

世俗五戒

有菩薩戒其別有十若等爲人臣子恐不能
士類家無所知識願賜一言以爲終身之誡光曰佛教
俗五戒一曰事君以忠二曰事親以孝三曰交友有信
四曰臨戰無退五曰殺生有擇若行之無忽貴山等曰
他則旣受命矣所謂殺生有擇者擇時而已晝夜月
春夏月不殺是擇時也不殺使畜謂馬牛雞犬不殺細
物謂肉不足一臠是擇物也此亦唯其所用不求多殺
此是世俗之善戒也貴山等曰自今以後奉以周旋不
敢失隆後二人從軍事皆有奇功於國家又建福三十

세속오계

서봉총 금관

법흥왕릉

진흥왕릉

북한산 진흥왕순수비유지

진지문성왕릉

진평왕릉

선덕여왕릉

진덕여왕릉

태종무열왕릉

태종무열왕릉 귀부

신라 최초의 진골출신 왕 김춘추

태종무열왕은 신라 제25대 진지왕의 손자이다.

그의 어머니는 제26대 진평왕의 딸이자 제27대 선덕여왕의 동생이었다. 조부가 실정으로 4년 만에 왕위에서 추방된 후 직계손들은 왕위계승권에서 밀려났다.

그러나 당대의 명장 김유신의 도움에 힘입어 진골 출신으로는 처음으로 보위에 올라 신라 제29대 왕이 되었고 삼국통일의 대업을 눈앞에 두고 661년 붕어崩御하였다.

김유신의 묘

김유신

김유신 장군상

삼국시대의 명장 김유신

김유신 장군(595~673)은 금관가야국 김수로왕의 12세손으로, 15세에 화랑이 되어 용화향도龍華香徒(신라 때 불교와

일반신앙을 함께 믿었던 불교신앙 단체의 하나)를 이끌었고, 17세 때에는 단석산 등지에서 학문과 무예를 닦았다.

장군은 신라가 삼국통일의 대업을 완수하는데 큰 공을 세워 문무왕 때에는 태대각간

太大角干이라는 관작을 받았다.

김유신 장군의 묘는 직경 30m나 되는 큰 무덤으로 웅장하며, 봉분 아래에는 병풍처럼 판석으로 호석을 설치하

였고 호석 중간중간에는 평복 차림에 무기를 든 12지신상을 배치하였다.

진천용화사석불입상

우륵

인각사

삼년산성

고령가야 왕릉

화곡리에서 출토된 토기 뚜껑류

가야토기(고배)

20

지혜로운 통치력과 용기는
아버지 눌지왕으로부터 물려받은
가장 큰 유산이었다

자비
마립간

新羅王朝實錄

자비마립간 慈悲麻立干
김씨 왕 5대

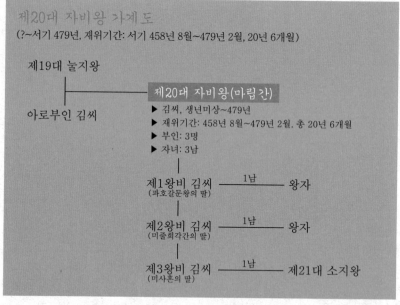

제20대 자비왕 가계도

(?~서기 479년, 재위기간: 서기 458년 8월~479년 2월, 20년 6개월)

제19대 눌지왕

아로부인 김씨

제20대 자비왕(마립간)
- ▶ 김씨, 생년미상~479년
- ▶ 재위기간: 458년 8월~479년 2월. 총 20년 6개월
- ▶ 부인: 3명
- ▶ 자녀: 3남

제1왕비 김씨 —1남— 왕자
(파호갈문왕의 딸)

제2왕비 김씨 —1남— 왕자
(미흘희각간의 딸)

제3왕비 김씨 —1남— 제21대 소지왕
(미사흔의 딸)

?~479(자비왕 22). 신라 제20대 왕. 재위 458~479. 성은 김씨. 눌지마립간訥祇麻立干의 맏아들이다. 어머니는 실성마립간實聖麻立干의 딸 김씨이고, 왕비는 내물마립간奈勿麻立干의 아들이었던 미사흔未斯欣의 딸 김씨로 461년(자비왕 4)에 맞아들였다.

눌지마립간대에 마련된 왕위의 부자상속제에 따라 즉위하여 보다 강화된 왕권을 보여주었다. 당시 중앙집권적 통치체제를 이룩하기 위해서는 무엇보다도 종래의 족제적族制的 성격이 강하게 남아 있는 6부六部를 개편하는 일이 긴요하였는데, 469년에는 왕경王京인 경주를 지역적으로 구분해 방리명坊里名을 확정함으로써 왕경의 족제적 성격을 탈피하고 행정적 성격을 강하게 하였다.

국내의 지배체제를 강화하는 한편, 고구려의 남진정책에 대비해 눌지마립간 때에 체결되었던 백제와의 공수동맹攻守同盟을 보다 강화하였다. 474년에 고구려 장수왕長壽王이 백제를 공격하자 위기에 처한 백제의 개로왕蓋鹵王이 아들 문주文周를 신라에 보내 구원을 요청하자 이에 군사를 파견하여 백제를 구원하였다. 그러나 신라의 구원병이 백제에 이르기도 전에 백제의 한산성漢山城은 함락되고 개로왕은 전사하였다.

이와 같이 고구려의 군사적 압력이 증대되자 자비마립간은 백성을 징발하여 이하泥河·삼년산성三年山城(지금의 보은 報恩)·모로성芼老城·일모성一牟城·사시성沙尸城·광석성廣石城·답달성沓達城·구례성仇禮城·좌라성坐羅城 등 일선지대의 요새지에 새로이 산성을 축조함으로써 고구려의 남하에 대한 방비와 아울러 이미 확보한 점령지의 효과적인 통치를 꾀하였다.

또한 몇 차례에 걸친 왜倭의 침입이 있었는데 모두 효과적으로 격퇴해 내었다. 한편, 왕은 연해지방의 두 곳에 성을 쌓아 왜인의 침입을 대비하였다. 그리고 467년에는 전함을 수리하여 이에 대비하기도 하였다.

459년(자비왕 2) 2월에 왕이 시조 묘를 배알하였다. 4월에 왜인들이 병선 1백여 척으로 침입하여, 동쪽 변방을 습격하고 쳐들어와 월성을 포위하고 공격하는 데 사방에서 돌과 화살이 빗발같이 쏟아져 들어왔다. 그러나 왕은 군사들을 정비하고 성을 잘 수비하여 적들이 곧 퇴주하려 하였다. 이때 왕은 군사를 내어 적을 격파하고 북으로 해구까지 추격하여 이를 격파하니, 적들은 물에 빠져 죽는 자가 반수가 넘었다. 4월에 용이 금성의 우물에 나타났다.

462년(자비왕 5) 5월에 왜인들이 쳐들어 와서 활개성活開城을 습격하고 사람 1천 명을 사로잡아 데리고 갔다.

463년(자비왕 6) 2월에 왜인들이 삽량성歃良城(현 양산)으로 침입하였다가 패하여 물러가는데, 왕은 벌지伐智와 덕지德智에게 명하여 이를 치게 하였다. 벌지와 덕지는 군사를 거느리고 나가서 요새 주위에 복병을 설치하고 있다가 내달아서 크게 격파하였고 적들은 패주하였다. 왕은 왜인들이 번번이 강역으로 침범하므로 연해변에 두 개의 성을 축조하였다. 7월에 왕은 군사를 크게 검열하였다.

465년(자비왕 8) 4월에 큰 홍수가 지고 산이 17개소나 무너졌다. 5월에 사벌군沙伐郡(현 상주)에 메뚜기 때로 인한 농작물 피해가 있었다.

467년(자비왕 10) 봄에 왕은 유사들에게 명하여 전함을 수리하였다. 9월에 큰 별이 북쪽으로부터 동남쪽으로 흘렀다.

468년(자비왕 11) 고구려가 말갈과 함께 군사를 일으켜 북변의 실직성悉直城을 습격하였다. 9월에 15세 이상인 하슬라 사람을 징집하여 니하泥河(또는 이천泥川)에 성을 쌓았다.

469년(자비왕 12) 정월에 서울의 마을 이름을 구별하여 정하5나라의 서쪽 지방에 큰 홍수가 져서 민가가 떠내려가자 7월에 왕은 수재가 있는 주와 군을 순행하여 민심을 안정시켰다.

470년(자비왕 13) 삼년산성三年山城(현 보은)을 축조하였다.

471년(자비왕 14) 2월에 모로성芼老城을 쌓았다. 3월에는 서울의 땅이 갈라졌는데, 그 넓이가 두 길이나 되고 흐린 물이 용솟음쳐 나왔으며 10월에는 나쁜 병이 크게 돌았다.

473년(자비왕 16) 정월에 아찬 벌지와 급찬 덕지를 좌우 장군으로 삼았다. 7월에 명활성을 수리하였다.

474년(자비왕 17) 일모성一牟城, 사시성沙尸城, 광석성廣石城, 답달성沓達城, 구례성仇禮城, 좌라성坐羅城 등을 축조하였다. 7월에 고구려의 장수왕長壽王이 군사를 거느리고 백제를 공격했다. 이에 백제왕 경慶(개로왕蓋鹵王)이 왕자 문주文周를 신라로 파견하여 구원을 청하자 왕은 군사를 내어 이를 구원하였다. 그러나 신라군이 이르기 전에 백제는 이미 함락되고 경이 죽음을 당하였다.

475년(자비왕 18) 정월에 왕이 명활성으로 이주하였다.

476년(자비왕 19) 6월에 왜인들이 동쪽 변방으로 침입하자 왕은 장군 덕지에게 명하여 적을 격파하고 2백여 명을 참획하였다.

477년(자비왕 20) 5월에 왜인들이 많은 군사를 동원하여 5도道로 침입하였으나 아무런 공도 없이 퇴각하였다.

478년(자비왕 21) 2월, 밤에 붉은 빛이 비단처럼 펼쳐져 땅으로부터 하늘에 이르렀다. 10월에는 서울에 지진이 일어났다.

479년(자비왕 22) 2월 3일에 왕이 돌아가셨다.

● 자비왕대의 사람들

덕지德智

생몰년 미상. 신라 상대의 장군. 463년(자비왕 6) 2월 왜倭가 삽량성歃良城에 침략해 와서 이기지 못하고 물러갈 때, 왕은 덕지와 벌지伐智에게 명하여 군대를 거느리고 가서 매복하였다가 요격邀擊하여 크게 이겼다. 또, 476년 6월 왜가 동해안을 공격해왔을 때 국왕의 명을 받고 또 다시 군대를 거느리고 가서 이를 격파하여, 200여 명이 전사하거나 포로가 되었다. 한편 495년(소지왕 17) 8월 고구려의 대군이 백제의 치양성雉壤城을 공격, 포위하자 백제가 신라에 구원병을 요청하므로, 이에 장군 덕지가 군대를 이끌고 가서 구원하였다. 이에 고구려 문자명왕의 군대가 패하여 달아나자 백제의 동성왕은 신라에 사신을 보내어 감사를 표하였다. 이와 같이 그는 5세기 자비마립간·소지마립간 때 명장으로 왜병과 고구려의 침략을 격퇴하는 공훈을 세웠다.

벌지伐智

생몰년 미상. 신라 자비마립간 때의 장군. 관등은 아찬阿湌. 463년(자비왕 6) 왜인倭人이 신라의 삽량성歃良城(지금의 경상남도 양산)을 침입하였으나 신라군에 의하여 격퇴되었다. 이 때 벌지는 덕지德智와 함께 왕의 명을 받들어 군사를 거느리고 중로中路에 숨어 기다리다가 요격邀擊하여 왜병을 크게 깨뜨리는 공을 세웠다. 당시 신라는 왜인이 자주 변경을 침입하므로 연해지방沿海地方에 성을 쌓고 전선戰船을 수리하여 대비하고, 북방의 고구려의 침입에 대비하여 여러 성을 쌓았다. 자비왕은 473년 정월에 벌지를 당시 신라의 당幢·정停으로 불리는 독립부대의 지휘관인 좌장군으로, 급찬級飡 덕지를 우장군으로 임명하여 왜적의 침입에 대비하였다.

백결선생 百結先生

생몰년 미상. 신라시대의 음악가로서 금琴의 명수. 경주의 낭산狼山 밑에 살던 빈한한 선비로 세상의 일을 달관했던 인물이다.

≪삼국사기≫의 기록에 의하면, 그는 이름도 성도 알 수 없으며, 가세가 빈곤하여 늘 누더기옷을 입고 다녔는데, 그 모양은 마치 메추리가 매달린 것 같았다고 한다. 그래서 사람들은 그를 백결百結(백 번을 기웠다는 뜻)선생이라고 불렀는데, 그는 일찍이 영계기榮啓期(사슴가죽 옷)에 새끼 띠를 매고 늘 금을 타며 노래를 부르고 다녔다는 중국 춘추시대의 인물을 흠모한 나머지 스스로도 금을 타며 인생의 희로애환을 모두 달래어갔다.

어느 해 세모를 맞아 이웃에서는 조[粟]를 찧어 별식을 마련하는데, 선생의 집안은 그것마저 여의치 않아 그의 아내가 이 같은 가난을 상심하자 그는 곧 하늘을 우러러 탄식하며,

"무릇 죽고 사는 것은 명에 달렸고, 부귀는 하늘에 매인 일이어서 인력으로는 어쩔 수 없는 것인데 그대는 무엇 때문에 부질없이 상심하는가."

라고 하며, 이내 가야금으로 방아 찧는 소리를 연주하여 그의 아내를 위로해 주었다. 이때의 음악이 후세에 대악碓樂, 즉 방아악이라는 이름으로 전해졌다고 한다. 한편, 영해 박씨寧海朴氏 족보에는 백결에 대한 상세한 기록이 보이는데, 그의 이름은 박문량朴文良이며, 414년(실성왕 13)에 신라의 충신 박제상朴堤上의 아들로 태어난 것으로 기록되어 있다. 눌지왕 때 아버지 박

제상이 일본에 사신으로 갔다가 순절殉節하자 그의 어머니 김씨와 누나인 아기阿奇, 아경阿慶은 비보를 듣고 이내 자결하였고, 가운데 누나인 아영阿榮만이 남아서 백결을 양육하였다고 한다. 그 뒤 아영이 궁중으로 출가하자 그도 함께 입궐하였으며, 장성해서는 각간角干 이수현李壽玄의 딸과 혼인하여 관직에도 있었다. 478년(자비왕 21)에는 모든 관직을 떠나 향리로 돌아갔는데, 이 때 그는 <낙천악樂天樂>이라는 귀향곡을 지어 불렀다고 한다.

더없이 청렴하고 결백했던 그는 궁중으로부터의 모든 후원을 거절하고 스스로 궁색한 생활을 즐기다가 말년에는 종적을 감추었다고 한다.

● 자비왕 시대의 세계동향

▶ 동양

중국에선 북위와 남송의 치열한 공방전이 지속되었다. 북위는 469년에 송의 청주를 병합하는데 성공. 송의 유연은 470년에 보복 전쟁을 감행, 패배. 그러자 남송 내부에선느 불만 세력이 형성되어 몇 차례의 내란이 잇따랐고, 급기야 소도성이 479년에 남송을 멸하고 남제를 세우다.

▶ 서양

서로마에서는 게르만 용병대장 출신 리키메르가 정권을 장악하여 황제를 세우지 않고, 자신이 직접 통치하는 상황이 전개되었다. 그 후 몇 명의 어린 황제가 즉위했으나 476년에 게르만 용병대장 오도아케르가 황제를 폐함으로써 서로마는 몰락하였다.

● 경주 진산의 이리뫼

낭산은 신라 충신 백결선생을 품에 안았다

흔히 '경주 낭산'이라 하면 '남산南山'을 잘못 표현한 줄로 오해하는 수가 있
지만, 낭산狼山은 엄연히 경주평야의 동쪽—월성의 동남간—경주박물관에
서 불국사 가는 7번국도와 경포 산업우회도로가 만나는 교차로 동쪽에 있
다.

누에고치를 길러 잘라 엎어 놓은 것처럼, 가운데가 잘록한 104m 높이의
야트막한 야산인데, 요즘은 그림책에서나 볼 수 있는 '이리'가 엎드린 모양
새와 같아서 이리뫼, 한문으로 적어 '이리 랑狼', '뫼 산山' 낭산狼山이라 한다.

이 산은 경주시 배반동·구황동·보문동에 걸쳐 있는 산으로 남쪽과 서쪽은
배반동인데, 본래는 배양한다는 뜻의 한문 '배培'를 쓴 배반培盤이었던 것을
1914년 일제가 행정구역 개편을 한답시고, 우리 땅이름을 마구 적을 때, 배
척排斥한다는 좋지 못한 뜻의 배반排盤으로 써오다가 올해(1995년) 본래의 한
문인 배반培盤으로 되돌렸다.

첫배반 동네에는 능지탑이라는 특이한 건조물이 있는데, 12지상이 새겨진
네모난 기단 위에 연꽃이파리를 새긴 큰 돌들을 얹고 그 위에 흙을 덮었다.

그 북쪽에 지금은 중생사라는 절이 있는데, 신라 때의 탑돌 덩어리, 연꽃
새긴 돌, 돌에 새겨진 부처모습 등이 있어 크고 화려한 절이 있었음을 짐작
할 수 있다.

낭산에 관한 기록은 ≪삼국사기≫에 일찍부터 나타난다. 신라 18대 실성
왕 12년(413) 8월 낭산狼山에 구름이 일어나 누각같이 생겼는데 향기를 풍
기며 오랫 동안 없어지지 않으므로 임금이 이르기를,

"이는 반드시 선령仙靈이 내려 와서 노는 것이니 그곳은 응당 복된땅[복지福地]이
다. 이후로는 이 산에서 나무 베는 것을 금지한다."

고 하였다.

오늘날 도시의 그린벨트, 즉 녹지대 설치의 원조인 셈이다.

산 동쪽에는 해를 맞이하는 마을이 있는데 이름도 아름다운 강선降仙마을이니 신라 때부터 내려오는 유서 깊은 전설의 마을이 아니겠는가?

이 산 밑에는 거문고의 명수 백결선생이 산 곳이기도 하다.

≪삼국사기≫에는 유명한 인물들을 기록한 열전列傳이 있는데, 그 가운데 백결선생에 대해 이야기하면서

"그가 낭산 밑에서 살았는데 집이 가난하여 옷을 누덕누덕 기어 마치 메추리를 매단 것 같았으므로 당시 사람들이 동쪽마을[동리東里] 백결선생百結先生이라고 불렀다."

라고 한다.

또한 북서쪽 중턱에는 독서당讀書堂이 있는데 신라 말의 대학자 고운孤雲 최치원崔致遠선생이 어린 시절 공부한 곳이라 하여 그 유허비가 세워져 있다.

산 동쪽 황복마을에는 비석받침인 돌거북 한쌍과 12지상이 새겨진 법당 기단이 남아 있는 절터가 있는데 금당터 뒤에 통일신라 초기의 3층석탑이 서 있다. 이 탑 안에는 순금으로 만든 불상 2구가 나와 신라불상을 연구하는데 중요한 자료가 된다. 1942년 조선총독부에서 이 탑을 해체 복원할 때 2층 몸체돌 안에서 사리장치구가 발견되었다. 금동사리함의 뚜껑 안쪽에 명문이 새겨져 있는데 신문왕의 명복을 빌기 위해 32대 효소왕이 경자년(700년)에 건립한 것이라고 기록되어 있으니 연대가 확실한 석탑임을 알 수 있다.

목이 떨어져 나간 돌거북의 잔등에는 임금 '왕王'자가 새겨져 있어 이 절이 왕실의 복을 비는 절 황복사皇福寺였음을 짐작하게 해준다.

법당 기단에는 무너진 어느 무덤에서 옮겨온 것으로 짐작되는 12지상 8체가 묻혀 있다.

작년까지만 해도 윗부분은 드러나 있었는데 지난 겨울에 밭 임자가 흙으로 덮어 버렸다. 그 이유는 누군가 이 돌을 밤중에 실어 가려고 땅을 파헤친 일이 있었고, 거기다가 이 조각을 보려고 구경 오는 사람들이 밭으로 들락거려 농작물에 피해가 심하기 때문이란다. 이런 곳은 빨리 국가에서 사들여야 할 일이다.

산 남쪽 봉우리에는 27대 선덕여왕릉이 자리잡고 있다. 선덕여왕은 살아 생전에

"내가 아무 해 아무 달 아무 날 죽을 것이니 나를 도리천 가운데 장사하라."

라고 하였다. 신하들이 도리천을 알지 못해 물었더니 왕이

"낭산 남쪽이니라."

하였다. 왕이 말했던 그 달 그 날이 되자 과연 왕이 죽으매 유언대로 낭산 남족에 장사하였다.

그 후 문무왕이 사천왕사四天王寺를 왕의 무덤 아래쪽에 지었다. 불경에 이르기를 '사천왕 하늘 위에 도리천이 있다.' 하였으니 이로써 왕의 신령스러움을 알 수 있다고 ≪삼국유사≫에 씌여 있다.

왕릉 남쪽 자락에 있는 사천왕사 절터는 금당과 강당 자리 사이로 동해남부선 철길이 지나고 있다.

이 절은 신라와 동맹을 맺고 고구려를 멸망시킨 후 신라마저 집어삼키려던 당나라 군사를 물리치려고 세운 신라의 기막힌 호국 염원이 서린 절이다.

이 절터에 있던 마을은 천왕끝 동네였는데 1970년대 국가에 매입하여 땅을 고루고 나무를 심어 지금은 정비가 잘 되어 있다.

조선시대에 편찬된 ≪동국여지승람≫(1481년)에는 경주부 산천을 쓴 첫머리에 '낭산狼山은 부府의 동쪽 9리에 있는 진산鎭山이다' 고 했다.

● 신라와 삼년산성

북쪽 국경 방어를 위해 '삼년산성' 축성

 470년(자비왕 13) 북변 방어를 위하여 축조한 산성이 공사 시작 3년만에 완성되었다. 이 산성은 축성기간이 3년이라 하여 '삼년산성'이라 불리고 있다. 산성은 둘레 1.6km의 기다란 네모형을 이루고 있는데 성벽의 높이는 4~5m, 폭은 6~7m에 이르며, 특히 동쪽 골짜기에 쌓은 성벽은 높이가 13m나 되어 사다리를 걸치고도 오르기 어렵게 되어있다. 수직으로 된 성벽은 잡석을 층층히 교묘하게 쌓아올리고 틈새를 작은 돌로 끼워맞추었다. 안팎이 모두 돌로 축조된 것이 특징이며 성벽 요소요소에 반원형의 치성이 설치되었고 모서리에 망루를 설치하였다.

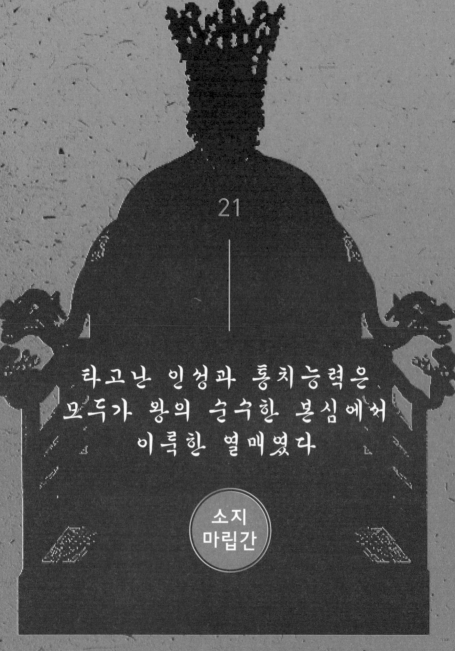

21

타고난 인성과 통치능력은
모두가 왕의 슬수한 본심에서
이룩한 열매였다

소지
마립간

新羅王朝實錄

소지마립간 炤知麻立干
김씨 왕 6대

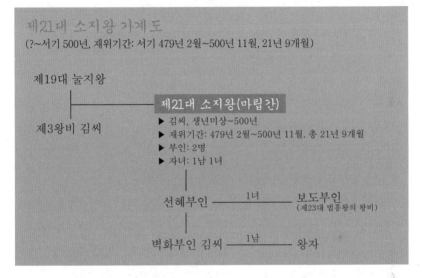

제21대 소지왕 가계도

(?~서기 500년, 재위기간: 서기 479년 2월~500년 11월, 21년 9개월)

제19대 눌지왕

제3왕비 김씨

제21대 소지왕(마립간)

▶ 김씨, 생년미상~500년
▶ 재위기간: 479년 2월~500년 11월. 총 21년 9개월
▶ 부인: 2명
▶ 자녀: 1남 1녀

선혜부인 ——1녀—— 보도부인
(제23대 법흥왕의 왕비)

벽화부인 김씨 ——1남—— 왕자

?~500(소지왕 22). 신라 제21대 왕. 재위 479~500. 일명 비처마립간毗處麻立干이라고도 한다. 성은 김씨金氏. 자비마립간의 장자이며, 어머니는 김씨로 서불한舒弗邯 미사흔未斯欣의 딸이다. 왕비는 이벌찬伊伐湌 내숙乃宿의 딸 선혜부인善兮夫人이다. 왕은 어려서부터 효행이 있었으며, 스스로 겸손하고 공손하였으므로 사람들이 모두 감복하였다고 한다.

487년(소지왕 9) 사방에 우역郵驛을 설치하고, 국내의 기간 도로인 관도官道를 수리하였으며, 490년에는 왕경王京인 경주에 처음으로 시사市肆를 열어 사방의 물화物貨를 유통시켰다. 이러한 일련의 정책은 자비왕 대의 경주의 방리명坊里名 확정과 아울러 족제적族制的 성격이 강하게 남아 있는 육부六部 체제를 개편해 중앙 집권적인 통치 체제를 수립하려는 노력으로 이해된다. 또한 왕은 비열성比烈城(지금의 안변安邊)·일선군一善郡(지금의 선산善山

)·날이군捺已郡(지금의 영주榮州) 등지를 순행巡幸하여 병사를 위문하고 재해지나 전쟁지역의 주민들을 위로해 민심을 수습하는 한편, 유식遊食하는 백성들을 귀농시키기도 하였는데, 이러한 왕의 치적은 신라의 대내적 결속력의 강화와 아울러 농업 생산력 증대에 일정한 기여를 하였을 것으로 생각된다.

소지마립간 대에는 고구려가 신라의 변경 지방을 자주 공격하였다. 이에 신라는 백제와 동맹을 맺거나 혹은 가야와도 연합하여 이하泥河·모산성母山城 : 지금의 鎭川? 전투에서 고구려를 격파하였다. 특히 493년에 소지마립간은 백제 동성왕의 결혼 요청을 받아들여 이찬伊飡 비지比智의 딸을 시집보냄으로써 결혼 동맹을 맺었다. 그 뒤 고구려의 남하에 대비하는 신라와 백제 양국의 공수관계攻守關係는 더욱 공고해져 494년 고구려가 신라를 침입했을 때는 백제가, 495년 백제를 공격했을 때는 신라가 각각 구원병을 파견하여 고구려의 남하를 강력하게 저지하였다. 이러한 일련의 고구려와의 전투 과정에서 변경 지방의 요충지에는 삼년산성三年山城(지금의 보은報恩) 등을 개축하거나 증축해 고구려의 침입에 대비하였다.

479년(소지왕 원년) 왕은 죄수들을 대사하고 백관들의 작위를 한 급씩 높여 주었다.

480년(소지왕 2) 2월에 왕은 시조 묘에 제사를 지냈다. 5월에 서울에 한재가 들었으며 10월에 백성들의 기근이 심하자 왕은 곡창을 풀어내어 이를 구제하였다. 11월 말갈이 군사를 일으켜 북쪽 변경을 침범하였다.

481년(소지왕 3) 2월에 왕은 비열성比列城으로 순행하여 군사들을 위문하고 군복을 하사하였다. 3월에 고구려가 말갈과 함께 군사를 일으켜 북쪽 변방으로 침입하여 호명성狐鳴城 등 7개의 성을 차지하고는 또 미질부彌秩夫(현 흥해興海)로 진격하자, 신라는 백제와 가야의 원병을 얻은 다음 길을 나누어 이를 방어하였다. 그러다 역으로 공격하여 니하의 서쪽까지 추적해 가서 1천여 명을 참살하였다.

482년(소지왕 4) 2월에 큰 바람이 불어서 나무가 뽑히고 금성의 남문이 화재를 입었다. 4월에 오래도록 비가 오지 않자 왕은 유사들에게 명령하여 죄수들을 다시 보살피게 하였다. 5월에 왜인들이 변방을 침범하였다.

483년(소지왕 5) 4월에 큰물이 지고 7월에 또 홍수가 졌다. 10월에 왕은 일선一善(현 선산善山) 지방으로 순행하여 이재민을 위문하고 곡식을 내어주었다. 11월에 우레가 울렸고 서울에 나쁜 병이 돌았다.

484년(소지왕 6) 정월에 오함烏含을 이벌찬으로 삼았다. 3월에 토성이 달을 범하였고 우박이 내렸다. 7월에 고구려가 군사를 일으켜 북쪽 변경에 침입하자 신라는 백제군과 힘을 합하여 모산성 밑에서 적을 크게 격파하였다.

485년(소지왕 7) 2월에 구벌성仇伐城을 쌓았다. 4월에 왕은 친히 시조 묘에 제사를 지냈고, 사당을 지키는 집 20호를 증축하였다. 5월에 백제가 와서 수교하였다.

486년(소지왕 8) 정월에 이찬 실죽實竹을 장군으로 삼고 일선 지방의 장정 3천 명을 징집하여 삼년산성과 굴산성屈山城(현 청산靑山)을 개축하였다. 2월에 내숙乃宿을 이벌찬으로 삼아 국정에 참여시켰다. 4월에 왜인들이 변방을 침범하였고 8월에 왕은 낭산의 남쪽에서 군사를 크게 검열하였다.

487년(소지왕 9) 2월에 신궁神宮을 나을奈乙(경주 나정)에 설치하였는데, 나을은 시조가 처음 탄생한 곳이다. 3월에 처음으로 사방에 우역郵驛(역)을 설치하였는데, 이때 왕은 유사들에게 명하여 도로를 수리하도록 하였다. 7월에 월성에 우레가 울렸다.

488년(소지왕 10) 정월에 왕은 월성으로 이주했다. 2월에 왕은 일선군으로 순행하여 나이가 많고 외로운 사람들을 위문하고 곡식을 내주었다. 3월에 왕은 일선군으로부터 돌아올 때 지나는 주와 군의 죄수들을 보살펴 2가지 죄를 제외한 모든 죄인들을 놓아주었다. 6월에 동양東陽(현 황해북도 평산군)에서 눈이 여섯 있는 거북을 왕에게 바쳤는데 배 아래에 문자가 있었다. 7월에 도나성刀那城을 쌓았다.

489년(소지왕 11) 정월에 떠돌아다니며 놀고먹는 백성들을 모두 집으로 돌아가서 농사에 힘쓰게 하였다. 9월에 고구려가 군사를 일으켜 북변을 습격하여 과현戈峴을 침범하고 10월에는 호산성狐山城이 함락되었다.

490년(소지왕 12) 2월에 비라성鄒羅城을 증축하였다. 3월에 용이 추라정鄒羅井(경주의 남쪽)에 나타났다. 이때 처음으로 서울에 시장을 개설하고 사방의 물자가 유통되도록 하였다.

492년(소지왕 14) 봄과 여름에 한재가 들었다. 이에 왕은 스스로 정사를 반성하고 아울러 먹는 음식을 평소 때보다 감하였다.

493년(소지왕 15) 3월 백제왕 모대牟大(동성왕東城王)가 사신을 파견하여 혼인을 청하므로 왕은 이벌찬 비지比智의 딸을 보내어 결혼하게 하였다. 7월에 임해진臨海鎭과 장령진長領鎭을 설치하고 왜적을 방비하였다.

494년(소지왕 16) 4월에 큰물이 졌다. 7월에는 장군 실죽 등이 고구려 군사와 살수薩水(현 청천강) 벌판에서 싸웠으나 이기지 못하고 견아성犬牙城(현 문경)으로 물러서자 고구려 군사가 이를 포위하였다. 이때 백제왕 모대가 군사 3천 명을 파견하여 신라를 돕자 고구려 군사는 포위를 풀고 돌아갔다.

495년(소지왕 17) 정월에 왕은 친히 내을신궁에 제사를 지냈다. 8월에 고구려가 군사를 일으켜 백제의 치양성雉壤城(현 원주原州)으로 쳐들어와 포위하자 백제가 구원을 청하였다. 왕은 장군 덕지에게 명하여 이를 돕게 하니 그는 군사를 거느리고 나가서 고구려의 많은 군사를 격파하고 백제를 구원하였으며, 이에 백제왕은 사신을 파견하여 왕에게 사례하였다.

496년(소지왕 18) 2월에 가야국에서 흰 꿩을 보내왔는데 꼬리의 길이가 5척이나 되었다. 3월에 궁전을 수리하였다. 5월에 큰비가 와서 알천의 물이 넘치고 2백여 호가 물 위에 떠돌다 가라앉아 버렸다. 7월에 고구려가 군사를 일으켜 우산성으로 침공해오자 장군 실죽은 군사를 거느리고 나가서 니하에서 적을 격파하였다. 8월에 왕은 남교南郊에 행차하여 백성들이 일하는 것을 시찰하였다.

497년(소지왕 19) 4월에 왜인들이 변방을 침입하였다. 7월에 한재가 있고 메뚜기 떼로 인한 피해가 있었다. 왕은 군신들에게 명하여 백성들을 잘 다스릴 수 있는 사람을 각각 한 사람씩 천거하도록 하였다 8월에 고구려가 군사를 일으켜 이끌고 쳐들어와 우산성을 함락시켰다.

500년(소지왕 22) 3월에 왜인들이 쳐들어와서 장봉진長峯鎭을 함락시켰다. 4월에 폭풍이 불어 나무가 뽑혔고 용이 금성의 우물에 나타나더니 서울에 누른 안개가 사방에 꽉 끼었다. 9월에 왕은 날기군捺己郡(현 영주)으로 행차하였다. 그곳 주민 중 한 사람인 파로波路에게 미모가 매우 뛰어난 16세 된 딸이 있었는데 이름은 벽화碧花라고 하였다. 파로는 벽화에게 비단과 수놓은 의복을 입히고 수레에 비단으로 둘러싸서 왕에게 바쳤다. 왕은 음식을 대접하려는 것으로 알고 이를 열어 보니 그 속에는 어린 여아가 있으므로 괴이하게 여겨 이를 받지 않고 돌려보냈다. 그러나 왕은 환궁한 다음에 그 여자의 아름다움을 잊지 못하여 여러 번 남몰래 미행하여 그 집으로 가서 벽화와 동침하였다. 왕은 돌아오는 길에 고타군의 한 늙은 노파의 집에 묵게 되었는데, 왕이 노파에게 묻기를

"지금 사람들은 국왕을 어떠한 임금이라고 하는가?"

하자 노파가 대답하기를

"모든 사람들이 왕을 성인이라고 하나, 나는 홀로 이를 의심한다. 말을 들으면 왕은 날기군의 한 여자와 동침하려고 자주 남몰래 왔다 간다고 하니 이는 대체로 용이 고기가 되어 물고기의 꼬리에게 잡히는 격이라. 지금 왕은 만승萬乘의 자리에 있으면서도 스스로 신중하지 아니하니 이를 성인이라고 한다면 어느 누가 성인이 아니 되랴."

하였다. 왕은 이 말을 듣고 크게 부끄럽게 여겨 곧 몰래 벽화를 데리고 와 별실에 두었는데, 벽화는 아들 하나를 낳았다.
11월에 왕이 돌아가셨다.

● 소지왕대의 사람들

실죽實竹

 생몰년 미상. 신라의 장군. 486년(소지왕 8) 정월에 이찬伊湌으로 장군에 임명되어 일선一善(지금의 경상북도 선산 지방)의 장정 3,000명을 징발하여 삼년산성三年山城(지금의 충청북도 보은)과 굴산성屈山城(지금의 충청북도 옥천군)의 두 성을 개축하였다. 494년 7월에 살수 들판에서 고구려와 싸워 이기지 못하고 후퇴하여 견아성犬牙城을 수비하고 있었는데, 고구려 군대가 이를 포위하여 공격하자 그가 이끈 신라군은 백제 동성왕이 파견한 3,000명의 구원군과 합동하여 고구려의 포위군을 격퇴하였다. 그리고 496년 7월에 고구려가 신라의 우산성牛山城을 공격하므로 왕명을 받고 이하泥河에 출동하여 고구려군을 격파하였다.

비지比智

 생몰년 미상. 신라 상대의 왕족. 백제 동성왕의 신라인 왕비의 아버지이다. 고구려 장수왕의 남진정책이 가열되니 이를 막고자 신라와 백제는 나제동맹羅濟同盟을 체결하였다. 백제와 신라는 이 군사동맹을 더욱 공고히 하고자 혼인동맹을 맺으니 493년(소지왕 15)에 백제 동성왕이 신라에 청혼하자 왕족 이벌찬伊伐湌 비지는 딸을 동성왕의 왕비로 시집보냈다. 그리하여 두 나라의 친선과 동맹은 더욱 굳어졌다. 동성왕은 이름이 모대牟大 혹은 말다末多, 마제摩帝라 하는데, 이 동성왕의 혼인이 ≪삼국유사三國遺事≫에 나오는 진평왕의 선화공주善花公主와 백제 무왕 마동薯童의 연담설화緣談說話로 굴절되어 전해 내려오고 있다.

선혜부인善兮夫人

생몰년 미상. 신라 소지마립간의 왕비. 기보갈문왕期寶葛文王의 딸, 또는 기
보갈문왕의 아들인 이벌찬 내숙乃宿의 딸로서, 자비마립간의 셋째 아들인
비처毗處와 혼인하였는데 비처가 소지왕이 됨으로써 비가 되었다. 이들 사
이에 아들이 없어 내물마립간의 증손인 지증왕이 왕위를 계승하였다.

오함烏含

생몰년 미상. 신라 소지마립간 때의 대신. 484년(소지왕 6) 정월부터 486년
2월 사이에 이벌찬伊伐飡으로서 국정과 군사를 관장하였다. 특히, 484년 7
월 북쪽 경계를 침입한 고구려 군사를 백제와 협력하여 모산성母山城(위치미
상) 아래에서 격파한 것으로 보인다.

◉ 소지왕 시대의 세계동향

▶ 동양
중국에선 남조의 유송이 멸하고, 소도성이 제를 건국. 따라 북위와 남제
가 대립하는 형국이 전개되어, 초기엔 남제가 주로 북위를 격파. 이에 자
극된 북위는 494년에 낙양으로 천도, 대대적으로 남제를 공격하기 시작.
그 와중에 남제에선 몇 차례 반란 사건이 발생하여 혼란이 지속되었다.

▶ 서양
서로마를 장악한 오도아케르는 동고트 왕 테오도리쿠스와 전쟁을 벌였
고, 테오도리쿠스가 서고트의 후원에 힘입어 오도아케르를 격파. 493년
에 테오도리쿠스가 오도아케르를 죽이고, 이탈리아에 동고트 왕국 건국

설. 프랑크족은 클로비스가 즉위 메로빙 왕조를 개창하고, 486년에 프랑크 왕국을 세움. 클로비스는 496년에 기독교로 개종하고, 서갈리아를 정복하는 등 세력을 키웠다.

● 소지왕대의 명절 이야기

단오 제치고 팔월 추석, 최대의 명절되다
벼농사 중요성의 강조를 의미

소지마립간 시대에 들어 8월 한가위가 5월 단오를 제치고 신라 최대의 명절로 부상하고 있다.

이전까지 신라에서 가장 큰 명절은 단오였으나, 사람들은 이제 5월의 단오 뿐만 아니라 8월의 추석에도 큰 잔치를 벌이고 있다. 이처럼 8월 추석의 비중이 높아진 것은 벼농사가 차지하는 몫이 증대하고 있기 때문으로 풀이된다.

예전에는 주로 보리농사를 많이 지었기 때문에 보리를 거두는 5월에 하늘에 감사를 드리고 큰 잔치를 벌였기에 5월 단오가 가장 큰 명절이 될 수 밖에 없었다.

그러나 점차 벼농사가 확대되면서 벼를 수확하는 가을에도 하늘이나 조상에 제사드리는 풍속이 민간에 뿌리를 내려가면서 8월 추석이 큰 명절로 부상하는 현상이 일어나는 것이다.

대보름의 기원
거문고 집을 쏘아라!

 신라에는 매년 정월 첫째 돼지날과 쥐날 그리고 말날에는 모든 일을 조심하며 함부로 출입하지 않는 풍속이 있다. 또 정월 보름날을 까마귀 제삿날이라 하여 찰밥을 지어 제사지내는 특이한 풍속도 있었다. 이는 소지마립간 때 궁중에 불상사가 있어 왕의 생명이 위태로워졌으나 새·쥐·돼지 등 세 동물의 도움에 힘입어 구출된 일이 있어 이를 기면하고 그 덕을 갚기 위한 것이라고 한다.
 488년(소지왕 10) 왕이 천천청이라는 정자에서 쉬고 있는데 갑자기 까마귀와 쥐가 와서 울었다. 그때 놀랍게도 쥐가 사람의 말로 지껄였다.

"이 까마귀가 가는 곳으로 따라가 보소서"

왕은 심상치 않은 일이라 여겨 옆에 있던 군사에게 말을 타고 까마귀를 쫓게 했다. 쫓아가던 군사가 경주 남산 기슭에 있는 피촌에 이르렀을 때였다. 돼지 두 마리가 씩씩거리며 싸움을 하는데 자못 볼 만하였다. 군사는 돼지 싸움에 정신이 팔려 한참 구경을 하다가 그만 까마귀 간 데를 놓치고 말았다. 그때 길가 연못 한가운데서 웬 노인이 나타나 편지 한 통을 건네주었다. 편지 겉봉에는 이렇게 쓰여 있었다.

'이 편지를 뜯어보면 두 사람이 죽고, 뜯어보지 않으면 한 사람이 죽는다.'

 그때 점치는 관리가 옆에서 있다가 아뢰었다.

"두 사람이란 보통 서민을 가리키는 것이요, 한 사람이란 임금님을 말함이니 뜯어보심이 좋을 줄 압니다."

편지를 뜯어보니 그 안에는

'거문고를 담아둔 거문고 집을 쏘아라.'

라는 한 마디가 적혀 있을 뿐이었다. 대궐로 돌아온 왕은 즉시 화살을 쏘았는데 거문고 집 안에서 사람의 비명소리가 들리는 것이 아닌가! 놀라 열어보니 내전의 불공을 맡고 있는 중이 왕비와 간통을 하고 있었다. 왕은 둘을 그 자리에서 처형해 버렸다.

22

슬장 금지, 우마의 활용에
힘입어 국토 확장과 국력을
신장 시키고

지증
마립간

新羅王朝實錄

지증마립간 智證麻立干
김씨 왕 7대

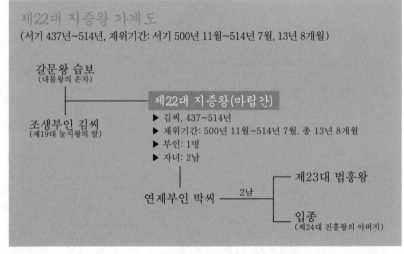

제22대 지증왕 가계도

(서기 437년~514년, 재위기간: 서기 500년 11월~514년 7월, 13년 8개월)

갈문왕 습보
(내물왕의 손자)

조생부인 김씨
(제19대 눌지왕의 딸)

제22대 지증왕(마립간)

▶ 김씨, 437~514년
▶ 재위기간: 500년 11월~514년 7월. 총 13년 8개월
▶ 부인: 1명
▶ 자녀: 2남

연제부인 박씨 ── 2남 ──┬ 제23대 법흥왕
　　　　　　　　　　　　└ 입종
　　　　　　　　　　　　　(제24대 진흥왕의 아버지)

437(눌지왕 21)~514(지증왕 15). 신라 제22대 왕. 재위 500~514. 지증마립 간智證麻立干이라고도 한다. 성은 김씨金氏. 이름은 지대로智大路인데, 지도 로智度路·지철로智哲老라고도 한다. 내물마립간의 증손이며, 습보갈문왕智寶 葛文王의 아들이다. 어머니는 김씨로 눌지마립간의 딸인 조생부인鳥生夫人이 며, 왕비는 박씨로 이찬伊湌 등흔登欣의 딸 연제부인延帝夫人이다.

왕은 몸이 건장했으며 담력이 있었다고 한다. 재종형인 소지마립간이 후계 자 없이 죽자 64세의 나이로 왕위를 계승하였다. 502년(지증왕 3)에 순장殉 葬을 금지하는 법령을 내리고, 주군州郡에 명해 농업을 권장하도록 하였으 며, 비로서 우경牛耕을 시행하도록 하는 일련의 개혁조치를 단행함으로써 농업 생산력 증대의 계기를 마련하였다. 이 무렵에는 벼농사가 확대, 보급 되면서 수리사업도 활발히 진행되었는데, 바로 우경이 시작되던 해에 순장을 금지시켰다. 이는 불교적인 의미도 없지 않으나 농업 노동력의 확보라는 측면과 연관이 있을 것으로 주목된다. 이러한 사회적 생산력 발달에 기반을 두고 일련의 정치적 개혁을 시도하였다.

우선 503년에는 그 동안 사라斯羅·사로斯盧·신라新羅 등으로 사용되던 국명을 신라로 확정하였으며, 왕호를 방언인 마립간에서 중국식인 왕으로 바꾸었다. 이로써 지증왕은 비로소 고대국가로 정비된 신라국의 왕이 되었다. 이 때 제정된 신라라는 국명은

"왕의 덕업이 나날이 새로워지고, 사방의 영역을 두루 망라한다(新者德業日新 羅者綱羅四方之義)."

는 뜻에서 취한 것이라고 한다.

이러한 국명 및 왕호의 한화정책漢化政策은 단순한 명칭상의 변경이 아니라 신라가 고대국가 체제를 정비하고, 왕권과 지배조직을 강화함에 따라 자연스럽게 요청되었던 것이다. 그리고 이것은 중국의 고도한 정치조직과 문물에 대한 인식과 그것을 적극적으로 수용하려는 노력의 일환으로 나타나게 되었다.

또한 505년에는 친히 국내의 주州·군郡·현縣을 정했는데, 지방제도로 주군제도州郡制度를 실시한 것은 고구려·백제·가야 등의 삼국과의 전쟁에서 얻어진 점령지의 통치와 영토확장을 위한 수단이었다. 즉, 중앙집권적인 통치체제의 수립을 위해 새로 신라의 영역 내로 편입된 점령지를 행정적 차원에서 일원적으로 파악함으로써 효과적인 지방통치를 행할 수 있었던 것이다.

같은 해에 실직주悉直州(지금의 강원도 삼척)를 설치하고, 이사부異斯夫를 신라 최초의 군주軍主로 삼은 것도 이러한 지방통치의 맥락에서 이해할 수 있다. 신라의 군주제는 군사적 필요에 따라 수시로 이동할 수 있는 군정적軍政的 성격을 띠었으며, 중앙과 지방을 연결하는 실질적인 중간기구로서 기능하는 외직이었다.

한편 군사적으로는 동북 방면에 파리성波里城·미실성彌實城·진덕성珍德城골

화성骨火城 등 12개 성을 축조해 대외적인 방비를 튼튼히 하고, 512년에는 이사부로 하여금 우산국于山國(지금의 울릉도)을 복속시키게 하였다.

그리고 남쪽 방면으로는 신라가 아직 무력으로 완전히 정복하지 못한 아시촌阿尸村(지금의 함안?)에 소경小京을 설치해 그 곳 주민을 행정적으로 회유함으로써 신라의 직할영토로 편입시키기 위한 사전조치를 취하기도 했다. 이 밖에도 상복법喪服法을 제정하고, 서울에 동시東市를 설치했으며, 선박의 이익을 권장하는 등 일련의 의례와 민생에 관한 시책을 실시하기도 하였다. 왕위에 오른 지 15년 만에 78세의 나이로 죽었다. 신라에서 시법諡法을 처음 사용하기로는 지증왕 처음이었다. 시호諡號는 지증智證이다.

신라왕의 칭호는 거서간이 하나, 차차웅이 하나, 이사금이 열여섯, 마립간이 넷이다. 그런데 신라 말엽의 이름난 선비인 최치원崔致遠이 지은 ≪제왕연대력帝王年代曆≫에는 모두 다 무슨 왕이라 칭하고 거서간 등으로는 말하지 않았으니, 이는 그 칭호가 야비하여서 그렇게 부를 것이 못 된다는 이유 때문이었을 것이라 본다. 그러나 ≪좌씨전左氏傳≫과 ≪한서漢書≫는 중국의 역사서인데 오히려 초나라 말인 곡어토穀於菟와 흉노어匈奴語의 탱리고도撑梨孤塗 등을 그대로 남겨두었다. 그러므로 지금 신라의 역사적 사실을 기록함에 있어서도 그 방언을 그대로 남겨두는 것이 또한 옳을 것이다.

502년(지증왕 3) 3월에 왕은 순장을 금지하라고 분부하였다. 이는 전왕인 소지 마립간이 돌아가시자 남녀 각각 5명씩을 순장하였기 때문에 이를 금지한 것이다. 이때 왕은 친히 내을신궁에 제사를 지내고 각 주·군주들에게 농사를 장려하도록 하라고 명령하고 처음으로 소를 밭갈이 하는데 사용하게 하였다.

503년(지증왕 4) 10월에 군신들이 왕에게 말하기를

"시조가 창업한 이래로 국호를 확정하지 아니하여 혹은 사라斯羅라 칭하고 혹은 신라라고 말하였사오나, 신들이 생각하옵건대 '신新'이라고 한 것은 덕업이 날로 새롭다는 뜻이옵고 '라羅'라는 것은 사방을 망라한다는 뜻이옵니다. 그러므로 국호를 신라라고 하는 것이 옳겠나이다. 또한 살피옵건대 예로부터 국가를 가진 자는

모두 제帝 또는 왕王으로 칭하옵는데, 우리는 시조께서 나라를 세우신 이래 22대에 이르기까지 다만 그 칭호를 방언으로 부르고 아직도 바른 존호를 정하지 않았으므로 지금 군신들은 한 뜻으로 신라 국왕이라 호칭하기를 삼가 아뢰옵니다."

하자, 왕은 이 말을 좇아 그대로 정하였다.

504년(지증왕 5) 4월에 상복법喪服法을 제정하여 반포하고 이를 시행하였다. 9월에 역부役夫들을 징집하여 파리성波里城, 미실성彌實城, 진덕성珍德城, 골화성骨火城 등 12성을 축조하였다.

505년(지증왕 6) 2월에 왕은 친히 국내의 주와 군현의 제도를 정하고 실직주悉直州를 설치하고 이사부異斯夫를 그 군주로 삼았는데, 군주의 명칭이 이로써 시작되었다. 11월에 왕은 유사에게 명하여 처음으로 얼음을 저장하여 쓰게 하고 또 선박의 편리를 도모하는 제도를 만들었다.

506년(지증왕 7) 봄과 여름에 한재가 들어서 백성들의 기근이 심하자 왕은 창곡을 풀어내어 백성을 구제하였다.

509년(지증왕 10) 정월, 서울에 동시東市(경주 동쪽에 설치했던 시장)를 설치하였으며 3월에는 함정을 설치하여 맹수들의 피해를 없애도록 하였다. 7월에 서리가 내려서 콩이 상하였다.

510년(지증왕 11) 5월에 지진이 일어나 민가가 파괴되고 죽은 사람이 있었다. 10월에 우레가 울렸다.

512년(지증왕 13) 6월에 우산국于山國이 항복하고 해마다 토산물을 바치게 되었다. 우산국은 명주溟州(현 강릉)의 바로 동쪽 바다에 있는 섬으로 울릉도鬱陵島라고도 이름하는데, 그 지방이 1백 리로 사람들은 험한 것을 믿고 굴복하지 않으므로 이찬 이사부를 하슬라주 군주로 삼아 이들을 복속시키게 하였다. 이사부는 우산국 사람들은 어리석으면서도 사나움으로 이들을 위세로는 굴복시키기 어려우나 좋은 계교로써 복속시킬 수 있다고 생각했다. 그래서 나무로 만든 사자를 전선에 나누어 싣고 그 해안에 이르러서 거짓말로 알리기를

"너희들이 만약에 항복하지 않으면 이 사나운 짐승을 놓아 모조리 짓밟아 죽일 것이라."

하니, 우산국 사람들은 크게 두려워하여 곧 항복하였다.

514년(지증왕 15) 정월에 소경小京을 아시촌阿尸村에 설치하고, 7월에 6부 및 남쪽 지방의 사람들을 이곳으로 옮겨 살게 하였다. 이때 왕이 돌아가시므로 시호를 지증이라 하니, 신라의 시호법諡號法이 이에 처음으로 시작되었다.

● 지증왕대의 사람들

박등흔朴登欣 (欣證이라고도 함)

벼슬은 이찬伊湌. 그의 딸인 연제부인延帝夫人이 지증왕智證王의 비妃가 되었다.

박이종朴伊宗

신라新羅 지증왕智證王 때 사람. 벼슬은 이찬伊湌. 아슬라주阿瑟羅州(지금의 막주溟州) 동쪽 바다에 순풍順風으로 이틀 걸리는 곳에 우릉도于陵島(지금의 우릉羽陵)가 있는데, 이 섬은 면적이 사방 2만6천7백30보步이다. 이 섬 속에 사는 오랑캐들은 그 섬 주위에 바닷물이 깊은 것을 믿고 교만하여 조공朝貢을 하지 않으므로 이에 왕王명을 받아 군사를 거느리고 나아가서 쳤다. 이때 나무로 사자獅子를 만들어 배에 싣고 위협하며 항복하지 않으면 이 사자를 풀어 놓겠다 하니 이에 오랑캐들은 항복하였다. 왕이 내린 상賞과 함께 주백州伯이 되었다.

<본전本傳에는 성姓이 김씨金氏로 되어있다.>

욱개자郁皆子

신라新羅 지증왕智證王 때 악사樂師로 우인악芋引樂을 지었다.

이사부異斯夫

생몰년 미상. 신라 진흥왕 때에 크게 활약한 장군·정치가. 일명 태종苔宗. 내물왕의 4세손으로, 지증왕 이래 법흥왕·진흥왕대까지 활약한 대표적인 장군이며, 신라 왕실의 중신이다.

505년(지증왕 6) 신라에서는 군현제가 실시되어 최초로 실직주悉直州가 설치되었는데, 이때 이사부는 그 곳의 군주軍主가 되었다.

그리고 512년에는 우산국于山國(지금의 울릉도)을 점령하였다. 원래 우산국은 지리적인 이유로 신라에 귀복하지 않고 있었으며, 주민들이 사나워서 힘으로는 정복할 수가 없었다. 이에 이사부는 계교로써 항복받을 수 있다고 생각하여 나무로 사자獅子를 많이 만들어 전선에 가득 싣고 그 나라 해안을 내왕하면서 항복하지 않으면 맹수를 풀어 밟아 죽이겠다고 위협하자, 그들은 마침내 항복하고 말았다.

541년(진흥왕 2) 병부령兵部令이 되었다. 당시 병부령은 단순한 병부의 책임자에 그치는 것이 아니라, 상대등·시중을 겸할 수 있는 최고 요직의 하나였다. 그 뒤 562년(진흥왕 23)까지 정치·군사의 실권을 장악하였다.

545년 왕에게 국사편찬의 필요성을 역설하자 왕은 거칠부居柒夫 등에게 명하여 ≪국사國史≫를 편찬하게 하였다.

550년 1월 백제가 고구려의 도살성道薩城을 함락하고, 3월에는 고구려가 백제의 금현성金峴城을 점령하는 등 양국의 충돌을 틈타, 이사부는 이 두 곳을 공략하여 점령한 뒤 성을 증축하고 1,000명의 군사를 주둔시켰다. 이어 금현성 탈환을 위하여 재차 침입한 고구려의 군대를 다시 격파하였다.

근래에 발견된 단양신라적성비丹陽新羅赤城碑에 의하면, 549년(진흥왕 10) 전후에 이찬이사부는 파진찬두미豆彌와 아찬비차부比次夫·무력武力(김유신의 할아버지) 등을 이끌고 한강 상류지방을 경략하여 신라 영토를 크게 넓혔다.

562년 9월 가야가 반란을 일으키자, 그는 왕명을 받고 출정하였다. 이때에 사다함斯多含이 5천 기병을 이끌고 전단문旃檀門에 치달아 백기를 세우니 성 중의 모든 사람들이 어찌할 바를 몰랐다. 이를 본 이사부가 돌격하여 성을 함락시켰다. 이를 계기로 신라는 대가야를 멸망시켜 낙동강 하류지역을 완전히 장악하였으며, 이들과 연결된 왜의 세력을 한반도에서 제거할 수 있었다. 이 후, 이사부의 행적은 전해지지 않고 있다.

진흥왕의 재위 20년대 말에 세워진 순수비를 보아도 이사부의 이름은 보이지 않고, 그를 뒤이어 크게 활약한 거칠부가 가장 먼저 나오고 있다. 이를 보면, 그가 진흥왕의 재위 20년대 중후반의 어느 때에 은퇴했거나 사망한 것이 아닐까 추정된다.

◉ 지증왕 시대의 세계동향

▶ 동양

501년 3월 안강왕安康王 보융 자립自立

504년 9월 위나라 북변에 9성을 쌓음

506년 4월 위나라, 양나라 군사를 막음

512년 2월 양나라 울주 위나라에 굴복

▶ 서양

502년 4월 동로마 페르시아와 싸움

● 지증왕의 순장 금지조치

피지배층의 산 목숨까지 데려갈 수는 없는 일
노동력의 상실이라는 점에서도 시대착오

502년 3월 지증왕은 국왕이나 귀족의 장례시 살아있는 사람을 함께 묻던 순장풍습을 금지하라는 명령을 내렸다. 이 조치로 국왕이 죽으면 남녀 각각 5인씩을 순장하는 풍습은 이제 사라지게 될 것으로 보이며 귀족들이 죽을 때 시녀나 호위무사를 함께 묻던 오랜 관행도 사라질 것으로 전망된다.

순장을 금지하는 지증왕의 발표는 매우 때늦은 감이 있으나 환영할 일이었다. 그 동안 신라 사회에는 왕이나 지배층이 죽으면 산 사람을 죽은 사람의 무덤이나 그 옆에 함께 묻는 순장제가 장례 풍습으로 오랫동안 지속되어 왔으며 지배층 내부에서는 이러한 제도가 하등의 문제가 없는 것으로 받아들여졌다. 순장제가 발생하고 지속된 데에는 죽고 난 다음에도 현실의 생활이 지속된다고 여긴 지배층들의 사후관념과 밀접한 관련을 가지고 있었다. 이들은 죽은 후의 생활에서도 자신을 위해 봉사할 시종이나 무사를 거느리고 있어야 한다는 생각에서 순장제를 당연하게 받아들였다.

그러나 죽은 사람을 위해 산 사람을 매장시키는 순장제는 인간으로서 차마 하지 못할 반인륜적인 행위이다. 물론 순장을 당하는 노비는 주인에게 절대적으로 봉사해야 할 위치에 있으며, 또한 그 주인이 마음만 먹으면 언제라도 생명을 빼앗을 수 있는 가엾은 처지에 있다는 것은 사실이다. 그러나 그렇다 할지라도 살아있는 사람을 죽은 사람을 위해 저 세상에서까지 종으로 부리고자 생명을 앗아간다는 것은 너무나 심한 소행이다.

또한 산 사람의 목숨마저도 지배자의 마음대로 처분하는 모습을 보여주어서 죽은 자의 권위를 내세우고자 순장이 행해지기도 하는데 이 역시 올바른 권위확립 방법이 아니라고 여겨진다. 오히려 지배자가 너그러운 성인군자의 모습을 보여줌으로써 피지배층의 자연스러운 복종을 유도해내는 것이 지배력을 강화시킬 수 있는 효율적인 방법이 될 수 있기 때문이다.

또 순장은 노동력을 쓸데없이 낭비한다는 점에서도 옳지 못한 일이다. 특히나 삼국간의 항쟁이 나날이 치열해지면서 인간의 노동력이 더욱 중요시되고 있는 요즈음과 같은 시대에 순장으로 노동력을 상실한다는 것은 시대착오적인 것이다.

이제 남은 일은 이번 조치로 순장이 사라질 수 있도록 왕실이 모범을 보이고 귀족들도 이를 적극적으로 따라주는 것이다. 다만 아직도 사후생활을 위해 순장을 고집할 생각을 가지고 있다면 인간이 아닌 흙인형 등과 같은 대용물을 이용해주기 바란다. 그리고 신라보다 선진적인 고구려의 경우 순장이 이미 자취를 감춘 지 오래이며 사후 생활의 안정을 위해 무덤에 벽화가 그려지고 있다는 사실도 한 번 고려해보기 바란다.

● 지증왕 음경 이야기

신라 제22대 지증왕에게는 남에게 말하기 어려운 고민이 있었다. 왕의 음경이 그 길이가 무려 한 자 다섯 치나 될 만큼 컸던 것이다. 왕비로 간택된 처녀들마다 첫날 밤을 넘기지 못하고 울며불며 돌아가니 나중에는 이 사실이 신하들에게도 알려지게 되었다. 마침내 전국 방방곡곡에 사람을 보내어 왕후가 될 처녀를 구해오도록 했는데, 왕비감을 찾아 돌아다니던 사자가 모량부 지방에 이르렀을 때였다. 커다란 나무 아래서 개 두 마리가 크기가 북만한 똥덩이를 놓고는 서로 잡아당기며 으르렁거리고 있는 것이었다. 사자가 마을 사람들에게 그 똥의 임자를 물어보니 여자아이가 나서서 일러주었다. "이 마을 재상 댁 따님이 여기 와서 빨래를 하다가 숲 속에 들어가 눈 것이랍니다" 사자가 재상의 집을 찾아가자 키가 일곱 자 다섯 치나 되는 처녀가 나타났다. 이 사실을 보고 받은 왕은 손수 수레를 보내 그 재상의 딸을 궁중으로 맞아들여 혼례를 올리니 모든 신하들이 오랜 근심에서 벗어나 왕의 경사를 기뻐하였다고 전한다.

● 지증왕대의 주요사건

삼국, 주변 약소국 정벌에 박차

- 고구려: 백제, 신라에 대한 군사적 공세는 번번히 좌절되나 부여를 완전히 흡수하는 등 건국 이후 최대 영토를 자랑하면서 삼국 중 가장 강력한 국가로서의 지위를 여전히 유지하고 있다.
- 백제: 웅진 천도 초기의 혼란이 극복되고 정치적 안정을 이룩하였다. 뚜렷한 국력 회복세를 보이고 있다.
- 신라: 국왕의 권한 강화, 집권체제 정비 속에 정치적 안정을 이룩하고 있다.

삼국의 내정 상황

- 고구려: 정치권 내부에서 정치적 갈등 심각해져감.
- 백제: 사비천도 후 중흥의 기치를 내걸고 대대적으로 관제정비.
- 신라: 상대등 설치, 불교 공인 등을 통해 내적 체제 안정기로 돌입

백제, 탐라국 속국화

백제와 신라가 주변 약소국 정벌에 박차를 가하고 있다. 498년(동성왕 20) 8월 백제는 그 동안 공납 바치는 것을 거부하던 탐라국에 군사적 위협을 가해 탐라를 백제의 지배하에 두는데 성공했다.

신라, 우산국 정복

512년(지증왕 13년) 6월 신라도 우산국을 정복하여 해마다 토산물을 바치도록 했다. 정벌에 나선 이사부는 나무사자를 진짜 맹수인 것처럼 꾸며 배를

싣고 섬사람들을 위협, 항복을 받아냈다.

고구려, 부여로부터 항복 받아내

494년 부여의 왕실이 고구려에 항복했다. 부여는 기원전 1세기 경에 세워져 초반에는 고구려와 대결하고 한과 전쟁을 벌이기도 했으나 정복전쟁에서 큰 성과를 얻지는 못했다. 부여는 3세기 후반 이후 북방 민족의 활동이 활발해지면서 커다란 시련을 겪었다. 285년에 선비족 모용외에게 공격을 받아 왕이 자살하고 그 자제는 옥저로 도망가는 등 멸망의 위기를 맞았으나 왕자 의라依羅가 진나라 동부 교위의 도움을 받아 나라를 회복했다. 그러나 서기 246년 마침내 연왕 모용황의 공격에 치명적인 타격을 받은 후에는 결국 고구려에 항복하기에 이르렀다.

신라 눈부신 약진, 경제발전 가속화

신라는 소백산맥과 낙동강으로 가로막혀 문물을 받아들이는데 불리했던 지리적 여건을 극복, 빠르게 성장하고 있다. 발전의 양상이 두드러지게 나타난 것은 5세기 후반 들어서이다. 고구려의 침략에 대응하여 백제와 동맹을 체결했던 신라는 백제의 지원을 받으면서 고구려와 맞설 정도의 정치적 성장을 거두었다.

신라의 이러한 성장은 그 동안 꾸준히 전개되어온 '경제발전'의 산물이라는 것이 일반적인 평가이다.

5세기 후반 신라는 국가의 적극적인 정책과 지도하에 농업생산력이 비약적으로 발전해왔다. 특히 지증왕 때에 이르러 농업기술 향상, 농기구 개량으로 경제발전이 가속화되고 있을 뿐만 아니라 정치 문화도 성숙하고 있어 한반도의 새로운 주자로 등장할 것으로 보인다.

금관가야, 신라에 항복

532년 금관가야의 국왕 김구해는 국고의 보물을 가지고 신라에 항복했다. 신라의 국왕 법흥왕은 이들을 예로써 대접하여 높은 등위의 지위를 주고 그 본국을 식읍食邑으로 삼게 했다.

고령의 대가야를 중심으로 연맹을 이루고 있던 가야 제국은 6세기 들어와 주위의 강국 신라·백제에 투항하거나 점령되고 있는 실정이었다.

백제, 중흥의 기치 내걸다
대대적 관제정비

538년 백제 26대 임금 성왕은 웅진에서 '사비'로 도읍을 옮기고 동시에 국호를 백제에서 '남부여'로 개정했다. 이 과정에서 귀족세력의 상당수는 국왕의 천도 단행에 대해 심하게 반발한 것으로 전해지고 있다. 그러나 백제 중흥의 기치를 내건 성왕은 24대 동성왕과 25대 무령왕 시기를 거치면서 강화되어온 왕권과 신진세력으로 등장하고 있는 사씨 집단의 지원에 힘입어 귀족세력의 반발을 물리쳤다.

천도 이후 성왕은 관제정비에 박차를 가하고 있다. 중앙 관제로서 16관등제와 22부제, 수도 조직으로 5부제와 지방 조직으로 5방제 체제를 정비하고 있다. 16관등제는 1품 좌평에서 16품 극우에 이르기까지 16등급으로 이루어져 있으며 관등의 높고 낮음에 따라 옷 색깔을 달리하도록 하여 자색·비색·청색으로 구분하였다. 22부제는 나라 일을 나누어 맡는 행정 관서제도인데 궁중 업무를 맡는 내관 12부와 일반 업무를 관장하는 외관 10부로 구성되어 있다. 지방은 5방으로 나누고 그 아래 군과 성을 두었으며 그 장관을 '방령'이라 부르고 있다.

전쟁일지

479년(소지왕 1) 3월 고구려가 말갈과 더불어 신라 북변을 침입하여 7개 성을 취하고 계속 진군해올 때 신라는 백제, 가야의 구원병과 함께 진격을 저지하고 패퇴해 물러가는 고구려군을 추격하여 1천명의 목을 베었다.

484년(소지왕 6) 7월 고구려가 신라 북변을 침범하자 신라는 백제와 협력하여 모산성에서 이를 크게 격파.

494년(소지왕 16, 동성왕 16) 7월 신라군이 고구려와 싸워 이기지 못하고 물러나 견아성을 지키자, 고구려 병사가 이를 포위했다. 이때 백제 동성왕이 병력 3천명을 보내 신라군을 도와 고구려군의 포위를 풀어주었다.

495년(소지왕 17, 동성왕 17) 고구려에 치양성을 포위당한 백제가 신라에 구원을 요청하자, 소지마립간은 장군 덕지를 파견하여 구원케 하니 고구려군이 물러갔다.

503년(무령왕 3) 10월 백제, 고구려 공격 격퇴

512년(무령왕 12) 9월 백제, 고구려 군대 대파

23
___

상대등 제도를 도입한
개혁가는 불교의 씨앗을 뿌린
종교가이기도 했다

법흥왕

新羅王朝實錄

법흥왕 法興王
김씨 왕 8대

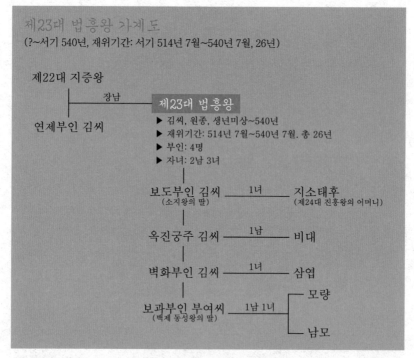

제23대 법흥왕 가계도

(?~서기 540년, 재위기간: 서기 514년 7월~540년 7월, 26년)

제22대 지증왕
┃ 장남
연제부인 김씨

제23대 법흥왕
▶ 김씨, 원종, 생년미상~540년
▶ 재위기간: 514년 7월~540년 7월. 총 26년
▶ 부인: 4명
▶ 자녀: 2남 3녀

보도부인 김씨 ——1녀—— 지소태후
(소지왕의 딸) (제24대 진흥왕의 어머니)

옥진궁주 김씨 ——1남—— 비대

벽화부인 김씨 ——1녀—— 삼엽

보과부인 부여씨 ——1남 1녀—— 모량
(백제 동성왕의 딸) 남모

?~540(법흥왕 27). 신라 제23대 왕. 재위 514~540. 성은 김씨金氏, 이름은 원종原宗. 지증왕의 원자이며, 어머니는 연제부인延帝夫人 박씨朴氏이고, 왕비는 보도부인保刀夫人 박씨이다. 키가 7척이나 되고 도량이 넓으며 남을 사랑하였다고 한다.

법흥왕은 지증왕 때의 일련의 개혁정치를 계승해 중앙 집권적인 고대 국가로서의 통치 체제를 완비하였다. 이 같은 점에서 우선 주목되는 것은 517년(법흥왕 4)에 설치한 중앙 관부로서 병부兵部의 존재이다.

?~540(법흥왕 27). 신라 제23대 왕. 재위 514~540. 성은 김씨金氏, 이름은
원종原宗. 지증왕의 원자이며, 어머니는 연제부인延帝夫人 박씨朴氏이고, 왕
비는 보도부인保刀夫人 박씨이다. 키가 7척이나 되고 도량이 넓으며 남을 사
랑하였다고 한다.

법흥왕은 지증왕 때의 일련의 개혁정치를 계승해 중앙 집권적인 고대 국
가로서의 통치 체제를 완비하였다. 이 같은 점에서 우선 주목되는 것은 517
년(법흥왕 4)에 설치한 중앙 관부로서 병부兵部의 존재이다.

신라에서 중앙 관부로는 병부가 제일 먼저 설치되었는데, 이것은 중앙 집
권적 고대 국가 체제를 수립하는 과정에서 가장 중요한 군사권을 왕이 직
접 장악함으로써 왕권을 강화할 수 있었던 것으로 이해된다. 즉, 517년에
비로소 설치된 병부는, 눌지왕 이후에 등장해 왕의 직속하에 있으면서 군사
권을 장악했던 장군과 같은 직책을 중앙 관부로 흡수해 재편성한 것이다.

520년에는 율령을 반포하고 백관 공복을 제정했는데, 이 때 반포된 율령의
구체적인 내용에 대해서는 자세히 알 수 없으나 17관등과 골품제도 등에
관한 규정이 포함되었을 것으로 추측된다. 율령 제정의 역사적 의의는 매
우 크다. 왜냐하면 율령에 의해 신라에 통합된 이질적 요소들이 파악됨으로
써 통치가 보다 쉽게 이루어질 수 있었으며, 법에 의한 이질적 요소의 강제
적 해소로 상대적으로 왕을 정점으로 하는 국가 권력의 강화를 꾀할 수 있
었기 때문이다.

그리고 이러한 국가 권력, 즉 왕권의 강화를 단적으로 나타낸 제도가 바로
법흥왕 대에 비로소 설치된 상대등이다. 상대등은 수상과 같은 존재로서
531년에 이찬伊湌 철부哲夫가 최초로 상대등에 임명되었다. 상대등은 신라
의 최고 관직으로서 대등으로 구성되는 귀족회의의 주재자였다. 이러한 상
대등이 설치된 배경은 왕권이 점차 강화되어 왕이 귀족회의 주재자로서의
성격을 탈피하게 되자 왕 밑에서 귀족들을 장악할 새로운 관직이 필요해졌
기 때문이다. 법흥왕은 이와 같이 대내적으로 체제를 정비해 왕권을 강화하
는 한편, 대외적으로는 영역 확장을 적극적으로 추진하였다.

522년에 백제의 적극적인 진출에 반발한 대가야가 법흥왕에게 사신을 보

내 결혼을 요청했는데, 왕은 이 제의를 받아들여 이찬 비조부比助夫의 누이동생을 보내 동맹을 맺었다.

 그 뒤 법흥왕은 적극적인 남진 정책을 추진해 524년에는 남쪽의 국경 지방을 순수巡狩하고 영토를 개척하였다. 이 때 본가야의 왕이 와서 법흥왕과 회견했는데, 아마도 투항 조건을 타진한 것으로 짐작된다. 이 본가야는 532년에 금관국주金官國主 김구해金仇亥가 세 아들과 함께 신라에 항복해 옴으로써 정식으로 합병되었다. 본가야의 투항은 신라로 하여금 낙동강과 남해안의 교통상의 요지인 김해를 발판으로 가야의 여러 나라를 정복할 수 있는 계기를 만들어 주었다. 이 밖에 대아찬 이등伊登을 사벌주군주沙伐州軍主로 임명해 서북 방면의 점령지를 관리하게 하였다.

 왕권 강화와 영역 확장 등에 힘입어 국력이 신장된 신라는 536년(법흥왕 23)에 비로소 독자적 연호인 건원建元을 사용하였다. 이로써 법흥왕 이후 신라 중고中古 왕실의 거의 모든 왕들은 자기의 독자적인 연호를 가지게 되었다. 동아시아의 전통 사회에서 중국의 주변 국가가 중국 연호를 사용하지 않고 자기 연호를 사용했다는 것은, 일단 중국과 대등한 입장에서의 국가임을 자각한 자주 의식의 표현이라는 데 역사적 의미가 있다.

 또한 521년에는 종래의 외교 노선에서 탈피해 위진남북조시대魏晉南北朝時代의 북조 대신에 남조인 양梁에 사신을 파견했는데, 이것은 백제의 안내를 받고 실현된 것으로 보인다. 그리고 이 때 신라에 사신으로 온 양나라의 승려 원표元表가 불교를 신라 왕실에 전해 준 것이 불교 수용의 직접적인 계기가 되었다. 불교가 신라에 처음 들어온 것은 5세기 초 아마도 눌지왕 때이거나 또는 그보다 조금 이른 시기일 것으로 보인다. 불교 전래의 경로는 고구려를 통한 것이었다.

 초기의 전도자傳道者, 즉 신라 불교 개척자로서의 명예를 지니게 된 것은 아도阿道였다. 그는 인도의 승려로서 묵호자墨胡子라는 별명을 가지고 있었으며, 고구려로부터 일선군一善郡 모례毛禮의 집에 숨어 민간의 전도에 힘썼다. 민간에 전파된 불교는 신라 귀족으로부터 동두이복童頭異服·의론기궤議論奇詭의 사교로 비난받았으나, 신라와 중국의 외교적 교섭이 열림에 따라

마침내 신라 왕실에까지 알려지게 되었다. 법흥왕은 불교를 크게 일으키려 했으나 귀족들의 반대로 고민하던 중 527년에 이차돈異次頓의 순교를 계기로 국가적 공인이 이루어졌다. 법흥왕에 의해 국가 종교로 수용된 불교는 왕권을 중심으로 한 중앙 집권적 고대 국가 형성에서 이념적 기초를 제공해, 왕실과 매우 밀접한 관계에 놓이게 되었다. 이러한 관계는 법흥왕이 말년에 승려가 되어 법호를 법공法空, 또는 法雲이라 한 데에서 잘 나타난다.

재위 27년 만에 죽자 애공사哀公寺에 장사 지냈다. 시호는 법흥法興이다.

516년(법흥왕 3) 정월에 왕은 내을신궁에 제사를 지냈는데 용이 양산楊山 우물 속에 나타났다.

517년(법흥왕 4) 4월에 처음으로 병부兵部를 설치하였다.

518년(법흥왕 5) 2월에 주산성株山城을 축조하였다.

520년(법흥왕 7) 정월에 율령을 반포하고 처음으로 백관들의 공복公服을 제정하여 주자朱紫의 차례를 정하였다.

521년(법흥왕 8) 양梁나라에 사신을 파견하고 특산물을 보냈다.

522년(법흥왕 9) 3월에 가야 국왕이 사신을 파견하여 혼인을 청하므로 왕은 이찬 비조부比助夫의 여동생을 보내주었다.

524년(법흥왕 11) 9월에 왕은 남쪽 경계로 순행하여 나라의 경계를 개척하였는데 가야 국왕도 함께하였다.

525년(법흥왕 12) 2월에 대아찬 이등伊登을 사벌주 군주로 삼았다.

528년(법흥왕 15) 처음으로 불법佛法을 공행公行하였다. 처음 눌지 마립간 때에 사문沙門 묵호자墨胡子가 고구려로부터 일선군에 이르렀으므로 군에 사는 주민 모례毛禮는 집속에 굴실窟室을 만들어 안치하였다. 그런데 이때 양나라에서 사신을 파견하여 의복과 향을 보내왔으나, 군신들은 향의 이름과 사용 방법을 알지 못했다. 이에 사람을 시켜 그 향을 가지고 돌아다니면서 이를 물었는데, 묵호자가 이것을 보고 명칭을 일러주고 말하기를

"이것을 불에 태우면 향기가 아름답고 정성을 드리면 신성神聖에 통할 수 있는데 이른 바 신성은 삼보三寶에 더 지나지 아니하니 첫째는 불타佛陀이고, 둘째는 달마達

磨이고 셋째는 승가僧伽이다. 만약 이것을 태우면서 발원하면 반드시 선령의 응함이 있을 것이라."

하였다. 이때 마침 왕녀가 병이 들어 위독하였기 때문에 왕은 묵호자로 하여금 향을 피우고 발원케 하였더니 왕녀의 병이 얼마 지나지 않아 나았다. 이에 왕은 크게 기뻐하여 많은 예물을 주고 후하게 대접하였다. 묵호자는 궁성에서 나와 모례를 만나 왕에게서 받은 물건을 주면서 말하기를

"나는 이제 돌아갈 곳이 있노라."

하며 작별을 청하고는 갑자기 어디론가 갔는데 간 곳을 알 수 없었다. 그 후 소지 마립간 때에 이르러 아도阿道(또는 我道)라는 승려가 시종하는 사람 세 명과 함께 모례의 집으로 왔는데, 그 몸가짐이 묵호자와 같았다. 그는 몇 해를 살다가 병도 없이 죽었다. 그를 시종하던 세 사람은 그대로 머물러 살면서 경률을 강독하니 갈수로 이를 신봉하는 사람이 늘어갔다. 법흥왕 때에 이르러 불교를 번성시키려고 하였으나, 군신들이 이를 믿지 않고 이러니저러니 떠들며 말썽이 많으므로 이를 흥하게 하기가 어려웠다. 이때 임금을 가까이 모시던 이차돈이 아뢰기를

"청하옵건대 소신을 참형함으로써 뭇사람들의 의견을 결정하옵소서."

하였다. 이에 왕이

"내 본시 도를 일으키고자 함인데 어찌 무고한 사람을 죽일까 보냐."

하니 이차돈이 답하여 말하기를

"만약에 도를 행할 수 있사오면, 신은 비록 죽더라도 유감아 없겠나이다."

하며 굳은 결의를 보이자, 왕은 곧 군신들을 불러놓고 불법 공행을 물었다. 모든 신하들이 말하기를

"지금 수행하는 승려들을 보면 머리를 깎고 이상한 의복을 입고 의논이 기괴한 심상치 않은 도이니, 지금 만약에 이를 그대로 내버려 두시면 후회가 있을까 두렵사옵니다. 신들은 비록 중죄에 처할지라도 감히 분부를 받들지 못하겠나이다."

하였다. 이때 이차돈만이 홀로 말하기를

"지금 군신들의 말은 옳지 아니합니다. 대저 비상한 사람이 있는 연후에야 비상한 일이 있는 것입니다. 지금 듣자옵건대 불법은 교리가 심오하오니 이를 가히 믿지 않을 수 없는 것으로 생각되옵니다."

하였다. 왕은 말하기를

"여러 사람들의 말을 깨뜨릴 수 없는데 너만 홀로 다른 말을 하니, 두 가지 의논을 좇을 수가 없다."

하고는 드디어 형리에게 명하여 곧 그를 죽이게 하였다. 이차돈은 죽을 때에 말하기를

"나는 불법을 위하여 형을 받기로 하였는데, 만약에 불법의 신령이 있다면 나의 죽음에는 반드시 이상한 일이 있을 것이다."

하였다. 이차돈을 참형하자 목이 잘린 자리에서 피가 용솟음쳐 나오는데, 그 빛이 희고 마치 젖과 같았다. 이를 본 여러 사람들은 이를 이상하게 여기어 다시는 불법을 시행하는 일에 대하여 반대하지 아니하였다.
529년(법흥왕 16) 왕은 살생을 금하라는 분부를 내렸다.

531년(법흥왕 18) 3월에 왕은 유사들에게 명하여 제방을 수리하게 하였다. 4월에 이찬 철부哲夫를 상대등으로 삼아 ≪국사國史≫를 총리하게 하였다. 상대등의 관직이 이로써 처음 시작되었는데 이는 지금의 재상과 같은 것이다.

532년(법흥왕 19) 가락국 왕인 김구해金仇亥(구형왕仇衡王)가 비와 3명의 아들 즉 장남 노종奴宗, 차남 무덕武德, 계남 무력武力과 더불어 나라의 보물을 가지고 와서 항복하였다. 법흥왕은 이를 예로써 대우한 뒤 상등의 벼슬을 주고 본국을 그의 식읍食邑으로 하였다. 그리고 그 아들 무력(김유신金庾信의 조부)은 벼슬이 각간에 이르렀다.

534년(법흥왕 21) 상대등 철부가 죽었다.

536년(법흥왕 23) 처음으로 연호를 정하여 건원 원년이라 하였다.

538년(법흥왕 25) 정월에 왕은 외관外官으로 부임할 때 가족들을 데리고 가는 것을 허락하였다.

540년(법흥왕 27) 7월에 왕이 돌아가시자 법흥이라 시호하고 애공사哀公寺 북쪽 봉우리에 장사하였다.

● 법흥왕대의 사람들

비조부比助夫

생몰년 미상. 신라 법흥왕 때의 대신. 관등은 이찬伊湌이었다. 522년(법흥왕 9) 3월 가야국 임금이 신라에 청혼하여 왕명에 의하여 그는 누이를 가야 이뇌왕異腦王에게 시집보냈다. 이로써 두 나라는 혼인동맹으로 친선을 도모하였다. 그러나 ≪동국여지승람≫ 고령현조高靈縣條에 인용한 최치원崔致遠이 지은 <석순응전釋順應傳>에는 "이찬夷粲 비지배比枝輩의 딸"이라고 하여 누이가 딸로 기재되어 있다. 비조부比助夫와 비지배比枝輩는 신라말의 동음이기同音異記로 보겠다. 이 신라 왕족의 딸이 낳은 자식이 대가야의 마지막 임금인 월광태자月光太子였다.

철부哲夫

?~534(법흥왕 21). 신라 법흥왕 때의 대신. 531년 이찬伊飡의 관등으로 상대등上大等이 되어 백관의 위에서 국사를 총괄하였다. 죽을 때까지 약 3년 동안 재임하였다. 상대등 직책은 이때부터 시작되었다.

이등伊登

생몰년 미상. 신라 법흥왕 때의 군주軍主. 525년(법흥왕 12) 2월 신라가 사벌주沙伐州를 설치하고 상주上州(지금의 경상북도 상주)라 불렀다. 그해 2월에 대아찬大阿飡이던 그가 사벌주의 군주가 되었다.

박영실朴英失

신라新羅 모량부牟梁部 사람. 벼슬은 각간角干. 그의 딸인 보도부인保刀夫人이 법흥왕法興王의 비妃가 되었다.

구형왕仇衡王

생몰년 미상. 금관가야의 제10대 왕. '구충왕仇衝王' 또는 '구해왕仇亥王'이라고도 표기되었다. ≪삼국사기≫ 신라본기 법흥왕 19년(532)조에 "금관국의 임금 김구해金仇亥가 왕비 및 세 아들인 장남 노종奴宗, 중남 무덕武德, 계남季男 무력武力과 함께 국고國庫의 보물을 가지고 신라에 항복하였다."고 하였다. <가락국기>에 의하면 금관가야의 멸망연대를 진흥왕 23년으로 잘못 기록하고 있으나, 또한 <개황력開皇曆>을 인용하며 법흥왕 19년에 망

한 사실을 제시하고 있다. 또한, <가락국기>에 의하면 왕비는 분질수이
질分叱水爾叱의 딸 계화桂花, 세 아들의 이름은 세종世宗·무도茂刀·무득茂得이
라 하는데, ≪삼국사기≫의 이름과 표기가 다를 뿐이다. ≪삼국사기≫에는

"금관가야가 멸망하자, 신라는 이들을 예로 대접하고, 왕에게 상등上等의 벼슬을
주고, 그 본국을 식읍食邑으로 삼게 하였다."

고 하였다. 아들 무력은 많은 무공을 세우고 각간角干의 벼슬에까지 올랐
다. 김유신은 무력의 손자이다. 금관가야는 멸망하였으나, 그 왕족은 진골
귀족으로 신라에 편입되어 신김씨新金氏라 칭성하면서 신라의 왕족에 준하
는 대우를 받았다.

이차돈異次頓

506(지증왕 7)~527(법흥왕 14). 신라 최초의 불교 순교자. 성은 박씨, 이름은
염촉厭髑. 거차돈居次頓이라고도 하며, 태어난 해가 501년이라는 설도 있다.
아버지의 이름은 미상이며, 지증왕의 생부인 습보갈문왕의 후예라 한다.
≪삼국유사≫의 주註에 보면 김용행金用行이 지은 아도비문阿道碑文에는 그
의 아버지는 길승吉升, 할아버지는 공한功漢, 증조부는 흘해왕訖解王으로 되
어 있다. 어려서부터 성질이 곧아 사람들의 신망을 받았으며, 일찍부터 불
교를 신봉하였으나 신라에서 국법으로 불교가 허용되지 않음을 한탄하였
다. 그 당시의 왕이었던 법흥왕도 불교를 백성들에게 알리고 불력佛力에 의
하여 국운의 번영을 꾀하였으나 신하들의 반대로 불교를 공인할 수가 없었
다. 법흥왕의 뜻을 헤아린 이차돈은 왕에게

"나라를 위하여 몸을 죽이는 것은 신하의 대절이요, 임금을 위하여 목숨을 바치는
것은 백성의 바른 뜻"

이라 하고, 거짓 전명傳命한 죄를 내려 자신의 머리를 베면 만인이 다 굴복하여 교명敎命을 어기지 못할 것이라고 하였다. 그러나 법흥왕이 이를 반대하였으므로 이차돈은 다시

"모든 것 중에서 버리기 어려운 것이 신명身命이지만 이 몸이 저녁에 죽어 아침에 대교大敎(불교)가 행하여지면 불일佛日(부처)이 다시 중천에 오르고 성주聖主가 길이 편안할 것"

이라 하면서 왕의 허락을 청하였다.

마침내 천경림天鏡林에 절을 짓기 시작하자 이차돈이 왕명을 받들어 불사佛事를 시작한다는 소문이 퍼져 조신들은 크게 흥분하며 왕에게 물었다. 왕은 자기 자신이 명령을 내린 것이 아니라 하고, 이차돈을 불렀다. 이차돈은 불사를 일으켰음은 부처님의 뜻에 따라 자신이 한 일이라 하고 이 불법佛法을 행하면 나라가 크게 편안하고 경제에 유익할 것이니 국령國令을 어긴다 한들 무슨 죄가 되겠는가 하고 반문하였다.

신하들의 반대가 커지자 왕은 이차돈과 처음 약속한 대로 하리下吏(신하)를 불러 이차돈의 목을 베도록 하였다. 이차돈은

"부처님이 신령하다면 내가 죽은 뒤 반드시 이적이 일어날 것"

이라 하고 하늘을 향하여 기도하였다.

목을 베자 머리는 멀리 날아 금강산金剛山 꼭대기에 떨어졌고, 잘린 목에서는 흰 젖이 수십 장丈이나 솟아 올랐으며, 갑자기 캄캄해진 하늘에서는 아름다운 꽃이 떨어지고 땅이 크게 진동하였다.

왕과 군신들은 자기들의 어리석음을 깨닫고 불교를 공인하였다. 그때 이차돈의 나이는 26세(또는 22세)였으며, 연대는 법흥왕 15년, 또는 16년이라는 설이 있다.

수년 후인 534년(법흥왕 21)에 천경림에는 신라 최초의 정사精舍가 세워졌

다. 절이 완공되자 법흥왕은 왕위를 진흥왕에게 물려주고 스스로 승려가 되어 법공法空이라고 불렀다. 세상 사람들은 이 절을 대왕흥륜사大王興輪寺라고 하였다. 이차돈이 순교한 뒤 해마다 그의 기일忌日에는 많은 사람들이 흥륜사에서 모임을 가지고 그를 추모하였다.

흥륜사는 그 이후에도 더 확충, 증축되었는데, 544년(진흥왕 5) 2월 금당金堂이 완성되어 십성十聖을 모실 때 이차돈도 그 가운데에 모셨다. 또, 이차돈을 위하여 자추사刺楸寺를 세웠는데, 이 절에서 치성을 드리면 반드시 영화를 얻고 불도를 행하여 법리法利를 깨닫게 되었다고 한다.

그의 순교장면을 상징하는 육면석당六面石幢이 경주박물관에 보존되어 있다. 이 석당은 그의 죽음을 영원히 공양하기 위하여 세워진 것이다.

◉ 법흥왕 시대의 세계동향

▶ 동양

중국 남조에선 502년에 제가 멸망하고, 양이 건국되었다. 그러자 북위가 양을 침입하였고, 양과 북위 간에 패권 다툼이 이어졌다. 양은 위를 지속적으로 공격하여 526년에 북위의 수양을 장악하는 개가를 올렸다. 그러자 북위에 내분이 일어나 호태후가 효명제를 죽이는 사태가 발생한다. 그 뒤로 효장제, 절민제, 효무제 등이 몇 년 상간으로 즉위했으나, 534년에 반란이 발생하여 북위는 동위와 서위로 나뉘었다.

▶ 서양

동로마에서는 유스티니아누스 1세가 즉위하여 '유스티니아누스 법전'을 완성하고, 반달 왕국을 멸망시켜 세력을 확대한다. 프랑크도 부르군트 왕국을 병합하여 동로마와 더불어 양대 축을 형성한다. 콘스탄티노플에 성 소피아 대성당과 이레네 성당이 건립된 것이다.

● 법흥왕대의 주요사건

신라, 국왕의 권력강화 상대등제도 설치
국왕 칭호 바꾸고 초월적 지위획득

법흥왕 시기에 들어 최고 지배자에 대한 칭호가 달라지고 있으며 이러한 변화는 국왕의 위상이 높아지는 것에 따른 것으로 분석되고 있다.

법흥왕의 전대 임금인 지증왕 시기에는 지증왕뿐만 아니라 힘이 있는 귀족들도 자신을 '왕王'으로 칭하는 등 국왕의 위상이 아직 6부의 다른 지배층들을 초월하지 못했었다.

법흥왕 즉위 이후 울진봉평비가 세워지는 524년 경에도 왕을 칭할 때 '훼부 모즉지 매금왕' 식으로 '훼부'라고 하는 출신부의 명칭이 항상 앞에 나오고 있으며 이와 더불어 이사금 또는 마립간과 같은 의미의 '매금'이 붙어다니는 것도 왕이 6부를 통괄하는 국왕 이기는 하지만 한편으로 최고 유력부의 우두머리 지위에 머물러 있는 한계를 보여주는 것이다.

그러나 이러한 상황은 531년 상대등의 설치를 통해 극복되어가고 있었다. 535년과 539년 제작된 울주 천전리의 돌에 대왕大王이라는 칭호가 등장하기 시작한 것이다.

또 531년 4월 상대등제도를 처음으로 마련한 법흥왕은 이찬 철부로 상대등을 삼아 국사를 총리케 하였다.

화백회의에 참여하는 귀족 대표를 '대등'이라고 하는데, 상대등은 그 용어에서 보이듯이 이들 귀족들의 최고 우두머리로서 귀족회의를 주재하는 직책으로 파악할 수 있겠다.

상대등 제도의 마련은 법흥왕 시기에 들어와 왕권이 그만큼 강화되었음을 의미한다. 그 이전까지는 왕도 화백회의에 참여하였는데 이 사실은 국왕 역시 귀족의 한 일원이라는 뜻으로 해석되었다. 그런데 이제 상대등제도가 마련되어 귀족회의에서 국왕이 제외되고 상대등을 자신이 임명할 수 있게 됨으로써 이전과는 다른 초월적 지위를 획득했다고 할 수 있겠다.

법령위반 경고, 울진봉평비 건립
거벌모라 남미지 촌 반란 진압 후

거벌모라 남미지居伐牟羅 男彌只 촌(울진 봉평)에서 발생한 반란을 진압하고 관련자를 율령에 따라 처벌한 신라 법흥왕은, 신라 내 유력 귀족 13인과 함께 이번과 같은 사태가 발생하지 않도록 경고하기 위해 경건한 의식 속에 비석을 세웠다.

거벌모라 남미지 촌은 원래 고구려의 영역이었다가 지증왕 때 신라로 편입된 지역이다. 신라의 지배에 항거한 이번 봉기를 처리하면서 신라는 520년 반포한 율령에 따라 봉기 가담자의 죄를 분류하고 이들에게 60에서 1백 대에 이르는 곤장을 때렸다. 그리고 이곳에 율령 박사를 파견하여 신라의 율령을 알리고 주지시키고 있다.

신라의 법흥왕은 이번과 같은 사태가 재발하지 않고 다른 지역에 파급되지 않도록 엄중히 경고하는 의미에서 엄숙한 의식을 치루고 비를 세웠다. 이 의식에는 신라 6부 중 가장 세력이 큰 탁부 출신의 법흥왕을 비롯하여 신라의 유력 지배층 13인이 참가하여 얼룩소를 잡아 죽이고 그 피를 서로 나누어 마셨으며, 이번 사태의 내용과 처벌 사실 등이 기록된 비를 세워 이번과 같은 일이 다시는 발생하지 않도록 기원했다.

신라의 가야 분열 전략
혼인정책으로 대가야 고립시켜 연맹 해체 유도

신라의 법흥왕이 구사한 가야 분열 전략은 매우 인상적이었다. 법흥왕은 552년 3월 신라와의 혼인을 통해 자신의 지위를 높이고자 했던 대가야 국왕의 요청을 받아들여 양국 간에 혼인이 맺어지게 된다. 이때 법흥왕은 신부와 더불어 수많은 시녀를 딸려 보내게 되는데 신부를 맞이한 대가야의 국왕은 가야 연맹체 내에서 자신의 권위를 과시하고자 그 시녀들이 가야 연맹 여러 나라들에 나누어주었다. 그런데 어느 날 갑자기 여러 나라에 흩어져 있던 신라 출신 궁녀들이 약속이나 한 듯 신라의 의복을 입은 것이다. 이 사태를 목격한 가야의 여러 나라들은 매우 놀라면서 대가야의 국왕이 신라와 내통한 것이 아닌가 하는 의심을 품게 되고 하사받은 궁녀들을 모두 대가야에 되돌려 보냈다. 결국 가야 연맹은 이 사건을 겪으면서 연맹관계가 더욱 약화되고 있으며 신라·백제에게 계속 분할 점령되고 있는 실정이다.

신라 경주에 만들어진 국왕의 거대한 무덤
금관, 장신구, 안장 등 마구류, 무기, 토기, 유리 그릇 등 부장품만 만여점

신라 경주에 거대한 국왕의 무덤이 만들어졌다. 이 무덤은 고구려나 백제의 무덤과는 다른 형식으로 시신과 부장품을 넣는 나무로 된 곽(=목곽)을 만들고 목곽의 주위에 냇가에서 주어온 냇돌을 덮었는데, 그 돌무지의 규모는 직경 23.6m, 높이 7.5m에 이른다. 다시 그 위에는 0.2m의 두께로 점토를 발라 밖에서 스며드는 물기를 차단토록 했으며, 또 그 위에 봉토를 씌웠다. 무덤 내부에 돌로 된 벽이 없기 때문에 애당초 벽화가 그려질 수 없는 구조라는 점이 고구려 무덤과 다른 면이다. 그러나 워낙 견고한 무덤인지라 도굴의 위험은 고구려 무덤보다 덜할 것으로 보인다.

목곽 안에 놓인 목관 내부에는 금으로 된 허리띠와 순 금관을 쓰고 둥근고리가 달린 칼을 찬 주인공의 유해가 머리를 동쪽으로 향하고 있다. 그리고 그 옆에는 부장품을 넣는 목궤가 놓여 있다. 부장품은 금관, 금제 장신구류, 안장, 말방울, 다래 등의 마구류, 무기류, 토기, 금속제 용기, 유리 그릇 등 모두 만 천여 점에 이른다고 한다.

그 중 가장 관심을 끌었던 것은 천마도가 그려져 있는 말다래이다. 말다래는 말을 탄 사람의 옷에 흙이 튀지 않도록 말의 배 양쪽으로 늘어뜨린 마구인데 여기에 구름 위를 날고 있는 매우 사실적인 흰 말이 그려져 있다. 이는 종이처럼 얇은 자작나무를 수십 겹 붙인 뒤 그 위에 자연채색인 광물성

색채를 써서 그림을 그렸다. 천마의 몸에는 군데군데 반달모양의 무늬가 있고 앞가슴과 뒷발 사이에는 갈고리 모양이 달려 있는데 그 중 반달형 무늬는 고대 스키타이 문화에서 많이 보이기도 한다. 중국 감숙 지방에서 보이는 천마상의 개념과 연결해볼 수 있다. 동아시아에서 천마의 개념은 한대의 서역경에서도 보이는데 초기 천마의 특징은 날개 없이 공중에 떠 있는 모습이다.

유리제품도 부장품으로 들어가는데, 이는 고대 실크로드를 통해 들어온 문화적 산물로 보인다. 이 유리제품은 고대중국 유리하고는 달리 알카리 성분의 로만 글라스 계통인데, 그 전래 과정은 분명하지는 않지만 비단길의 하나인 초원의 길을 통한 것으로 여겨진다.

신라에서 많은 부장품이 들어가는 거대 분묘가 만들어지는 것은 4세기 후반 이후이다. 내물왕 시기를 거치면서 신라는 진한 전 지역의 여러 세력 집단에 대한 맹주로서 위치를 굳히게 되는데, 이러한 정치적 성장을 배경으로 신라 지배층은 자신의 권위를 더욱 과시할 수 있는 거대한 분묘를 만들기 시작한 것이다.

● 신라, 한강유역 완전장악

고구려 묵인 하에 백제령 한강 하류 지역 기습 점령
1백 20년간 지속되어온 나·제동맹 깨져
백제. "배신자 신라" 극렬 성토, 대규모 보복 공격 준비

553년 신라는 백제와의 연합작전을 통해 고구려의 점령지였던 한강 상류 지역을 차지한데 이어, 백제가 고구려로부터 76년 만에 회복한 한강 하류 지역을 기습점령함으로써 한강 전유역을 독차지하게 되었다. 이로 인해 1백20년 간 지속되어온 나·제동맹은 결렬되었으며 불의의 기습으로 귀중한

영토를 빼앗긴 백제는 복수를 벼르고 있어 양국 간 관계는 일촉즉발의 초긴장상태에 돌입했다.
 한강 하류 일대는 비옥한 평야를 끼고 있어 경제적으로 윤택할 뿐만 아니라 중국과 교류할 수 있는 기지를 갖추고 있어 이전부터 백제와 고구려 사이에 치열한 공방이 전개되던 지역이었다. 신라의 장수 거칠부가

"중국과의 관계를 전개하는데 있어 지리적 장애를 겪고 있는 신라로서는 이 지역은 전략적으로 매우 중요한 곳"

이라고 한데서 알 수 있듯 서해로의 관문에 해당하는 한강 하류를 차지하려는 신라의 움직임은 그간 대단히 적극적이었다.
 신라의 한강 하류 확보작전은 매우 치밀하게 계획된 것으로 전해지고 있다. 신라는 자신이 백제의 영토인 한강 하류를 빼앗을 경우 이를 되찾으려는 백제의 반격이 거셀 것이며 백제의 공세가 고구려와 결합한다면 이는 신라로서는 견딜 수 없는 최악의 상황이 되는 것이기에 한강 점령 이전에 고구려와의 강화를 은밀히 추진하였다.
 신라는 백제·고구려 군에 대한 공세를 중지하겠으니 신라의 한강 하류 장악에 대해 개입하지 말 것을 요청했고, 당시 서북 지방이 위태로운 상태였던 고구려 역시 북제의 압력과 돌궐의 공세로 남쪽 전선이 안정되기를 절실히 바라고 있던 처지였기에 신라의 요청을 수용하게 되어 두 나라 사이에 비밀 협정이 체결됐다.
 외교와 전투 모두에서 신라에 패배한 백제는 신라를 비난하면서 격분하고 있으며, 신라에 대해 배반의 쓴맛이 어떤 것인지 보여주겠다고 잔뜩 벼르고 있어 대대적인 신라 원정이 예상된다.
 백제와 신라 사이의 동맹을 깨뜨리고 두 나라를 적대국으로 만드는 데 성공한 고구려는 이번 외교의 성공 덕택으로 남부전선의 위기를 모면할 수 있었다.

신라, 대가야 정복

562년 9월 신라는 비밀리에 군대를 진격시켜 대가야를 멸하였다.

지략으로 울릉도를 정벌한 바 있으며 국사편찬을 건의하기도 했던 이사부는 왕의 명령에 따라 고령의 대가야 원정에 나섰다.

원정군에 포함되어 있었던 사다람은 5천의 기병을 거느리고 먼저 적진에 달려 들어가 백기를 세우자, 성 안의 사람들이 두려워하여 어찌할 바를 모르고 혼란스러워하는 사이에 이사부가 군사를 이끌고 임하니, 일시에 죄다 항복했다. 이로써 가야는 역사 속으로 사라진 나라가 되어버렸다.

한강 장악은 신라 발전의 교두보 될 것

신라가 백제의 군사를 격파하고 한강 하류를 장악한 일은 신라의 발전에 커다란 전기를 마련해준 것으로 평가된다. 비옥한 토지와 많은 인구를 보유한 경제적 가치는 신라의 부를 더욱 증대시키고 군사적 팽창을 뒷받침해줄 것이며 또한 서해를 통한 중국과의 직교류가 가능해짐에 따라 신라는 국제 정세에 보다 적극적으로 대처할 수 있게 되었다. 다만 전략적 가치가 뛰어난 이 지역에 대해 백제가 반격해 오리라는 것은 자명한 일이다. 따라서 한강에 대한 지배권을 지키기 위한 신라의 노력이 필요해지는 시기라 평할 수도 있을 것이다.

● 신라에서 불교가 공인되기까지

이차돈 순교…신라 법흥왕, 불교 공인
귀족세력과 타협 성공, 불교 국교화

신라에 불교를 일으키려던 법흥왕은 귀족들의 반발에 밀려 정치적으로 매우 어려운 상황에 처하기도 하였으나 이차돈의 순교로 위기를 모면하고 그 후 불교 공인에 반대해왔던 귀족들과 타협에 성공하여 불교를 신라의 공식 종교로서 인정했다. 이로써 불교는 단순한 종교사상이라기보다는 왕권을 뒷받침해주는 정치이념으로 자리잡게 됐다.

왕권강화를 위해 불교 수용 추진
반대세력, '귀족불교' 강조하며 한발 양보

법흥왕은 군주로 즉위한 이래 백제·고구려에 비해 국가발전 단계가 뒤떨어져 있는 신라를 발전시켜 보다 중앙집권화된 국가로 만들기 위해 노력해왔다. 그가 즉위 4년 병부를 설치하고, 즉위 7년에 율령을 반포하고, 관리의 공복을 제정한 것 등은 이러한 노력의 일환이었다. 그 결과 신라는 이전에 비해 많은 발전을 이룩하였다. 그러나 법흥왕은 여기에 만족하지 않고 보다 강력한 군주의 권한을 확립하기 위해 '불교 수용'을 고려해왔다. 그리하여 법흥왕은 '이차돈'을 기용하여 그에게 신라에서 불교가 공인될 수 있도록 하는 큰일을 맡기었다.

그러나 이 일에는 커다란 장애가 따랐는데 그것은 다름 아닌 자신의 세력 기반을 독자적으로 가지고 있는 귀족들의 반발이었다. 계속 되고 있는 왕권 강화 추세에 불안을 느끼고 있던 귀족들은 왕실에 의해 불교가 수용되어 백성들이 임금을 부처처럼 생각할 경우 왕의 권위는 그만큼 올라갈 것이고 상대적으로 귀족의 힘은 약화될 것이 불을 보듯 뻔한 일이기에 불교의 수용을 반대한 것이다. 이에 따라 왕실은 커다란 어려움을 맞게 된 것이다.

이차돈의 순교로 정치적 위기를 가까스로 모면한 왕실은 그 후에도 불교 공인을 위해 귀족과의 계속적인 타협을 전개하였다. 이 과정에서 귀족들은 '미륵신앙'을 강조하여 공인된 불교에 귀족불교의 성격을 가미시켰으며, 불교 교리에서 자신에게 유리한 부분인 '윤회전생' 사상을 발견해냈기에 불교를 수용하는데 합의할 수 있었다.

"이차돈은 정치적 희생양", 법흥왕의 귀족 반발 무마용
'목에서 흰 피 솟았다' 기적 논란, 불교 전파 기폭제
불교세 확장 막으려는 귀족들의 거센 반발 잠재워

　신라에 불교가 공인되는 데 있어 큰 역할을 한 인물 '이차돈'은 527년 왕명을 어긴 혐의로 처형당했다. 그로부터 8년이 지난 지금도 그가 죽을 때 발생했다고 하는 '기적'의 사실 여부를 둘러싸고 논란이 그치지 않고 있다. 그러나 그의 죽음이 정치적으로 궁지에 몰린 법흥왕을 구제해주었으며, 처형당시 보여준 그의 굳건한 믿음은 불교신도는 물론이거니와 비신도에게도 커다란 충격과 감명을 주어 신라사회에 불교가 널리 전파되는 데 큰 기여를 했다는 사실에 의문을 제기하는 사람은 없다고 본다.
　8년 전 불교를 융성시키기 위하여 이차돈을 기용한 인물은 법흥왕이었다. 당시 신라사회에 불교를 일으키려 했던 법흥왕은 자신의 뜻을 강력하게 추진할 수 있는 관료가 필요했는데 마침 불교에 대한 이해가 깊고 믿음이 굳건한 인물 '이차돈'을 만나는 행운을 얻게 되며 그에게 신라 최초의 절인 '흥륜사' 창건의 과업을 맡기게 된다.
　그러나 불교를 공인하려는 국왕에 맞서는 귀족들의 저항은 매우 강력했다. 이차돈이 자신들의 성지로 여기는 천경림의 나무를 베어다가 절의 공사에 사용하며 이곳에 절을 창건하려 하자 더 이상 물러설 수 없다고 생각한 귀족들은 법흥왕에게 어떻게 이런 일이 있을 수 있느냐고 따지면서 당장 절을 세우는 일을 그만두라고 매우 강도 높게 반발했다.
　불교를 일으키려다 귀족들의 완강한 반발로 왕 자신이 쫓겨날지도 모를

궁지에 몰린 법흥왕은 하는 수 없이 이차돈을 제거하는 것으로 사태를 수습하려고 했다. 그래서 이차돈을 희생양으로 삼아 그에게 사형을 선고한 것이다.

● 신라의 국교, 불교

불교의 창시자 석가모니

'석가'는 '샤키아'라 불리는 한 부족의 명칭이며 '모니'는 성자聖者를 의미하는 '무니(muni)'가 변한 말. 따라서 석가모니는 '석가족 출신의 성자'라는 뜻. '붓다'는 '깨달은 자'를 의미하며 중국에서 '불타佛陀'로 변해 '불佛'이라는 호칭이 생겼다.

시대적 배경과 탄생

갠지스강 유역에 물자가 풍부해지면서 상공업과 도시가 발달하고 소도시 중심의 공화제적 정치가 실행되고 있었던 기원전 6세기 무렵, 코살라 왕국 소속 샤키아 공화국의 정반왕과 마야부인 사이에서 석가모니가 탄생하였다. 마야부인은 '하얀 코끼리가 옆구리를 통해서 자궁 속으로 들어오는' 태몽을 꾸었으며 친정으로 가는 도중 룸비니 동산에서 오른쪽 옆구리를 통해 석가모니를 낳았다고 한다.

출가 전까지의 생활과 출가수행

석가모니는 내성적이고 소극적인 성격이었으므로 아버지 정반왕은 3개의 궁전을 마련하는 등 온갖 호사와 안락을 제공. 그러나 왕자의 관심은 언제나 다른 곳에 있었고 아들 라훌라(장애, 악귀라는 뜻)가 태어나자 더 이상 지체

했다가는 가정의 속박에 묶여버릴 것을 염려, 29세에 출가를 단행한다.

처음에 석가는 무소유의 경지를 이야기하는 '수정주의자' 밑에서 수행하였으나, 이들에게 만족하지 않은 석가는 고행주의로 전환을 시도, 6·7년간의 고행 생활 끝에 아사타 나무 아래에서 깨달음(보리)을 얻게 된다. 석가는 몸을 현실생활 상태로 두면서 불안을 해소하는 노력이 필요하다는 것을 깨달은 것이다.

설법과 전도

석가모니는 끊임없이 전도여행을 다녔던 것으로 유명하다. 코살라국의 수다타라는 부유한 상인이 정사精舍라고 불리는 수도원을 기증한 이후 국왕이나 부유한 상인이 불교로 귀의하는 사건이 잇따랐고 이는 불교의 경제적 기반이 되었다.

석가모니는 출가승들의 집단생활을 도입했는데 이를 승가僧伽(sangha)라고 한다. 승가에서는 출가 이전의 사회적 계급을 불문하고 한 시간이라도 일찍 출가한 자를 윗자리에 앉힘으로써 카스트제도를 완전히 부정하였다.

개인은 3개의 옷과 하나의 밥그릇만을 소유하며 나머지는 승가의 공동소유로 삼았다.

입멸과 당대의 평가

80세 노령에 이르기까지 45년간 전도생활을 계속한 석가는 죽기 전에 교단의 지침을 넘겨주기 바라는 제자 아난에게

"법을 의지처로 삼고 자기를 의지처로 삼으라"

는 말을 남기고 입적하였다.

1주일 후 석가의 시신은 화장되었고 그의 유물은 8부분으로 나뉘어 스투

파, 즉 불탑에 안치하였다. 석가모니가 입멸한 후 '가섭'은 제자들 중에 5백 명의 정통 비구를 선발, 경經(석가모니의 일반적 가르침)과 율律(출가자의 교단생활 규정)을 편찬, 사이비 불교의 출현을 막고자 했다.

석가는 인간의 평등을 인정하면서 카스트제도를 비난했고 가난은 부도덕과 범죄의 원인이라고 지적할 만큼 경제적인 부와 도덕적 진보 사이의 관계를 알고 있었다.

그는 스승과 제자 사이의 애정과 존경에 기초한 질서와 계율을 중시하여 교단을 운영하였고, 또한 그는 신도들 앞에서 신통력을 과시하는 것을 금지했다. 이는 그가 가장 위대한 신통력이라고 생각한 것은 진리를 설명하고 사람들로 하여금 그것을 깨닫게 하는 것이라 믿었던 탓이었다.

불교가 급속도로 확대된 이유
평등 사상에 입각한 교리

브라만의 형식 중시와 인간 차별주의를 비판하고 인간의 절대적 평등을 외친 불교의 등장은 매우 충격적인 사건이었으며 그 파급은 매우 신속하고도 강력했다.

시타르타(=석가모니)는 인생사는 '고통의 바다'이고 인간은 그 고통 속에 잠겨 한없이 괴롭고 힘들게 삶을 살아가고 있다고 보았다. 그는 다시 깊은 사색을 통하여 인간이 이와 같은 고통에 놓이게 된 것은 사람의 마음속에 들어 있는 여러 가지 '욕망' 때문이라고 생각했다. 생에 대한 세속적인 욕망이나 집착으로 인해 인간이 불행해지며 고통을 겪게 된다는 것이다.

따라서 그는 욕심이나 집착을 버리는 수행을 통하여 마음을 비우게 되고 집착을 버리게 되었을 때 비로소 고통으로부터 벗어난 상태 즉, '해탈'의 경지에 이르며, 그리하여 마음이 절대적으로 안정되고 평안하게 되었을 때 '열반'에 오르게 된 것이라 말한다. 그리고 부처란 다름 아닌 열반의 경지에 오른 '깨닫는 자'를 일컫는 것이다.

여기서 석가모니는 가가 부자든 가난하든 신분이 높든 천하든 상관없이 인간은 누구나 다 깨달음을 얻을 수 있는 존재라고 말함으로써 만인은 근본적으로 평등하다고 주장하여 계급간의 차별을 인정하지 않았다. 그러므로 귀족이나 천민이 그 전생의 업에 따라 현실세계의 지위에 차별이 있다 할지라도 근본적으로는 평등하다고 볼 수 있는 것이다.

이와 같이 불교는 당시 인도 사회에서 브라만교의 사제를 최상 계급으로 하는 불평등한 신분제도(사성제도)를 맹렬히 반대하고, '평등'을 역설하여 사회개혁을 꾀했던 것이다.

● 이차돈 순교비

이차돈의 성은 이씨가 아니다

국립경주박물관 미술관 2층 전시실에는 여섯모 나게 다듬은 돌 한면에 그림이 새겨진 특이한 비석이 있으니 <이차돈 순교비>이다.

이 비는 이차돈이 순교한 지 290년이 지난 신라 41대 헌덕왕 9년(불기 1361, 서기 817)에 서라벌의 북쪽 (소)금강산 백률사에 세웠던 것이다.

그가 목숨을 바쳐 신라에 불교를 받아들이게 한 사실은 너무나 유명한 일이라 누구나 다 안다. 그런 사람 가운데 필자도 한 사람인데 '이차돈異次頓'이란 순교자殉敎者는 성이 이異이고 이름이 차돈次頓인 줄 알았었다.

그런데 비석의 그림을 보고 그리면서, 그에 대한 관심이 깊어 ≪삼국유사≫와 ≪삼국사기≫를 유심히 들여다 보다가, 나로서는 새로운 사실을 알아내었으니 감히 지면에 싣는다.

≪삼국유사≫를 쓴 일연 스님은 후손들을 위하여 자상하고도 꼼꼼하게 기록을 남겼거니와 '원종原宗이 불교를 진흥시키고, 염촉厭髑이 몸을 희생하다'에 이렇게 적고 있다.

이차돈의 성姓은 박朴이요 자는 염촉厭燭이다. 혹은 이차二次라 하고 이처異處라고도 하니 우리말로 발음이 다를 뿐이요 한문으로 번역하면 염厭으로 '싫다'는 뜻의 말이다. 촉燭은 돈頓, 도道, 도覩, 독獨 등 다 글 쓰는 이의 편의에 따랐으니 이는 뜻이 없는 어조사이다. 여기서 위의 글자만 한문 글자 염厭으로 번역하고 아래 글자는 번역하지 않았으므로 염촉, 또는 염도 등으로 불렀다.

고 되어 있다.

이에 필자의 소견을 피력해 본다.

이차二次, 이처異處에서 '아' 또는 '어'는 옛글자 아래 'ㆍ'와 같은 소리일 것이다. 한문 염厭은 오늘날 '싫다'이니 끝의 '다'는 도, 돈, 촉(옛말은 톡, 독이다)으로도 표기했다. '싫다'의 'ㅅ'과 '차, 처'의 'ㅊ'은 잇소리[치음齒音]이니 고어 'ㅿ'으로 보아진다. 입을 다물었다가 이 소리를 내면서 벌리면 이차, 이처로 발음된다. 그래서 이차돈을 한문으로 쓰면 '이차'와 비슷한 소리가 나는 '싫다'라는 뜻말인 염厭이란 한자와 소리를 빌어 적은 도독과 비슷한 발음이 나는 촉燭으로 기록할 수밖에 없었으리라. 그때에 한글이 있었으면 얼마나 좋았겠는가! 여기서 한 번 더 세종대왕이 백성들의 고충을 헤아려 창제하신 한글의 고마움을 새삼스럽게 느낀다.

각설하고, 이차돈은 이처돈·이차도·이처도 등으로 불렀으니 성姓은 왕손인 박朴씨였고, 한문으로 기록하자면 염촉厭燭·염도厭道·염도厭睹·염독厭獨으로 하였다.

이차돈이 순교한 사실은 《삼국사기》(23대 법흥왕 15)에 자세히 적혀 있고, 또 《삼국유사》(흥법 제3)에는 지은이의 의견까지 곁들여 더 상세하게 적어 놓았는데, 연대는 1년이 차이 나고(사기-법흥왕 15년(528), 유사-법흥왕 14년(527)) 그 내용도 조금 다르다.

거기다가 순교한 사실을 《삼국사기》는 김대문金大問의 글에서 인용했다고 적었고 《삼국유사》는 남간사의 중 일념一念이 지은 촉향분예불결사문觸香墳禮佛結社文(염촉의 무덤에 불공하는 단체를 모은 취지문)에서 뽑아 쓰면서

<향전>도 인용하였다.
≪삼국사기≫ 글 가운데 비석의 그림과 일치하는 부분을 골라 보면,

염촉이 왕의 명령이라 하고 공사를 일으켜 절을 창건한다는 뜻을 전했더
니 여러 신하들이 와서 말렸다. 왕이 노하여 염촉을 크게 꾸짖고 '거짓 왕
명王命을 전하였다.' 하여 그의 목을 베라고 명령하였다. 죽음 앞에 선 이차
돈이 발원 맹세를 하여 말하기를

"큰 성인이신 법왕님이 불교를 진흥시키고자 하시므로 저는 목숨을 돌보지 않겠
사오니 한없이 오랜 세월 인연을 맺으시어 하늘을 상서로운 징조를 내려 두루 인간
들에게 뵈어 주소서!"

하고 목을 쑥 내밀어 칼을 받았다. 옥사장이 칼을 내리치자 그의 머리는 날
아서 북쪽 (소)금강산에 떨어졌고, 목에서는 젖빛 피가 솟아 나왔다.
하늘은 갑자기 어두워지더니 해는 빛을 잃고, 땅은 진동하면서 빗방울이
꽃모양이 되어 떨어졌다.

이 순간의 광경을 돌에 그림으로 새긴 것이 이차돈 순교비다.
관을 쓴 채로 떨어진 머리는 땅바닥에 만족한 기분인 채 우러나는 즐거움
이 담긴 모습으로 뉘어 있다. 허리는 앞으로 숙이고, 가슴은 당당히 펴고,
두 손은 소매 속에 집어 넣고, 엉덩이를 쑥 빼어 꾸부정한 자세로 죽음을 맞
았다. 어쩌면 새로운 영생의 길에 접어드는 자세를 취하고 있는듯 하다. 두
발은 모아서 손과 함께 최상의 공손한 몸가짐이다. 목에서는 젖빛 피가 한
길이나 솟아오르는 광경을 생생히 표현하고 있다. 발 밑은 땅이 흔들리는
모습을 파도가 일렁이는 것처럼 표현했다. 하늘은 비가 쏟아지다가 꽃으로
변해 하염없이 일렁이며 떨어지는 광경이다.
이 비석의 글씨는 마멸이 심하여 읽을 수 없지만 새겨진 그림만으로도 숭
고한 이차돈의 순교 장면을 잠작하고도 남는다. 위대한 왕이 있었기에 훌

룽한 신하가 있었고 살신성인殺身成仁의 본보기가 있었기에 신라는 뛰어났다.

끝으로 일연이 지은 시로 글을 마친다.

갸륵한 그의 지레 만만년 계획이매,
구구한 여론들도 터럭 같은 비방일 뿐
금륜을 몰아내고 법륜이 돌아가니
태평세월에 부처님 광명 빛나도다.

　　　　　－원종(법흥왕)을 위하여

대의 위한 희생만도 놀라운 일이거든
하늘꽃과 흰 젖 기적 더욱 미쁘오이다.
칼날이 한 번 번쩍 그 몸이 죽으시매
절마다 쇠북소리 새벌을 진동하네

　　　　　－염촉을 위하여

● 소금강산

이차돈의 목이 떨어진 곳에 자추사를 세우고

경주 벌판의 북쪽 야트막한 산이 금강산金剛山(143m)이다.

남쪽에는 금오산(468m)과 고위산(494m)으로 이어진 남산이 장엄하게 뻗어 있고, 서쪽에는 선도산(380m)과 송화산(214m)이 솟아있다. 동쪽에는 명활산 (245m)을 비롯하여 만호봉(505m), 토함산(745m)이 연이어 있다. 그러나 북쪽 에는 형산강이 흐르므로 산다운 산이 없고 모두가 나지막하니, 지세로 보아 가장 약하고 허虛한 편이다.

허약한 곳은 이름이라도 강하게 붙여야 다른 곳과 균형이 맞을 것 아닌가? 그래서 강한 이름! '금강金剛'인 것이다. 백두대간의 중허리에 자리잡은 강 원도의 금강산이야 돌들이 뼈만 남은 것 같이 단단하게 엉킨 모습이라 생 김새대로 표현하여 금강산金剛山이라 한 것과 대조된다.

그 강원도의 금강산과 구분하기 위하여 경주 금강산은 '소금강산小金剛山' 이라고도 부른다.

경주 북쪽 산봉우리가 금강산이라는 기록은 일찍부터 여러 곳에서 나온다. ≪삼국유사≫ <흥법 제3> '원종(법흥왕의 이름)이 불교를 진흥시키고 염촉(이차돈)이 몸을 희생하다'라는 제목의 글에 '향전에는 그의 머리가 날아가 금 강산 꼭대기에 떨어졌다.' 하였고 이어서 '북산北山의 서쪽 고개(머리가 날아가 떨어진 곳)에 장사했다.' 라고 기록되어 있다.

<탑과 불상 제4> '백률사柏栗寺'라는 제목의 글에는 '계림의 북악北岳을 금 강령金剛嶺 이라 이른다. 산 남쪽에는 백률사가 있고 이 절에는 관세음보살 상이 1구軀 있다.' 라 했다.

'굴불산掘佛山'이라는 제목의 글에는 '경덕왕이 백률사에 가시는데 산 아래 에 닿으니 땅 속에서 염불소리가 나는지라, 거기를 파게 하니 큰 돌이 나오 므로 4면에 4방불을 새겨 그곳에 절을 세우고 이름을 굴불掘佛이라 하였는 데 지금(일연 스님의 ≪삼국유사≫를 쓸 당시)은 잘못 불러 굴석掘石이라고 한다'

라 쓰여 있다.

<기이紀異 제2>의 '신라시조 혁거세왕' 제목 아래 '진한 땅에는 옛날 여섯 마을이 있었다 …(중략)… 여섯째는 명활산明活山 고야촌高耶村이니 마을 어른은 虎珍호진이라 하고 처음 금강산金剛山에 내려왔으니 이가 습비부 설씨薛氏의 조상이 되었다' 고 씌어 있다.

≪신증동국여지승람≫(1530년 편찬)에는 '금강산은 부府의 북쪽 78리에 있다. 신라에서는 북악北嶽이라 하였다.' 고 씌어 있다.

산 남쪽에는 박바우가 있는데, 신라 때 북쪽에 바위가 드러나 보이는 것이 서라벌에 좋지못하다 하여 박을 심어 가리게 했으므로 박바우라고 불렀다 한다. 이 박바우를 한문으로 표기하면 표암瓢巖인데, 경주이씨 시조인 알평공謁平公이 (하늘에서) 내려온 곳이라 하여 '표암재瓢巖齋'를 지어 두고 봄과 가을로 향사를 지낸다.

그 동쪽에는 석탈해왕릉이 있고 능 남동쪽에는 숭신전崇信殿이 있다. 숭신전은 석탈해와 인연있던 월성 만댕이에 있는데, 반월성 정화계획에 따라 1980년 이곳에 옮겨 지었다.

북동쪽 자락에는 이름 모를 절터가 있고 낮은 바위에는 삼존불이 돋을새김 되어 있다. 이 산과 동쪽 금학산 사이에는 다부리 마을이 있는데, 이는 부처가 많다는 뜻으로 한문으로 '다불리多佛里'라고 쓴다.

산등성이에는 신라 때 고분을 비롯해 근래까지의 많은 무덤이 자리잡고 있다. 뿐만 아니라 화장장火葬場도 이 산 골짜기에 있으니 죽은이가 가는 북망산北邙山이 여기가 아닐는가?

경주에는 예부터 세 가지 진기한 물건과 여덟 가지 괴이한 풍광이 있었는데 그것들을 삼기三奇 팔괴八怪라 불러오고 있다. 그 팔괴 가운데 하나가 백률송순栢栗松筍(백률순송白栗筍松이라고도 한다)이다.

토박이 소나무는 한 번 꺾으면 다시 '순筍'이 생겨나지 않는다. 그러나 백률사 부근의 소나무는 가지를 친 뒤에 거기서 순이 생겨 나온다는 것이다. 불교공인때 이차돈異次頓은 불교를 위해 희생되었다. 사형을 당해 떨어진 이차돈의 목이 하늘에 올라 갔다가 다시 금강령에 떨어졌다.

그 자리에 자추사剌楸寺 즉 백률사를 세우고 이차돈의 명복을 빌었다. 그래서 백률사 부근의 소나무에서만이 솔순이 돋아났다 하며, 이는 비록 이차돈의 목은 떨어졌으나 불교佛敎 소생의 계기가 되었다는 데서 유래한다고 전하다. 즉 죽었던 이차돈이 다시 살아난 것과 같다는 것이다. 그래서 백률사의 송순松筍은 유명해졌으며 다음과 같은 노래 가락의 한 구절이 생겼다.

백률송순栢栗松筍 솔을 베어
자그맣게 배를 모아
안압부평雁鴨浮萍 뜨는 물에
달맞이나 가자구나

또한 일설一說에는 이 절(백률사)에는 울창한 대숲이 있었고(지금도 존재한다) 이 지방의 대나무들은 대게 가느다란 것뿐인데 여기 것은 굵은 종류의 대나무들이었다 한다.

이 대숲은 특히 봄이 되어 죽순이 돋아날 때에는 굵은 것들이 한꺼번에 힘차게 돋아나서 송화가루 날리는 송순과 같이 그 정경을 찬미하여 '백률송순'이라 불렀다는 말이 있다.(≪경주박물관학교 교본 1≫, 윤경렬 지음)

24

능란한 외교로 국토수호와
백성들의 안정을 바탕으로
삼국통일의 틀을 잡았다

진흥왕

新羅王朝實錄

진흥왕 眞興王
김씨 왕 9대

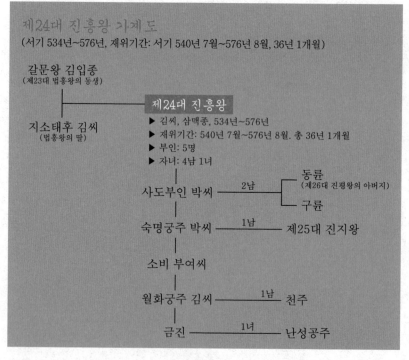

제24대 진흥왕 가계도
(서기 534년~576년, 재위기간: 서기 540년 7월~576년 8월, 36년 1개월)

갈문왕 김입종
(제23대 법흥왕의 동생)

제24대 진흥왕

지소태후 김씨
(법흥왕의 딸)

▶ 김씨, 삼맥종, 534년~576년
▶ 재위기간: 540년 7월~576년 8월. 총 36년 1개월
▶ 부인: 5명
▶ 자녀: 4남 1녀

사도부인 박씨 ——2남—— 동륜
(제26대 진평왕의 아버지)
구륜

숙명궁주 박씨 ——1남—— 제25대 진지왕

소비 부여씨

월화궁주 김씨 ——1남—— 천주

금진 ——1녀—— 난성공주

534(법흥왕 21)~576(진지왕 1). 신라 제24대 왕. 재위 540~576. 성은 김씨金氏. 이름은 삼맥종三麥宗 또는 심맥부深麥夫. 지증왕의 손자로, 법흥왕의 아우 입종갈문왕立宗葛文王의 아들이다. 어머니는 법흥왕의 딸 김씨이며, 왕비는 박씨로 사도부인思道夫人이다. 7세의 어린 나이로 즉위하니 왕태후 김씨가 섭정하였다. 신라의 대외적 발전을 비약적으로 추진시킨 왕이다.

534(법흥왕 21)~576(진지왕 1). 신라 제24대 왕. 재위 540~576. 성은 김씨金氏. 이름은 삼맥종三麥宗 또는 심맥부深麥夫. 지증왕의 손자로, 법흥왕의 아우 입종갈문왕立宗葛文王의 아들이다. 어머니는 법흥왕의 딸 김씨이며, 왕비는 박씨로 사도부인思道夫人이다. 7세의 어린 나이로 즉위하니 왕태후 김씨가 섭정하였다. 신라의 대외적 발전을 비약적으로 추진시킨 왕이다.

즉위 초에는 왕태후의 섭정을 받았으나 551년(진흥왕 12)에 개국開國이라고 연호를 바꾸고, 친정親政을 시작하면서부터 적극적인 대외정복사업을 전개하였다. 이러한 정책의 결과로써 신라는 한강유역의 전부를 차지할 수 있게 되었으며, 이 지역의 통치를 위해 신주新州를 설치하고, 아찬阿湌 김무력金武力을 초대 군주軍主로 임명하였다.

신라가 백제로부터 한강 하류유역을 탈취한 사건은 백제와 맺은 결혼동맹을 파기하는 것을 의미한다. 이에 백제 성왕은 554년 대가야와 연합해 신라를 공격하다가 관산성管山城(지금의 옥천)전투에서 오히려 신주 군주 김무력에게 붙잡혀 죽음을 당해 백제군은 거의 전멸되었다.

신라의 한강유역 점령은 인적, 물적 자원의 획득 외에도 황해를 통한 중국과의 교통로를 확보하였다는데 중요한 의미가 있다. 그리하여 564년 이래 거의 매년 중국 남조의 진陳과 북조의 북제北齊 두 나라에 사신을 파견해 외교관계를 공고히 하였다.

또한 법흥왕의 가야에 대한 정복사업을 계승해 낙동강유역에까지 정복의 손을 뻗쳤다. 555년에는 비사벌比斯伐(지금의 창녕)에 완산주完山州가 설치되었는데, 이 사실로 미루어보아 이전의 어느 시기에 아라가야阿羅加耶(지금의 함안)와 비화가야非火加耶(지금의 창녕)지방이 신라에 의하여 점령되었음을 알 수 있다. 그리고 관산성전투에서 신라가 승리한 후에 백제와 연합했던 대가야는 사실상 신라에 복속된 처지와 다를 바 없게 되었다.

그런데 562년 백제의 신라공격에 힘입어 대가야가 신라에 대해 반란을 일으키므로, 이사부를 보내어 무력으로 정복하여 멸망시켰다. 이리하여 신라는 가야의 여러 나라를 완전히 정복하였으며, 낙동강유역 전부를 차지할 수 있게 되었다.

이와 같은 주변국에 대한 활발한 정복사업의 결과로, 신라 역사상 최대의 영토를 차지하게 되었다.

그것은 창녕, 북한산, 황초령黃草嶺, 마운령磨雲嶺에 있는 4개의 순수관경비巡狩管境碑와 최근 발견된 단양의 적성비赤城碑가 말해주고 있다. 네 개의 순수비 중 경상남도 창녕군에 있는 창녕비는 561년에, 함경남도 함흥군에 있는 황초령비와 이원군에 있는 마운령비는 568년에 각기 건립된 것을 알 수 있으나, 다만 북한산에 세워졌던 북한산비는 건립연대가 확실하지 않다. 진흥왕의 순수관경비는 새로이 신라 영역 내로 편입된 지역주민들의 민심을 수습하고, 확장된 영역을 확인하기 위해 세워진 기념비라고 할 수 있다.

진흥왕은 이와 같은 정복활동뿐만 아니라 대내적인 정치에 있어서도 많은 치적을 남겼다. 우선 545년 이사부의 건의를 받아들여 거칠부로 하여금 ≪국사國史≫를 편찬하게 하였다. ≪국사≫편찬에 관계한 이사부와 거칠부가 모두 내물왕계奈勿王系 후예라는 점과 당시 왕족의 혈연의식이 상당히 고조되고 있었던 점 등을 고려할 때, 중고왕실中古王室 왕통王統의 정통성을 천명하고, 나아가 유교적인 정치이념에 입각해 왕자의 위엄을 과시하려는 의도가 담겼던 것으로 보인다.

또한 법흥왕대에 공인된 불교를 적극적으로 보호하였다. 544년에 흥륜사興輪寺를 완성하고, 사람들이 출가해 봉불奉佛하는 것을 허락하여주었다. 549년에는 양梁나라에 유학하였던 승려 각덕覺德이 불사리佛舍利를 가지고 귀국하자, 백관百官으로 하여금 흥륜사 앞에서 영접하게 하였다. 그리고 553년에는 월성月城 동쪽에 왕궁을 짓다가 그곳에서 황룡이 나타나자 왕궁을 고쳐서 불사佛寺로 삼고 황룡사皇龍寺라 이름하였는데, 이는 566년에 완공되었다. 황룡사는 신라 최대의 사찰로서 이 곳에는 574년에 신라 최대의 불상인 장륙상丈六像이 주조되어 모셔져 있다. 황룡사가 완공되던 해에는 지원사祇園寺와 실제사實際寺도 준공되었다.

이렇게 신라왕실의 보호를 받는 불교는 경주를 중심으로 발전함으로써 도성불교적都城佛敎的 성격을 띠게 되었다. 이러한 외형적인 사찰건축 외에도

565년에는 승려 명관明觀이 불경 1,700여 권을 진陳나라에서, 576년에는 안홍법사安弘法師가 《능가승만경愣伽勝槾經》 및 불사리를 수나라에서 각각 가져옴으로써 교리적인 발전의 기틀도 마련되었다. 또한 572년에는 7일 동안 팔관연회八關筵會를 외사外寺에서 열어 정복전쟁기간에 전사한 장병의 영혼을 위로하는데, 이것은 신라 불교가 국가의 현실적 필요에 부응할 수 있는 호국불교護國佛教임을 나타낸 의식이었다.

이와 같이 진흥왕은 불교의 현실적 필요성을 절감하고 적극적 지원을 아끼지 않는 한편, 그 자신도 불교에 매료되어 만년에는 머리를 깎고 승의僧衣를 입고 법호를 법운法雲이라 하여 여생을 마쳤으며, 왕비도 이를 본받아 비구니가 되어 영흥사永興寺에 거처하다가 614년(진평왕 36)에 죽었다.

마지막으로, 진흥왕대의 업적 중 간과할 수 없는 것이 화랑도花郎徒의 창설이다. 진흥왕은 576년에 종래부터 있어왔던 여성 중심의 원화源花를 폐지하고 남성 중심의 화랑도로 개편하였다. 기록상으로는 576년에 화랑도가 창설된 듯하지만, 실제로는 진흥왕 초기에 이미 화랑도가 존재하고 있었다. 그것은 562년 대가야 정벌에 큰 전공을 세운 사다함斯多含이 유명한 화랑이었다는데서도 확인된다. 이처럼 진흥왕은 대내외적으로 많은 업적을 남긴 신라 중흥의 군주였다. 그렇기 때문에 그는 대내적으로는 국가의식과 대외적으로는 자주의식의 상징적 표현이었던 독자적 연호를 3개나 사용할 수 있었다. 551년의 개국, 568년의 대창大昌, 572년의 홍제鴻濟가 그것이다. 재위 37년만인 576년 43세로 죽었다. 애공사哀公寺 북봉北峯에 장사지냈다. 시호는 진흥眞興이다.

540년(진흥왕 원년) 8월에 왕은 죄수들을 대사하고 문무관의 관작을 한 급씩 올려주었다. 10월에 지진이 일어나고 복숭아와 오얏의 꽃이 피었다.

541년(진흥왕 2) 3월에 눈이 1척이나 쌓였다. 이사부를 병부령兵部令으로 삼고 내외 병마사를 맡겼다. 백제가 사신을 파견하여 화친을 청하자 왕이 이를 허락하였다.

544년(진흥왕 5) 2월에 흥륜사가 완공되었다. 3월에 왕은 사람들이 출가하여 승니僧尼가 되어 부처를 받드는 것을 허락하였다.

545년(진흥왕 6) 7월에 이찬 이사부는 왕에게 아뢰기를

"국가의 역사라는 것은 군신의 선악을 기록하여 잘하고 못한 일을 만대에 보이는 것이온데, 사기를 수찬하여 놓지 아니하오면 후대에 무엇으로 역사적 사실을 볼 수 있겠습니까."

하니, 왕은 수긍하고 하고 대아찬 거칠부居柒夫 등에게 명하여 널리 문사들을 모아 《국사》를 수찬하였다.

548년(진흥왕 9) 2월에 고구려가 예인濊人들과 더불어 군사를 일으켜 백제의 독산성獨山城(현 충주忠州)을 공격하여 오자 백제에서 구원병을 청하였고, 왕은 장군 주영朱玲을 파견하였다. 주영은 날랜 군사 3천 명을 거느리고 나가서 적을 격파하고 무수히 참획하였다.

549년(진흥왕 10) 봄에 양나라에서 사신을 신라의 입학승入學僧 각덕覺德과 함께 파견해 왔는데 불사리佛舍利를 보내왔으므로, 왕은 백관으로 하여금 흥륜사의 앞길에 나가 이를 맞아들이게 하였다.

550년(진흥왕 11) 정월에 백제가 고구려의 도살성道薩城을 뺏자, 3월에 고구려는 백제의 금현성金峴城을 함락시켰다. 왕은 양국이 싸움에 피폐한 기회를 타서 이찬 이사부에게 군사를 거느리고 나가서 이 두 성을 공취하여 성을 증축하고 1천 명의 군사가 머물러 지키도록 하였다.

551년(진흥왕 12) 정월에 연호를 고쳐 개국開國이라 하였다. 3월에 왕은 국내를 순행하다가 낭성娘城(현 청주淸州)에 이르렀는데 우륵于勒과 그 제자 이문尼文이 음악에 능하다는 말을 듣고 그들을 불러 왔다. 왕은 하임궁河臨宮(가궁假宮)에 머물러 있으면서 그들에게 음악을 연주하게 하게 하니, 우륵과 이문은 각각 새로운 노래를 지어 이를 연주하였다. 이보다 먼저 가실왕嘉悉王이 십이현금을 12월의 율려律呂를 본떠 만들고 우륵은 그 악기를 가지고서 우리에게로 왔는데 악기 이름을 가야금伽倻琴이라 한다. 왕은 거칠부에게 명하여 고구려를 공격하였는데 크게 이겨 10개의 군을 차지하였다.

552년(진흥왕 13) 왕은 계고階古, 법지法知, 만덕萬德 세 사람에게 명하여 우륵

에게 음악을 배우게 하였다. 우륵은 그 사람들의 재능에 따라서 계고에게는 가야금을 가르치고, 법지에게는 노래를, 만덕에게는 춤을 가르쳤다. 수업을 마치자 왕은 그들에게 이를 연주하게 하고 말하기를

"먼저 낭성에서 우륵에게 듣던 음악과 조금도 다름이 없다."

하며 그들에게 후한 상을 내렸다.

553년(진흥왕 14) 2월에 왕은 유사에게 명하여 월성 동쪽에 새로 궁전을 지었는데, 황룡이 그곳에 나타나자 이 궁전을 절로 고치게 하고 황룡사皇龍寺라는 이름을 주었다. 7월에 백제의 동북변을 공격하여 차지한 뒤 신주新州를 설치하고 아찬 무력武力을 그 군주로 삼았다. 10월에 왕은 백제의 왕녀를 아내로 맞았다.

554년(진흥왕 15) 7월에 명활성을 수축하였다. 이때 백제왕 명농明禯(성왕聖王)이 가야와 함께 관산성을 공격해 오자 관산성 군주인 각간 우덕于德과 이찬 탐지耽知 등이 나가 싸웠으나 전세가 불리하였다. 신주 군주 무력이 주병州兵을 거느리고 나가서 교전하였는데, 비장裨將인 삼년산군三年山郡의 고우도도高于都刀가 급히 적을 공격하여 백제의 왕을 죽였다. 이에 여러 군사들이 적을 격파하여 좌평佐平 4명과 군사 2만9천6백 명을 참살하고 크게 승리하니 적은 살아 돌아간 자가 없었다.

555년(진흥왕 16) 정월에 완산주完山州(현 전주全州)를 비사벌比斯伐(현 창녕)에 설치하였다. 10월에 왕은 북한산北漢山(경기도 고양군)에 순행하여 국토를 측정하고 순수비를 세웠으며 11월에 환궁할 때 지나는 길에 각 주와 군에 분부하여 1년 동안의 세금을 면제하고 죄수들을 특사하여 두 가지 죄를 제외하고는 모두 놓아주었다.

556년(진흥왕 17) 7월에 비열홀주比列忽州를 설치하고 사찬 성종成宗을 그 군주로 삼았다.

557년(진흥왕 18) 국원國原(현 충주)을 소경小京으로 하였다. 사벌주를 폐하고 감문주甘文州(현 김천시 개령開寧)를 설치하여 사찬 기종起宗을 그 군주로 삼았

으며, 신주를 폐하고 북한산주를 설치하였다.

558년(진흥왕 19) 2월에 귀족들의 자제와 6부의 부유한 백성들을 소경인 국원으로 옮겨 살게 하였다. 이때 내마 신득身得이 포노砲弩라는 무기를 제작하여 왕에게 바치자 이를 성곽 위에 비치하였다.

562년(진흥왕 23) 7월에 백제가 군사를 일으켜 변경에 침입하여 민가를 약탈하자 왕은 군사를 거느리고 나가서 이를 막고 적 1천여 명을 참획하였다. 9월에 가야가 모반하자 왕은 이사부에게 명하여 이를 평정하게 하고 사다함斯多含을 그 부장副將으로 삼았다. 이때 사다함이 기병 5천 명을 거느리고 먼저 진격하여 전단문栴檀門으로 달려들어 가 백기를 세워놓았다. 이를 보고 성 안에서 크게 두려워하여 어찌할 바를 모를 때 이사부가 군사를 이끌고 공격하니 모두 항복하였다. 가야의 반란을 평정하고 그 공을 논하는데 사다함이 최상이었으므로 왕은 그에게 기름진 밭과 포로 2백 명으로 내리니 사다함은 여러 차례 이를 사양하였으나 왕이 이를 강행하였다. 사다함은 하는 수 없이 그것을 받아 포로들은 놓아주어 양민으로 만들고 밭은 모두 군사들에게 나누어 주니 나라 사람들은 그의 의리와 덕을 칭찬하였다.

564년(진흥왕 25) 북제北齊에 사신을 파견하여 조공하였다.

565년(진흥왕 26) 2월에 북제의 무성武成 황제가 조서를 내려 왕에게 사지절동이교위낙랑군공신라왕使持節東夷校尉樂浪郡公新羅王이 라는 관작을 주었다. 8월에 왕은 아찬 춘부春賦에게 국원으로 나가서 이를 지키게 하였다. 9월에 완산주를 폐하고 대야주大耶州(현 합천陜川)를 설치하였다. 이때 진나라에서 사신 유사劉思와 승려 명관明觀을 파견하여 수교하고 ≪불교석씨경론佛敎釋氏經論≫1천7백여 권을 보내왔다.

566년(진흥왕 27) 2월에 지원사祇園寺와 실제사實際寺 두 절이 완공되었다. 왕자 동륜銅輪을 세워 왕태자로 삼았다. 사신을 진나라에 파견하여 특산물을 보냈다. 이때 황룡사의 공사를 완료하였다.

567년(진흥왕 28) 3월에 진나라에 사신을 파견하여 특산물을 보냈다.

568년(진흥왕 29) 대창大昌으로 연호를 바꾸었다. 6월에 진에 사신을 파견하여 방물을 보냈다. 10월에 북한산주를 폐하고 남천주南川州(현 이천利川)를 설치하였고 또 비열홀주를 폐하고 달홀주達忽州(현 고성高城)를 설치하였다.

570년(진흥왕 31) 6월에 사신을 진나라에 파견하여 토산물을 보냈다.

571년(진흥왕 32) 사신을 파견하여 토산물을 보냈다.

572년(진흥왕 33) 정월에 홍제鴻濟로 연호를 바꾸었다. 3월에 왕태자 동륜이 죽자 사신을 북제로 파견하여 조공하였다. 10월 20일에 전사한 장병을 위하여 팔관연회八關筵會를 외시外寺에서 7일 동안 베풀었다.

574년(진흥왕 35) 3월에 황룡사의 장육상丈六像을 주조하였는데 동 3만5천7근과 도금 1만198분의 중량이 들었다.

575년(진흥왕 36) 봄과 여름에 한재가 들었는데 황룡사의 장육상이 발꿈치가 잠길 정도로 눈물을 흘렸다.

576년(진흥왕 37) 봄에 처음으로 원화源花를 받들었다. 처음에 군신들이 인재를 알지 못하여 근심한 끝에 많은 사람들을 무리지어 놀게 하여 그들의 행실을 보아 등용하려고 하였다. 이에 아름다운 두 여자를 뽑았는데 하나는 남모南毛라 하였고 하나는 능정俊貞이라 하였다. 그들은 그 무리를 3백여 명이나 모았는데, 두 여자는 차츰 그 아름다움을 다투어 서로 질투하다가 능정이 남모를 자기 집으로 유인하여 놓고 독한 술을 권하여 취하게 한 다음 강물에 던져 죽여 버렸다. 이 사건은 발각되어 능정은 사형되고 그 무리들은 실망하여 뿔뿔이 흩어지고 말았다. 그 후에 다시 아름다운 남자들을 뽑아서 곱게 단장하고 화랑花郎이라 이름하여 이를 받들게 하였는데, 그 무리들이 구름같이 모여들었다. 그들은 서로 도의를 연마하고 혹은 가악을 즐기면서 산수를 찾아다니며 유람하는데 먼 곳이라도 다니지 않는 데가 없었다. 이로 인하여 그 사람의 옳고 그름을 알게 되고 그중에서 좋은 사람을 가려 뽑아 이를 조정에 추천하게 되었다.

김대문의 ≪화랑세기花郎世記≫에서 말하기를

"어진 재상과 충성된 신하가 여기서 나오고 뛰어난 장사와 용감한 군사가 이로 인하여 생겨났다."

하였고, 최치원의 난랑비鸞郞碑 서문에서 말하기를

"우리나라에는 현묘한 도가 있다. 이를 풍류라 하는데 이 교教를 설치한 낭원根源은 선사仙史에 상세히 실려 있거니와, 실로 이는 삼교三教를 포함한 것으로 모든 민중과 접촉하여 이를 교화하였다. 또한 그들은 집에 들어와서는 부모에게 효도하고 나아가서는 나라에 충성을 다하니 이는 노魯나라 사구司寇의 취지이며 또한 모든 일을 거리낌 없이 처리하고, 말을 앞세우지 아니하면서 일을 실행하는 것은 주周나라 주사柱史의 종지宗旨였으며, 모든 악한 일을 하지 않고 모든 착한 행실만 신봉하여 행하는 것은 축건쯔乾 태자의 교화라."

하였고, 당나라 영호징令狐澄의 ≪신라국기新羅國記≫에 말하기를

"귀인의 자제로 아름다운 사람을 가려 뽑아서 분 바르고 곱게 단장하여 화랑이라 이름하고는, 나라 사람들이 모두 존경하여 섬긴다."

하였다. 이때에 안홍법사安弘法師가 수隋나라에 들어가서 불법을 구하다가 호승 비마라毗摩羅 등의 두 승려와 더불어 돌아왔는데, 그들은 ≪능가승만경稜伽勝鬘經≫과 불사리를 왕에게 바쳤다. 8월에 왕이 돌아가시므로 시호를 진흥이라 하고 애공사 북쪽 봉우리에 장사하였다. 왕은 어린 나이로 즉위하여 일심으로 불교를 믿고 말년에는 머리를 깎고 승복을 입고 스스로 법운法雲이라 하며 그 평생을 마쳤는데, 왕비도 또한 이를 본받아 승려가 되어 영흥사永興寺에서 살다가 돌아가시자 나라 사람들이 예를 갖추어 장사하였다.

● 진흥왕대의 사람들

준정俊貞

생몰년 미상. 신라 진흥왕 때 사교단체의 여성단장인 원화源花 또는 原花의
한 사람. 일명 '교정姣貞'이라고도 한다. 신라에서는 화랑도花郎徒가 제정되
기 이전에 조정에서 필요로 하는 인재를 얻기 위하여 여러 사람을 떼지어
놀게 하여 그 행실을 보아서 등용하려 하였는데, 준정은 남모南毛와 함께 그
우두머리에 뽑혔다. 그들은 무리를 300~400명이나 모았으나, 얼마 뒤 준
정은 남모와 어여쁨을 다투며 시기하게 되었다. 마침내 준정은 남모를 자기
집으로 유인하여 억지로 술을 권하여 취하게 한 뒤, 이를 끌어다 북천北川에
던져 죽여 버렸다. 이 사건이 조정에 알려져 준정은 죽임을 당하고, 그 무리
는 화목을 잃어 해산되고 말았다고 한다. 일설에는 준정은 남모를 따르는
무리들에 의하여 살해되었다고 한다.

김무력金武力

생몰년 미상. 신라 진흥왕 때의 장군. 김유신의 할아버지이고, 금관가야
의 마지막 왕인 구형왕의 셋째아들이다. 532년(법흥왕 19) 금관가야가 신라
에 병합되자, 부왕과 왕모 및 큰형 노종奴宗, 둘째형 무덕武德 등과 함께 신
라에 투항하였다. 진흥왕이 백제와 연합하여 당시 고구려가 점유하고 있던
한강유역을 차지하고, 다시 백제의 점령지까지 탈취하여 한성漢城을 중심
으로 신주新州를 설치할 때, 김무력이 크게 공을 세워 아찬阿湌의 관등으로
신주의 군주軍主가 되었다. 이렇게 되자 백제의 성왕이 직접 군사를 거느리
고 관산성管山城(지금의 옥천沃川)을 공격해 오게 되었는데, 이때 김무력은 주
병州兵을 이끌고 교전하여 성왕을 전사시키고, 백제의 좌평 4명과 사졸 2만
9600명을 전멸시키는 전공을 세웠다. 그 뒤 관등이 각간角干에 이르렀다.
아들 서현舒玄은 진평왕 때 대량주도독大梁州都督을 역임하였고, 손녀인 문
회文姬는 태종무열왕의 비가 되었으며, 손자 김유신은 태종무열왕과 문무

왕을 보필하여 삼국통일에 크게 기여하여 신라 역사상 최고로 숭앙을 받는 인물이 되었다.

작진酌珍

　생몰년 미상. 후백제의 시조 견훤甄萱의 할아버지. ≪삼국유사三國遺事≫에 인용된 <이비가기李碑家記>에 의하면, 작진은 견훤의 할아버지로서 부인 왕교파리王咬巴里와 혼인하여 아자개阿玆介를 낳았다. 아자개의 원래 이름은 원선元善이며, 견훤의 아버지라고 하였다. 그리고 ≪삼국유사三國遺事≫에는 견훤의 가계가 신라 제24대 진흥왕의 부인에까지 이어진다고 하였다. 즉, 작진의 아버지는 선품善品이고 선품의 아버지는 구륜공仇輪公인데, 구륜공은 진흥왕의 부인인 사도부인思刀夫人의 제3자라고 한다. 그러나 이는 믿기 어려운 점이 있다.

이문泥文

　생몰년 미상. 신라 진흥왕 때 가야금의 명인. 이문尼文이라고도 한다. 원래 가야사람이었으나, 가야가 어지러워지자 스승 우륵于勒을 따라 신라에 망명하였다. 망명한 뒤 우륵과 함께 진흥왕 앞에서 연주를 하기도 하였으며, 그가 지은 동물을 묘사한 듯한 <오烏> <서鼠> <순鶉> 3곡의 곡명만이 ≪삼국사기≫에 전한다.

김국반金國飯

　신라新羅. 일명 국분國芬. 진흥왕眞興王의 손자孫子. 진평왕眞平王 1년에 진안갈문왕眞安葛文王으로 추봉追封했다.

주영朱玲

신라新羅. 벼슬은 장군. 일명 진珍. 548년(진흥왕 9) 고구려 양원왕陽原王이 예滅 나라와 연합. 백제의 독산성獨山城을 침공할 때, 백제 성왕聖王의 구원 요청으로 진흥왕의 명을 받아 정병 3천을 거느리고 출병하여 독산성 밑에서 고구려 군사를 대파하여 물리쳤다.

대안대사大安大師

571년(진흥왕 32)~644년(선덕왕 13) 신라의 고승高僧. 원효대사의 스승이다.

이사부異斯夫

생몰년 미상. 신라 진흥왕 때에 크게 활약한 장군·정치가. 일명 태종苔宗. 내물왕의 4세손으로, 지증왕 이래 법흥왕·진흥왕대까지 활약한 대표적인 장군이며, 신라 왕실의 중신이다.

505년(지증왕 6) 신라에서는 군현제가 실시되어 최초로 실직주悉直州가 설치되었는데, 이 때 이사부는 그 곳의 군주軍主가 되었다.

그리고 512년에는 우산국于山國(지금의 울릉도)을 점령하였다. 원래 우산국은 지리적인 이유로 신라에 귀복하지 않고 있었으며, 주민들이 사나워서 힘으로는 정복할 수가 없었다. 이에 이사부는 계교로써 항복받을 수 있다고 생각하여 나무로 사자獅子를 많이 만들어 전선에 가득 싣고 그 나라 해안을 내왕하면서 항복하지 않으면 맹수를 풀어 밟아 죽이겠다고 위협하니, 그들은 마침내 항복하고 말았다.

541년(진흥왕 2) 병부령兵部令이 되었다. 당시 병부령은 단순한 병부의 책임자에 그치는 것이 아니라, 상대등·시중을 겸할 수 있는 최고 요직의 하나였다. 그 뒤, 562년(진흥왕 23)까지 정치·군사의 실권을 장악하였다.

545년 왕에게 국사편찬의 필요성을 역설하자 왕은 거칠부居柒夫 등에게 명하여 ≪국사國史≫를 편찬하게 하였다.

550년 1월 백제가 고구려의 도살성道薩城을 함락하고, 3월에는 고구려가 백제의 금현성金峴城을 점령하는 등 양국의 충돌을 틈타, 이사부는 이 두 곳을 공략하여 점령한 뒤, 성을 증축하고 1,000명의 군사를 주둔시켰다. 이어 금현성 탈환을 위해 재차 침입한 고구려의 군대를 다시 격파하였다.

근래에 발견된 단양신라적성비丹陽新羅赤城碑에 의하면, 549년(진흥왕 10) 전후에 이찬이사부는 파진찬두미豆彌와 아찬비차부比次夫·무력武力(김유신의 할아버지) 등을 이끌고 한강 상류지방을 경략하여 신라 영토를 크게 넓혔다.

562년 9월 가야가 반란을 일으키자, 그는 왕명을 받고 출정하였다. 이때에 사다함斯多含이 5천 기병을 이끌고 전단문旃檀門에 치달아 백기를 세우니 성중의 모든 사람들이 어찌할 바를 몰랐다. 이를 본 이사부가 돌격하여 성을 함락시켰다.

이를 계기로 신라는 대가야를 멸망시켜 낙동강 하류지역을 완전히 장악하였으며, 이들과 연결된 왜의 세력을 한반도에서 제거할 수 있었다.

이 후, 이사부의 행적은 전해지지 않고 있다. 진흥왕의 재위 20년대 말에 세워진 순수비를 보아도 이사부의 이름은 보이지 않고, 그를 뒤이어 크게 활약한 거칠부가 가장 먼저 나오고 있다.

이를 보면 그가 진흥왕의 재위 20년대 중·후반의 어느 때에 은퇴했거나 사망한 것이 아닐까 추정된다.

각덕 覺德

생몰년 미상. 신라 진흥왕 때의 고승. 신라불교 초기의 유학승遊學僧이다. 언제나 사람들에게

"도道를 배우는 사람으로서 스승을 구하지 않고 편안히 지낸다면 불자로서의 보은報恩에 어긋나는 일"

이라 하였으며, 540년에 사신을 따라 양梁나라로 가서 여러 고승들에게 불도를 배웠다. 549년 양나라 사신과 함께 불사리佛舍利를 가지고 귀국하였는데, 이것이 우리나라에 사리가 들어오게 된 최초의 일이다. 진흥왕은 백관을 인솔하고 흥륜사 앞까지 나가 환영하였으며, 이때부터 신라의 불교가 성하게 되었다고 한다.

계고階古

신라 진흥왕 때의 음악가. 벼슬은 10관위인 대나마大奈麻를 지냈다. 가야국의 음악가 우륵于勒이 신라에 투항하자 진흥왕은 그를 국원國原에 안치시킨 뒤 계고·만덕萬德·법지法知에게 명하여 우륵으로부터 그 업을 배우게 하였는데, 우륵은 이 세 사람의 재주를 헤아려 계고에게는 가야금, 법지에게는 노래, 만덕에게는 춤을 각각 가르쳤다. 이들은 우륵으로부터 음악을 배운 뒤 스승이 지은 토속적인 12곡이 번잡하고 음란하며 우아하고 바르지 못하다 하여 다섯 곡으로 줄였다. 5곡은 진흥왕 앞에서 연주되었고 왕은 기뻐하여 후한 상을 주었으며, 이 음악들은 신라의 궁중음악인 대악大樂으로 채택되었다.

귀금貴金

생몰년 미상. 신라 진흥왕 때의 거문고의 명인. 일명 귀금선생이라 불리고 있다. 일찍이 옥보고玉寶高가 지리산의 운상원雲上院에 들어가 거문고를 공부하기를 50년 동안이나 계속하여 스스로 새로운 30여곡을 창작하여 속명득續命得에게 전하였고, 속명득은 이를 귀금에게 전하니 귀금도 역시 지리산에 들어가 나오지 않았다. 그러자 왕은 거문고의 도道가 전해지지 않을까 두려워 이찬伊湌 윤흥允興을 남원공사로 임명하여 거문고를 전수하도록 하니, 윤흥은 안장安長·청장淸長 두 사람을 귀금에게 보내어 거문고를 배우게 하였고, 귀금은 <표풍飄風>등 3곡을 전해주었다.

기종起宗

생몰년 미상. 신라 진흥왕 때 군주. 관등은 사찬沙飡이었다. 557년(진흥왕 18)에 사벌주沙伐州를 폐하고 감문주甘文州를 설치하면서 감문주의 군주軍主가 되었다. 당시 병부령 이사부異斯夫, 대아찬大阿飡 거칠부居柒夫, 군주 김무력金武力, 성종成宗 등과 더불어 신라의 기초를 튼튼하게 하였다.

내숙乃宿

생몰년 미상. 신라 소지마립간 때의 왕족. 일명 잉숙仍宿. 내물마립간의 증손이다. 진흥왕 때의 명장 거칠부居柒夫의 할아버지이고, 아들은 이찬伊飡 물력勿力이다. ≪삼국사기≫에는 소지마립간의 비 선혜부인善兮夫人이 그의 딸로 되어 있으나, ≪삼국유사≫에는 기보갈문왕의 딸로 되어 있다. 486년(소지왕 8) 이벌찬伊伐飡에 임명되어 국정에 참여하였다.

만호부인萬呼夫人

생몰년 미상. 신라 제26대 진평왕의 어머니. 성은 김씨. 일명 만내부인萬內夫人 또는 만녕부인萬寧夫人이라고도 한다. 아버지는 입종갈문왕立宗葛文王이다. 그의 남편은 진흥왕의 태자인 동륜銅輪이었는데 572년에 죽었으므로 그의 동생 사륜舍輪이 진지왕이 되었다. 왕위에 오른 진지왕이 품행이 좋지 않다는 이유로 재위 4년 만에 상대등 거칠부居柒夫를 의장으로 하는 화백회의에서 퇴위당하여 죽자, 그와 동륜태자와의 사이의 아들인 백정白淨이 진평왕이 되어 왕위를 이었다.

비서非西

생몰년 미상. 신라 진흥왕 때의 장군. 관등은 잡찬迊飡. 551년(진흥왕 12)에 대각간 거칠부居柒夫·구진仇珍, 각간 비태比台, 잡찬 탐지耽知, 파진찬 노부奴夫·서력부西力夫, 대아찬 비차부比次夫, 아찬 미진부未珍夫 등과 함께 고구려를 침공하여 철령 이남에서 죽령 이북에 소재한 한강 상류지역의 10군郡을 공취하는 공을 세웠다. 이로써 신라는 중흥의 터전이 마련되었다.

노부奴夫

생몰년 미상. 신라 진흥왕 때의 장군. 관등은 파진찬波珍飡이었다. 551년(진흥왕 12)에 거칠부居柒夫 및 대각찬大角飡 구진仇珍, 각찬角飡 비대比臺, 잡찬迊飡 탐지耽知, 비서非西, 파진찬 서력부西力夫, 대아찬大阿飡, 비차부比次夫, 아찬阿飡 미진부未珍夫 등과 더불어 백제와 연합하여 고구려를 공략하여 죽령竹嶺 이북, 고현高峴(지금의 철령지방) 이내의 10개군郡을 빼앗았다. 이 때 고구려의 승려인 혜량惠亮이 거칠부의 주선으로 신라에 귀화하여 국통國統이 되었다. ≪삼국사기≫진흥왕조에 나오는 노리부弩里夫 및 단양신라적성비丹陽新羅赤城碑에 보이는 내례부지內禮夫智와 같은 인물인 것 같다.

남모南毛

생몰년 미상. 신라 진흥왕 때의 청소년 조직의 우두머리인 원화源花(또는 原花)의 한 사람. ≪삼국사기≫에 따르면, 신라에서는 화랑도가 제정되기 이전에, 조정에서 필요로 하는 인재를 얻기 위하여 청소년들을 조직해 단체생활을 통하여 수행修行하도록 한 뒤, 그 생활하는 가운데서 능력과 자질을 살펴 등용하려 하였다.
처음 이 조직의 우두머리로는 여성을 뽑았는데, 남모는 준정俊貞과 함께 원화로 선발되었다. 그들은 무리를 300~400명이나 모았으나 얼마 뒤 준정과는 서로 시기하는 사이가 되었다. 그러다 준정의 유인에 빠져 살해되고 말았는데, 조정에서는 이 일을 계기로 단체를 해산하고 새로이 남성을 단장으로 한 화랑제도를 제정하였다 한다.

도도都刀

생몰년 미상. 신라 진흥왕 때의 비장裨將. 삼년산군三年山郡(지금의 보은) 사람으로 관등은 외위外位의 제3관등인 고간高干이었다. 554년(진흥왕 15) 백제의 성왕이 가라加良, 즉 대가야의 병과 합세하여 관산성管山城(지금의 옥천)을 공격하였다. 신라에서는 군주軍主 각간角干 우덕于德과 이찬伊湌 탐지耽知 등이 마주 나가 싸웠으나 전세가 불리하여 신주군주新州軍主 김무력金武力이 주병州兵을 이끌고 가서 도왔다. 이때 비장裨將이었던 삼년산군출신의 도도가 갑자기 백제진영을 공격하여 백제의 성왕을 전사시켰다. 이에 신라군은 백제왕의 죽음에 힘입어 백제군을 공격하여 크게 이겼다. 이 싸움에서 백제의 좌평佐平 4인과 사졸 2만9600인이 전사하였고, 한필의 말도 백제로 돌아가지 못하였다고 한다. 그런데 ≪일본서기≫ 긴메이기[欽明紀]에 의하면 백제가 신라의 함산성函山城(관산성)을 쳐서 깨뜨리고 구타모라색久陀牟羅塞을 축조하고 있었는데, 백제의 성명왕聖明王(성왕)이 축성의 노고를 위로하기 위하여 이곳에 가던 중 신라가 갑자기 군사를 일으켜 성왕을 생포하여 목을 베었다고 한다. 이때 성왕의 목을 벤 사람은 좌지촌佐知村의 사마노飼馬奴인 고도苦都 혹은 곡지谷智였다고 하는데, 이는 곧 ≪삼국사기≫에 나오는 도도였을 것으로 추정된다.

거칠부居柒夫

502(지증왕 3)～579(진지왕 4). 신라 진흥왕 때 장군·재상. 일명 '황종荒宗' 또는 '거칠부지居七夫智'·'거칠부지居七夫智 또는 居柒夫智'라고도 한다. 내물마립간奈勿立干의 5세손. 할아버지는 잉숙仍宿, 아버지는 이찬 물력勿力이다. 특히 아버지는 소지마립간의 장인으로서 486년(소지왕 8) 2월에 이벌찬伊伐湌

이 되어 국정을 총괄하기도 하였다. 내물왕 계통의 왕족 후손으로 태어나 어려서부터 나라에 큰 뜻을 두고 승려가 되어 사방을 유람하였다. 그때, 고구려에 몰래 들어가 혜량惠亮의 강설講說을 듣고 큰 감명을 받았으며, 551년(진흥왕 12)에 고구려의 국경 속으로 진격했을 때 그를 맞아들여 승통僧統이 되게 하였다. 545년에 왕명을 받아 ≪국사國史≫를 편찬하였으며, 특히 군사·정치적인 분야에서 활동이 컸다. 551년에 대각간大角干 구진仇珍, 각간角干 비태比台, 잡찬迊湌 탐지耽知·비서非西, 파진찬波珍湌 노부奴夫·서력부西力夫, 대아찬大阿湌 비차부比次夫, 아찬阿湌 미진부未珍夫 등 8명의 장군과 더불어 백제와 연합하여 죽령 이북 고현高峴 이내의 10군을 탈취하였다. 진흥왕순수비眞興王巡狩碑, 즉 마운령비와 창녕비에 그의 이름이 기록되어 있는 것으로 보아, 진흥왕 때 가장 영향력 있는 장군으로 정치적 비중 또한 매우 높았음을 알 수 있다. 576년 진지왕이 즉위하자 상대등上大等에 임명되었는데, 이것은 그가 진지왕의 즉위에 어떤 구실을 한 것이 아닌가 하는 추측을 낳게 한다. 또, 진지왕이 즉위한 지 4년 만에 폐위되었는데, 이는 거칠부의 사망과 관련이 있었던 것으로 보인다.

법지 法知

생몰년 미상. 신라 시대의 음악가. 일명 주지注知라고도 기록되어 있다. 가야국의 우륵于勒이 신라에 투항하자 진흥왕은 그를 국원國原에 안치시킨 뒤 법지·계고階古·만덕萬德에게 명하여 그 음악을 배우게 하였는데, 법지는 우륵에게서 노래를 배웠다. 그런 다음 계고·만덕과 더불어 스승이 지은 토속적인 12곡을 아정雅正한 5곡으로 줄였다. 이 5곡이 진흥왕 앞에서 연주되었고, 왕은 기뻐하여 후한 상을 주었으며, 이 음악들은 후에 궁중음악인 대악大樂이 되었다.

만덕 萬德

생몰년 미상. 신라 진흥왕 때의 무용가. 가야국의 음악가인 우륵于勒이 신라에 투항하자 진흥왕은 그를 국원國原에 안치시킨 뒤, 만덕·계고階古·법지法知에게 명하여 우륵으로부터 음악을 배우게 하였는데, 만덕은 무용을 배웠다. 우륵으로부터 그 음악을 배운 뒤 스승이 지은 토속적인 12곡을 계고·법지와 더불어 아정雅正한 5곡으로 줄였다. 이 5곡은 진흥왕 앞에서 연주되었고, 왕은 기뻐하여 후한 상을 주었으며, 이 음악들은 후에 신라의 궁중음악인 대악大樂이 되었다.

만명부인 萬明夫人

생몰년 미상. 신라 김유신金庾信의 어머니. 할아버지는 갈문왕 입종立宗이며 아버지는 진흥왕의 아우인 숙흘종肅訖宗이다. ≪삼국사기≫에 의하면 김유신의 아버지인 서현舒玄이 길에서 만명부인을 보고 마음으로 기뻐하여 중매도 없이 야합野合하였는데, 마침 서현이 만노군萬弩郡(지금의 충청북도 진천) 태수로 가게 되어 만명부인과 함께 떠나려 하니 숙흘종이 이 사실을 알고 두 사람의 결합을 반대하여 만명부인을 다른 집에 가두고 사람을 시켜 지키게 하였다. 그런데 갑자기 그 집에 벼락이 떨어져, 지키는 사람들이 놀라서 흩어지는 틈에 도망하여 서현과 함께 만노군으로 갔다고 한다. 만명부인은 김유신이 젊어서 기생 천관天官에게 혹하여 타락하였을 때 김유신을 잘 타일러 천관과의 관계를 끊게 하는 등 자녀의 교육에 엄격하였다. 서현과 만명부인 사이에는 김유신뿐만 아니라 삼국통일전쟁에서 큰 공을 세운 바 있는 김흠순金欽純과 태종무열왕의 왕비가 된 문명부인文明夫人 등이 있었다.

무관랑武官郎

생몰년 미상. 신라 진흥왕 때의 화랑. 동료 화랑인 사다함斯多含과 평소에 깊이 사귀어 사우死友가 될 것을 약속하였는데 일찍 죽었다. 이에 사다함은 그 죽음을 몹시 슬퍼하여 통곡하다가 7일 만에 죽었다고 한다. 이는 청소년 간의 우의友誼에 바탕을 둔 화랑도의 생활의 한 단면을 전하여주는 것이다.

미진부未珍夫

생몰년 미상. 신라 진흥왕 때의 장군. 551년(진흥왕 12) 거칠부居柒夫 등에게 명하여 고구려를 침공하여 10개의 군을 빼앗을 때 아찬阿飡인 그는 거칠부·구진仇珍·비태比台·탐지耽知·비서非西·노부奴夫·서력부西力夫·비차부比次夫 등과 함께 죽령竹嶺 이북, 고현高峴 이내의 10군을 취하였다.

신득身得

생몰년 미상. 신라 진흥왕 때의 병기제작기술자. 관등은 나마奈麻였다. 무기제조의 기술이 뛰어나 포砲와 노弩를 만들어 558년(진흥왕 19) 2월에 국왕에게 바쳤다. 신라는 이 위력 있는 병기를 성 위에 장치하였다.

비태比台

생몰년 미상. 신라 진흥왕 때의 장군. 관등은 각간角干이었다. 551년(진흥왕 12)에 대각간 거칠부居柒夫·구진仇珍, 잡찬迊飡 탐지耽知·비서非西, 파진찬波珍飡 서력부西力夫, 대아찬大阿飡 비차부比次夫, 아찬 미진부未珍夫 등과 함께 고구려를 침공하여 철령 이남에서 죽령 이북에 소재한 한강상류지역의 10군을 공격하여 빼앗는데 공을 세웠다.

비차부比次夫

 생몰년 미상. 신라 진흥왕 때의 장군. 관등은 대아찬大阿湌이었다. 551년(진흥왕 12)에 대각간大角干 거칠부居柒夫·구진仇珍, 각간 비태比台, 잡찬迊湌 탐지耽知·비서非西, 파진찬波珍湌 노부奴夫·서력부西力夫, 아찬阿湌 미진부未珍夫 등과 함께 고구려를 침공하여, 철령 이남에서 죽령 이북에 소재한 한강 상류지역의 10군郡을 공취하는데 공을 세웠다. 그런데 ≪삼국사기≫에서 551년에 대아찬이었던 그의 관등이 단양적성비丹陽赤城碑에는 그보다 낮은 아찬으로 기록되어 있다. 이 사실은 신라의 죽령 이북 진출이 551년 이전임을 시사해주는 결정적인 단서가 된다. 이에 따라 ≪삼국사기≫에 보이는 10군 공취기사는 551년에 모두 경험한 일이 아니라, 이전부터 점령해 나갔던 철령 이남과 죽령 이북의 10개 군 점령을 매듭지었다는 뜻이 된다.

사다함斯多含

 생몰년 미상. 신라 진흥왕 때의 화랑. 내물왕의 7대손이며, 급찬級湌 구리지仇梨知의 아들이다. 진골 출신으로 풍채가 청수淸秀하고 지기志氣가 방정方正하였다. 화랑으로 추대되어 1,000여명의 낭도를 거느렸으며, 562년진흥왕 23 9월 이사부異斯夫가 대가야를 정벌할 때 15, 6세의 어린 나이로 종군을 신청하여 귀당비장貴幢裨將으로 출정, 기병 5,000을 거느리고 국경선에 있는 적군의 성문인 전단량旃檀梁을 기습하여 대가야를 멸망시키는 데 큰 공을 세웠다. 그 공으로 왕에게서 가야인 포로 300명(혹은 200명)을 노비로 하사받았으나 모두 놓아주었고, 다시 왕으로부터 전지를 하사받았으나 사양하다가 왕이 이를 억지로 권하므로 어쩔 수 없이 알천閼川의 불모지만 받았다. 그는 어려서부터 무관랑武官郞과 우정을 맺어 사우死友를 약속하였는데, 무관랑이 병사하자 7일간을 통곡하다가 17세로 죽었다.

우덕于德

생몰년 미상. 신라 진흥왕 때의 장군. 관등은 각간角干에 이르렀다. 관산성 전투管山城戰鬪의 사령관이었다. 554년(진흥왕 15)에 백제 성왕은 가야·왜와의 연합군 3만의 대군으로 신라의 관산성을 공격하여왔다. 이에 신라의 군주軍主 각간 우덕과 이찬伊湌 탐지耽知가 지휘하는 신라군은 이 전투에서 패전하였다. 그러나 뒤이어 당도한 신주군주新州軍主 김무력金武力의 신라 원군이 백제군을 대파하여 이 싸움은 결국 신라의 대승으로 끝났다.

춘부春賦

생몰년 미상. 신라 진흥왕 때의 지방관. 557년(진흥왕 18) 국원소경國原小京: 지금의 충주이 설치된 뒤, 565년 8월 왕명을 받아 아찬阿湌의 관등으로 국원에 나가 이곳을 다스렸다.

구륜공仇輪公

생몰년 미상. ≪이제가기李磾家記≫에 나오는 후백제왕 견훤甄萱의 시조. ≪이제가기≫는 ≪삼국유사≫ 견훤조에 인용된 사가보첩류私家譜牒類의 서책인데, 이에 의하면

"진흥대왕의 비 사도부인思刀夫人의 시호는 백숭부인白㠱夫人이니 그의 제3자 구륜공의 아들인 파진찬波珍湌 선품善品의 아들 각간角干 작진酌珍이 왕교파리王咬巴里를 아내로 맞아서 각간 원선元善을 낳으니 이가 아자개阿慈介였다. 아자개의 제1처는 상원부인上院夫人이고 제2처는 남원부인南院夫人이니 다섯 아들과 딸 하나를 낳았다. 장자는 곧 상보尙父인 견훤이요, 둘째는 장군 능애能哀, 셋째는 장군 용개龍蓋, 넷째는 보개寶蓋, 다섯째는 장군 소개小蓋요, 딸은 대주도금大主刀金이다."

라고 하였다. 물론 이것은 조작된 선대세계先代世系라고 할 것이다. 왜냐하면 혈통상으로나 연대적으로 불합리하기 때문이다. 앞에서 인용한 ≪이제가기≫에 의하면 구륜공은 진흥왕의 제3자라 한다. 그런데 ≪삼국사기≫에는 진흥왕의 아들로 동륜태자銅輪太子와 사륜왕자舍輪王子만 있고 구륜공의 이름은 보이지 않는다. 물론 정사正史에 누락된 왕자도 있을 수 있으나, 연대적으로 구륜공이 견훤의 6대조가 될 수 없다. 그러므로 구륜공을 견훤의 시조로 칭한 것은 견훤이 왕을 칭함에 따라서 신라의 성골왕계聖骨王系에 그 혈통을 연결시킨 것이 아닌가 생각된다.

탐지 耽知

생몰년 미상. 신라 진흥왕 때의 장군. 신라가 백제와 연합하여 551년(진흥왕 12)에 고구려의 영토를 침공할 때, 잡찬迊飡의 관등으로서 거칠부居柒夫 등 여러 장군과 함께 출전하여 죽령竹嶺 이북 고현高峴 이남의 10개 군郡을 취하였다. 그리고 554년 7월에는 이찬伊飡으로서 각간角干 우덕于德과 더불어 관산성管山城을 쳐들어온 백제의 성왕을 맞아 싸웠다. 처음에는 불리하였으나 김무력金武力이 이끄는 구원군이 도착하여 성왕을 살해하고 승리하였다.

우륵 于勒

생몰년 미상. 가야국 가실왕嘉實王(일명 嘉寶王) 때와 신라 진흥왕 때 악사로 활약한 가야금의 명인. 가야국 성열현省熱縣에서 살았다고 한다. 우륵이 태어난 가야국이 어느 가야인지, 또한 가실왕은 가야국 중 어느 나라 몇 대 임금인지 확실하지 않다. 한때 가실왕이 우륵에게 이르기를,

"모든 나라의 방언도 각각 서로 다른데, 성음聲音이 어찌 하나일 수 있겠는가?"

라고 하며 가야금을 위해 악곡을 지으라고 하여 12곡을 지었다고 한다. 그 뒤 가야국이 어지러워지자 가야금을 들고 제자 이문泥文과 함께 신라 진흥 왕에게 투항하였는데, 왕은 그를 맞아 국원國原(지금의 충주)에 안치시키고 계 고階古·만덕萬德·법지法知 등을 보내어 그의 업業을 전습하게 하였다. 우륵은 이 세 사람의 재주를 헤아려 계고에게는 가야금, 법지에게는 노래, 만덕에 게는 춤을 각각 가르쳤다. 그 뒤 이들은 우륵이 만든 12곡을 듣고는

"이 곡들은 번차음繁且淫하여 아정雅正하지 못하다."

하며 5곡으로 줄여 버렸다. 우륵이 이 소식을 듣고 처음에는 매우 노하였으 나 새로 줄인 5곡을 모두 듣고 난 뒤에는 눈물을 흘리며,

"즐거우면서 음란하지 않고, 슬프면서도 비통하지 않으니 가히 아정하다 하겠다."

라고 감탄하였다고 한다. 일찍이 우륵이 지은 12곡명은 <하가라도下加羅都> <상가라도上加羅都> <보기寶伎> <달기達己> <사물思勿> <물혜勿慧> <하기물下奇物> <사자기獅子伎> <거열居烈> <사팔혜沙八兮> <이사爾赦> 상기물上奇物>이다. 이 중에서 <보기> <사자기> <이사>를 제외한 나 머지 9곡은 당시의 군현명과 같아서 해당 지방 민요의 성격을 띤 것으로 추 측되고 있다.

● 법흥왕 시대의 세계동향

▶ 동양
중국은 북조의 동위와 서위가 서로 싸우던 와중에 동위의 고양이 효정 제를 살해하고 북제를 건국. 또 서위의 우문각이 공제를 폐하고 북주를 건국, 한편 남조에선 진패선이 양을 멸망시키고 진을 건국.

▶ 서양

동고트가 동로마 제국에 항복하여 멸망. 동로마는 그 여세를 몰아 이베리아반도의 해안지역까지 점령. 이탈리아를 장악하고 있던 동고트 세력도 동로마에게 병합, 유니티니아누스 2세는 576년에는 페르시야 원정길에 나선다. 프랑크에서는 로타르 1세가 분리되었던 왕국을 통일하였으나, 프랑크는 561년에 다시 분열. 이 시기인 570년에 마호메트가 출생함.

진흥왕대의 주요사건

정복 군주 진흥왕, "국토가 좁다"
새로 확장한 드넓은 영토 곳곳에 비석 세워

- 단양적성비(551년)
신라는 백제가 고구려로부터 한강 하류 지역을 되찾은 시기를 이용하여 남한강 상류·죽령 이북의 땅을 고구려로부터 빼앗고 전략적으로 매우 중요시되던 지역인 단양지방에 적성비를 건립하였다. 이 비에는 북방 공략에 공로가 큰 인물을 기념하고, 국가에 충성한 사람에게 보상한다는 왕의 뜻이 새겨져 있어 신라의 북진 정책 의지가 잘 드러나 있다.
- 북한산비(555년)
553년 백제로부터 한강 하류를 빼앗고 일 년 후 554년 전개된 성왕의 공격을 격퇴하여 한강 유역의 새로운 주인으로 지위를 굳건히 한 후 건립한 비.
- 창녕비(561년)
남부 가야 연맹 세력을 몰아내고 건립.
- 황초령·마운령비(568년)
고구려가 혼란한 틈을 타 함경도 지방까지 진출하고 세운 비.

신라, 한반도 패자覇者될 수 있나
'총력전' 수행 가능한 경제력 확보가 열쇠

 진흥왕 시기 신라의 대외적 팽창은 매우 눈부신 것이었다. 백제로부터 한강 하류 유역을 빼앗은 신라는 곧 이어 터진 백제와의 전쟁에서 대승을 거둠으로써 백제를 저만치 따돌리고 한강의 명실상부한 지배자가 되었다. 이어서 신라는 남으로 가야의 최후 세력인 대가야를 점령하였고 북으로 고구려 동북부로 진격하여 함경도까지 영토를 넓히는 등 개국 이래 최대 판도를 자랑하게 되었다.
 여기서 우리는 이와 같은 신라 팽창의 원동력이 무엇인가 하는 의문을 가져본다. 사람들은 흔히 신라의 이와 같은 팽창이 진흥왕의 영도력과 전쟁터에서 죽음을 두려워하지 않는 신라의 화랑도정신에 힘입은 것이라고 이야기한다. 그러나 이것만으로 진흥왕 때 신라의 성장을 설명해내기는 부족하다. 전쟁의 승패가 군주 한 명의 역량에 의해 판가름 나는 것도 아니며 백제나 고구려의 병사들이 신라에 비해 용맹성이 뒤떨어지는 것도 아니기 때문이다. 진흥왕 시기 신라의 팽창 배경은 변화하고 있는 전쟁의 양상에 신라가 적절히 대응하고 있다는 사실에서 찾아져야 할 것이다.
 삼국 간에 벌어지고 있는 전쟁의 성격은 이전에 비해 많이 달라졌다. 삼국 초기에 전쟁은 지배층을 중심으로 구성된 전문적인 전쟁 수행 집단인 '전사단'에 의해 전개되었다. 그러나 삼국간의 항쟁이 치열해지면서 전쟁은 소규모 집단의 전사단에 의해서 단기간에 치루어지는 양상을 벗어나게 되었다. 이제 전쟁은 누가 얼마나 많은 병력을 효율적으로 동원할 수 있으며, 그리고 장기간 전개되는 전쟁에 필요한 물자를 누가 더 잘 감당해낼 수 있느냐에 따라 승패가 갈리는 '총력전'으로 그 양상이 바뀐 것이다. 전쟁은 대규모 살상전·장기전의 양상을 띠게 되었고, 전쟁의 승패는 병사의 창 끝에서만 이루어지는 것이 아니라 전쟁에 백성을 동원하는 국가적 역량과 장기전을 치를 수 있는 국가의 경제력에 따라 승패가 나뉘게 된 것이다.
 6세기 중엽 전개되고 있는 신라의 팽창도 이러한 차원에서 바라보아야 한다. 5세기 후반 이래 소지왕·지증왕·법흥왕 대를 거치면서 신라의 경제 및 정치체제는 후진국 단계를 벗어났다. 특히 소지왕·지증왕 때에는 경제적 성장이 그리고 법흥왕 때에는 정치체제의 발전이 이루어져 경제적 성장을 바탕으로 고대국가 체제가 정비된 것이다. 그리고 이와 같은 신라 국가의 성장이 진흥왕 시기 대외적 팽창을 가능하게 한 것이다.

백제, 신라와의 보복전戰에서 완패
성왕 전사戰死, 국력 큰 손실

신라의 한강 유역 기습침공에 대항, 신라 정벌에 나섰던 백제는 성왕이 전사하는 등 신라에 대패하고 말았으며, 이에 따라 백제는 국왕의 권력이 약화되고 귀족의 권한이 강화되어 국정운영이 어려워지는 상황에 처하게 됐다.

백제의 성왕은 국가간의 신의를 저버린 배반자 신라를 응징하고 잃었던 영토를 되찾기 위한 대대적인 신라 원정을 단행, 가야의 군대까지 동원하고 직접 군대를 지휘하여 신라의 관산성을 공격했다.

이에 신라는 군주 각간 간덕干德과 이찬 탐지耽知 등으로 맞섰으나 백제군의 기세에 눌려 초기 전황은 불리했다. 이때 신주의 군주 김무력이 신주의 병사를 이끌고 와서 교전함에 따라 전세가 역전되기 시작하였으며 이 과정에서 신라의 한 장수가 성왕을 살해, 이를 계기로 백제의 군대는 순식간에 공략당하고 말았다. 이번 전투에서 전세를 역전시키는 데 큰 공을 세운 신라의 장수 김무력은 금관가야가 멸망할 때 신라 진골계층에 편입해 들어온 금관가야의 왕족이다.

이번 전투에서 백제는 좌평 4인, 병사 2만 9천6백 명이 사망하고 병마를 모두 빼앗기는 대패를 당했다. 이로 인해 그 동안 쌓아온 백제의 국력은 한꺼번에 무너지는 손실을 입었으며 전쟁에 반대했던 귀족들의 권한이 강화됨에 따라 정치적인 불안이 예상된다.

신라는 이번 전투에 승리함으로써 한강 하류에 대한 지배를 군건히 할 수 있게 됐다. 또한 가야에 대한 백제의 영향력도 현저히 줄어들 수밖에 없을 것으로 보여 가야를 병합하려는 신라의 시도는 더욱 가속화될 것으로 전망된다.

백제 중흥의 기수 성왕
사비 천도, 관제 개편, 일日에 불교 전래

백제 중흥의 기틀을 마련했던 무령왕의 뒤를 이어 왕위에 오른 성왕은 백제의 국력을 한층 강화시킨 왕으로 신라의 진흥왕에 비유될 수 있는 임금이었다.

538년(성왕 16), 웅진에서 사비로 천도를 단행했다. 웅진은 고구려에 의해 한성이 함락된 이후 거처한 곳으로 주변의 산악과 금강이 외적의 침입을 막아주는 데 유리했을지 모르나 한 나라의 수도로서 풍모는 빈약하였다. 이에 비해 새로 도읍한 사비는 백마강이 흘러가는 사방이 확 트인 평야지대로서 산악에서 평야로 도읍을 이동하였다는 것은 이제 고구려의 침입을 충분히 막아낼 수 있다는 자신감이 반영된 것이라고 해석할 수 있다.

그리고 그는 국호를 '남부여'로 바꿈으로써 새로운 출발의 분위기를 한껏 고조시키기도 했다. 또한 성왕은 사비 천도 후 22부의 중앙관서를 설치하고 수도를 5부, 지방을 5방으로 개편하는 등 통치제도 정비에 나서기도 했었다.

그의 치세기간 동안 불교계에도 많은 발전이 있었는데, 승려 겸익은 인도에서 율을 구해왔고, 522년에는 노리사치계를 통해 일본에 최초로 불교를 전래시켰다.

고구려, 귀족세력 간 극한 대립, 정국 불안
왕위계승 문제 놓고 정쟁 격화, 2천 명 이상 희생

5세기 고구려는 천하의 중심을 자신으로 생각할 만큼 강국이었으나 6세기 들어와 귀족들의 세력이 커지면서 이들 간의 갈등 또한 심화되고 있다. 531년에 안장왕이 피살되었다는 설이 무성하였고 안원왕(531~545) 이후에도 왕위계승 문제를 놓고 귀족세력이 둘로 나뉘어 치열한 다툼이 벌어졌다. 이 대결에서 한쪽 세력이 2천 명이나 죽는 희생을 치르기도 했다는 소식이며, 현재 고구려의 정치는 대단히 불안정한 상황인 것으로 알려지고 있다.

신라 황룡사 법회에서 만난 고구려 망명 승려 혜량법사

551년 고구려의 승려 혜량이 고구려 내 정치적 혼란을 피해 신라로 망명했다. 그는 진흥왕으로부터 승려의 최고 관직인 승통의 지위를 하사받고 얼마 전 황룡사에서 백좌강회를 개최하는 등 활발한 활동을 벌이고 있다.

– 망명을 주선한 사람이 신라 장수 거칠부라고 하던데
내가 고구려에 있을 당시 승려였던 거칠부가 고구려를 정찰하려 들어왔다가 내가 불법을 설법하는 것을 들으러 온 적이 있었다. 그때 나는 그가 장수가 될 것을 예측하고

"그대가 잡힐까 염려하여 비밀리 알려주는 것이니 빨리 신라로 돌아가라"

고 충고했다. 그리고

"만일 군사를 거느리고 오게 되면 나를 헤치지 말라"

고 말했다. 그 후 551년 고구려에 대한 대공세 시기 죽령 이북 철령 이내의 10개의 군을 취한 거칠부가 나를 발견, 내가 신라에 망명하기에 이른 것이다.

– 신라의 호국사찰 황룡사에서 법회를 개최하였다고 하는데 이 일은 신라에서는 처음 있는 일인데
전쟁에서 숨진 사망자의 넋을 위로하고 그들이 부처님이 다스리는 극락에서 평온하게 살 수 있기를 빌고자 이번 백좌법회를 개최했다. 삼국간의 치열한 전쟁 속에서 많은 사람들이 죽어가고 있다. 그들의 마음을 위로해주기 위해 법회를 계획, 진흥왕의 허락을 받았다.

≪국사≫ 편찬 유감有感
왕실 정통성 확립 작업의 일환

545년 6월 이찬 이사부의 제안으로 ≪국사≫ 편찬이 시작되었다. 이사부는 왕에게 ≪국사≫ 편찬의 필요성을 다음과 같이 주장했었다.

"역사책이란 군신의 선악을 기록, 잘잘못을 후대에 보이는 것이니, 기록을 해두지 아니하면 후세에서 무엇을 보고 옳고 그름을 알겠습니까"

이에 왕은 대아찬 거칠부 등에게 명하여 널리 문사를 모아 국사를 꾸미게 했다. 총책임의 직책을 맡은 거칠부는 국사 편찬에서 어느 부분에 강조점을 둘 것이냐는 기자의 질문에 후대에 참고가 되게 한다는 애초의 취지에 덧붙여

"고구려나 백제는 이미 역사를 편찬, 국가의 위상을 높인 바가 있다. 우리 역시 역사 편찬을 통해 신라 왕실의 정통성을 강조할 예정이다. 정통성을 내세울 수 있는 설화가 역사서술의 중심내용이 될 것"

이라고 답했다.

 국력이 팽창하던 시기에 왕실의 권위를 높이고자 ≪서기≫라는 역사책을 편찬했던 백제처럼 역사책의 편찬과 국력 사이에는 밀접한 함수관계가 있으며 거칠부의 발언과 같이 역사서 편찬에는 정치적 목적도 담기는 것이 사실이다. 그렇지만 역사서 편찬의 본질은 어디까지나 공정한 기록으로서 후대에 남기는 데에 있음을 분명히 해야 할 필요가 있다는 것이 많은 뜻 있는 사람들의 한결같은 바람이다.

● 신라의 화랑도

화랑도의 구성과 기능
"조국 위해 목숨 바치는 것은 무사의 최고 영예"
동고동락 하는 청소년 전사 집단, 전쟁 격화되면서 확대 개편

 불과 15·16세에 전쟁에 뛰어들어 맨 앞에 앞장서 싸우면서 죽기를 두려워하지 않는 이들 신라의 전사집단은 도대체 어떻게 만들어진 것인가? 삼국 간의 항쟁이 더욱 치열해지고 있는 가운데 이들 신라의 청소년 전사집단에 대한 국내외적 관심이 커져가고 있다. 화랑도 일행을 만나기 위해 우리가 찾아간 곳은 경주 남산이다. 남산은 신라의 화랑과 낭도들이 심신의 수련을 위해 자주 찾는 곳이라고 한다. 물론 이들은 남산뿐 아니라 금강산이나 지리산 혹은 천전리 계곡 등을 두루 돌아다니며 도의를 연마하며 동시에 지리도 익힌다고 한다.

수련기간이 끝나면 정식 군인

우리가 남산에서 마주친 화랑도는 진골 출신의 화랑 한 명과, 교사로서 지

도하는 승려 낭도 한 명, 그리고 진골 이하 평민에 이르는 수많은 낭도로 구성되어 있었다. 이 집단을 이끌고 있는 화랑 △△△은 용모가 매우 단정함에도 처음 보았음에도 불구하고 믿음이 가는 그런 모습이었다. 우리는 그에게 화랑도가 무슨 목적에서 만들어졌는지 물어보았다. 그는 다음과 같이 답하였다.

"우리는 평소에 심신을 연마하여 수련기간이 끝나면 정식 군인으로 활동하게 됩니다. 그리고 외적의 침입으로 국가가 어려움에 처하면 바로 전쟁터에 투입될 병사이기도 합니다."

"아니, 아직 20세 미만으로 나이도 어린데 곳곳에 죽음이 도사리고 있는 전장에 나가는 것이 두렵지 않습니까?"

"조국을 지키기 위해 목숨을 바칠 수 있는 것은 무사로서 최고의 명예라고 생각합니다. 두려움은 없습니다."

그의 대답을 들으면서 진흥왕 시기 화랑도와 같은 청소년 조직이 절실히 요구되는 상황을 생각해 보았다. 진흥왕 때 들어와 국가가 팽창하고, 군사 조직이 발달함에 따라 이를 뒷받침해 줄 수 있는 청소년 조직이 필요하였다. 그리하여 화랑도는 인재양성과 무사양성의 기능을 담당하는 국가조직으로 발전한 것이다. 그의 답변은 이와 같은 화랑도 설치 목적과 꼭 일치하는 것이었다.

화랑도의 구성에는 승려도 포함되어 있다. 이들은 화랑도를 정신적 방면에서 지도해주는 역할을 담당하고 있다고 한다. 이들에게 전사로서 요구되는 정신자세를 길러주는 것이다. 여기에는 원광법사의 세속오계가 중심이 된다고 하는데 특히 충忠과 신信이 강조된다고 한다.

우리는 정신교육을 담당하고 있는 승려에게 화랑도의 기원에 대해 물어보았다.

"화랑도는 그 기원을 원시 시대 이래의 '연령 집단'에 두고 있습니다. 연령 집단이란, 일정한 나이 또래의 청소년들로 구성되어지며, 청소년들은 이 조직을 통해 단체생활과 공동의 의식을 수행하면서 그 사회의 전통적 가치와 질서를 함께 체득했지요."

세속오계 중 충忠과 신信 강조

화랑도는 이러한 청소년 집단을 국가적 필요에 따라 확대 개편하여 치열한 전쟁에 요구되는 인재를 양성·확보하려는 제도라고 한다.
이번 취재를 수행하면서 삼국간의 항쟁 격화가 각국으로 하여금 군사적 동원 역량을 강화시키고 있다는 사실을 확인할 수 있었다. 고구려의 경당 역시 화랑도와 마찬가지로 군사력 강화에 주된 목적이 있다고 여겨진다. 삼국은 서로간의 싸움에서 승리하기 위해 총력을 기울이고 있다. 삼국의 패권은 과연 어디로 갈 것인가? 이들 청소년 전사집단을 잘 육성하는 것 또한 패권의 향방에 주요한 요소가 되리라 생각된다.

화랑 사다함
전리품 마다하고 친구 따라 죽음의 길로

대가야와의 전쟁에 참전하여 불과 16세의 나이로 대가야 정벌에 큰 공을 세운 화랑 사다함은 국왕이 내려준 전쟁포로를 모두 양민으로 풀어주고 하사받은 토지를 전사들에게 나누어주어 많은 사람들의 칭송을 받았는데 친구를 위해 따라 죽어 신라인의 마음을 아프게 하고 있다.
사라함은 무관랑과 함께 죽기를 약속했는데 무관이 병들어 죽자, 식음을 전폐한 채 통곡하기를 7일이나 계속하더니 그만 죽고 말았다. 그의 나이 이제 겨우 17세. 이미 그의 공평무사함을 알고 있던 많은 사람들은 친구간에 신의를 중시하는 사다함의 태도에 존경을 표하면서도 애석해하고 있다.

25

허실의 왕, 타락한 삶과
비참한 최후를 맞다

진지왕

新羅王朝實錄

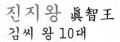

진지왕 眞智王
김씨 왕 10대

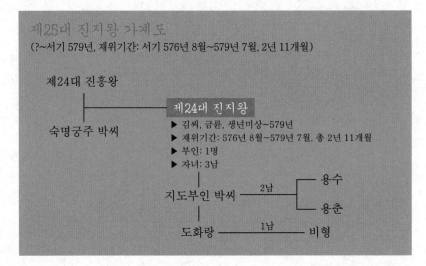

제25대 진지왕 가계도

(?~서기 579년, 재위기간: 서기 576년 8월~579년 7월, 2년 11개월)

제24대 진흥왕
— 숙명궁주 박씨

제24대 진지왕
▶ 김씨, 금륜, 생년미상~579년
▶ 재위기간: 576년 8월~579년 7월. 총 2년 11개월
▶ 부인: 1명
▶ 자녀: 3남

지도부인 박씨 —2남— 용수 / 용춘
도화랑 —1남— 비형

?~579년(진지왕 4). 신라 제25대 왕. 재위 576~579. 성은 김씨金氏. 이름은 사륜舍輪 혹은 금륜金輪. 진흥왕의 둘째아들이며, 어머니는 박씨朴氏로 사도부인思道夫人이며, 왕비는 지도부인知道夫人이다. 진흥왕의 태자 동륜銅輪이 572년(진흥왕 33)에 죽었기 때문에 진흥왕에 이어서 즉위해 무열왕계武烈王系의 시조가 되었다. 당시에는 왕위 계승에서 이미 부자 상속제가 확립되어 있었으므로, 진흥왕의 둘째아들인 진지왕의 경우 진흥왕의 적손嫡孫, 즉 동륜태자의 아들인 백정白淨(뒤의 진평왕)이 있었기 때문에 실제로는 왕위 계승권자가 될 수 없었던 것으로 보인다.

그러나 그는 진흥왕대의 대표적 인물이었던 거칠부居柒夫의 지원을 받아 왕위를 찬탈했을 가능성이 있다. 이러한 추측은 진지왕이 즉위하던 해(576년)에 거칠부를 상대등上大等에 임명하여 국정을 맡긴 사실과, 재위 4년 만

138

에 정란황음政亂荒淫을 이유로 화백회의和白會議의 결정에 따라 폐위되었다는 것과, 독자적인 연호를 가지지 못했던 사실에서도 알 수 있다.

578년에 중국 남조南朝의 진陳나라에 사신을 파견, 진흥왕 이래의 외교관계를 유지했으나, 재위 4년 만에 폐위되었다. 영경사永敬寺 북쪽에 장사지냈다. 시호는 진지眞智이다.

576년(진지왕 원년) 이찬 거칠부를 상대등으로 삼아 국사를 맡겼다.

577년(진지왕 2) 2월에 왕은 친히 내을신궁에 제사를 지내고 죄수들을 대사하였다. 10월에 백제가 군사를 일으켜 서쪽 변경의 주군을 침범하자, 왕은 이찬 세종에게 명하여 군사를 내어 적을 일선군의 북쪽에서 격파하고 3천7백 명을 참획하였다. 이때 내이서성内利西城을 축조하였다.

578년(진지왕 3) 7월에 사신을 진나라에 파견하였다. 이때 백제의 알야산성關也山城(현 여산礪山)을 공격하였다.

579(진지왕 4) 2월에 백제가 웅현성熊峴城과 송술성松述城을 축조하고 경산산성梗蒜山城, 마지현성麻知峴城, 내이서성의 길을 막았다. 7월 17일에 왕이 돌아가시자 시호를 진지라 하고 영경사永敬寺의 북쪽에 장사하였다.

● 진흥왕대의 사람들

김용춘 金龍春

생몰년 미상. 신라시대의 왕족. 일명 용수龍樹. 진지왕의 아들이며 태종무열왕의 아버지이다. 어머니는 지도부인知道夫人 박씨이고, 부인은 진평왕의 딸인 천명부인天明夫人 김씨이다. 아버지 진지왕의 신분은 성골이나, 왕위에 재위한 지 4년 만인 579년에 폐위 당하였으며, 용춘의 아들인 김춘추의 신분은 진골로 되어 있다. 따라서 용춘의 신분이 원래 성골이었는지, 아니면 성골에서 진골로 족강族降하였는지 그 여부는 확실하지 않다.

654년(태종무열왕 1) 4월 아들인 무열왕에 의해 문흥대왕文興大王으로 추봉되었는데, ≪삼국유사≫에는 문흥갈문왕文興葛文王이라고 되어 있다.

즉, 대왕은 중국식 추시追諡와 비슷한 관념을 지니는 것으로, 갈문왕이 발전한 형태라고 할 수 있는 것이다. 갈문왕은 한 씨족 내지 가계의 우두머리로서, 왕의 즉위 초에 그 왕과의 일정한 관계를 기준으로 해서 책봉되는 것이 관례였다. 따라서 신라 중대의 첫 왕인 태종무열왕이 아버지를 대왕으로 추봉하였다는 것은 문흥대왕이 가조적家祖的 성격을 지니고 있었음을 말하여준다. 그리고 무열왕의 아버지인 김용춘이 갈문왕의 전통을 이어받으면서 중국식으로 문흥대왕에 추봉된 것을 계기로 일단 종래의 갈문왕제도가 신라사회에서 중단되었다는 사실은 태종무열왕계 왕권의 전제주의의 결과라고 할 수 있는 것이다.

사도부인思道夫人

?~614(진평왕 36). 신라 진흥왕의 비. 성은 박씨朴氏. 모량리牟梁里 각간角干 영실英失의 딸로서, 572년(진흥왕 33)에 죽은 태자 동륜銅輪과 진지왕이 된 왕자 사륜舍輪의 어머니이다. 진흥왕이 말년에 이르러 머리를 깎고 승복僧服을 입고 스스로 법운法雲이라 호號하다가 생을 마치자, 사도부인도 이를 본받아 출가하여 법명을 묘법妙法이라 하고 영흥사永興寺에 머물렀다. 614년(진평왕 36) 2월에 영흥사의 소불塑佛(흙으로 만든 불상)이 스스로 무너지더니 얼마 뒤에 사도부인이 죽었다. 이에 나라사람들이 예의를 갖추어 장사를 지냈다.

도화랑桃花娘

신라新羅 미녀美女. 일명 도화녀桃花女. 사량부沙梁部 출신. 얼굴이 아름다워 도화桃花라고 불렸다. 소문을 들은 진지왕이 궁중에 불러들여 통정通情하려 하자 두 남편을 섬길 수 없다고 이를 거절, 남편이 없다면 허락하겠다고 대답했다. 그 후 진지왕이 죽었으나 남편이 죽은 지 10일 만에 죽었던 왕이 다시 나타나 동거를 요구하자 7일 동안 함께 살아 아들 비형鼻荊을 낳았다고 한다.

박오공朴烏公 (삼국유사三國遺事에는 기오공起烏公)

그의 딸인 지도부인知刀夫人이 진지왕眞智王의 비妃가 되었다.

● 진지왕 시대의 세계동향

▶ 동양

　576년 2월 주周가 토곡혼吐谷渾을 침

　　　 10월 주周가 제齊가 평양平陽을 침

　578년 2월 주周가 진陳의 오명철吳明徹을 잡음

　579년 2월 주周 정제靜帝 즉위

▶ 서양

　576년 유스티누스 2세 페르시아 원정

　578년 동로마 유스티누스 2세 죽음

　579년 로마 페르시아군 격파

● 진지왕대의 주요사건

귀신 쫓는 노래
진지왕이 귀신되어 낳은 비형, 귀신들 마구 부려

> 임금의 혼이 나으신 아들
> 비형랑이 있는 방이 여기라오.
> 날고 뛰는 온갖 귀신들아
> 아예 이곳엔 머물지 말라.

진지왕이 왕위에 있을 때 시량부에 사는 도화랑이라는 아낙네가 있었다. 그녀는 너무나 아름다워 모르는 사람이 없었다. 미인이라면 사족을 못 쓰는 진지왕은 도화랑을 궁중으로 불러들여 정을 통하려 했다. 그러나 도화랑은 완강히 거부했다. 왕은 화가 나서 위협했으나 도화랑의 태도가 굳은 것을 알고 왕은 슬쩍 농짓거리로 바꿔 물었다.

"만약 남편이 없으면 괜찮겠지?"

그러자 도화랑은 웃으면서 말했다.

"그렇다면 괜찮겠습니다."

바로 그해 진지왕이 죽었다. 그리고 3년 만에 도화랑의 남편도 죽었다. 남편이 죽은 지 10여 일이 지난 어느 한밤중에 갑자기 도화랑이 자고 있는 방으로 생시와 똑같은 모습의 진지왕이 들어와서 말했다.

"예전에 남편이 없으면 허락한다고 했으니 이제는 내 말을 듣겠느냐?"

왕은 7일 동안 도화랑과 함께 지냈다. 그 후 도화랑은 임신을 하고 아이를 낳아 아이의 이름을 비형이라 지었다. 비형은 어려서부터 재주가 뛰어나 열다섯 살이 되었을 때는 집사 벼슬에 올랐다. 그런데 밤만 되면 비형이 궁궐을 빠져나가 황천 냇가 언덕으로 가서 귀신들과 놀고 오는 것이었다. 진평왕은 비형을 불러 물었다.

"네가 귀신들을 부린다는데 참말이냐?"
"예, 그렇습니다."
"그렇다면 귀신들을 시켜서 신원사 북쪽 개천에 다리를 놓도록 하라."

비형은 그날 밤으로 귀신들을 동원, 커다란 돌다리를 놓았다. 이 때문에 그다리를 귀신다리, 즉 귀교라고 불렀다.
진평왕은 다시 비형에게 물었다.

"귀신 중에서 인간 세상에 나와 나라 일을 도울만한 자가 있느냐?"

그리하여 길달이라는 자가 국정을 돕게 됐다. 그런데 어느 날, 인간 세상에 진력이 난 길달은 여우로 변해서 달아났다. 이 사실을 안 비형은 귀신을 시켜 잡아 죽였다. 이 때문에 귀신들은 비형이란 이름만 들어도 겁을 먹고 달아났다.

신라, 황룡黃龍이 나타나다

왕궁을 짓는 곳에 황룡이 나타나 신라의 많은 사람들이 놀라워하고 있다.
553년 2월 왕이 관료에게 명하여 월성 동쪽에 신궁을 지을 때, 그곳에서 황룡黃龍이 나타나므로 왕이 이상히 여기어 절을 창건하는 공사로 개조하고 절 이름을 황룡사黃龍寺라고 하였다.
용의 출현은 이번이 처음은 아니다. 박혁거세의 부인 알영은 용의 오른쪽

갈비뼈에서 나왔다고 하며, 그 이후에도 몇 차례 용이 나타났었다. 이웃나라인 백제에서는 황룡뿐 아니라 흑룡이 나타난 일도 있으며 고구려에서도 황룡이 나타난 적이 있다고 한다.

사람들은 커다란 폭포에 용이 살고 있으며, 황룡과 청룡은 상서로운 것이지만 백룡이나 흑룡은 흉조라고 믿고 있다. 또 민간에서는 꿈에서 용을 보면 남자 아이를 가질 태몽이라 하며, 용이 물을 다스리고 상징한다고 여겨 기우제를 지낼 때는 늘 용머리 모양을 만들어 물속에 넣는 의식을 치르고 있다.

인간을 방생한다?

중국 북제의 황제 고양(재위 550~559)은 위 왕조 탁발과 원나라의 일족을 절멸시키려 했다. 고양은 두 가문에서 721명을 잔인하게 살해했다.

불교에 귀의한 황제 고양은 금봉대에서 계율을 받게 됐다. 고양은 방생이라는 의식을 통해 자신이 계율을 받게 된 것을 축하했는데, 그의 방생은 보통 방식과 달랐다.

그가 방생한 것은 자신의 원수인 탁발가와 원가 사람들이었으며, 그 방법은 1백척의 단 위에서 그들을 던지는 것이었다. 그는 대부분의 사형수들을 끌어내 몸에 커다란 대나무 거적을 날개처럼 달게 한 다음, 단 위에서 뛰어내리도록 명령했다. 또 사형수들을 연에 태운 다음 금봉대에서 뛰어내리게 하기도 했다.

● 도화녀와 비형랑

복숭아를 제사상에 올리지 않는 까닭

겨우내 추위에 움츠리고 있던 나무가 봄비에 젖고 따뜻한 바람에 살랑대더니 햇살이 길어지는 춘분이 지나자 움이 트고 싹이 난다.

알마리고개 너머 농사집 마당가의 감나무 가지에도 새순이 돋아난다. 돌담끝 대문 앞에 자라는 엉게가시나무 한 그루가 유난히 눈에 띈다. 팔뚝만한 줄기에 손가락같은 가지가 뻗었는데 가지마다 쪼뼛한 가시가 돋혔다.

"할매요! 가시 돋힌 이 나무 이름이 뭔가요?"
"엉게나무 아이가!"
"와 삽짝(대문) 옆에 숭갓능기요(심었을까여)?"
"예전부터 엉게가시나무를 집앞에 숭가 노으면 잡귀가 몬(못) 들어온다카데."

신라 25대 임금이 진지대왕이다. 서기 576년에 왕위에 올랐는데 술 마시고 여색을 밝혀 음란했으므로 정치가 문란하였다. 나라 사람들이 왕위에서 4년만에 쫓아내니 그 해에 돌아가셨다.

임금자리에 있을 때의 일이다.

서라벌 시량부 마을에 아름답고 요염한 한 평민 여자가 살았는데 사람들이 '복성곳(복사꽃) 각시[도화녀桃花女]'라 불렀다. 이 소문을 들은 임금이 하루는 여자를 불러

"너가 참으로 아름다운데. 내 품에 안겨 몸을 맡기겠는가?"
"여자가 지켜야 하는 거는 두 남자를 섬기지 않는 거시더(겁니다). 저에게도 남편이 있사온데 비록 임금이라 캐도 그렇게 못하겠더."
"죽여도?"

"차라리 저자거리에서 목을 베이모 베었지 다른 남자한테는 몸을 마낄 수 없심더"

철석같이 굳은 마음을 헤아린 왕이 실없이 말하기를

"남편이 없으면 되겠능가?"
"되겠심더"

하므로 왕은 그 여자를 놓아 보냈다.
 이 해에 왕은 폐위되고 세상을 떠났다. 2년 뒤 복성곳 각시의 남편도 또한
죽었다. 남편이 죽은지 열흘이 지난 어느 날 밤중에 갑자기 평상시와 같이
왕이 각시방에 들어와 말했다.

"네가 예전에 허락한 말이 있제? 지금은 네 남편이 없으니 되겠느냐?"

여자는 쉽게 허락하지 않고 부모님께 여쭈니

"임금의 말씀인데 우예 피할 수 있겠능가."

하고 딸을 왕이 있는 방에 들어가게 했다. 왕은 7일이나 머물렀는데 오색
구름이 집을 덮었고 향기는 방안에 가득했다. 7일 뒤에 왕이 갑자기 사라졌
으나 여인은 이내 태기가 있었다.
 달이 차서 해산하려 하는데 천지가 진동하더니 한 사내아이를 낳았는데
이름을 고가시[비형鼻荆]라 했다.
 진평왕(26대)이 그 이상한 소문을 듣고 아이를 궁중에 데려다 길렀다. 열
다섯 살이 되어 집사라는 벼슬을 주었다. 그러나 고가시[비형鼻荆]는 밤마다
멀리 달아나서 놀곤 하였다.
 왕은 용사 50명을 시켜서 지키도록 했으나 그는 언제나 월성月城을 날아
넘어가서 서쪽 거친내(남천 하류) 언덕 위에 가서는 귀신들을 데리고 노는

것이었다. 용사들이 숲속에 엎드려서 엿보았더니 귀신들은 여러 절에서 들려오는 새벽 종소리를 듣고는 각각 흩어져 가버리고 고가시도 집으로 돌아갔다.

용사들이 이 사실을 왕에게 보고했다. 왕은 고가시를 불러 물었다.

"네가 두두리豆豆里들을 데리고 논다는데 그게 사실이냐?"

"예, 그렇심더."

"그렇다면 너는 그 귀신을 데불고 신원사神元寺 북쪽 거랑에 다리를 놓도록 해라."

고사기는 명을 받들어 귀신 떡다리들을 시켜서 하룻밤 사이에 큰 다리를 놓았다. 그래서 귀다리[귀교鬼橋]라 했다. 왕은 또 물었다.

"귀신 가운데 사람으로 출현해서 조정의 정사政事를 도울 만한 자가 있느냐?"

"길다리[길달吉達]란 놈이 있사온데, 정사를 도울만 합니다."

"그러면 데리고 오도록 하라"

이튿날 그를 데리고 와서 왕을 뵈니 집사 벼슬을 주었다. 길다리는 과연 충성스럽고 정직하기 이를 데 없었다.

이때 각간角干 임종林宗의 아들이 없었으므로 왕은 명령하여 길다리를 그의 아들로 삼게 했다.

임종은 길다리를 시켜 흥륜사興輪寺 남쪽에 문루門樓를 세우게 하고 밤마다 그 위에 가서 자도록 했으니 그 문루를 길달문吉達門이라고 했다.

어느 날 길다리가 여우로 변하여 도망쳤으므로 고가시는 귀신 무리들을 시켜서 잡아 죽였다. 이 때문에 귀신들은 고가시[비형鼻荊]의 이름만 들어도 두려워 달아났다.

당시 사람들이 글을 짓기를

성제聖帝 혼이 아들을 낳았으니 고가시집이 그곳일세.
날고 뛰는 귀신들아 여기는 얼씬도 하지 마라.

나라 풍속에 이 글을 써붙여 귀신을 물리친다고 ≪삼국유사≫에 쓰여있다.

어릴 때부터 집집마다 삽짝 옆에 심어진 엉게가시나무를 보고 열매도 없고 가시만 있는 나무를 왜 키우는가 하는 궁금함을 떨치지 못하다가 ≪삼국유사≫<도화녀桃花女와 비형랑鼻荊郞>을 읽고 또 읽고 하다가 '바로 이거다!' 하는 생각이 났다.

도화桃花는 복숭아 꽃이니 경주말로 복숭꽃, 복성꽃, 복성곳이다. '꽃'의 옛말은 '곳'이다(송강 정철의 사미인곡에 '곳나모 가지마다'라고 나온다). 귀신들린 사람을 복성나무 가지로 후리쳐서 귀신 쫓는 풍속이 있고 복숭아 과일을 제사상에 놓지 않으니 복성곳 가시가 고가시의 어머니인 까닭이리라.

비형鼻荊의 비鼻는 코, 형荊은 가시, 코의 옛말은 '고'(월인석보에 '눈과 귀와 고과'라고 나온다)니 신라말로 '고가시'다. 비음鼻音인 '코, 코'를 입다문 상태에서 소리내다가 입을 벌리면 '엉게'라 소리난다. 비형비형鼻荊은 우리말을 한자로 쓴 '엉게가시'임에 틀림없다는 생각이다. ≪삼국유사≫이야기에 나오는 '글을 써 붙인다'는 풍속과 지금도 엉게가시 가지를 방문 위 상인방에 붙이는 것은 같을뿐더러 나아가서 아예 대문 안에 엉게나무(엄나무)를 심는 것도 같은 맥락임에 틀림없다.

간추려 보면 ≪삼국유사≫의 도화녀桃花女와 비형랑鼻荊郞 이야기는 귀신 쫓는 풍속의 원류이다. 지금도 복숭아는 귀신을 쫓는다고 제사상에 올리지 않을뿐더러, 복숭아나무 가지로 귀신들린 사람을 후리치고, 집 안에는 심지 않는 풍속이 내려왔다.

비형鼻荊은 고가시 또는 엉게가시로 엉게나무를 대문 앞에 심거나, 엉게가시를 방문 위에 붙여 잡귀를 쫓는다고 믿어왔다.

작년에 산골 친구에게 부탁해 둔 엉게나무 한 그루를 이번 봄에 옮겨 심어 우리 집에도 잡귀가 얼씬거리지 못하게 할까보다.

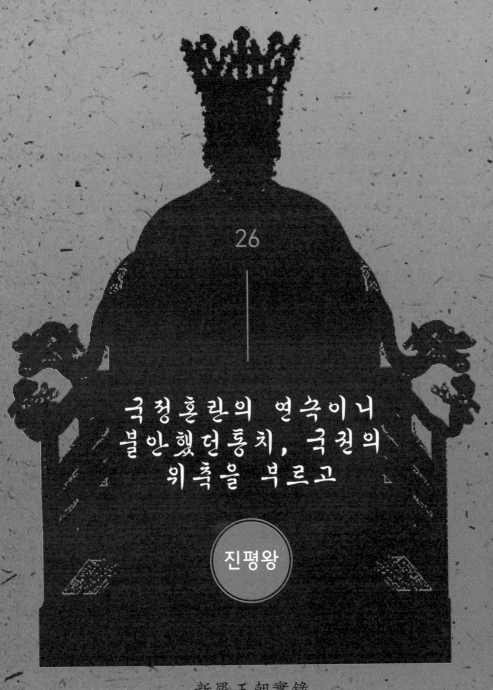

26

국정혼란의 연속이니
불안했던통치, 국청의
위축을 브르고

진평왕

新羅王朝實錄

진평왕 眞平王
김씨 왕 11대

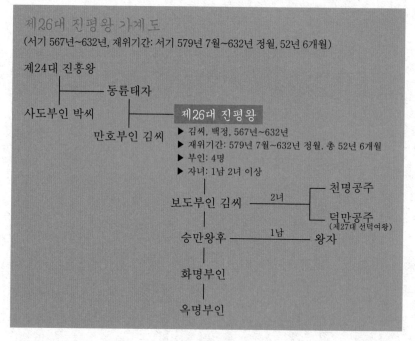

제26대 진평왕 가계도
(서기 567년~632년, 재위기간: 서기 579년 7월~632년 정월, 52년 6개월)

제24대 진흥왕
사도부인 박씨
┣━ 동륜태자
만호부인 김씨

제26대 진평왕
▶ 김씨, 백정, 567년~632년
▶ 재위기간: 579년 7월~632년 정월. 총 52년 6개월
▶ 부인: 4명
▶ 자녀: 1남 2녀 이상

보도부인 김씨 ── 2녀 ─┳ 천명공주
                     ┗ 덕만공주
                        (제27대 선덕여왕)

승만왕후 ── 1남 ── 왕자

화명부인

옥명부인

?~632(진평왕 54). 신라 제26대 왕. 재위 579~632. 성은 김씨金氏. 이름은 백정白淨. 아버지는 진흥왕의 태자인 동륜銅輪이며, 어머니는 입종갈문왕立 宗葛文王의 딸인 만호부인萬呼夫人인데, 만내부인萬內夫人이라고도 한다. 왕비 는 김씨로서 복승갈문왕福勝葛文王의 딸인 마야부인摩耶夫人이다. 진평왕은 태어나면서부터 얼굴이 기이하고 몸이 장대했으며, 의지가 깊고 식견이 명 철하였다고 한다. 그는 작은 아버지인 진지왕이 화백회의에 의해 폐위되자 즉위하였다. 진흥왕대를 이어서 왕권을 지속적으로 성장시켰는데, 이것은 관제官制의 정비에 힘입은 바가 컸다.

재위 54년 만에 죽었다. 한지漢只에 장사지냈다. 당나라 태종太宗은 국서를 보내어 진평왕에게 좌광록대부左光祿大夫를 추증하였다. 시호는 진평眞平이다.

579년(진평왕 원년) 8월에 이찬 노리부弩里夫를 상대등으로 삼고 동복아우 백반伯飯을 봉하여 진정眞正 갈문왕으로 삼고 국반國飯은 진안眞安 갈문왕으로 삼았다.

580년(진평왕 2) 2월에 왕은 친히 내을신궁에 제사를 지내고 이찬 후직后稷을 병부령으로 삼았다.

581년(진평왕 3) 1월에 처음으로 위화부位和府를 설치하였는데 이는 지금의 이부吏部와 같은 것이다.

583년(진평왕 5) 1월에 처음으로 선부서船府署를 설치하고, 대감大監과 제감弟監을 각각 한 명씩 두어 일을 보게 하였다.

584년(진평왕 6) 2월에 건복建福이라고 연호를 바꾸었다. 3월에 조부調府 영令을 1명씩 두어 조세의 일을 보게 하고 승부乘府 영을 1명씩 두어 거승車乘의 일을 맡아보게 하였다.

585년(진평왕 7) 3월에 한재가 들자 왕은 정전에 피하여 있으면서 식사를 감하고 남당에 직접 나가 친히 죄수들을 보살폈다. 7월에 고승 지명智明이 진나라로 들어가서 불법을 구하였다.

586년(진평왕 8) 1월에 예부禮部 영 2명을 두어 일을 보게 하였다. 5월에 우레가 울리고 벼락이 쳤으며 별이 비 오듯 떨어졌다.

587년(진평왕 9) 7월에 대세大世와 구칠仇柒 2명이 바다로 달아났다. 대세는 내물 이사금의 7세손으로 이찬 동대冬臺의 아들인데 그는 재능이 뛰어나 젊어서부터 해외에 뜻을 두고 승려 담수淡水와 더불어 사귀어 놀면서

"이 신라의 산골짜기에 살고 있으면서 일평생을 마친다는 것은 이 어찌 연못에 든 고기나 장에 갇힌 새가 창해가 넓고 크며 산림이 넓고 한가로움을 알지 못하는 것과 다름이 있겠는가? 내 장차 떼를 타고 넓은 바다에 떠 오吳와 월越에 이르러서 훌륭한 스승을 찾고 또 명산을 찾아 도를 닦으려 한다. 이렇게 하여 만약 범인의 몸을

벗어나서 신선의 도를 배울 것 같으면 표연히 바람을 타고 혈요沈寥한 하늘 밖으로 날아갈 것이니 이것이야말로 천하의 기이한 유람이며 장관일 것이다. 그대는 능히 나의 뜻을 좇겠는가?"

하였다. 그러나 담수가 이를 좋아하지 않자 대세는 그를 물리치고 다른 벗을 구하였는데, 마침 구칠이란 사람을 만났다. 구칠는 사람됨이 지조가 있고 결백하며 기이한 절개가 있었는데 담수는 그와 더불어 남산의 절에서 놀았다. 그런데 갑자기 비바람이 몰아쳐서 나뭇잎이 떨어지고 빗물이 뜰에 가득히 고이자, 대세가 구칠에게 말하기를

"나는 그대와 함께 서쪽으로 유랑할 뜻이 있다. 우리들이 지금 저 나뭇잎을 가지고 배를 만들어서 띄워 놓고 먼저 가고 뒤에 가는 것을 점쳐보자."

하여 이를 시험하니 대세가 만든 나뭇잎 배가 앞서 와서 닿았다. 대세는 웃으면서

"내가 먼저 가겠구나."

라고 하자 구칠이 발끈 일어나며 말하기를

"나 또한 사나이다. 어찌 내 홀로인들 못 갈까 보냐."

하였다. 대세는 그가 가히 벗이 될 것을 알고서 몰래 그 뜻을 말하니 구칠도 이에 동의하였다. 그리하여 둘은 서로 벗이 되어 남해로부터 배를 타고 가 버렸는데, 뒤에 그들의 간 곳을 알지 못하였다.

588년(진평왕 10) 12월에 상대등 노리부가 죽자 이찬 수을부首乙夫를 상대등으로 삼았다.

589년(진평왕 11) 3월에 원광법사圓光法師가 진나라로 들어가서 불법을 구하

였다. 7월에 서쪽 지방에 큰 홍수가 져서 민가 3만360호가 가라앉고 2백여 명이 죽자 왕은 사신을 파견하여 수재민을 구제하였다.

591년(진평왕 13) 2월에 영객부領客府 영을 2명 두었다. 7월에 남산성南山城(현 경주)을 축조하였는데, 성의 주위가 2천854보였다.

593년(진평왕 15) 7월에 명활성을 개축하였는데 그 주위가 3천 보였고 서형산성西兄山城(현 경주)은 주위가 2천 보였다.

594년(진평왕 16) 수나라 황제가 조서를 내려 왕을 상개부락낭군공신라왕上開府樂浪部公新羅王으로 삼았다.

596년(진평왕 18) 3월에 고승 담육曇育이 수나라로 들어가서 불법을 구하였다. 왕은 사신을 수나라로 파견하여 토산물을 보냈다. 10월에 영흥사에 불이 나서 350호가 연소되자 왕은 친히 재민을 위문하고 이를 구휼하였다.

597년(진평왕 19) 삼랑사三郎寺가 완공되었다.

600년(진평왕 23) 고승 원광圓光이 조빙사朝聘使인 내마 제문諸文과 대사 횡천橫川을 따라 환국하였다.

602년(진평왕 24) 왕은 대내마 상군上軍을 사신으로 수나라에 파견하여 토산물을 보냈다. 8월에 백제가 군사를 일으켜 이끌고 아막성阿莫城(현 운봉雲峰)에 쳐들어오자 왕은 장병들을 내보내어 이를 공격하여 크게 이겼으나 귀산貴山, 추항箒項 등이 전사하였다. 9월에 고승 지명이 수나라에 들어갔던 사신 상군을 따라 환국하였는데 왕은 지명의 계행戒行을 존경하여 넓고 큰 덕으로 삼았다.

603년(진평왕 25) 3월에 고구려가 군사를 일으켜 북한산성으로 쳐들어오자 왕이 친히 군사 1만 명을 거느리고 나가서 이를 막았다.

604년(진평왕 26) 7월에 대나마 만세萬世와 혜문惠文 등을 수나라로 파견하였다. 이때 남천주南川州(현 이천利川)를 폐하고 다시 북한산주를 설치하였다.

605년(진평왕 27) 3월에 고승 담육이 수나라에 들어갔던 사신 혜문과 함께 환국하였다. 8월에 군사를 내어 백제를 공격하였다.

608년(진평왕 30) 왕은 고구려가 빈번히 강토를 침범하자 수나라 군사를 청하여 고구려를 정벌하고자 하여 원광에게 걸사표乞師表를 지어 보내도록

명하였는데 원광이 말하기를

"자기가 살려고 하여 남을 멸망시키는 것은 사문이 할 행실이 아니옵니다. 그러나 소인이 대왕의 땅에 살고 대왕의 수초水草를 먹으면서 어찌 감히 이 명령을 좇지 아니하오리까."

하고 곧 걸사표를 지어 바쳤고 2월에 고구려의 북변으로 침입하여 8천 명을 노획하였으며 4월에 고구려 군사가 우명산성牛鳴山城을 공격하여 빼앗았다.

609년(진평왕 31) 정월에 모지악毛只嶽 밑의 땅이 타기 시작하여 넓이 4보, 길이 8척, 깊이 5척이나 태우고 10월 15일에야 그쳤다.

611년(진평왕 33) 왕이 수나라에 사신을 파견하여 걸사표를 보내자 수나라 양제가 이를 허락하여 군사를 일으켰으며 이 사실은 고구려의 기록에 적혀 있다. 10월에 백제가 군사를 일으켜 가잠성椵岑城을 공격하여 1백 일 동안이나 포위하였다. 현령 찬덕讚德이 최선을 다하여 지켰으나 힘이 다하여 전사하고 성은 함락되었다.

613년(진평왕 35) 봄에 한재가 들었으며 4월에 서리가 내렸다. 7월에 수나라의 사신 왕세의王世儀가 와서 황룡사에 이르러 백고좌百高座를 설치하고 원광 등 법사를 맞아 불경을 강론하였다.

614년(진평왕 36) 2월에 사벌주를 폐하여 일선주를 설치하고, 일길찬 일부日夫를 군주로 삼았다. 영흥사의 작은 불상이 저절로 헐리더니 비구니가 된 진흥왕의 비가 돌아가셨다.

615년(진평왕 37) 2월에 왕은 군신들에게 3일 동안 술과 음식을 하사하였다. 10월에는 지진이 있었다.

616년(진평왕 38) 10월에 백제가 군사를 일으켜 모산성으로 쳐들어왔다.

618년(진평왕 40) 북한산주의 군주인 변품邊品이 가잠성의 회복을 위해 군사를 거느리고 나가 백제와 싸우는데, 해론奚論이 적진으로 달려들어 역전 고투하다가 전사하였다. 해론은 찬덕의 아들이다.

621년(진평왕 43) 7월에 왕은 사신을 당나라에 파견하여 토산물을 보냈다. 당의 고조高祖는 친히 신라의 사신을 위로하고 통직산기상시유문소通直散騎常侍庾文素를 사신으로 하여 국서와 화병풍畵屏風, 비단 3백 필을 보내왔다.

622년(진평왕 44) 정월에 왕은 친히 황룡사에 행차하였다. 2월에 이찬 용수龍樹를 내성사신內省私臣으로 삼았다.

623년(진평왕 45) 정월에 병부대감兵部大監 2명을 두었다. 10월 당나라에 사신을 파견하여 예물을 보냈다. 이때 백제가 군사를 일으켜 늑노현勒弩縣을 습격하였다.

624년(진평왕 46) 정월에 시위부侍衛府 대감 6명과 상사서賞賜署 대정大正 1명, 대도서대정大道署大正 1명을 두었다.

3월에 당의 고조가 사신을 파견하여 왕을 주국낙랑군공신라왕柱國樂浪郡公新羅王으로 책봉하였다. 10월에 백제가 군사를 일으켜 쳐들어와 속함速含(현 함양咸陽) 앵잠櫻岑, 기잠岐岑, 봉잠烽岑, 기현旗懸, 혈책穴柵 등 6개의 성을 포위하고 공격하였는데, 3개의 성이 함락되거나 항복하였다. 이때 급찬 눌지訥催는 봉잠, 앵잠, 기현 3개의 성에 있는 군사를 합하여 굳게 방어하였으나 결국 이기지 못하고 전사하였다.

625년(진평왕 47) 11월에 사신을 당나라에 파견하여 조공하면서 고규가 당으로 통하는 길목을 막기 때문에 입조하지 못하며, 빈번히 침입한다고 호소하였다.

626년(진평왕 48) 7월에 사신을 당나라에 파견하여 예물을 보냈다. 당 고조는 주자사朱子奢를 파견하여 고구려와 서로 화친하라고 조유하였다. 8월에 백제가 군사를 일으켜 주재성主在城으로 쳐들어오자 성주인 동소東所는 군사를 거느리고 적을 막아 싸우다 전사하였다. 이때 고허성高墟城을 축조하였다.

627년(진평왕 49) 3월에 큰 바람이 불고 흙비가 5일 동안이나 왔다. 6월에 사신을 당나라에 파견하여 예물을 보냈다. 7월에 백제의 장군 사걸沙乞 명을 사로잡아 갔다. 8월에 서리가 내려 곡식이 상했다. 11월에 당나라에 사신을 파견하여 예물을 보냈다.

628년(진평왕 50) 2월에 백제가 군사를 일으켜 쳐들어와서 가잠성을 포위하자 왕은 군사를 내어 이를 격파하였다. 여름에 큰 한재가 들어 시장을 옮기고, 용을 그려 놓고, 기우제를 지냈다. 가을과 겨울에는 기근이 심하여 백성들이 자녀를 팔았다.

629년(신평왕 51) 8월에 왕은 대장군 용춘龍春, 서현舒玄과 부장군 유신庾信을 파견하여 고구려의 낭비성娘臂城(현 청주)을 침공하였다. 이때, 고구려는 군사들을 성 밖에 세우고 진을 쳤는데 그 군세가 매우 성하여 이를 바라본 아군이 두려움에 싸우려 하지 않자 유신이 말하기를

"내 듣건대 옷깃을 떨쳐야 옷이 바르고, 벼리를 들어야 그물이 퍼진다고 하니 내가 그 벼리와 옷깃이 될 것이다."

하고는 곧 말에 올라타 칼을 빼어들고 적진으로 뛰어 들어가서 싸우기를 3번이나 하였다. 유신이 한번 들어갈 때마다 혹은 적장의 목을 자르고 혹은 적의 깃발을 빼앗아 가지고 나오자 이를 바라본 모든 장병들은 북을 울리고 함성을 지르며 진격하여 5천여 명을 참살하고 성을 함락시켰다. 9월에 사신을 당나라에 파견하여 예물을 보냈다.

630년(진평왕 52) 대궁大宮 마당의 땅이 갈라졌다.

631년(진평왕 53) 2월에 흰 개가 궁궐의 담장 위에 올라갔다. 5월에 이찬 칠숙柒宿이 아찬 석품石品과 더불어 모반하다가 왕에게 발각되자, 칠숙을 잡아 동시東市에서 참형하고 더불어 모반하다가 그의 구족九族을 없애버렸다. 아찬 석품은 도망하여 백제의 국경에 이르렀으나, 그 처자가 그리워 낮에는 숨고 밤이면 걸어서 총산叢山으로 돌아와 한 초부樵夫(나무꾼)를 만나 자기의 옷을 초부의 옷과 바꾸어 입고 나무꾼으로 가장하여 나무짐을 지고 몰래 집으로 돌아왔다가 붙들려 참형되었다. 7월에 당나라로 사신을 파견하고 아름다운 여자 두 사람을 바쳤는데 위징魏徵은 당 태종에게 받지 않는 것이 옳다고 하였다. 이때 당의 태종이 기뻐하여 말하기를

"저 임읍林邑에서 바친 앵무鸚鵡도 오히려 고한苦寒을 부르짖으면서 자기의 나라를 그리워하거늘, 항차 두 여자가 멀리 친척을 이별하여서야 더 말하여 무엇하겠는가."

하며 사자들과 함께 돌려보냈다. 이때 흰 무지개가 궁궐의 우물에 들어가고 토성이 달을 범하였다.

632년(진평왕 54) 정월에 왕이 돌아가시자 시호를 진평이라 하고 한지漢只에 장사하였다. 이때 당 태종이 조서를 내려 좌광록대부左光祿大夫를 추증하고 비단 2백 필을 부의로 보내왔다.

● 진평왕대의 사람들

찬덕讚德

?~612년(진평왕 34). 신라 진평왕 때의 지방관. 왕경王京 모량부牟梁部사람이다. 영특하고 용맹과 절개로 세상에 이름이 높았다. 그의 명성과 재주를 인정한 진평왕에 의하여 610년(진평왕 32) 발탁되어 가잠성枷岑城 현령縣令에 임명되었다.

이듬해 10월 백제 무왕이 대군을 동원해 가잠성을 공격하여 포위하자 100일간의 치열한 공방전이 전개되었다. 진평왕은 장수에게 명해 상주上州(지금의 상주)·하주下州(지금의 창녕)·신주新州(지금의 경기도 광주)의 군대를 거느리고 구원하게 했으나, 백제군과 싸우다 이기지 못하고 돌아갔다. 이에 찬덕이 비분강개하여 말하기를,

"3주의 군대가 적이 강한 것을 보고 성이 위태로운데도 구원하지 않고 물러가니, 이것은 의義가 없는 짓이다. 의가 없이 사는 것보다는 의가 있게 죽는 것만 같지 못하다."

하고는 이에 발분하여 공방전을 감행하였다. 그러다가 양식과 물이 떨어지자, 시체를 먹고 오줌을 마시며 성을 죽음으로 지켰다.

612년 정월 무기가 다하고 힘이 다하자, 하늘을 우러러 고함치기를,

"우리 임금이 나에게 한 성을 맡겼는데 능히 보전하지 못하고 적에게 패하게 되었다. 죽어서라도 큰 악귀가 되어 백제 사람을 다 물어 죽여 이 성을 수복하리라."

라고 고함치고는 달려 나가 느티나무에 몸을 부딪쳐 자결하였다. 이와 동시에 성은 함락되고 군사들은 다 항복하였다.

아들 해론奚論 또한 충신이었는데, 아버지 찬덕의 전공으로 대나마大奈麻가 되어 금산당주金山幢主에 임명되었고, 한산주도독漢山州都督 변품邊品과 함께 대군으로 가잠성을 수복하기 위해 공격하자 백제도 대군으로 반격하여 치열한 전투가 벌어졌다. 해론이 여러 장군에게 이르기를,

"앞서 내 아비가 여기서 전사하셨는데 아들인 나도 지금 백제와 이곳에서 싸우게 되었으니 오늘이 내가 죽는 날이다."

하고는 칼을 빼들고 용감히 적진으로 돌격하여 적군 여럿을 죽이고 장렬히 전사하였다. 이로써 부자가 장렬히 한 성에서 전사하였다. 이를 듣고 진평왕은 눈물을 흘리며 예로써 장사하고 <장가長歌>를 지어 조위弔慰하였다.

일부日夫

생몰년 미상. 신라 진평왕 때의 지방관. 614년(진평왕 36) 2월 신라에서는 사벌주沙伐州를 폐하고 일선주一善州를 설치하였다. 이때 일부는 일길찬一吉湌의 관등으로서 일선주의 군주軍主가 되었다. 진평왕 때의 일선주 설치는 고구려에 대비한 주의 설치일 가능성이 크며 일부가 그 일선주의 책임을 담당하였던 것으로 생각된다.

혜문惠文

신라新羅 사신使臣. 604년(진평왕 26) 대내마大奈麻 만세萬世와 함께 수隋나라에 파견, 605년 고승高僧 담육曇育과 함께 귀국했다.

비리야比梨耶

신라 장군將軍. 진평왕眞平王 때의 급간級干으로서 602년(진평왕 24) 백제의 대군이 아막성阿莫城(남원南原 운봉雲峰)을 포위 공격했을 때 이를 격퇴시켰다.

도비都非

신라新羅 사량沙梁사람. 벼슬은 대내마大奈麻에 이르렀다. 그의 아들 눌최訥催는 진평왕眞平王 때 백제군百濟軍과 싸우다가 전사戰死하니 왕은 슬피 통곡하며 눌최訥催에게 급찬級湌의 벼슬을 추증追贈하였다.

제문諸文

신라新羅 600년(진평왕 23) 벼슬은 내마奈麻, 조빙사朝聘使로 수隋나라에 파견되었다. 이때 먼저 들어가 있던 고승高僧 원광圓光과 같이 돌아 왔다.

백용白龍

벼슬은 파진찬波珍湌. 629년(진평왕 51) 왕이 이찬伊湌 임말리급任末里及과 파진찬波珍湌 백용白龍 등을 파견하여 병사兵士를 거느리고 고구려의 낭비성娘臂性을 공격했다.

지도부인知道夫人(또는 知刀)

신라新羅 진평왕眞平王의 비妃. 성姓은 박씨朴氏, 오공烏公의 딸이다.

김복승金福勝

신라新羅 진평왕眞平王의 비妃. 마야부인摩耶夫人으로 갈문왕葛文王 추봉왕追封王의 딸이다.

만세萬世

신라新羅 604년(진평왕 26) 벼슬이 대내마大奈麻로 혜문慧文과 같이 수隋나라에 건너가 예물을 전하였다.

한신韓信

신라新羅 화엄종華嚴宗의 시조인. 의상義湘의 아버지이다.

보량법사寶良法師

진평왕이 처음으로 보량법사에게 승직僧職 아니대도유나阿尼大都唯那 벼슬을 주었다.

원효元曉

617(진평왕 39)～686(신문왕 6). 신라말기의 고승高僧. 성은 설薛. 어릴 때 이름은 서당誓幢, 원효는 호, 시호는 화정和淨. 내마奈麻 담날談捺의 아들, 설총의 아버지. 상주湘州(경북 경산군 자인면) 출신.

그 어머니가 꿈에 유성流星이 품속에 드는 것을 보고 원효를 배었으며, 만삭滿朔이 된 몸으로 압량군押梁郡의 남불지촌南佛地村 율곡栗谷 마을을 지나다가 사라수娑羅樹 아래에 이르러 갑자기 낳았는데 ≪삼국유사三國遺事≫에 이르기를 그때 오색 구름이 땅을 덮었다한다.

29세 때 중이 되어 황룡사黃龍寺에 들어갈 때 집을 희사하여 초개사初開寺를 세우게 했으며 사라수 옆에도 절을 세워 사라사라 하였다. 영취산靈鷲山의 낭지郎智, 흥륜사興輪寺의 연기緣起와 고구려 반룡산盤龍山의 보덕普德 등을 찾아다니며 불도를 닦으니 뛰어난 자질資質과 총명이 드러났다.

34세 때 동학同學 의상義湘과 함께 불법을 닦으러 당唐나라에 가던 길에 요동遼東에 이르러 어느 무덤들 사이에서 한 밤을 자게 되었다. 잠결에 목이 말라 물을 한 그릇 마셨던바 다음날 깨어보니 해골 속의 더러운 물이었음을 알고 급히 토하다가 깨닫기를

"마음이 나야 모든 사물과 법이 나는 것이요 마음이 죽으면 곧 해골이나 다름이 없도다(心生則種種法生心滅則龕墳不二) 부처님 말씀에 삼계三界가 오직 마음뿐이라 한 것을 어찌 잊었더냐."

하고 바로 본국으로 돌아오고 말았다. 그 뒤 분황사芬皇寺에 있으면서 독자적으로 통불교通佛敎(元曉宗·芬皇宗·海東宗 이라고도 함)를 제창하여 민중 속에 불교를 보급하기에 노력했다.

하루는 마음이 들떠 거리에 나가 노래하기를

"누가 자루 없는 도끼를 내게 주겠느냐, 내 하늘을 받칠 기둥을 깎으리로다(誰許沒柯斧 我斫支天柱)"

하니 사람들이 듣고 그 뜻을 몰랐으나 태종이 듣고

"대사가 귀부인을 얻어 슬기로운 아들을 낳고자 하는구나"

하고 요석궁瑤石宮의 홀로된 공주와 짝을 지어주니 과연 공주가 아이를 배어 설총薛聰(신라십현新羅十賢의 제1인)을 낳았다.

스스로 실계失戒한 원효는 소성거사小性居士라 자칭하면서 속세의 복장을 하고 마을을 다니다가 우연히 한 광대가 괴상한 박撲을 가지고 춤과 만담을 벌리는 것을 보고, 그와 같은 물건을 만들어 ≪화엄경≫의 <일체무애인一切無碍人 일도출생사一道出生死>에서 <무애>를 따다가 박의 이름을 짓고 <무애가無碍歌>라는 노래를 지어 춤추고 노래하며 여러 마을을 돌아다녔다. 이에 세상 사람들 중 염불을 할 줄 모르는 사람이 없게 되었으니 원효의 교화가 그렇게 컸다. 그는 실로 불교 사상의 종합과 실천에 노력한 정토교淨土敎의 선구자이며 또한 으뜸가는 저술가이기도 하였다. 수많은 저서를 남기고, 70세 되던 해 3월 30일 혈사穴寺에서 죽었다. 뒤에 고려 숙종이 대성화정국사大聖和靜國師라는 시호를 주었다.

혜숙惠宿

생몰년 미상. 진평왕 때의 신승神僧. 신라십성新羅十聖의 한 사람. 처음에 화랑 호세랑好世郎의 낭도가 되었다가 뒤에 안강현安康縣 적선촌赤善村에 은거하여 20여 년을 숨어 살았다. 600년(진평왕 22)에 안함安含과 함께 당나라에 가려고 이포진泥浦津에서 출발하였으나 풍랑을 만나 되돌아왔다.

그는 일생 동안 이상한 자취를 많이 남겼다. 국선國仙 구참공瞿旵公과 함께 하루 동안 사냥을 하면서 살생과 고기를 즐겨 먹는 구참공을 위하여 자신의 다리 살을 베어 소반에 놓아 올린 뒤 구참공을 꾸짖어 교화시켰다.

진평왕이 이 말을 듣고 그를 청하기 위하여 사자를 보냈으나 여자의 침상에 누워 자는 체하여 더럽게 여긴 사자를 돌려보냈는데, 돌아가던 사자가 도중에 시주의 집에서 칠일재七日齋를 끝내고 돌아오는 그를 만났다. 조사해보니 사실이었다고 한다. 그 뒤 갑자기 죽으니 마을 사람들이 이현耳峴의 동쪽에서 장사를 지냈다.

동네사람들이 그 때 고개의 서쪽에서 오는 혜숙을 도중에서 만나 어디로 가는가를 물으니, 이 땅에 너무 오래 살아 다른 데로 간다고 하였다.

그래서 관을 열어보니 짚신 한 짝만이 남아 있었다고 한다. 안강현 북쪽에 있었던 혜숙사惠宿寺가 그가 머물렀던 곳이며 부도도 있었다고 한다.

지혜智惠

생몰년 미상. 신라 진평왕 때의 비구니比丘尼. 평소 어진 일을 많이 행하였으며, 안흥사의 불전佛殿을 수리하고자 하였으나 힘이 모자랐다. 어느 날 꿈에 선도산仙桃山(경주 西岳)의 신모神母가 나타나서,

"금 10근을 보시布施하니 내 자리 밑에서 금을 꺼내어 주존主尊 3상像을 도금하고, 벽 위에는 53불佛과 육류성중六類聖衆 및 천신天神과 오악신군五岳神君을 그리고, 해마다 봄과 가을에 10일 동안 선남선녀善男善女를 모아 일체중생을 위해서 점찰법회占察法會를 열기를 일정한 규정으로 삼도록 하라."

고 하였다. 꿈에서 깨어나 사람들을 데리고 신사神祠 자리 밑으로 가서 황금 160냥을 파내어 불전 수리를 마쳤다. 이는 불교와 민간신앙의 습합을 보여주는 우리나라 불교 특유의 일면으로 부각되고 있다.

융천融天

생몰년 미상. 신라 진평왕 때의 승려. 향가의 작가로 유명하다.

진평왕 때에 거열랑居烈郎·실처랑實處郎·동보랑同寶郎 세 화랑의 무리가 풍악산楓岳山(금강산)으로 여행하려고 하였다. 이때 혜성이 나타나 심心, 즉 성좌의 삼성 중 대성大星에 접근하는 성괴星怪가 있으므로, 화랑도들은 금강산에 여행하려던 계획을 중지하려고 하였다. 그때 융천사融天師가 노래를 지어 불러서 이 괴변을 소멸시켰을 뿐 아니라, 침범하였던 왜병까지도 물러가게 하였다. 이에 왕은 화랑들로 하여금 금강산에 여행하게 하였다.

이 노래는 <혜성가彗星歌>라 하여 향가로 전한다.

한편, 융천사를 불교우주관에 입각한 점성가로 해석하면서, 인명이 아닌 천天에 밝은 특수기능자, 즉 기능직명으로 보려는 견해도 있다.

해론奚論

?~618(진평왕 40). 신라의 장군. 경주 모량부牟梁部 사람. 가잠성椵岑城(지금의 죽산竹山으로 추정) 현령이었던 찬덕讚德의 아들이다. 가잠성전투에서 전사한 아버지의 덕으로 20여 세에 대나마大奈麻에 올랐다.

신라는 백제에 빼앗겼던 가잠성을 되찾기 위하여 618년 한산주군주漢山州軍主인 변품邊品을 보내어 공격하도록 하였는데, 이 때 금산金山(지금의 금릉군 개령면) 당주幢主로서 참전하였다. 아버지가 가잠성에서 전사한 사실을 상기하고는, 자기도 아버지의 뒤를 이어 백제군과 싸우다 죽을 것을 각오하고 적진에 뛰어들어 장렬히 전사하였다.

신라군은 이 때 결국 가잠성을 탈환하였다. 진평왕은 이를 듣고 감복하여 그 가족에게 후하게 상을 베풀었으며, 사람들은 그의 죽음을 슬퍼하여 <해론가奚論歌>라는 장가長歌를 지어 조위弔慰하였다.

칠숙柒宿

?~631(진평왕 53). 신라 진평왕 때의 대신. 관등은 이찬伊湌에 이르렀다. 631년(진평왕 53) 5월 아찬阿湌 석품石品과 함께 모반謀叛을 계획하였다. 그러나 사전에 발각되어 동시東市에서 목을 베는 형을 받고 죽었으며, 그의 9족族도 함께 처형당하였다.

선화공주善花公主

생몰년 미상. <서동설화薯童說話>의 여자 주인공. 일명 선화공주善化公主. 《삼국유사》에는 신라 진평왕의 셋째 딸로 절세의 미인이었다고 한다. 그런데 그가 미모의 공주라는 소문을 들은 백제의 서동이 신라의 수도로 몰래 들어와서는 아이들에게 마[薯蕷]를 나누어주어 환심을 사는 한편, 선화공주가 자신과 더불어 은밀히 접촉하고 있다는 내용의 모략적인 동요를 지어 아이들에게 부르게 한 결과 선화공주는 부왕의 노여움을 사서 왕궁에서 쫓겨나는 신세가 되었다.

그러나 공주는 귀양 가는 길목에 대기하고 있던 서동을 알게 되어 그를 따라가 서동이 묻어 놓은 막대한 황금을 꺼내 보이자 이를 신라 왕궁에 보내 부왕의 노여움을 풀고, 또한 자신들의 결합을 정식으로 승인받으려고 하였다. 이에 공주 부부가 용화산龍華山 사자사獅子寺의 지명법사知命法師를 찾아가 금의 수송을 의논했더니, 법사가 신력을 써서 하룻밤 사이에 금을 신라 왕궁으로 운반하였다.

이로써 서동은 진평왕의 환심을 사게 되었을 뿐만 아니라, 본국 사람들의 인심을 얻게 되어 마침내 백제의 왕위에 오르게 되었는데 그가 무왕이라고 한다.

무왕 부부는 뒤에 사자사로 가던 중 용화산 밑 큰 못가에 나타난 미륵삼존彌勒三尊의 영험에 따라 이곳에 미륵사彌勒寺를 지으니, 진평왕이 백공百工을 보내어 이를 도와주었다고 한다.

이처럼 이 설화는 전라북도 익산 미륵사의 창건 연기緣起가 되어 있는데, 한편으로는 이에 대해 비판적인 견해도 있다. 즉, 이병도李丙燾는 진평왕과 무왕 때의 신라·백제 두 나라의 관계는 원수 사이였으므로 이 같은 혼인이 성립될 수 없으며, 이는 어쩌면 493년에 있었던 백제 동성왕과 신라 왕족 비지比智의 딸이 통혼한 사실을 가지고 만들어진 설화일 수도 있다고 추측한다. 만약 그렇다면 선화공주는 이벌찬伊伐湌 비지의 딸이 되는 셈이다.

한편, 일본 학자 세키노關野貞는 미륵사의 창건을 7세기 후반으로 내려 보는 처지에서, 삼국통일 직후에 신라가 고구려 부흥 운동군의 중심인물이었

던 고구려의 왕족 안승安勝을 회유해 신라 쪽으로 끌어들이는 한편, 이곳에
보덕국報德國을 만들어 그를 국왕으로 삼고 문무왕의 여동생을 그의 아내
로 삼았던 사실을 주목한 바 있다.

그러나 미륵사의 창건을 7세기 초, 즉 무왕 때로 보는 견해가 유력해져 이
설화가 가지는 역사성이 뜻밖에 높은 듯한 느낌을 주고 있다.

상군上軍

생몰년 미상. 신라 진평왕 때의 관리. 관등은 대나마大奈麻에 이르렀다. 602
년(진평왕 24) 사절로 수나라에 가서 방물方物을 전하고, 그해 9월 고승高僧
지명智明과 함께 돌아왔다.

석품石品

?~631(진평왕 53). 신라 진평왕 때의 모반자. 관등은 아찬阿湌에 이르렀다.
631년 5월에 이찬伊湌 칠숙柒宿과 함께 반란을 꾀하였다. 진평왕이 이를 알
고 칠숙을 잡아 동시東市에서 목을 베고 9족族을 멸하였다. 석품은 도망하
여 백제 국경까지 갔다가 처자를 보고 싶은 생각이 나서, 낮으로는 숨고 밤
으로는 걸어서 총산叢山에 이르렀는데, 어떤 나무꾼을 만나 나무꾼의 해어
진 옷으로 바꾸어 입고 나무를 지고 가만히 집에 왔다가 잡혀 죽임을 당하
였다.

비형랑鼻荊郎

생몰년 미상. 신라 진평왕 때의 관리. 진지왕의 아들이다. 죽은 진지왕과
사량부沙梁部 민간출신의 도화랑桃花娘과의 사이에서 출생하였다고 한다.
출생이 신이神異하였기에 진평왕이 궁중에 데려다가 길렀다.

15세에 집사執事가 되었는데, 밤마다 궁성 밖으로 나가 놀았다. 이에 왕이 병사를 보내어 살펴보니, 매번 월성月城을 날아 넘어 서쪽의 황천荒川 언덕 위에서 귀신들과 놀고 있었다. 이 광경을 목격한 병사들이 사실대로 왕에게 보고하자, 왕이 그를 불러 사실을 확인하고 그에게 귀신들을 부리어 신원사神元寺 북쪽 개천에 다리를 놓게 하였다.

또한 귀신 가운데 정사를 도울만한 자를 추천하라는 왕의 요구에 따라 길달吉達을 천거하였다. 이에 길달은 각간角干 임종林宗의 아들이 되어 집사의 직무를 충직하게 수행하였으나, 어느 날 갑자기 여우로 변하여 도망하였으므로 비형랑이 귀신을 시켜 잡아 죽였다.

그러므로 귀신들이 비형의 이름만 들어도 두려워 달아나므로, 당시 사람들은 자신의 집에다 비형의 집이라고 글을 붙여서 귀신을 물리쳤다고 한다.

이 비형설화는 뒤의 처용설화處容說話와 그 맥을 같이하고 있다.

사도부인思道夫人

?~614(진평왕 36). 신라 진흥왕의 비. 성은 박씨朴氏. 모량리牟梁里 각간角干 영실英失의 딸로서, 572년진흥왕 33에 죽은 태자 동륜銅輪과 진지왕이 된 왕자 사륜舍輪의 어머니이다.

진흥왕이 말년에 이르러 머리를 깎고 승복僧服을 입고 스스로 법운法雲이라 호號하다가 생을 마치자, 사도부인도 이를 본받아 출가하여 법명을 묘법妙法이라 하고 영흥사永興寺에 머물렀다.

614년(진평왕 36) 2월에 영흥사의 소불塑佛: 흙으로 만든 불상이 스스로 무너지더니 얼마 뒤에 사도부인이 죽었다. 이에 나라사람들이 예의를 갖추어 장사를 지냈다.

아리나발마阿離那跋摩

 생몰년 미상. 신라의 승려. 천축국天竺國으로 유학갔던 고승이다. 슬기가 깊어 홀로 깨달아 알았고, 형모는 보통 사람과 달랐다고 한다.

 처음에는 불법을 구하기 위하여 중국으로 들어가 스승을 찾아 배웠다. 어느 곳이든 배울만한 스승이 있으면 참례하였다. 또한, 그 뜻도 커서 현세뿐만 아니라 내세의 중생까지 제도하려 하였다.

 다시 석가모니의 유적지를 순례하고자 정관연간正觀年間(627~649)에 장안長安을 떠나서 오천축국으로 갔다. 파미르고원을 넘어 천축국에 다다른 그는 석가모니불이 교화를 폈던 유적지를 두루 순례하였다.

 순례를 마친 뒤 나란타사那蘭陀寺에 머무르면서 율장律藏과 논장論藏에 관한 책을 많이 보아 패엽貝葉에 베껴 쓰고 난 뒤 고국에 돌아오고자 하였으나 뜻을 이루지 못하고, 70여세로 나란타사에서 입적하였다.

원안圓安

 생몰년 미상. 신라의 승려. 진평왕 때의 고승인 원광圓光의 제자로, 유람을 좋아하며 북으로는 구도九都에 이르고, 동으로는 불내不耐를, 서로는 연燕과 위魏를 다녀왔다. 뒤에 제경帝京에 이르러 지방풍속을 익혔고 불경을 연구하여 큰 줄거리와 이치에 통달하였고, 만년에는 마음공부에 힘썼다. 경사京師에 있을 때 도행道行으로 유명하였는데, 소우蕭瑀가 왕에게 청하여 남전藍田의 진량사에 있게 하였으며, 도를 묻기 위해 찾아오는 사람이 끊이지 않았다고 한다.

가실嘉實

 생몰년 미상. 신라 진평왕 때 열녀인 설씨녀薛氏女의 남편. 사량부沙梁部 출신으로 가난하지만 정직한 마음의 소유자였다. 당시에 가난하지만 용모가 아름답고 행실이 의젓해 인근 사람들의 흠모를 받던 설씨녀를 사모하고 있었다. 그런데 마침 설씨녀는 늙고 병든 아버지가 변방의 수자리를 서게 되어 크게 걱정을 하고 있었다. 이 소식을 들은 가실은 설씨집에 찾아가 자신이 그 역을 대신하겠다고 자원하였다. 그리고 가실과 설씨녀는 방수防戌가 끝나면 혼인하기로 약속하였다. 그 뒤 가실은 군대에 나아갔으나, 약속한 3년이 지나도 당시의 군사상 어려움으로 집으로 돌아오지 못하고 계속 복무하게 되었다. 설씨녀의 아버지는 약속기간이 지나 6년이 되어도 돌아오지 않자, 그녀를 다른 남자에게 혼인시키려 하였다. 바로 이때 가실은 전선에서 돌아와 마침내 날짜를 받아 두 사람은 결혼을 하고 일생을 해로하였다.

검군劒君

?~628(진평왕 50). 신라 중고기의 궁정관리. 대사大舍를 지낸 구문仇文의 아들이다. 화랑 근랑近郎의 낭도출신으로 강직, 청렴하였다.

사량궁사인沙梁宮舍人 벼슬을 하고 있던 627년(진평왕 49) 8월에 서리가 내려 각종 곡식이 상하였으므로 그 이듬해 봄과 여름에 기근이 심하여 민중의 생활이 몹시 곤궁하였을 때 궁정관리들이 창예창唱翳倉의 곡식을 몰래 훔쳐 나누어 가졌는데, 그만은 이를 끝내 뿌리쳤기 때문에 동료관리들에 의하여 암살될 것을 예견하였으나, 그들을 고발하지 않고 근랑에게 가서 최후의 작별인사를 하였다. 과연 관리들은 그가 이 사실을 근랑에게 밀고한 것이 아닌가 의심하여 그를 주연에 초대하여 독살하였다.

검군의 일화는 당시 화랑집단성원들의 생활관 내지 사생관을 엿볼 수 있는 귀중한 자료이다.

귀산貴山

?~602(진평왕 24). 신라시대의 군인. 왕경王京 사량부沙梁部 출신. 아찬阿飡을 지낸 무은武殷의 아들이다. 어려서부터 깊이 사귀어온 추항箒項과 함께 수

나라에서 유학하고 돌아와 가실사加悉寺에 머무르고 있던 원광법사圓光法師로부터 세속오계世俗五戒를 받고 이 계율을 지키기로 다짐하였다.

그 뒤 602년 8월 백제군이 아막성阿莫城(지금의 남원시 운봉)을 공격할 때 아버지를 따라 소감小監으로서 출전하여, 추항과 함께 큰 공을 세우고 돌아오다가 격전 중에 입은 심한 상처로 인하여 길에서 죽었다. 진평왕은 그의 시체를 신하들과 함께 아나阿那 들판에서 맞이하여 통곡하고 예를 갖추어 장사지내었다고 한다. 나마奈麻에 추증되었다.

김 후직 金后稷

생몰년 미상. 신라 진평왕 때의 충신. 지증왕의 증손이다. 관등은 이찬伊飡이었다. 580년(진평왕 2)에 병부령兵部令이 되었다.

진평왕이 사냥을 매우 좋아해 정사를 돌보지 아니하므로 이를 만류하였다. 그는 왕에게 옛날의 임금은 하루에도 만 가지 일을 보살피되 깊이 생각하고 염려하며, 좌우의 바른 선비의 직간을 받아들여 부지런히 힘쓰고 감히 평안히 놀지 않았으므로, 덕정德政이 순수하고 아름다워 국가를 보전할 수 있었다고 말하며, 이제 왕이 날마다 꿩과 토끼를 쫓아 산야를 달림을 그치지 아니함은 마음을 방탕하게 하고 나라를 망하게 하는 것이니 반성해야 할 것이라고 하였다. 또 노자老子의 '사냥하며 치달리는 것은 사람의 마음을 미치게 한다.'라든가, ≪서경≫의 '안으로 여색에 빠지고 밖으로 사냥에 빠지면…… 그 중 하나만 있어도 혹 망하지 않음이 없다.'라는 말을 인용하면서 왕에게 간했으나 왕은 듣지 않았다.

뒤에 병으로 죽게 되었을 때, 세 아들에게 신하 된 몸으로 왕의 잘못을 바로잡지 못했으니, 죽더라도 반드시 왕을 깨우쳐 주리라 하고는 시체를 왕이 사냥 다니는 길가에 묻을 것을 유언하여, 그 아들들은 그대로 하였다. 어느 날 왕이 사냥 나갈 때 길가에서 '가지 마시오.' 하는 듯 한 소리가 들려 시종에게 물으니, 시종이 김후직의 묘에서 나는 소리라 하고 그가 임종할 때 한 말을 전하자 왕이 크게 뉘우치고 다시는 사냥을 가지 않았다고 한다.

김후직이 진평왕에게 간한 내용은 후대인들에게 신하 된 사람의 충간의 표본으로 여겨졌다. 또한 죽은 뒤 무덤 속에서까지 왕에게 했던 그의 충간을 사람들은 '묘간墓諫'이라 부르며 칭송하였다. 경주역에서 포항으로 가는 국도 옆에 그의 묘로 알려진 분묘가 있다.

담육曇育

생몰년 미상. 신라 진평왕 때의 고승. 596년(진평왕 18) 수나라로 유학가서 10년 동안 불교를 배운 뒤 605년 입조사入朝使 혜문惠文을 따라 귀국하였다. 귀국한 뒤의 교화활동은 전해지지 않지만, 당시 진평왕의 지극한 환대를 받았던 지명智明과 함께 당대의 고승으로 추앙받았으며, 승전僧傳에도 그 이름이 보인다.

보동랑寶同郎

생몰년 미상. 신라 진평왕 때의 화랑. ≪삼국유사≫에 의하면 보동랑이 화랑 거열랑居烈郎·실처랑實處郎(또는 突處郎)과 함께 풍악楓岳(금강산)에 놀러가는데 혜성慧星이 나타나므로 여행을 중지하려고 하였다. 이 때 융천사融天師가 노래를 지어 부르자 괴성이 없어지고 왜병倭兵이 물러갔다고 한다. 그 때에 융천사가 지은 노래가 <혜성가慧星歌>라는 향가로 지어져 전해지고 있다.

실처랑實處郎

생몰년 미상. 신라 진평왕 때의 화랑. '돌처랑突處郎'이라고도 표기되어 있다. ≪삼국유사≫에 의하면 제6화랑인 그가 동료 화랑들인 거열랑居烈郎·보동랑寶同郎 등과 함께 금강산으로 놀러 가려 할 때에 혜성이 나타나 심성心星의 큰별자리를 범한고로 그들은 이를 의아하게 여겨 여행을 중지하려고 하였다. 이때 이름난 향가작가인 융천사融天師가 이른바 <혜성가彗星歌>를 지어 부름에 혜성이 곧 사라질 뿐만 아니라 신라 국경 안으로 침입한 일본군 또한 물러가서 국왕은 기뻐하여, 그들을 놀러 보냈다 한다.

노리부弩里夫

?~580(진평왕 2). 신라 중고기의 정치가·재상. 579년 8월 이찬伊湌으로 상대등이 되었다. 진평왕 때 위화부位和部·선부서船府署·대감大監·제감弟監·조부령調部令·승부령乘部令·예부령禮部令 등의 관부를 설치하여 정치제도를 완비하는 데 기여하였다.

대인大因

생몰년 미상. 신라 진평왕 때 장군. 관등은 소판蘇判. 629년(진평왕 51) 8월 이찬伊湌 임말리任末里, 대장군 용춘龍春·백룡白龍·서현舒玄, 중당당주中幢幢主 김유신金庾信 등과 함께 고구려의 낭비성을 공격하여 함락시켰다.

노지弩智

생몰년 미상. 신라 진평왕 때 대신. 관위는 이찬伊湌이다. 일명 '노지弩知'라고도 한다. 585년(진평왕 7)에 내성內省의 사신私臣을 1인에서 3인으로 늘리면서, 3궁에 사신을 각각 두었는데, 사량궁沙梁宮의 사신으로 임명되었다. 그리고 대궁大宮에는 대아찬大阿湌 화문和文, 양궁梁宮에는 아찬阿湌 수힐부首肸夫가 함께 임명되었다.

건품乾品

생몰년 미상. 신라 진평왕 때의 장군. 602년(진평왕 19) 8월에 백제의 무왕이 크게 군사를 일으켜 신라의 아모성阿莫城(지금의 남원군 南原郡 운봉면 雲峰面)을 포위하였다. 그때 신라에서는 파진찬波珍飡 건품을 필두로 하여 무리굴武梨屈·이리벌伊梨伐·무은武殷·비리야比梨耶로 하여금 군사를 거느리고 나아가 물리치게 하였는데, 그 휘하에는 원광圓光으로부터 세속오계世俗五戒를 받은 것으로 유명한 귀산貴山과 추항箒項도 소감직少監職을 맡아 함께 출전하였다. 백제가 패하여 천산泉山(위치 미상) 서쪽 못가에 복병하고 있다가 추격하는 신라군을 기습하였으나, 신라는 무은·귀산 등의 분전으로 승리를 거두었다.

거열랑居烈郎

생몰년 미상. 신라 진평왕 때의 화랑. ≪삼국유사≫ 권5 감통조感通條의 기사에 의하면 진평왕 때 제5화랑인 그가 동료 화랑인 실처랑實處郎·보동랑寶同郎 등과 함께 금강산으로 놀러가려 할 때 혜성이 나타나 심대성心大星(28숙宿) 가운데 중심이 되는 대성大星을 범했으므로 그들은 이를 의아하게 여겨 여행을 중지하려 했다. 이때 이름난 향가 작가인 융천사融天師가 이른바 혜성가彗星歌를 지어 부름에 혜성이 곧 사라질 뿐만 아니라, 신라 국경에 침입한 왜구 또한 물러가니, 국왕은 기뻐하여 그들을 놀러보냈다 한다.

동소東所

?~626(진평왕 48). 신라 진평왕 때의 성주城主. 626년 8월에 백제의 무왕이 군대를 보내어 신라의 주재성主在城을 공격하여 이를 함락시켰는데, 이때 주재성의 성주로 있던 동소는 완강히 항거하다가 백제군에 포로가 되어 죽었다.

변품邊品

생몰년 미상. 신라 진평왕 때의 장수.

611년(진평왕 33) 백제가 단잠성檀岑城을 침입하였을 때, 단잠성 성주인 찬덕贊德은 죽음으로써 싸웠으나 끝내 성을 백제에 빼앗기고 말았다.

618년에 북한산주北漢山州의 군주軍主인 변품은 단잠성의 회복을 위하여 크게 군사를 일으켰다. 변품이 이끈 신라군이 단잠성을 공격해서 성을 빼앗자 이 소식을 들은 백제가 병력을 내어 쫓아왔으므로 양군이 서로 교전하게 되었다.

이 때 변품을 따라 종군한 찬덕의 아들 해론奚論이 아버지의 원한을 갚는다 하고 단신으로 적진에 뛰어들어가 힘껏 싸우다 죽으니, 변품이 이끈 신라군이 이때를 타서 공격을 가하여 백제군을 물리치고 단잠성을 신라영역으로 하였다.

눌최訥催

?~624(진평왕 46). 신라 진평왕 때의 장군. 경주의 사량부沙梁部 출신. 대나마大奈麻 도비都非의 아들이다.

624년 10월 백제의 대군이 신라의 변경을 침범하여 속함速含·앵잠櫻岑·기잠岐岑·봉잠烽岑·기현旗懸·혈책穴柵 등 6성을 포위, 공격하므로, 진평왕은 상주上州·하주下州·귀당貴幢·법당法幢·서당誓幢 등 5군軍을 보내어 구하도록 하였다. 그러나 5군의 장수들은 백제의 군진軍陣이 당당하여 그 예봉을 당할 수 없다고 판단, 다만 노진성奴珍城 등 6성을 쌓고 되돌아오고 말았다.

이에 백제군의 공격은 더욱 심하여져 속함·기잠·혈책 등 3성이 함락되었다. 이 때 그는 나머지 3성을 지키고 있었는데, 5군이 성을 구하지 못하고 되돌아 왔다는 소식을 듣고 분개하여 눈물을 흘리면서, 부하병사들에게 이렇게 위태로운 때야말로 절개 있고 의로운 용사가 이름을 날릴 때라고 하고는 목숨을 바쳐 싸울 것을 격려하였다. 이에 감동한 병사들도 죽음으로써 성을 고수하였다.

또 그에게 힘이 세고 활을 잘 쏘는 종 하나가 있었는데, 일찍이 어떤 사람이 소인小人이 특별한 재주가 있으면 해로운 일이 많다며 그 종을 멀리하여야 한다고 하였으나, 그 말을 듣지 아니하고 그 종을 거느리고 있었다.

그 종은 눌최를 보호하며 싸워 적이 감히 접근하지 못하게 하였다. 그러나 한 적군이 뒤에서 내려치는 도끼에 맞아 장렬히 전사하였으며, 그 종도 이어 싸우다 죽었다. 진평왕은 이 이야기를 듣고 눌최의 공을 높이 평가하여 급찬級飡의 벼슬을 추증하였다.

득오得烏

생몰년 미상. 신라 진평왕 때의 낭도. 일명 득오곡得烏谷. 뒤에 관리가 되어 급벌찬級伐飡의 관등에 올랐다.

그는 진평왕 말기에 화랑 죽지랑竹旨郞의 낭도로 있을 때 모량부牟梁部 아찬阿飡 익선益宣에 의하여 부산성富山城 창직倉直으로 차출되어 나갔다가, 강제로 그의 밭에서 부역하게 되었다. 이에 죽지랑이 낭도를 이끌고 그가 일하는 현장에 달려가 익선에게 휴가를 줄 것을 요청하였으나 거절당하였다. 결국 죽지랑이 그에게 진절珍節 사지舍知의 기마안구騎馬鞍具를 선물로 주어 득오의 휴가를 얻어냈다. 이 소식이 조정의 화주花主의 귀에 들어가 익선은 처벌을 받았고, 득오는 부역에서 면제되었다. 뒷날 득오는 죽지랑을 사모하는 노래인 <모죽지랑가慕竹旨郞歌>를 지었다. ≪삼국유사≫에는 득오의 부역 사실이 효소왕 때의 일인 듯 기록하였으나, 이는 진평왕 때의 사실을 효소왕 때에 회상한 것으로 보는 것이 옳을 듯하다.

무은武殷

생몰년 미상. 신라 무장. 왕경王京 사량부沙梁部 사람이다. 화랑 귀산貴山의 아버지이다. 602년(진평왕 24) 백제의 무왕이 신라의 아막산성阿莫山城을 공격하여 포위하였을 때, 신라의 장군 파진찬波珍飡 건품乾品·무리굴武梨屈·이리벌伊梨伐과 급찬 무은·비리야比梨耶와 무은의 아들 소감少監 귀산貴山과 추항菷項 등은 정예기병대 수천을 거느리고 항전하여 백제군을 격퇴하였다. 이에 신라군은 소타小陀·외석畏石·천산泉山·옹잠甕岑의 4성을 쌓고 백제의 국경에 진격하였다. 이에 무왕은 격노하여 좌평佐平 해수解讎로 하여금 보병과 기병 4만여 명을 거느리고 4성을 공격하게 하였다. 신라의 장군 건품과 무은이 완강히 항전하자 해수가 천산의 서쪽 큰 못가로 후퇴하여 복병하고 있었다. 무은이 승승장구하여 갑졸 천여 명을 지휘하여 큰 못으로 추격하였다. 그러나 무은은 백제 복병의 급습을 받아 백제군이 던진 갈고리에 당겨 말에서 떨어졌다. 이때 그의 아들 귀산이 큰 소리로

"내 일찍이 스승에게 들으니 군사는 전장에서 물러나지 않는다고 하였다. 어찌 감히 달아나리."

하고 적군 수십 명을 죽이고 자기의 말에 아버지 무은을 태워 보낸 다음 동지 추항과 함께 창을 휘두르며 분전하여 백제군을 완전 섬멸하니 백제군 사령관 해수는 겨우 혼자 빠져 돌아갔다. 귀산은 온 몸에 칼을 맞고 전사하였다. 이 전투에서 신라는 무은·귀산 부자의 용감한 노력과 분전으로 승리하였다. 신라왕은 백관과 함께 아나阿那 들판에 나가 귀산의 시체 앞에 통곡하고 예장하였다.

● 진평왕 시대의 세계 동향

▶ 동양

중국에선 거대한 변화가 일어남. 북주의 외척 양견이 주를 멸망.
581년에 수를 세웠다. 그리고 589년에 양을 무너뜨림으로써 중국은 오랜 분열 시대를 종결하고 통일 시대를 맞이하였다.
중원을 통일한 수나라는 돌궐, 거란 등을 무너뜨린 다음 고구려를 공격.
문제와 양제의 무리한 고구려 공략으로 국력이 약해지자 곳곳에서 반란이 일어났고, 결국 618년에 수가 망하고 이연에 의해 당이 건국되었다.
당은 세력을 확대하여 중국 전역에 대한 통일 작업에 박차.

▶ 서양

동로마는 페르시아를 격파하고, 이탈리아와 아프리카에 총독부를 설치하는 등 세력을 크게 확대. 하지만 602년에 마우리키우스 황제가 피살되는 바람에 유스티니아누스 왕조가 단절되고 내란이 발생, 사산조 페르시아가 메소포타미아와 아르메니아 지방을 공격해 온다.
그런 가운데 기독교의 힘이 너무 강화되어 그레고리우스 1세가 교황으로 등극하여 교세를 확장.
아랍 쪽에선 마호메트가 이슬람교 포교를 시작.

● 진평왕대의 주요사건

신라 왕족은 석가모니족이다?

 신라는 법흥왕 이래 불교식 왕명을 사용, '왕은 곧 부처'라는 왕즉불 사상을 통해 정치체제를 강화하여 국왕 중심의 권력 집중을 이루려 하고 있다.
 지금 신라에서는 왕족은 석가모니족이라는 말이 나오고 있다. 진평왕이 자기 이름은 석가모니의 아버지 이름으로, 부인은 석가모니 어머니 이름인 마야부인으로, 동생들에게는 석가모니 삼촌의 이름을 갖다 붙인 것.
 그러나 정작 아들 이름을 '석가모니'라고 정해 놓은 진평왕은 현재 계속 딸만 낳고 있다.

신라의 전쟁 영웅들

 신라와 백제의 전투에서 공세를 취하고 있는 나라는 백제이지만 신라의 반격이 대단하다. 특히 신라의 지배층이 보여주는 자기희생의 정신은 놀랄 만한 것이다. 그들은 자신의 목숨까지 바쳐가며 전투에 임하고 있다.

602년 전투 '귀산'

 백제와 신라가 이막산성을 놓고 공방을 펼치던 중 신라가 백제의 국경을 침범하자, 백제의 무왕은 좌평 해수를 파견했다. 신라의 건품과 무은이 이에 맞서자, 해수는 불리함을 느껴 군사를 대택에 매복시켰다. 무은이 승리에 취해 갑졸 1천과 함께 대택으로 쫓아갔는데, 매복군이 기습했다. 이때 무은의 아들 귀산이 크게 소리쳤다.

"내가 일찍이 스승에게 가르침을 받기를 군사는 전쟁에서 물러서지 않는다고 했다. 어찌 스승의 가르침을 저버리랴."

귀산은 소장 추항과 함께 창을 휘두르며 힘껏 싸우다가 장렬히 죽었다.

611년 가잠성 전투 성주 '찬덕'

백제는 신라의 가잠성을 1백일 동안이나 포위 공격했다. 고립무원의 상태에 빠진 가잠성의 성주 찬덕은 양식과 식수조차 없는데도 시체를 뜯어먹고 소변을 받아 마시며 항전을 계속했다. 이듬해 정월 사람들이 이미 지칠대로 지쳐 형세가 회복할 수 없게 되자 찬덕은 하늘을 우러러 크게 외치기를

"죽어서라도 큰 원귀가 되어 백제 사람을 다 물어 죽이고 이 성을 수복하겠다"

하고 전사했다.

618년 가잠성 전투 '혜론'

찬덕의 아들 혜론은 가잠성을 탈환했는데, 백제가 군사를 일으켜 침공했다. 이때 혜론이 여러 장수들에게

"전에 아버지가 여기서 세상을 떠났는데, 나도 지금 백제인과 여기서 싸우게 됐으니, 오늘은 내가 죽는 날이다"

라고 말하고, 적진에 달려가 여러 사람을 죽이고 자신도 죽었다.

백제, 대규모 불사, 미륵사 완공

600년 해발 430미터의 미륵산 아래 동서의 길이가 172미터, 남북의 길이가 148미터에 달하는 장대한 규모의 절 미륵사가 완공됐다. 절 안의 세 개의 탑 중 서탑과 동탑은 나무탑의 형식을 지니면서도 재료는 돌을 사용, 관심을 끌고 있다. 이 세 탑에서 각기 30미터 정도 떨어져서 세 개의 금당이

세워져 있는데, 이 탑과 금당을 합쳐 각기 서원·중원·동원이라 부른다. 각 원의 주위에는 담이 둘러쳐져 있다.

미륵사 창건과 관련, 무왕이 전륜성왕을 자처함으로써 불교를 배경으로 왕의 권위와 위엄을 뒷받침하려 했다는 이야기도 나돌고 있다.

고구려 온달 전사
백성에게는 사랑을, 귀족에게는 질시를 받았던 인물

590년 '조령과 죽령 이서의 땅을 신라에게서 되찾지 않으면 돌아오지 않 겠다'며 출전했던 온달이 아차성에서 전사. 장례식에서는 관이 움직이지 않아 조문객들을 놀라게 했는데 공주가 관을 어루만지며

"죽고 사는 일이 결정됐으니 이승의 일은 잊고 돌아가소서"

라고 말하자 비로소 관이 움직이기도.

온달이 살았던 시기, 고구려는 대외적 위기를 적극적으로 돌파해나가던 때. 온달은 평원왕 때 북제를 병합하고 요동의 북주군을 격파했고, 영양왕 때는 신라에게 빼앗긴 한강 유역을 되찾기 위하여 출전했다 전사한 인물 이다.

고구려 백성들은 그의 죽음을 매우 안타까워하고 있다. 미천한 신분임에 도 불구하고 평강공주와 결혼, 고구려 제일의 무사가 되고 외적을 무찌르 는 데 공을 세워 마침내 왕의 사위가 된 그의 삶이 신분제의 굴레에 놓여 있는 많은 고구려 사람들에게 희망과 용기를 주었기 때문이다.

그러나 많은 귀족들은 온달을 '바보 온달'이라고 부르며 신분적 한계를 뛰 어넘은 온달에 대한 불만과 경계심을 은근히 드러내 왔었다.

담징, 고구려 승전에 감격

일본 호류사에서 금당벽화를 제작한 바 있는 담징은 고구려가 수나라를 물리쳤다는 소식을 전해 듣고 기쁨의 눈물을 감추지 못했다는 소식. 일본인들은 담징이 전해준 종이·먹·수차 등을 접하면서 고구려의 높은 문화수준에 감탄하고 있었는데 고구려의 국력에 다시 한 번 놀라는 계기가 되었다.

● 진평왕대 중국의 정황

무리한 국가경영의 대명사 수 결국 멸망, 당 건국

대규모 공사와 무리한 해외 원정을 계속해 온 수나라가 결국 멸망했다. 고구려 1차 정벌 때에는 수백만 농민이 징집됐고, 민간의 수레·소·말 등도 대부분 징발됐다. 군수 물자나 군량 등을 운송하는 인원만도 2백만이 넘었고 길에서 죽은 자도 수 없이 많았다. 산동 지방에서는 배를 건조하는 장인들이 물속에서 작업을 계속, 허리 아래에 구더기가 생겨 죽는 사람이 열에 서너 명이었다.

수의 농민들은 각지에서 봉기했고, 첫 봉기는 611년 산동에서 일어나 점차 화북으로 확대됐다. 이때 양현감은 '천하를 위하여 현안의 급함을 해결하고 백성의 생명을 구한다'는 구호를 걸고 반란을 일으켰다가 수 양제에 의해 진압됐다.

농민 봉기는 계속 확대됐고, 고구려의 화평책을 받아들이고 철군한 수 양제는 국내의 농민봉기 진압에 나섰다. 그러나 농민군은 대세력을 형성, 왕조의 통치력은 점차 약화됐고, 이에 호족들이 할거하면서 군웅을 자처, 수 왕조는 통제 능력을 상실했다. 617년 수양제는 친위군의 쿠데타에 의해 살해되고, 수 왕조는 40년이 못되어 멸망하고 말았다.

그러나 대제국 수나라가 멸망되었다고 주변 국가가 마음을 놓을 수 있는 상황은 결코 아니다.

원래 수의 관리로 재위를 노렸던 사람 중의 하나인 이연李淵이 618년 당나라를 건국하여 경쟁자와 반도들을 물리치며 대제국 건설에 나서고 있기 때문이다.

수양제의 대규모 운하 건설

수 양제의 대운하 개통은 605년부터 610년까지 4차의 공기로 나누어 매월 1백여만 명을 도우언한 대역사 끝에 이루어낸 것이다.

중국의 지형은 서고동저형으로 주요 강들은 3천m가 넘는 서쪽의 산지에서 발원, 동으로 흘러간다. 대운하는 백하·황하·회수·장강·전단강 등 5대 강을 남북으로 연결한 것이다. 수의 양제가 대운하 건설에 나선 것은 강남의 경제력이 이미 중원을 능가할 정도로 증대됨에 따라, 이들 지역의 산물을 수도 장안과 낙읍 등의 소비 도시에 직송하기 위함이다. 대운하 건설로 중국의 남북 문물교류가 활발해졌고 오랜 남북 분열을 종식, 통일을 실질적으로 완성했다.

건설과정에서 백성의 고통은 대단하여 대운하의 양 언덕에 죽어나가는 백성의 시체들이 여기저기 나뒹굴었으며, 사람들은 노역을 피하기 위해 스스로 팔다리를 잘라내기조차 했다.

◉ 삼국, 정국의 회오리 속으로

각국의 핵심 권력층, 정변 극복하고 권력 기반 더욱 단단해져
삼국 모두 국가 집권력 강화, 한반도 패권 다툼 격렬해질 전망

고구려 642년 막리지 연개소문 귀족 1백여 명 살해, 1인 독재체제 구축
백제 642년 의자왕 즉위 직후 귀족 40여 명을 숙청, 집권력 강화에 성공
신라 647년 상대등 비담 반란, 김춘추 김유신 진압 성공

640년대 최근 들어 삼국이 번갈아 가며 정치적 격변을 겪고 있다. 정변의 주체는 차이를 보이고 있으나 정변의 결과는 국가 집권력의 강화로 나타나고 있어, 이후 삼국간의 세력 다툼이 보다 격렬해질 전망이다.

고구려의 연개소문은 영류왕 및 온건파 귀족들이 자신을 제거하려는 계획을 사전에 알아내고, 선수를 쳐서 군대의 열병식 행사에 참여한 이들을 모두 제거한 것으로 알려졌다.

권력을 잡은 연개소문은 자신의 지위를 태대대로 太大對盧로 격상시키고 자신의 아들들에게 고위 관직을 부여하는 등 1인 독재체제를 강화하고 있다. 이에 따라 6세기 중반 이래 3년에 한 번씩 대대로를 선임하면서 귀족들 사이에 권력을 분할하였던 고구려의 이른바 '귀족연립체제'는 완전히 붕괴된 것으로 보여 진다. 그러나 그의 반대파들이 전국 각지에 성주로서 자리잡고 있기 때문에 중앙귀족들의 내분이 언제 재연될지 모르는 상황이다.

신라에서도 고위 귀족에 의해 정변이 발생했으나 김춘추·김유신 세력에 의해 진압되었다. 꾸준히 추진되어 온 왕권강화 조치와 여왕의 통치에 불만을 품어온 귀족세력이 상대등 비담을 중심으로 선덕여왕을 몰아내고 권력을 장악하고자 반란을 일으켰다.

그러나 새롭게 부상하는 정치세력 김춘추·김유신에 의해 반란이 진압됨으로써 이들은 큰 타격을 입게 되었으며 반대로 신라의 왕권은 더욱 전제화되고 있다. 이러한 추세에 따라 진덕여왕이 즉위하면서 '집사부'가 설치되

었는데, 이것은 왕의 직속하에 행정을 총괄하는 기구로서 국왕의 권력 강화를 보여주는 것으로 해석된다.

 백제에서도 무왕의 아들 의자왕이 즉위하면서 큰 변화가 일고 있다. 의자왕은 왕위에 오른 이듬해인 642년 내신좌평 기미등 유력한 귀족 40여 명을 숙청하고 왕권을 더욱 강화시켰다. 그리고 지방을 자주 순시하여 백성을 위로하고 죄수를 대거 석방하는 민심수습책을 펼쳐 국내정치의 안정을 도모하였다.

 이러한 조처의 성과를 바탕으로 대외적으로 의자왕은 다른 어느 왕보다 매섭게 신라를 몰아치고 있다.

● 간묘

군주가 사냥에 미치면 망하지 않는 나라가 없다

"가지마소서... 가지마소서..."

울음같기도 하고 애원같기도 한 간절한 소리가 바람결에 들려와 가슴에 울려 스며들었다.
왕은 가던 말을 세우고 주위를 돌아보며 물었다.

"저 소리가 어디메서 들려오는가?"
"후직 이찬의 무덤에서 나는 소리옵니다."

하고 옆에 따르던 신하들이 아뢰었다.
 김후직金后稷은 지증왕(신라 22대)의 증손으로 왕손이다. 신라 16관등 가운데 2등급인 이찬伊湌으로서 580년(진평왕 2년)에 병부령兵部令(오늘날의 국방부

장관)에 임명되었다. 일반인의 촌수로 치면 후직은 진평왕의 아저씨 뻘이다.

 그 즈음 왕이 사냥하기를 무척 좋아해 나라 일을 소홀히 하는 형편이었기에 김후직이 간諫(잘못하는 일을 바로잡으려고)하기를

 "옛날 임금들은 하루에도 만 가지 일을 보살폈으되, 깊이 생각하고 멀리 내다보며 처리하였고, 좌우에 올바른 판단으로 바른말을 하는 사람들을 두어 그들의 말을 받아들이며, 부지런하고 꾸준하여 감히 안일한 마음을 갖지 않았습니다.
 그렇게 하여야만 나라일이 순조롭게 풀려나가고 민심이 순후하여 국가를 보존할 수 있거늘, 이제 임금께옵서는 날마다 난봉꾼들과 포수들을 데리고, 사냥개와 매를 놓아 꿩과 토끼를 잡으려고 산과 들로 뛰어다니는 일을 자신이 만류하지 못하고 있사옵니다.
 ≪노자老子≫라는 책에 이르기를 '사냥에 정신이 팔리게 되면 자신의 마음도 걷잡지 못하다' 하였으며, ≪상서尙書≫에는 '안으로 계집에게 빠지거나 밖으로 사냥에 미치거나 이 중에서 한 가지만 취하여도 망하지 않는 자가 없다' 하였습니다.
 이렇다고 하면, 임금에게 있어서 사냥이란 안으로는 마음을 흐트려 방탕하게 하고, 밖으로는 나라를 어지럽게 하여 망하는 지경에까지 이르게하는 것이니, 마땅히 임금께서는 반성하시어 명심하소서."

하였으나 진평왕은 들은 척도 하지 않고 계속 사냥길에 나서는 것이었다. 그래도 김후직은 한 마음 한 뜻으로 또다시 간절하게 말리고 간하였지만 사냥은 계속되었다.
 그 뒤 김후직이 병들어 죽음에 이르러 세 아들을 불러 놓고

 "내가 나라의 신하로서 임금의 허물을 바로잡아 드리지 못하였는데, 만약 대왕이 방탕한 오락으로 사냥하기를 끊지 못한다면, 이로써 나라가 패망할 지도 모른다. 이 어찌 크나큰 걱정거리가 아닌가! 내 죽어서라도 반드시 임금을 깨우쳐 드릴 작정이니, 내 주검[시신屍身]을 임금님 사냥 다니시는 길 옆에 묻어다오!"

라고 하였으므로 후직이 죽은 후에 그 아들들이 유언대로 실행하였다.

 왕이 사냥가는 길가에 무덤을 쓴 사연을 듣고 난 진평왕은 눈물을 흘리며

"그 분이 죽어서도 충성으로 과인을 타이르는 것이니, 짐을 사랑함이 부모와 같도다. 만약 끝내 허물을 고치지 않는다면 이승에서나 저승에서나 어찌 대할 낯이 있겠는가!"

하고는 궁으로 되돌아가 몸과 마음을 근신하며, 이후로는 평생토록 사냥하지 않았다.

 무덤 중에서 왕이나 왕비의 무덤은 능陵이라 하고, 그 밖의 것은 묘墓라고 부르는데, 신라시대의 묘로 이름이 전해오는 것은 김유신묘, 김인문묘, 김양묘, 김후직묘, 설총묘 뿐이다.

 경주시 황성동 고성숲(일명 고양수, 논호수, 황성숲) 북쪽에 현곡으로 가는 6차선 도로가 2차선으로 오므라드는 곳의 북에 계림중학교가 있다. 학교 북편 울타리에서 50m 떨어진 곳에 김후직의 간묘가 있다. 밑둘레 84m, 높이 5m 정도인데 '경상북도 기념물 31호'로 지정 보호하고 있다.

 자그마한 상床돌이 놓인 묘 앞 오른쪽 서편에 높이 1.8m 되는 묘비가 세워져 있다.

 바닥에는 받침돌인 농대석을 깔고, 그 위에 비 몸돌인 비신碑身이 세워져 있고, 비신 위에 지붕돌인 가첨석이 얹혀 있다.

 앞면인 동편에 '신라 간신 김후직묘新羅 諫臣 金后稷墓'라 내리쓴 글이 옴폭새김 되어 있고, 뒷면에는 이 무덤에 대한 내력을 적은 다음, 이는 후대에 길이 알려 모범이 될 일이므로 비를 세운다는 글이 새겨져 있다.

 1710년(조선 숙종 36년)에 당시 경주부윤인 남지훈南至熏이 세운 것이다.

 이 무덤은 20여 년 전만 해도 북천 넘어 고성숲을 지나 유림숲으로 가는 한적한 밭가에 있어 꽤 크게 느껴졌건만, 지금은 부근에 아파트를 비롯한 높은 집들이 들어서서 찾기조차 힘들게 되었다.

안내판에는 '경주간묘慶州 諫墓'라 적어 놓고 간략한 설명을 해 두었다.

묘墓에서 간諫하는 것을 간묘諫墓, 그 무덤을 '간묘'라 하는데, 조금 덧 붙여 '간신의 무덤'이라 하면 혼란이 생긴다.

간신에는 서로 반대되는 뜻을 지닌 2가지 말이 있기 때문이니, 간신奸臣은 간사하여 왕의 비위만 맞추는 신하고, 간신諫臣은 왕에게 옳은 말로 간하는 신하를 말함이니 말로는 같은 발음이 나지만 그 뜻은 극과 극을 달린다.

지금 세워져 있는 안내판에는 김후직이라는 글자 가운데 '후'자를 후後로 적어 두었는데 고유명사 가운데 성명은 본래대로 써야하므로 후后자로 써야 마땅하다.

머지 않아 묘 옆으로 도로를 내고, 많은 집들이 높게 들어설 것인데, 지금 있는 묘역인 무덤 둘레만이라도 잘 가꾸어, 위대한 충신의 얼을 기리고 되새기는 교육의 현장이 되도록 하였으면 하는 바람 간절하다.

'무덤에서 어찌 사냥길을 말리는 말이 들렸을까?' 라고 생각하는 사람에게는 이 무덤도 일반 무덤과 다를 바 없는 것이지만, ≪삼국사기≫ 열전에 있는 사실을 믿는 사람에게는 별다른 감회가 있는 무덤이며 시공을 초월하여 옛 선조님과 대화를 할 수 있는 새로운 차원의 세계를 경험해 볼 수 있다.

27

신라 최초의 여왕,
내정의 혼란과 국제적 난맥을
넘지 못하고

선덕여왕

新羅王朝實錄

선덕여왕 善德女王
김씨 왕 12대

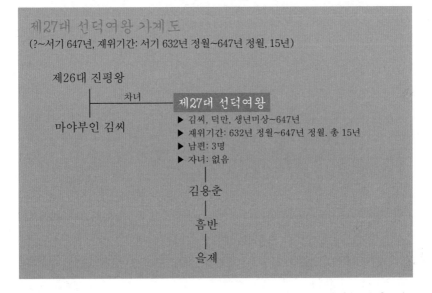

제27대 선덕여왕 가계도
(?~서기 647년, 재위기간: 서기 632년 정월~647년 정월, 15년)

제26대 진평왕
┬ 차녀
마야부인 김씨

제27대 선덕여왕
▶ 김씨, 덕만, 생년미상~647년
▶ 재위기간: 632년 정월~647년 정월. 총 15년
▶ 남편: 3명
▶ 자녀: 없음

김용춘
│
흠반
│
을제

?~647(선덕여왕 16). 신라 제27대 왕. 재위 632~647. 성은 김씨金氏, 이름은 덕만德曼이다. 진평왕眞平王의 장녀이며, 어머니는 마야부인摩耶夫人이다. 진평왕이 아들이 없이 죽자 화백회의和白會議에서 그를 왕위에 추대하고, '성조황고聖祖皇姑'란 호를 올렸다고 한다. 즉, 선덕여왕善德女王이 즉위할 수 있었던 것은 '성골聖骨'이라는 특수한 왕족 의식이 배경이 되었던 것이다. 대외적으로는 634년에 인평仁平이라는 독자적인 연호를 사용함으로써 중고왕실의 자주성을 견지하고자 하였으나, 한편으론 즉위 이후 거의 매년 당나라에 조공 사신을 파견함으로써 당나라에 대한 의존도가 높아지기도 하였다.
여왕 통치의 문제점은 신라 정계에 파문을 일으켜 647년 1월에는 상대등上大等 비담毗曇과 염종廉宗 등 진골 귀족들이 여왕이 정치를 잘못한다는

구실로 반란을 일으켰다. 그러나 이는 김춘추金春秋와 김유신에 의해 진압
되었다. 여왕은 이 내란의 소용돌이 속에서 재위 16년 만에 죽으니 낭산狼
山에 장사 지냈다. 시호諡號는 선덕이다.

덕만(선덕여왕)은 어려서부터 성품이 어질고 너그러우며 사리에 밝고 민첩
하였다. 진평왕 때에 당나라로부터 모단화牧丹花의 그림과 그 꽃에 종자를
얻어와 왕이 이를 덕만에게 보이자, 덕만은 이를 보고 말하기를

"이 꽃은 비록 아름다우나 반드시 향기가 없겠나이다."

하였다. 왕이 웃으면서

"너는 어떻게 이를 아느냐?"

하고 묻자, 덕만이 대답하기를

"이 꽃의 그림을 보니 꽃에 벌과 나비가 없는 까닭으로 이를 알겠나. 대저 여자로서
미인이라면 남자들이 이를 기뻐하여 따르고, 꽃에 향기가 있으면 벌과 나비가 따르
는 법이 아닙니까. 이 꽃은 아주 아름다우나 그림에 벌과 나비가 없사오니 반드시
향기가 없겠나이다."

하였는데, 이 종자를 심었더니 과연 덕만이 말한 바와 같았다. 이처럼 덕만
은 모든 일을 판단하는 식견이 명석하였다.

632년(선덕여왕 원년) 2월 대신 을제乙祭에게 국정을 모두 관리하게 하였다.
5월에 한재가 들었는데 6월이 되서야 비가 왔다. 10월에 왕은 사자를 파견
하여 국내의 늙어서 의지할 데 없는 사람들과 스스로 생활할 수 없는 사람
들을 위문하게 하고 이들을 구제함으로써 민심을 안정시켰다. 12월에 사신
을 당나라로 파견하여 예물을 보냈다.

633년(선덕여왕 2) 정월에 왕은 친히 내을신궁에 제사를 지내고 죄수들을

대사하였다. 그리고 모든 주와 군에 1년 동안의 세금을 면제시켰다. 2월에 서울에 지진이 일어났다. 7월에 사신을 당나라에 파견하여 예물을 보냈다. 8월에는 백제가 군사를 일으켜 서족 변경을 침범하였다.

634년(선덕여왕 3) 정월, 인평仁平이라 연호를 바꾸었다. 이때 분황사芬皇寺(현 경주)가 이룩되었다. 3월에 큰 밤과 같은 우박이 내렸다.

635년(선덕여왕 4)에 당나라가 부절사符節寺를 파견하여 왕을 주국낙랑군공신라왕柱國樂浪郡公新羅王으로 책봉하였고, 부왕의 봉작을 그대로 이어받게 하였다. 영묘사靈廟寺가 완공되었다. 10월에 왕은 이찬 수품水品과 용수龍樹(또는 용춘龍春)를 각 주와 현으로 파견하여 민심을 안정시키게 하였다.

636년(선덕여왕 5) 정월에 이찬 수품을 상대등으로 삼았다. 3월에 왕이 병들어서 의원을 불러 약을 쓰고 기도를 하였으나 효력이 없으므로, 황룡사에 백고좌를 베풀고 승려들을 모아서 인왕경仁王經을 강독하였으며, 1백 명이 승려가 되는 것을 허락하였다. 5월에 두꺼비와 개구리가 떼를 지어 궁성의 서쪽 옥문지玉門池로 모여들었다. 왕은 이 말을 듣고 군신들에게 말하기를

"두꺼비와 개구리는 성난 눈이니 이는 군사의 상이다. 내가 일찍이 서남변에 옥문곡玉門谷이라는 곳이 있다고 들었는데, 이들의 징조로 미루어 반드시 백제의 군사들이 몰래 그곳에 침입하여 있는 것 같다."

하고 곧 장군 알천閼川, 필곡弼谷에게 명하여 이를 수색하여 토벌케 하였다. 알천 등이 군사를 거느리고 나가니 왕의 말과 같이 과연 백제 장군 우소于召가 독산성獨山城을 습격하려고 군사 5백 명을 거느리고 옥문곡에 와서 복병을 설치하고 있는 것을 발견하고 적을 엄습하여 이를 격살하였다. 이때 자장법사慈藏法師가 당나라로 들어가 불법을 구하였다.

637년(선덕여왕 6) 정월에 이찬 사진思眞을 서불감으로 삼았으며 7월 알천을 대장군으로 삼았다.

638년(선덕여왕 7) 3월에 칠중성七重城(현 경기도 적성)의 남쪽에 있는 큰 돌이 저절로 서른다섯 보나 옮겨 갔으며 9월에는 누런 꽃과 같은 비가 왔다.

10월에 고구려가 군사를 일으켜 북쪽 변방의 칠중성으로 쳐들어오자 백성들은 크게 놀라서 산골짜기로 도망하느라고 요란하였다. 왕은 알천에게 명하여 민심을 안정시키고 이들이 모여 살도록 하였다. 11월에 알천은 군사를 거느리고 고구려 군사와 칠중성 밖에서 싸워 이를 격파하여 많은 무리를 참획하고 승리하였다.

639년(선덕여왕 8) 2월에 하슬라주를 소경小京으로 하고 사찬 진주眞珠로 하여금 이를 진수하도록 명하였다. 7월에 동해 물이 붉게 되어 끓어오르고 고기들이 죽어 나왔다.

640년(선덕여왕 9) 5월에 왕은 자제들을 당나라에 파견하여 국학國學에 입학하기를 청하였다. 이때 당 태종은 천하의 이름난 선비들을 학관學官으로 삼고 빈번히 국자감國子監에 행차하여 그들로 하여금 학문을 강론케 하고, 학생으로서 능히 하나의 대경大經 이상을 밝게 통달한 사람은 관리에 등용할 수 있도록 하였으며, 학사學舍 1천2백 간을 증축하여 학생 3천260명이 들어올 수 있도록 만드니, 사방에서 학자들이 구름과 같이 서울로 모여들었다. 이때에 고구려, 백제, 고창高昌, 토번吐蕃 등도 자제들을 파견하여 입학시켰다.

642년(선덕여왕 11) 정월에 사신을 당나라로 파견하여 토산물을 보냈다. 7월에 백제 의자왕義慈王이 크게 군사라 일으켜 쳐들어와 나라 서쪽 지방의 40여 개의 성을 공취하였다. 8월에 백제는 또 다시 고구려와 군사를 일으켜 이끌고 당항성黨項城(현 화성시 남양南陽)을 공취하여 신라가 당나라로 통하는 길을 끊어버리려 하므로 왕은 사신을 당 태종에게 파견하여 위급한 사실을 알렸다. 이달에 백제 장군 윤충允忠이 군사를 거느리고 대야성大耶城을 공격하여 성이 함락되었는데 이 싸움에 도독 이찬 품석品釋과 사지舍知 죽죽竹竹과 용석龍石 등이 전사하였다.

겨울에 왕은 장차 백제를 정벌함으로써 대야성 전쟁의 원한을 갚으려고 하여 이찬 김춘추를 고구려로 파견하여 구원병을 청하였다. 그런데 처음 대야성 싸움에 패할 때 도독 품석의 아내도 함께 죽음을 당하였는데 이는 김춘추의 딸이었다. 이때 김춘추는 이 비보를 듣고 기둥에 의지하여 서서

종일토록 눈도 깜짝하지 않고 사람들이나 어떤 것이 그 앞으로 지나가도 알지 못하더니 얼마 후에 말하기를

"슬프도다. 사나이 대장부로서 어찌 백제를 능히 멸망시키지 못할까 보냐."

하고 곧 왕을 배알하여 말하기를

"신이 원하옵기를 고구려에 원병을 청하여 백제의 원수를 갚을까 하나이다."

라고 하니 왕이 이를 허락하였다. 이에 김춘추는 고구려에 구원병을 청하게 되었는데 고구려의 보장왕寶藏王은 평소에 김춘추에 대하여 호의를 가지고 있어 군사들로 하여금 엄중히 호위한 뒤에 회견하였다. 이때 김춘추가 말하기를

"지금 백제는 무모하여 징그러운 뱀이나 큰 돼지처럼 욕심을 가지고 우리나라의 강토를 침략하므로 우리 임금은 대국(고구려)의 구원병을 얻어 그 치욕을 씻으려 하여 신으로 하여금 이 일을 이루도록 하여 왔나."

하니, 보장왕은

"죽령竹嶺은 본시 우리의 땅이니 너희들이 만약에 죽령 서북 지방을 돌려보낸다면 가히 군사를 내어 돕겠다.

라고 하였다. 김춘추가 대답하기를

"신은 군명을 받들고 구원병을 빌리러 왔는데 대왕께서는 우리의 환난을 구원하며 서로 친선할 뜻은 없으시고 사절로 온 사람을 위협하여 강토의 귀속 문제를 요구하나이까? 신은 죽음이 있을지언정 구원을 청하는 이외의 일을 알지 못하겠나이다."

하자, 보장왕은 그의 말에 크게 노하여 그를 별관에 가두었다. 이에 김춘추는 남몰래 사람을 본국으로 보내어 이 사실을 알렸으며, 왕은 대장군 김유신에게 명하여 결사대 1만 명을 거느리고 나가서 이를 구원하게 하였다. 김유신은 결사대를 거느리고 곧 진격하여 한강을 지나 고구려의 남쪽 경계에 들어가니 고구려 보장왕은 이 말을 듣고 김춘추를 놓아 돌려보냈다. 이때 왕은 김유신을 압량주押梁州(현 경산) 군주로 삼았다.

643년(선덕여왕 12) 정월에 사신을 당나라에 파견하여 예물을 보냈으며 3월에는 당나라에 들어가 불법을 구하던 고승 자장이 귀국하였다. 9월에 왕은 당나라에 사신을 파견하여 말하기를

"고구려와 백제가 우리나라를 침략하므로 수십 개의 성이 번번이 공습을 당하였으며 그들은 군사를 연합하여 기어코 우리나라를 공취하려고합니다. 이달 그들이 군사를 크게 일으켜 이끌고 처들어 올 것 같사오니 반드시 우리나라는 사직을 보전하지 못할 것 같습니다. 삼가 사신을 파견하여 대국의 군사를 청원하오니 구원이 있기를 바랍니다."

하였다. 당의 태종은 사신에게 말하기를

"내 실로 그대 나라가 고구려와 백제에 침해되는 것을 슬퍼하여 번번이 사자를 보내어 그대들 삼국이 서로 화친하도록 하였으나, 그들은 이리저리 핑계하면서 그대 나라의 땅을 삼켜 버리려는 뜻을 가지고 있으니, 그대 나라에서는 어떠한 모책으로써 그들의 침해를 모면하려고 하는가?"

하므로, 사신이 대답하기를

"우리 임금은 사세가 궁박하고 계책이 다하였으므로 오직 위급함을 대국에 알려서 구원을 받음으로써 나라를 보전할까 할 따름입니다."

하자, 당 태종은

"내가 조금 변방의 군사를 내어 거란과 말갈의 군사를 거느리고 곧 요동으로 쳐들어가면 그대 나라의 위급은 스스로 풀려져서 가히 1년쯤은 주위의 환난을 완화할 수 있겠는데, 그 후에 우리 군사가 계속하여 머물지 않으면 그들은 도리어 침략을 마음대로 하여 네 나라가 모두 함께 소란할 것이고 그대 나라도 평안치 않을 것이니 이것이 첫째의 계책이요,

우리가 또한 그대 나라에 수천의 군복과 깃발을 주면 고구려와 백제의 군사가 쳐들어와도 이 깃발을 꽂고 군사를 벌려 세우고 있으면 그들은 이것을 보고 우리 군사가 온 줄 알고 반드시 도망하여 버릴 것이니 이것이 두 번째의 계책이요,

백제는 해성海城의 험한 지형만을 믿고 병기구를 수리하지 않으며 남녀가 뒤섞여 서로 연금만 베풀고 놀고 있으니, 우리나라가 수백 개의 전선에 군사를 싣고 가만히 바다를 건너서 백제로 쳐들어가고 싶으나 그대 나라는 여자로서 임금을 삼아 이웃 나라의 업신여김을 받는 터이므로, 잘못하면 임금을 잃고 적구를 펴놓는 격이므로 해마다 편안할 날이 없을 것인 즉, 나의 친척 한 사람을 보내 그대 나라의 임금으로 삼되 홀로 가서 있을 수는 없으므로 군사를 파견하여 임금을 호위하게 하고 그대 나라의 안정되는 것을 기다려 그대들이 스스로 지키도록 맡기는 것이 세 번째 계책이다. 그대는 어느 것이 좋은가 잘 생각하여 보라. 어느 것을 좇을 것인가?"

하였다. 이때 사신이 머뭇거리고 대답을 못하자, 당 태종은 그를 용렬한 사람이며 위급할 때 구원병을 청할 재능이 없다고 탄식하였다.

644년(선덕여왕 13) 정월에 왕은 당나라에 사신을 파견하여 예물을 보냈다. 이때 당 태종은 사농승상司農丞相 이현장里玄將에게 국서를 주어 고구려로 보내며 말하기를

"신라는 우리나라에 의지하는 나라로서 조공을 게을리 하지 않는 터이니, 그대 나라는 백제와 함께 곧 군사를 거두고 싸움을 그만두라. 만약 다시 신라를 공격하면 다음 해에는 반드시 군사를 내어 그대 나라를 칠 것이다."

하니, 연개소문淵蓋蘇文이 이현장에게 말하기를

"고구려는 신라와 원한으로 틈이 생긴 지가 이미 오래되었다. 지난날에 수隋나라가 우리나라에 침입하였을 때에 신라가 그 틈을 타서 고구려의 땅 5백 리를 침략하여 이 고을을 점거하고 있는 것이니, 이 땅을 돌려보내지 않으면 우리는 군사를 거두고 싸움을 그만두지 않을 것이다."

하였다. 이현장이 말하기를

"이왕 지난 일을 논하여서 무엇하는가."

라고 하였으나, 연개소문은 끝내 그 말을 듣지 아니하였다. 9월에 김유신을 대장군으로 삼아 군사를 거느리고 나가서 백제를 정벌하게 하니 그는 백제로 쳐들어가서 크게 승리하고 일곱 개의 성을 공취하였다.

645년(선덕여왕 14) 정월에 당나라에 사신을 파견하여 예물을 보냈다. 이때 김유신이 백제 정벌에서 개선하여 돌아왔는데, 백제에서 대군을 일으켜 다시 변방을 침범하자 왕은 김유신에게 이를 막으라고 명하였다. 이에 그는 집에 들르지도 못하고 다시 군사를 거느리고 나가서 이를 격파하여 적 2천 명을 참살하고 3월에 돌아와서 왕에게 복명하였다. 그런데 집에 돌아가기도 전에 또다시 백제가 변방으로 침범하였다는 급보가 있어 형세가 위급하자 왕은 김유신에게 말하기를

"나라의 존망이 공의 한 몸에 달렸으니, 모든 노고를 생각지 말고 나가서 적을 막도록 도모하라."

하였다. 이에 김유신은 또 집으로 돌아갈 사이도 없이 밤낮으로 군사를 훈련시켜 이끌고 서쪽 변방의 전쟁터로 나가는데, 집 앞을 지날 때 집안의 남녀들이 그의 떠나는 것을 보고 눈물을 흘렸으나 공은 이를 돌아보지도

않고 떠났다. 3월에 황룡사 탑이 이룩되었는데 이는 자장 법사의 청을 좇아 창건한 것이다. 5월에 당 태종이 친히 군사를 이끌고 고구려를 공격하자 왕은 군사 3만을 내어 이를 원조하였다. 이 기회를 타서 백제가 군사를 일으켜 나라의 서쪽 변경의 7개 성을 공취하였다. 11월에 이찬 비담毗曇을 상대 등으로 삼았다.

647년(선덕여왕 16) 정월에 비담, 염종廉宗 등이 여왕은 능히 선정을 베풀지 못한다며 반란을 도모하여 군사를 일으켰으나, 이기지 못하고 패하였다. 8월에 왕이 돌아가시자 시호를 선덕이라 하고 낭산狼山에 장사하였다.

≪당서唐書≫에는 진관眞觀 31년(647)에 돌아갔다고 하고 ≪통감通鑑≫에는 25년(651)에 돌아갔다고 하나, 본사로써 이를 고찰하면 ≪통감≫의 역사기록은 잘못되었다.

논컨대 내가 듣기에는 옛날에 여왜씨女媧氏가 있었으나 이는 바로 천자가 아니고 복희伏羲를 보좌하여 9개의 주를 다스렸을 따름이고 여치呂雉, 무조武曌와 같은 사람에 이르러서는 유약한 임금을 맞아 조정에 임하여 정사를 통제한다 말하였으나 공공연하게 왕이라 칭하지는 아니하였고, 다만 고황후高皇后 여씨呂氏니, 측천무후則天武后 무씨武氏니 하고 기록한 것인데, 이를 천리로써 말하면 곧 양陽은 강하고 음陰은 유하고 사람으로서 말하면 곧 남자는 높고 여자는 낮은 것이니, 어찌 가히 모구姥嫗로서 규방을 나와서 국가의 정사를 결단하랴.

신라는 여자를 모셔 세우고 왕위에 처하게 하였으니, 이를 살펴보면 이는 참말로 난세의 일이며 나라가 망하지 않은 것이 다행이다.

≪서경≫에 말하기를 '암탉이 새벽을 알린다'하고, 역경에 말하기를 '약한 암퇘지가 지쳐 잘못 걸어간다' 했으니, 그를 가히 경계하지 않을 일이겠는가.

● 선덕여왕대의 사람들

교열郊熱

신라新羅 선덕여왕善德女王 때 사람. 대야주大耶州의 찬간撰干. 신라의 용사勇
士인 죽죽竹竹의 부친父親이다.

재량才良

명랑明朗의 아버지로 벼슬은 사간沙干을 지냈다.

양지良志

생몰년 미상. 신라시대의 고승·조각가. 그의 출신이나 가계는 알 수 없으
나, 선덕여왕대(632~646년)에서 문무왕대(661~680년)에 걸쳐 활동한 인물로
추정된다.

그가 살던 절을 석장사錫杖寺라 한 것은 석장錫杖 끝에 포대를 달아 두면 지
팡이가 스스로 단월檀越(시주施主)의 집으로 날아가서 재 지낼 비용을 거두
어 다시 본래의 장소로 돌아왔다 하여 얻어진 이름이다.

그는 여러 가지 예술에 능통하여 신기에 가까운 기예는 비길 데가 없다고
하였다. 글씨에도 뛰어나 영묘사靈廟寺와 법림사法林寺의 현판을 쓰기도 하
였고, 조각 작품은 주로 소조에 능통하였는데, 그가 만든 작품으로는 영묘
사의 장륙삼존상丈六三尊像과 천왕상 그리고 전탑殿塔의 기와를 비롯하여 천
왕사 탑 아래의 팔부신장상, 법림사의 주불삼존主佛三尊과 좌우 금강신金剛
神 등이 유명하다.

또한 그가 살던 석장사에는 벽돌로써 작은 탑을 만들고 아울러 삼천불을
새겨서 봉안하였다고 한다. 경상북도 경주시 현곡면 금장리에 현존하고 있
는 석장사터는 최근 발굴 결과 《삼국유사》에 기록된 바와 같은 삼천불

의 자취를 확인할 수 있었다. 즉, 벽돌에 불상과 탑을 새긴 수많은 조각상이 확인됨으로써 양지의 작품 세계를 이해하는 데 있어서 귀중한 자료가 되고 있다.

그의 활동 무대는 주로 경주 지역으로 알려져 있으나, 절터에서 수습된 각종 조각 작품의 유형은 서역적 요소까지 보이고 있어 그의 예술 세계는 매우 깊고 광범위한 지역에까지 수용되었던 것으로 짐작된다.

또한 그는 당시 신라 도성에 있어서 폭넓은 교화력을 지닌 고승으로 추앙되었다. 즉, 그가 영묘사의 장륙삼존상을 만들 때는 성중의 남녀가 다투어 진흙을 날랐다고 하며, 이때 그가 지어 부르게 한 노래는 <풍요風謠>라 하여 ≪삼국유사≫에 전래된다. 이 <풍요>는 혼자 노동할 때 고됨을 덜기 위하여 부르는 노동요라고 하나, 불상을 만드는 데 소요되는 진흙의 분량을 생각하더라도 이를 노동요라고 보기는 어렵고, 그 노래의 성격으로 보아 오히려 공덕가功德歌라고 할 수 있다.

그가 영묘사의 장륙삼존상을 만들 때는 스스로 선정禪定에 들어 무념무상의 경지에서 떠오른 부처의 모양을 모델로 하여 만들었으므로 성중의 남녀가 더욱 그를 따랐고, 또한 공덕을 닦기 위하여 모여든 것으로 짐작된다.

일연一然은 양지를 평하여 재주가 온전하고 덕이 충만하나 대방大方으로서 하찮은 말기末技에 자취를 감추고 지낸 자라고 하였다. 따라서 양지는 대방의 고덕임에도 불구하고 오히려 말기에 가려서 고승으로서보다는 한 사람의 장승匠僧으로서 더욱 알려졌다.

그러나 양지의 참모습은 잡예雜藝와 같은 말기에 있었던 것이 아니라 덕이 충만한, 즉 성중의 남녀가 다투어 추종하였던 수행자로서의 높은 정신적 차원에 있다.

또한 고덕의 승려임과 동시에 재예才藝를 겸비한 뛰어난 장승이었다. 특히 그의 작품으로 추정된 석장사지에서 수습된 <연기법송명탑상문전緣起法頌銘塔像文塼>은 7세기 후반 인도의 남해 지역을 여행한 당나라 의정義淨의 <남해기귀내법전南海寄歸內法傳>에도 기록된 바와 같은 인도에서의 건탑에 따른 법사리法舍利 장엄 법식을 바로 신라에서 확인할 수 있는 귀중한 자료라 하겠다. 이 작품을 양지의 것이라고 한다면, 양지는 그가 활동하던 시기인 7세기경에 이미 인도의 문화적 배경을 수용하고 있었다.

뿐만 아니라 석장사지에서 발굴된 소조 불상의 조각 양식이 인도 간다라 지방 불탑의 부조상과 그 맥락을 같이하며, 또한 국내에서 처음으로 발견된 석장사지 출토의 고행상苦行像 벽돌 조각 역시 서방적 불상 조각 양식으로 판단된다. 따라서 양지는 젊은 시절 적어도 인도를 여행하였거나 아니면 그 지방의 문화적 배경에 매우 밝았던 사람으로 평가된다.

현재까지 발견된 경주 사천왕사지의 사천왕소조상 또는 최근 수습된 석장사지의 조각상들은 그 조형 양식에 있어서 서역적 색채를 짙게 풍길 뿐 아니라 매우 사실적이고 자신에 넘친 조각 수법이었음을 감안할 때 바로 양지와 같은 명장의 솜씨로 볼 수 있다.

원승圓勝

생몰년 미상. 신라시대의 고승高僧. 자세한 생애는 미상이나 정관貞觀 초년에 당나라로 가서 도를 구하였고, 643년(선덕여왕 12)에 자장慈藏과 함께 귀국하여 율부律部를 개강하여 크게 화도化道하였다. 저술로는 ≪범망경기梵網經記≫ 1권, ≪사분율갈마기四分律羯磨記≫ 2권, ≪사분율목차기四分律木叉記≫ 1권 등이 있다고 하나 모두 현존하지 않는다.

염종廉宗

생몰년 미상. 신라 선덕여왕 때의 반란자. 647년(선덕여왕 16) 1월에 상대등 비담毗曇과 함께 '여왕은 나라를 잘 다스리지 못한다.'하고 왕을 폐위시키고자 하여 명활성明活城을 거점으로 난을 일으켰다. 이에 월성에 주둔한 관군과 10여 일 동안 공방전을 벌이며 잘 버티었으나, 결국 김유신金庾信이 이끄는 군대에게 패하였다. 염종 등은 살해되고 또 9족族이 죽음을 당하였는데, 이에 연좌되어 살해된 자가 30명이었다.

을제 乙祭

생몰년 미상. 신라 선덕여왕 때의 대신大臣. 632년(선덕여왕 1) 2월에 대신이 되어 국정을 총괄하였다. 다음 상대등인 수품水品이 취임할 때인 636년 정월까지 약 4년간 대신으로 재임한 것으로 보인다. 그런데 을제가 재임한 대신大臣이라는 관직에 대해서는 상대등일 것이라고 보고 있다.

혜업 惠業

생몰년 미상. 신라 선덕여왕 때의 승려. 재능이 뛰어나고 도량이 넓었으며, 풍채가 좋고 골격이 뛰어났다고 한다. 일찍이 중국으로 들어갔다가 정관연간貞觀年間(627~649)에 불법佛法을 구하기 위하여 서천축국으로 향하였다. 그는 사막을 지나고 설령雪嶺을 넘는 내륙의 길을 택하였는데, 낮에는 깊은 골짜기에 들어가 휴식하고 밤에는 길을 걸었다고 한다. 마침내 중인도의 보리사菩提寺로 가서 석가모니의 자취에 예배하였고, 진구眞久의 청으로 나란타사那爛陀寺에 머무르면서 ≪정명경淨名經≫을 통달하여 이를 종지宗旨로 삼다가 60세 가까이에 이 절에서 입적하였다. 그가 쓴 범본梵本이 나란타사에 있었다고 한다.

용석 龍石

?~642(선덕여왕 11). 신라 선덕여왕 때의 장군. 대야성大耶城(지금의 합천)의 도독都督인 이찬伊湌 품석品釋 막하의 장군으로, 관등은 사지舍知였다.
642년 8월 신라 서부전선의 요충인 대야성을 백제 의자왕의 명을 받은 장군 윤충允忠이 공격을 가해왔다. 이 때 대야성은 내부분열로 군량이 불타고 도독인 품석을 비롯한 다수의 장졸들은 윤충의 계략에 빠져 전사함으로써 성내의 사기가 크게 저하되어 있었다. 이 때 용석은 죽죽竹竹과 함께 성문을 닫고 장병을 모아 끝까지 싸웠으나 중과부적으로 성은 함락되고 전사하였다. 국왕은 이를 슬퍼하여 그에게 대나마大奈麻를 증직하였다.

죽죽竹竹

?~642(선덕여왕 11). 신라 선덕여왕 때의 지방관리. 대야주大耶州 사람으로, 선간撰干 학열邢熱의 아들이다. 642년(선덕여왕 11)에 대야성大耶城(지금의 합천 지역)이 백제군에게 함락될 때 최후까지 싸우다가 죽었다.

아버지 학열이 지방의 토착지배자인 촌주村主들에게 주어진 외위外位를 가지고 있고, 죽죽이 전사한 뒤에 그 처자들이 왕도王都(경주)로 옮겨 살게 된 것을 보면, 왕경 6부출신이 아닌 지방의 촌주가계의 출신으로 보인다.

642년에 백제군에게 포위당한 대야성의 신라군은 고립되어 밖으로부터의 원군을 기대할 수 없게 되었다. 이 때 도독都督 김품석金品釋에게 아내를 빼앗겨 원한을 품었던 사지舍知 검일黔日이 창고를 불 질러 신라 진영을 혼란에 빠뜨렸다. 이에 전의를 잃고 당황하고 있는 신라 지휘관들을 백제의 장군 윤충允忠은 항복하도록 꾀고 있었다.

당시 사지였던 죽죽은 적의 계략에 빠지지 말고 끝까지 항전하자고 건의하였으나 받아들여지지 않았고, 항복하려고 성을 나간 신라 장병들은 백제 복병에게 몰살되었으며, 김품석도 처자와 함께 자결하였다. 이에 남은 병사를 수습하여 항전하였다. 사지 용석龍石은 항복하여 후일을 기하자고 하였으나

"그대의 말도 옳지만 아버지가 나를 죽죽이라 이름 지은 것은 추운 때에도 시들지 않고 꺾일지언정 굽히지는 말라 함이다. 어찌 죽음을 겁내 살아 항복하리오."

하고, 힘써 싸우다가 용석과 함께 전사하였다. 이 이야기를 들은 선덕여왕으로부터 급찬級飡의 관등으로 추증되었으며, 또한 그 처자들도 왕으로부터 상을 받고 왕도로 옮겨 살게 되었다.

고타소랑 古陀炤娘

?~642(선덕여왕 1). 신라 태종무열왕 김춘추金春秋의 딸. 무열왕비 문명왕후文明王后의 소생으로 김유신金庾信의 생질이다.

642년 8월 백제의 장군 윤충允忠이 군사를 거느리고 대야성大耶城(지금의 합천)을 함락시키니 대야성도독 이찬伊湌 품석品釋과 그의 처 고타소랑이 함께 죽었다. 김춘추는 이 소식을 듣고 백제를 멸망시켜 딸의 원수를 갚겠다고 결심하여 고구려에 청병하였으나 실패하고 다시 당나라에 가서 청병을 허락받고 돌아왔다.

김유신은 대야성의 원수를 갚기 위하여 647년 백제를 쳐서 포로된 백제장 8인과 고타소랑 부부의 해골을 교환하여 왔으며, 660년(태종무열왕 8) 신라와 당나라의 연합군이 백제를 멸하자 법민法敏은 의자왕의 왕자 융隆에게

"너의 아비는 나의 누이동생 고타소랑을 참혹하게 죽여 옥중에 묻어 나로 하여금 20년이나 마음을 아프게 하고 고통스럽게 하였다."

고 꾸짖었다. 이처럼 대야성에서의 고타소랑의 죽음은 왕가의 명예와 가야 지역의 수호와 삼국통일의 직접·간접의 계기가 되었음을 알 수 있다.

비담 毗曇

?~647(선덕여왕 16). 신라 선덕여왕 때에 상대등으로 반란을 일으킨 인물. 그의 가계에 관하여는 알려진 바가 없으나 골품은 진골이었으며, 귀족세력의 대표로서 왕위계승을 염두에 두고 정치적 반란을 도모한 것으로 보아 성은 김씨일 것으로 추측된다.

645년(선덕여왕 14)에 상대등에 취임하여 647년에 선덕여왕이 여왕으로서 정치를 잘하지 못한다는 명분을 내걸고 스스로 왕위에 즉위하고자 염종廉宗 등과 더불어 정치적 반란을 일으켰다.

이 반란은 내란으로까지 발전하였는데 김유신金庾信의 토벌군에 의해 진압
되었다. 이러한 와중에서 선덕여왕은 죽고, 반란에 연좌되었던 30여명은
647년(진덕여왕 1)에 모두 죽임을 당하였으며, 특히 비담의 경우는 9족이 멸
하였다.

심나沈那

 생몰년 미상. 신라 선덕여왕 때의 장수. 백성군白城郡(지금의 안성군) 사산蛇山
(지금의 천안시 직산면) 출신이며, 황천煌川이라고도 하였다. 문무왕 때 아달성
전투阿達城戰鬪에서 전사한 소나素那의 아버지이다. 힘이 남보다 세고 몸이
가볍고도 민첩하였다. 사산 지역은 백제와의 접경지대로서, 백제와 크고
작은 충돌이 있을 때마다 심나가 출전하였는데, 그에 맞설 굳센 적장이 없
었다고 한다. 인평연간仁平年間(634~647)에 백성군의 군사를 이끌고 백제의
변읍邊邑을 초격抄擊하여 적 수십 명을 베었으며, 이로 인하여 백제인으로
부터 신라의 '나는 장수飛將'로 지목되기도 하였다.

순홍順弘

생몰년 미상. 신라 하대의 정치가. 신덕왕의 외할아버지이다. 그의 딸이 신
덕왕의 어머니 정화부인貞花夫人이다. 성호대왕成虎大王으로 추봉되었다.

김품석金品釋

 ?~642(선덕여왕 11). 신라의 왕족. 김춘추金春秋의 사위이다. 이찬伊飡으로
대야성도독大耶城都督이 되었다. 642년 8월 백제장군 윤충允忠이 군사 1만인
을 거느리고 신라의 대야성지금의 경상남도 합천을 공격해왔다.
 그런데 대야성에서는 이전에 김품석에게 아내를 빼앗겨 불만을 품고 있던
검일黔日이 그 한을 풀기 위하여 백제군과 내응하여 창고에 불을 질러 민심

이 흉흉하였다. 이에 김품석은 보좌관인 서천西川을 파견하여 항복하기를 자청하였다. 이때 또 다른 보좌관인 죽죽竹竹이 백제의 흉계를 역설하며 만류하였으나, 김품석은 듣지 않고 성문을 열어 군사들을 성 밖으로 나가게 하였다. 그런데 이들은 백제측 복병伏兵에 의하여 모두 죽음을 당하였으며, 이 소식을 듣고 김품석은 처자와 함께 항복하였다.

윤충은 김품석과 그 처자들을 모두 죽인 다음, 그 목을 베어 왕도인 사비성泗沘城으로 보내고 남녀 1,000여 명을 사로잡아갔다. 김품석 내외의 유골은 압량주도독押梁州都督 김유신金庾信이 생포한 백제장군 8인과 교환되어 647년(진덕여왕 1)돌아왔다.

밀본密本

생몰년 미상. 신라시대 선덕여왕 때의 밀교승密敎僧. 일찍이 금곡사金谷寺에 머무르며 덕행德行으로 명성을 얻었다.

≪삼국유사≫에 밀교와 관련된 2편의 설화가 전한다. 선덕여왕이 병을 얻어 흥륜사興輪寺의 요승 법척法惕을 불러 치료하게 하였으나 효험이 없자 밀본을 청하였다. 그가 왕의 침실 옆에서 ≪약사경藥師經≫을 읽으니 가지고 있던 육환장六環杖이 침실 안으로 들어가 늙은 여우 한 마리와 법척을 찔러 뜰 아래로 거꾸로 내던지니 왕의 병이 곧 나았다.

또, 승상丞相 김양도金良圖가 어렸을 때 갑자기 입이 붙고 몸이 굳어져 말을 못하고 몸도 쓰지 못하였는데, 그의 아버지가 법류사法流寺의 승려를 청하여 경經을 읽게 하였으나 김양도에게 붙어 있던 귀신이 쇠몽둥이로 중의 머리를 쳐서 죽게 하였다. 그 뒤 밀본을 청하여 병을 고치려 하니 밀본이 그 집에 이르기도 전에 사방에서 쇠갑옷과 긴 창으로 무장한 대도신大刀神이 나타나서 귀신들을 결박하여 잡아갔고 다음에는 무수한 천신天神들이 둘러서서 밀본이 오기를 기다렸다. 그리하여 밀본이 와서 경을 펼쳐 주문을 외우기도 전에 병이 나았다.

그 뒤 흥륜사 오당吳堂의 주불主佛인 미륵존상彌勒尊像과 좌우보살을 소상

塑像으로 만들고 금색으로 오당의 벽화를 그려 공양하였다고 한다. 이 두 편의 설화는 불교와 민간신앙과의 관계 및 신라에 밀교가 전래된 시기 등을 알게 해주는 좋은 자료가 된다.

설계두薛罽頭

?~645(선덕여왕 14). 신라출신으로 중국 당나라에서 활동한 무인.

그는 육두품가문에서 출생하여 진골이 아니면 대신·장군이 될 수 없는 자신의 처지를 분통히 여겨 중국에 가서 크게 출세할 것을 기약하였다.

621년(진평왕 43) 몰래 배를 타고 당나라에 건너가 645년 당나라 태종이 고구려를 치기 위하여 출정하였을 때 종군을 자청하여 좌무위과의左武衛果毅가 되어 요동 안시성安市城 부근 주필산駐蹕山 밑에서 고구려 군대와 격전을 벌이다 전사하였다. 태종은 그가 신라인이라는 이야기를 듣고는 어의御衣를 벗어 시신을 덮어주고 대장군의 관직을 내려주었다.

그의 이야기는 당시 신라의 골품제도가 육두품 이하 하급귀족들의 커다란 불만의 대상이었음을 말하여주는 좋은 예이다.

수품水品

생몰년 미상. 신라 선덕여왕 때의 관리. 관등은 이찬伊湌에 이르렀으며, 그로 인하여 진골 출신임을 알 수 있다. 635년(선덕여왕 4) 10월에 선덕여왕의 명을 받아 김춘추金春秋의 아버지 김용수金龍樹(또는 용춘龍春이라고도 함)와 더불어 파견되어 주군州郡을 순무巡撫하였다. 636년 정월에 상대등上大等에 임명되었는데 아마 645년 11월까지 9년 10개월 동안 재임한 듯하다.

안함安含

578(진지왕 17)~640(선덕여왕 9). 신라시대의 고승. 흥륜사 십성十聖 중의 한

사람. 성은 김씨金氏.《해동고승전》에 의하면 영민하고 도량이 넓었으며 일찍부터 뜻을 나라 밖에 두었다. 600년(진평왕 22)에 고승 혜숙惠宿과 함께 이포진泥浦津에서 배를 타고 중국으로 가다가 섭도涉島 근처에서 풍랑을 만나 되돌아왔다. 이듬해 칙명을 받고 법사가 되어 중국 사신과 함께 중국으로 건너가서 황제를 배알하고 대흥사大興寺에 머물렀다.

그 뒤 십승十乘의 비법秘法 및 현의玄義와 진문眞文을 5년 동안 배우고 605년(진평왕 27) 우전국于闐國 사문 비마진제毗摩眞諦·농가타農加陀 등과 함께 귀국하였다. 서역西域의 승려들이 신라에 들어온 것은 이때가 처음이라고 한다. 만선도량萬善道場에서 입적하였다. 한림 설모薛某가 왕명을 받들어 비문을 지었다. 저서로는《참서讖書》 1권을 지어 견문한 바를 기록하였다고 하나 전하지 않는다.

원광圓光

555년(진흥왕 16)∼638년(선덕여왕 7)? 신라의 고승. 성은 박씨朴氏 또는 설씨薛氏. 경주 출신. 13세에 출가하여 승려가 되었고, 30세에 경주 안강의 삼기산三岐山에 금곡사金谷寺를 창건하고 수도하였다. 34세에 주술을 좋아하는 한 승려가 와서 가까운 곳에 암자를 짓고 2년을 살았는데, 원광이 그 승려의 잘못을 타일렀으나 듣지 않다가 화를 입어 죽었다.

이에 불교공부를 더 깊게 하여 사람들을 제도하겠다고 발심하고 589년(진평왕 11)에 진陳 나라로 들어갔다. 처음에 중국의 금릉金陵 장엄사莊嚴寺에 머무르면서 민공旻公의 제자로부터 강의를 들었으며, 그 뒤 여러 강석에 다니면서《성실론成實論》《열반경》 등을 공부한 뒤, 오吳나라의 호구산虎丘山에 들어가 선정에 힘을 기울였다.

《아함경阿含經》을 연구하면서 그곳에서 여생을 마치고자 하였으나, 많은 수행자들이 찾아와서 강의를 청하였다. 이에 응하여 먼저《성실론》과《반야경般若經》을 설하게 되었으며, 이때부터 전법傳法을 시작하여 이름이 널리 알려졌다.

이 때 남북조南北朝로 갈라져 있던 중국은 수나라에 의하여 통일되었는데, 진나라의 수도인 양도揚都에서 전쟁포로로 붙잡혔다가 풀려나 장안의 흥선사興善寺로 갔다.

그곳에서는 ≪섭대승론攝大乘論≫에 대한 연구가 크게 일어나고 있었는데, 그는 거기에서 섭론종攝論宗의 논서들을 연구하였다. 이때 그는 이미 중국 불교계에 이름이 널리 알려져 있었고, 설법은 항상 관심의 대상이 되었다. 신라에서는 이 소식을 듣고 귀국을 자주 청하였으므로 수나라 왕은 이를 허락하였다.

600년에 조빙사朝聘使 나마제문奈麻諸文과 대사횡천大舍橫川을 따라 귀국하여 유학 전에 머물렀던 삼기산에 머물면서 임금과 신하들의 두터운 존경을 받으며 대승경전을 강의하였다.

그 뒤 가실사加悉寺에 머물렀는데, 이 때 귀산貴山과 추항箒項이 찾아와서 계명誡銘을 구하였다. 원광은 그들에게

"불교에는 보살십계가 있지만 신하된 몸으로 능히 지키기 어려우므로 이제 세속오계를 주는 것이니, 첫째 임금에게 충성을 다하고, 둘째 부모에게 효도를 다하고, 셋째 친구와 믿음으로 사귀고, 넷째 싸움에 나아가 물러서지 말고, 다섯째 살생을 가려서 하라."

고 당부하였다. 이 세속오계는 뒤에 화랑의 실천 덕목이 되어 신라가 삼국을 통일하게 되는데 정신적인 큰 계기를 마련하여주었다.

특히, 살생은 불교이념에 위배되는 조항이지만, 당시 고구려의 끊임없는 침략을 받고 백제와 항쟁을 계속하던 신라사회로서는 필요불가결한 행동윤리가 요청되었으며, 이에 따른 그의 현실주의적 불교관의 일단면을 나타내는 것이 되고 있다.

608년에는 고구려와 백제의 끊임없는 침입을 걱정한 왕이 수나라가 군사를 내어 고구려를 쳐달라는 글을 지어줄 것을 그에게 요청하였다. 이에 <걸사표乞師表>를 지어 수나라 양제煬帝에게 보냈는데, 양제는 30만 군사를

거느리고 친히 고구려를 정벌하러 왔다. 왕의 명을 받았을 때

"자신의 생존을 위하여 남을 없애려는 것은 중이 할 바가 못 되지만, 왕의 땅에 살면서 그 물과 풀을 먹고 있으니 어찌 감히 명을 받들지 않으리요."

하며 <걸사표>를 지었다고 한다.

613년 수나라의 사신 왕세의王世儀가 왔을 때 황룡사皇龍寺에서 인왕백고좌仁王百高座 법회가 개최되었는데, 이때 최상석에서 법회를 주관하였다. 또한, 왕이 병이 들어 의약으로 고칠 수 없을 때에는 법설을 하고 계를 주어 참회하게 함으로써 병을 치유하였다. 그리고 불교를 깊이 이해하지 못한 사람들은 수계授戒 참회의 법으로써 깨우치고자 가서사嘉栖寺에서 점찰법회占察法會를 정기적으로 베풀 기금[寶]을 마련하였다. 입적한 나이에 대해서는 99세와 84세의 두 가지 설이 있으나, 일반적으로 84세설을 채택하고 있다.

원광의 역사적 위치는 시대를 배경하여 살펴볼 때 크게 세 가지 점으로 요약된다.

첫째, 그는 신라의 승려로서 대승불교를 깊이 연구하고 그것을 신라에서 강의한 최초의 학승이었다. 저술로 ≪여래장경사기如來藏經私記≫ 3권과 ≪여래장경소如來藏經疏≫ 1권 등이 있었다는 것으로 보아 여래장 사상에 대한 조예가 깊었음을 알 수 있으며, 우리나라 최초의 여래장 사상가로 평가되고 있다.

둘째, 불교의 토착화에 크게 노력하였다. 재앙을 쫓고 병을 고치는 주술이 커다란 힘을 가지고 있는 것으로 인시고디었던 당시의 주술을 불교의 수계와 멸참滅懺의 법으로 대치시킴으로써 불교의 토착화를 꾀하였다. 가서사에 점찰보占察寶를 두고, 임금의 병을 수계·멸참으로 치료한 것 등이 그 일례이다.

셋째, 불교뿐만 아니라 유교에도 깊은 소양을 쌓아 국가 발전에 크게 기여하였다. 귀산·추항 두 사람에게 세속오계를 주고, 진평왕의 명을 받아 <걸

사표>를 쓴 것 등이 그러한 면을 입증하고 있다.

≪삼국유사≫에는 그의 부도가 명활성의 서쪽에 있는 삼기산 금곡사에 있다고 하였는데, 현재 금곡 사지에 있는 폐탑이 그의 부도라는 설도 있다. 제자로는 원안圓安이 있다.

품석 品釋

?~642년(선덕여왕 11) 벼슬은 무장武將으로 성은 김金. 김춘추金春秋(태종무열왕太宗武烈王)의 사위. 이찬伊湌으로 대야성大耶城(합천陝川) 도독都督이 되어, 사지舍知 검일黔日의 처를 빼앗았다.

642년(선덕여왕 11) 윤충允充이 거느린 백제군이 대야성을 공격해 오자 원한을 품고 있던 검일이 적에 내응, 성내의 창고에 불을 질러 성이 함락의 위기에 처하게 되었다. 이에 항복하면 죽이지 않겠다는 윤충의 약속을 믿고, 먼저 군사들을 성 밖으로 내보냈으나 복병伏兵에 의해서 전멸되자, 윤충의 약속이 거짓임을 알고 성내에서 처자를 죽이고 자결했다.

647년(진덕여왕 1) 김유신金庾信이 대야성 설욕전에서 얻은 백제의 포로 8백명과 교환되어 그의 처자의 백골과 함께 신라에 환장還葬되었다.

견부자마려 堅部子麻呂

신라新羅 선덕여왕善德女王 때 화공畵工. 일본日本에서 귀화하여 648년(진덕여왕 2) 일본 고오도꾸 천황孝德天皇의 명으로 부처보살상佛菩薩像을 그려서 셍겐사川原寺에 모셨다.

선덕여왕 시대의 세계동향

▶ 동양

중국의 당나라는 당 태종이 중원을 통일하고 돌궐 및 거란 등을 무너뜨리고 토번 등 외방 세력의 조공을 받는다. 동북쪽으로 세력을 확대하여 고구려를 압박하여 전쟁을 치르기도 한다.

▶ 서양

서양에선 사라센 제국이 무섭게 성장하고 있었다.
사라센은 아라비아를 통일하는 한편, 페르시아군을 격파하여 사산 왕조를 멸망시켰다. 사라센은 알렉산드리아를 점령하고, 아프리카 북부 해안으로 진출한다.

선덕여왕릉

지혜로운 덕은 요망한 것을 이기나니

"내가 아무 해 아무 달 아무 날 죽을 것인즉 나를 도리천忉利天 가운데 장사하라"

선덕여왕善德女王이 아무런 병도 앓지 않을 때에 여러 신하들에게 말하자

"도리천이 어디옵니까?"

하고 물었다. 이에 여왕은

"낭산 남쪽이니라."

하고 대답했다.

 부왕 진평왕眞平王이 50년이 넘도록 왕위에 계시다가 아들 없이 돌아가시
자 나라 사람들이 총명하고 덕이 있는 맏공주 덕만德曼(또는 德萬)을 왕으로
추대하고 '성조황고'라는 칭호를 붙였으니 서기 632년이었다.
 16년이나 어려운 나라 살림살이를 슬기롭게 꾸려나가며 역사에 남을 큰
일들을 하다가 647년 정월 초여드렛날 돌아가시니 유언에 따라 낭산 남쪽
등성이에 장사했는데, 지금도 왕의 능은 우거진 소나무 숲속에 고즈넉이
자리잡고 있다.
 낭산狼山은 경주평야 동쪽에 남북으로 길게 이리[낭狼]가 엎드려 있는 생김
새와 같이 허리 부분이 잘록한 높이 115m의 야트막한 산이다.
 일찍이 신라 18대 실성이사금 12년(413) 8월 이 산에 구름이 일어났는데,
그 모양새가 누각樓閣같이 보이고 향기로운 내음이 진하게 퍼지면서 오랫
동안 사그라지지 않았다. 임금이 말하기를

"이는 반드시 하늘에서 선령仙靈이 내려와서 노는 것이니 그곳은 응당 복된 땅[복
지福地]일 것이다. 앞으로는 누구든지 이 산의 나무를 베지 말도록 하라."

고 하였다.
 이후 낭산은 서라벌의 진산鎭山으로서 나라에서 삼산三山의 하나로 삼아
산천에 큰 제사를 지내는 신성한 곳으로 삼았다. 지금도 낭산 동쪽에 웃강
선降仙(마을사람들은 '강성이'라 부른다)·아랫강선이란 마을이 있으니 그 명칭이
이어져 내려온 흔적임을 알 수 있다.
 유언에 따라 낭산 등성이에 능을 만들 때는 왜 거기가 도리천인지 아무도
알지 못했다.
 그런데 여왕이 돌아가신지 30년이 지난 문무왕 때의 일이었다. 신라는 당
나라의 힘을 빌어 삼국을 통일하였으나 당나라는 백제·고구려 땅을 차지하
고는 신라마저도 집어 삼키려 들었다. 이런 당나라 군사를 몰아내기 위해

낭산 남쪽 기슭 신유림神遊林이라는 곳에 사천왕사四天王寺를 지었다. 불경에 말하기를 '사천왕이 거처하는 사천왕四天王 위에 도리천이 있다.' 했으니 그때서야 낭산 봉우리를 도리천이라 한 까닭을 알았다.

이것은 여왕이 미리 알아 맞힌 세 가지 일[지기삼사知幾三事] 가운데 하나이다.

646년(선덕여왕 15) 동짓달에 상대등이라는 최고 관직에 임명된 비담毗曇이 염종廉宗 등과 반란을 일으켰다. 여자임금으로서는 나라를 다스릴 수 없다는 명분으로 서라벌 동쪽 명활성을 근거지로 삼아 군사들을 부추겼다.

반란군과 월성月城을 지키는 왕의 호위군사가 충돌하여 치열한 공방전이 10여 일이나 벌어졌다. 그러던 정월 병진날 밤에 큰 별이 월성에 떨어졌다. 몇 년전 첨성대를 쌓기도 하여 별들의 움직임이 나라의 운명에 깊이 관계가 있다고 믿고 있었으므로 백성들 사이에는 이제 하늘은 여왕을 버리고 반란군을 돕는 것이라는 소문이 퍼졌고 반란군 대장 비담은

"내 들건데 별이 떨어지는 곳에서 반드시 유혈이 있다고 하니 이는 반드시 여왕이 패망할 징조다."

하며 사기를 돋우었다. 반란 군사들이 그 말소리를 따라 외쳐대니 천지가 떠나갈 듯 하였다. 여왕은 이 소문을 듣고 매우 두려워하여 어찌할 바를 모르는데, 김유신이 여쭙기를

"좋고 나쁜 것은 오로지 사람들이 생각하기 나름입니다. 지혜로운 덕이 요망한 것을 이긴다는 믿음으로, 별의 이변 같은 것을 두려워만 할 것이 아니라 적절히 대처하면 될 것이오니 가히 두려워하지 마옵소서."

하고는 밤에 허수아비를 만든 다음 큰 연鳶에 매어 불을 붙여 바람에 따라 띄우니 불덩이가 하늘로 날아 올라가는 것과 같았다.

이튿날 유신은 사람들을 시켜 길가에서 소문을 퍼뜨리기를

"그제께 밤에 떨어졌던 별이 간밤에 도로 하늘로 올라갔다!"

하여 반란군들로 하여금 의구심을 가지게 하고, 월성에서는 여왕을 모시고 백마를 잡아 제사를 지내며 축문을 지어 말하기를

"하늘이 있고 땅이 있듯이 임금이 있고 신하가 있는 법인데 이 도리를 어긴다면 음양이 뒤바뀌어 혼란이 일어납니다. 지금 비담 등이 반역을 하여 아래로부터 위를 침범하려드니 이는 도리에 어긋난 일입니다. 천지신명이시여! 굽어 살피소서."

하였다.

이에 유신은 군사를 독려하여 반란군을 공격하니 비담 등이 사기가 떨어져서 달아났다. 이를 추격하여 잡아 죽이므로 왕의 위엄을 되살렸다.

그런데 이 와중인 정월 초여드렛날 여왕이 돌아가셨다. 진평왕과 왕비 김씨 마야摩耶부인 사이에 맏딸로 태어난 덕만공주는 성품이 너그럽고 이해심이 많았으며 사리에 밝고 민첩하였다. 그의 판단력이 뛰어나고 명석하였다는 증거로는 모란꽃에 얽힌 이야기가 유명하다.

≪삼국사기≫에는 이렇게 적혀 있다.

진평왕 때에 당나라에서 모란꽃 그림과 그 씨앗을 보내왔으므로 왕이 덕만공주에게 보이니

"이 꽃은 비록 아름다우나 반드시 향기가 없겠나이다."

하므로 왕이 웃으며

"네가 어떻게 그런 줄을 아느냐?"

하고 묻자 공주는 주저없이

"이 꽃 그림을 보니 벌·나비가 없습니다. 여자가 아름다우면 남자들이 따르는 법이고 꽃에 향기가 있으면 벌과 나비가 모이는 법이 아닙니까? 이 꽃은 아름답기는 하나 그림에 벌 나비가 없으니 그로 말미암아 향기가 없음을 알겠나이다."

하였는데 그 씨앗을 심었더니 과연 공주의 말과 같았다.

같은 줄거리의 이야기가 ≪삼국유사≫에는 조금 다르게 기록되었으니

당태종이 붉은빛·자주빛·흰빛 세 가지 빛깔의 모란꽃 그림과 그 꽃씨 석 되를 보냈는데 선덕여왕(여기서는 왕이 된 뒤의 일로 기록되었다.)이 꽃 그림을 보고

"이 꽃은 필시 향기가 없을 것이다."

하면서 이내 뜰에 심으라 명령하고 그 꽃이 피고 지는 것을 기다려 보았더니 과연 왕의 말고 같았다. 당시 신하들이

"어떻게 그런 줄 알았습니까?"

하고 물으니

"꽃을 그렸는데 나비가 없으니 향기가 없다는 것을 알 수 있는 것이다. 이는 바로 당나라 임금이 내가 혼자 지내는 것을 조롱하는 것이다."

고 하였다.
그런데 ≪삼국유사≫ 왕력편에는 '왕의 배필은 음갈문왕飮葛文王이다'고

하였으므로 학자들 간에는 선덕여왕의 남편이 있었느니 없었느니 왈가왈부한다.

선덕여왕과 관련된 또 다른 이야기 한 토막이다.

한겨울이었다. 영묘사靈廟寺에 있는 옥문지玉門池라는 못에서 난데없이 개구리들이 때를 지어 모여 3∼4일이나 시끄럽게 울어댔다.
나라 사람들이 이것을 괴이하게 여기고 왕에게 물었더니 왕은 서둘러 각간 알천閼川·필탄弼呑 두 장군을 불러 이르기를

"장군들은 빨리 정예군사 2천 명을 뽑아 서쪽 교외로 나가 여근곡女根谷을 찾아가면 반드시 적병이 있을 터이니 그들을 습격하여 죽이시오!"

하였다. 명령을 받은 두 장군은 각각 군사 1천 명씩을 데리고 서쪽 교외로 가서 여근곡을 물으니 부산富山 아래였다. 그곳에 관연 백제 군사가 와서 숨어 있으므로 급습을 하여 한꺼번에 다 죽였는데 500명이나 되었다.

백제장군 우소亏召는 남산 고개 위 바위 뒤에 숨었는데 포위하여 쏘아 죽였다. 또 후원해 온 군사 1,200명도 습격하여 한 사람 남김없이 모두 죽였다.
이 일이 있은 후 신하들이 왕에게 개구리 사건을 어떻게 알아 맞추셨느냐고 물었더니

"개구리가 성낸 형상은 병사의 상相이다. 옥문玉門이란 것은 여근女根과 같은 말이고, 여자는 음양陰陽으로 보면 음인데, 그 빛깔은 백색白色이다. 백색은 방위로 치자면 서西쪽이다. 그래서 적병이 서쪽 옥문과 같은 지형에 침범한 것을 알았다. 남근男根이 여근에 들어 가면 반드시 죽는 법이니 그래서 쉽게 무찌를 줄 알았다."

고 하여 여왕이 미리 알아맞힌 3가지 일 가운데 하나로 전해온다.

백제 군사가 숨어 있었다는 바로 그 여근곡이란 묘하게 생긴 곳이 경주시 건천읍 신평 2리에 있다. 건천과 야화 들판 남쪽인데 '주사산朱砂山' 또는 '오봉산五峰山'이라는 산의 북쪽 비탈로 부산성富山城 아래가 된다. 지방사람들은 점잖은 말로 '소문산小門山' 또는 '소산小山'이라고 부른다.

조선시대에는 경주에 부임해 오는 고급관리들이 이 앞으로 지나오는 것을 꺼려하여 영천에서 시틧재[시령柴嶺 또는 여현礪峴]를 넘어 안강을 거쳐왔다가 퇴임해 갈 때는 그 모양새나 한 번 보자 하고 구경하며 가기도 했다.

조선시대의 유명한 학자 점필제佔畢齊 김종직金宗直은 이 여근곡女根谷을 보고 시를 남기기도 했다.

옅은 골짝이니 적병 어이 숨으랴,
옥문이라 천 년 두고 희롱하는 이름이여.
백성들 '지기삼사知幾三事' 다투어 일컬어
공연히 장상將相들이 길을 피해 가게 하네.

또 한 번은 선덕여왕이 영묘사를 행차할 때였다. 김용춘金龍春 등을 각 고을에 보내어 홀아비, 과부, 고아, 의지할 곳 없는 늙은 이들을 위로하게 하고 구제한 뒤였다.

이 절은 독자적인 연호를 인평仁平으로 새로 정한 다음 해(635년)에 낙성한 절이기도 하다. 절 이름은 고구려와 백제, 때로는 왜구들의 침략에 맞서 나라를 지키기 위하여 있는 힘을 다하다가 꽃다운 젊은 목숨을 바친 호국 영령英靈들의 넋을 기리기 위한 사당祠堂으로 세운 절이기에 영묘사靈廟寺(혹은 靈妙寺)라고 이름지은 것이다.

절은 월성 궁궐 앞에서 서쪽으로 고요히 흘러 내리는 모래내[사천砂川, 일면 남천]의 끄트머리, 넓은 웅덩이를 메꾸고 지었다.

낙성한 다음해(636)에는 이 절의 옥문지玉門池 못에서 한 겨울에 개구리 떼가 모여 울어, 서쪽 여근곡女根谷에 적군이 침범한 것을 암시해 주었고, 이를 알아차린 왕이 알천장군 등을 보내 적을 섬멸하게 하였으니, 나라에서는 매우 중요하게 여긴 절이었고 임금의 행차도 잦았다.

 어느 날 이 절 남문 밖에 몸이 바싹 마르고 눈은 퀭한 한 청년이 임금의 수레를 넋 나간 듯이 바라보고 있었다. 왕이 주위 사람들에게 웬 젊은이냐고 물으니

"활리열活里驛에 일하는 지귀志鬼라는 사람인데 임금님을 존경한 나머지 사모하게 되어 정신나간 사람 모양이 되어 저렇습니다. 거기다가 감히 임금님의 용안을 가까이서 뵙고자 안달하더니 오늘은 기어코 여기에 나타난 것이옵니다."

하고 아뢰었다.

"쯧쯧! 안 되었구나. 이런 안타까운 일이 있나. 짐이 분향하고 나올 때 한 번 만나보도록 할테니 기다리라고 하였라."

분부하시고는 법당 안으로 들어가 영혼들의 명복을 빌면서 재를 올리고 향불을 피웠다.

 한편 기다리라는 임금님의 분부를 전해들은 지귀는 너무나 감격하여 목탑木塔 양지 쪽에 앉아 꿈이 실현되는 순간을 기다리다가 그만 깜빡 잠이 들었다. 단꿈을 꾸고 있는 그의 얼굴 표정은 행복에겨운 만족함, 바로 그것이었다.

 이윽고 분향을 마치고 나온 임금님은 행복한 모습으로 곤히 잠든 지귀의 모습을 내려보다가, 팔에 끼고 있던 팔찌를 끌러 살며시 청년의 가슴 위에 얹어주고는 궁궐로 향했다.

 꿈에서 깨어난 지귀는 가히 이지理知로는 억제할 수 없었던 감정으로 사모한 여자 지엄하신 나랏님의 손수 몸에 지니시던 팔찌를 얹어준 벅찬 감격과 함께 가까이서 볼 수 있는 절호의 기회를 놓친 회한이 뒤엉켜 가슴이 뛰고 정신이 아찔해졌다.

 그 순간 마음의 불인 심화心火가 활활 이는가 했더니 그것은 현실의 불인

화마火魔가 되어 몸을 태우고 탑을 태우기 시작했다.

궁에서 이 소문을 들은 왕은 술사術師에게 명하여 불길을 잡도록 하는 글귀인 주문呪文을 짓게 하였으니

지귀 마음 속 불이,
몸을 태워 불귀신 되었네.
먼 바다 밖으로 흘러 가다오,
안 보면 친할 마음 생기지 않으리

그 후로는 집마다 이 글을 문 위에나 벽에 붙여 두면 화재를 누른다고 여겼다.

불이 나기 사흘 전이었다.

보통 사람이 이해할 수 없는 기이한 일들을 곧잘 하는 혜공惠空스님이 새끼를 둘둘 말아 들고 영묘사에 들어와 금당과 불경을 모셔둔 다락인 경루남문·문간채에 둘러가며 매어 좋고 주지에게

"이 새끼줄을 사흘 뒤에 걷으시오."

하고 부탁하므로 이상하게 여기면서 그대로 두었다.

그런데 바로 사흘째 되는 날 지귀의 심화心火가 목탑을 태웠는데 금당 등 새끼를 두른 곳만은 불이 붙지 않았다.

국립경주박물관에 진열되어 있는 기와무늬 가운데 '사람얼굴 모양'이 한 개 있다. 이 기와가 출토된 곳이 바로 영묘사터다. 양지良志스님이 영묘사의 장육삼존상이며 천왕상과 지붕의 기와를 흙으로 빚어 만들었으니, 어쩌면 이 기와도 양지 스님이 만들었는지 모른다. 지금 14cm 밖에 안 되고 일부는 깨어지긴 했지만 눈의 표정, 입술모습, 입가의 근육 등에서 잔잔한 미소를 느낀다.

마음이 즐겁고 기쁘면 겉으로 드러나 웃음이 되는 것이니, 천성이 아름다운 사람은 이런 미소가 얼굴에 배어나온다. 나는 이 기와를 보면서 혹시나 양지스님이 선덕여왕의 자비롭고 부드러운 마음씨를 형상으로 나타낸 것이 아닐까 하고 생각해 본다.

여왕께서는 일찍이 어려운 일을 당해서는 옹골차게 대처하고, 어리석은 백성을 대할 때는 어머니같이 인자하게 마음 쓰신 임금이시다. 남자 중의 남자 알천·김춘추·김유신 같은 장군들에게 분부를 내릴 때는 추상처럼 명령을 내리고, 보잘 것 없는 역졸이 번민에 빠져 곤혹스러워 할 때는 몸에 지닌 장신구도 빼어 가슴 위에 얹어주는 섬세하고 다정다감한 여왕이시다.

이런 것이 조형물로 나타난 것이 있으니 바로 첨성대다. 건축미로 볼 때 첨성대는 조화를 잘 이루는 건축물이다. 직선은 딱딱하고 강하게 느껴지기 마련이고 곡선은 부드럽지만 힘이 약하다.
선덕여왕 때 만들어진 높이 10m의 첨성대는 기단이 네모나고 직선이다. 위로 올라가면서 안으로 굽은 곡선은 부드럽게 느껴지다가 위쪽은 직선이다. 맨 위에는 직선으로 된 네모난 돌이 얹혀 있어 자칫하면 힘없이 싱겁게 끝날 마무리를 힘차게 마감했다.
그냥 직선과 곡선이 뒤섞이면 조화가 깨어져 생소한 느낌이 드는데, 첨성대는 벽돌처럼 다듬은 27층의 층단이 옆으로 이어지는 선이, 눈높이에서는 직선이다가 위로 올라갈수록 차츰차츰 더 휘어지는 곡선을 이루니 이것이야말로 절묘한 선의 어우러짐이다. 벽돌의 개수가 1년의 날수와 같다든지, 건축 디자인이 기하학적으로 설계되었으니 하는 것은 제쳐두고라도 눈에 보이는 현상에서 우리는 당시의 미적 안목 나아가서는 조화로운 생활상을 엿볼 수 있다.
금장대 부근에서 발견된 손바닥만한 돌에 글이 새겨져 있으니 이름하여 '임신서기석壬申誓記石'이다. 임신壬申년에 신라의 어느 두 청년이 맹세한 글을 새긴 것인데 '3년은 학문을 닦아 인격을 도야하고, 3년은 무술을 연마해

나라에 어려움이 있을 때 나아가 충성을 다하겠다.'는 약속을 하늘에 맹세한 글이다.

부드러운 덕과 강한 힘을 기르겠다는 신라 젊은이들의 마음가짐이 잘 나타나있다. '임신서기석'에 나타난 이런 정신이 바로, 약한 신라가 삼국을 통일한 밑바탕이 된 것이다.

그렇다면 이 첨성대야말로 강한 힘과 부드러움이 묘하게 조화를 이루는 건축물이다.

어떤 사람은 첨성대 모양이 여자의 허리와 같이 생겼으니 바로 선덕여왕 때 만든 것이기 때문이라고도 한다.

선덕여왕은 632년에 즉위하여 647년에 돌아가실 때까지 16년간 재위하면서 많은 업적을 쌓았다. 그 가운데 두드러지게 눈에 띄는 것만 몇 가지 들어본다면, 첨성대를 쌓은 것, 분황사를 지은 것, 영묘사를 세운 것, 황룡사 9층 목탑을 세운 것 등이다.

높이 80m쯤(225자) 된 황룡사의 9층목탑은 '기러기 날아가듯' 많은 서라벌의 불탑 가운데서도 단연 우뚝한 탑으로서, 신라의 세 가지 보물인 삼보 三寶 가운데 하나로 꼽았다.

신라 3보는 진평왕의 천사옥대, 황룡사 장육존불, 황룡사 9층목탑이었다.

고구려왕이 신라를 정벌하려다가 '신라에는 3보가 있어 감히 쳐부술 수 없다.'하여 계획을 취소한 적도 있을 만큼, 대단한 위력을 지닌 보물들이었다.

553년(진흥왕 14년)에 월성 동쪽에 새로 궁을 지으려 하였더니 누런 빛의 용이 나타났으므로, 이상히 여겨 절을 짓게 한 것이 황룡사黃龍寺(혹은 皇龍寺)였다. 566년(진흥왕 30년)에는 주위에 담장 공사가 완성되었으나 주요건물들은 미완성이었다. 574년(진흥왕 35년)에 이르러 본존인 금동장육상이 완성되었고, 그 후 643년(선덕여왕 12년)에 이르러서야 탑이 착공되어 2년 후에 완성되었으니 비로소 황룡사는 완공된 것이다.

636년(선덕여왕 5)에 당으로 유학갔던 자장법사磁場法師가 중국 오대산에서 문수보살로부터 불교 이치를 전수받았다. 그때 문수보살이 말하기를

"너희 나라 왕은 바로 천축(인도)의 찰리종왕刹利種王인데, 일찍이 불기佛記를 받았으므로 별다른 인연이 있으니, 다른 오랑캐 무리와는 같지 않다. 그러나 산천이 험준하므로 사람들이 성품이 거칠고, 사도邪道를 많이 믿어서 때로는 하늘이 재앙을 내리기도 하였으나, 훌륭한 중들이 나라 안에 있기 때문에 임금과 신하들이 평안하고 모든 백성들이 화평한 것이다."

하고는 말을 마치자 사라지니, 자장은 이것이 바로 보살의 화신임을 알고 감격하면서 물러나왔다.

한 번은 자장법사가 태화지太和池 못둑을 지나는데 홀연히 신령한 사람이 나와 묻기를

"무엇하러 여기까지 왔는가?"

하였다.

자장이 대답하여

"불교를 체득하러 왔습니다."

하니 다시 묻기를

"너희 나라에서 가장 어려운 일이 무엇인가?"

하였다. 자장이 말하기를

"우리나라는 북으로 말갈, 남으로 왜국과 이웃하고 있으며, 고구려·백제 두 나라가

번갈아 국경을 침범하고 이웃나라 적들이 분탕질을 일삼으니 이것이 바로 백성들의 고통입니다."

하였다.
신령한 사람이 이르기를

"지금 너희 나라는 여자로써 임금을 삼았기 때문에 덕은 있으나 위엄이 없으므로 이웃나라들이 업신여겨 보고 해치려 하니 빨리 본국으로 돌아가야 한다."

고 하였다.
다시 자장이 묻기를

"고국에 돌아가 무엇을 하면 나라에 득이 되겠습니까?"
"황룡사 호룡법護法龍은 바로 내 맏아들이다. 범천梵天의 명령을 받고 가서 그 절을 수호하고 있으니 본국으로 돌아가 절 가운데 9층탑을 세우면 이웃나라들이 항복을 하고, 아홉 나라들이 와서 조공 할 것이며 왕위가 길이 평안하리라. 탑을 세운 후에는 팔관회를 베풀고 죄인들을 석방하면 외국의 적들이 해칠 수 없을 것이다."

하고 말을 마치자 홀연히 간 곳이 없어졌다.
643년(선덕여왕 12년) 당나라에서 귀국한 자장법사는 국왕에게 탑 세울 사연을 아뢰니, 선덕여왕이 여러 신하들과 의논하였다. 여러 신하들이 말하기를

"백제로부터 공장工匠이를 초빙하여야만 비로소 탑을 세울 수 있습니다."

하였다.
이리하여 보물과 폐백을 가지고 백제로 가서 공장이를 초청하였다. 아비지阿非知라는 장인이 명령을 받고 와 공사를 맡았다.
김용춘金龍春이 주관하여 여러 분야의 공장이 200명을 거느리고 일을 하였

는데, 용춘은 선덕여왕의 5촌 종숙아저씨로, 아버지 진평왕과 사촌형제고, 25대 진지왕의 아들이자 춘추의 아버지로, 신라 17관등의 2등급인 이찬伊飡(혹은 이우伊于)이었다.

탑의 중심되는 기둥을 세우려던 전날 밤이었다. 아비지의 꿈에 조국 백제가 망하는 모습을 보고 그는 번민이 일어 일이 손에 잡히지 않아 공사를 중단하고 있었다. 그러자 홀연히 땅이 진동하면서 하늘이 컴컴해지더니 웬 늙은 중과 건장한 장사가 금전문金殿門으로부터 나오더니 기둥을 번쩍 들어 세우고는 둘 다 함께 간 곳이 없어졌다. 아비지는 조국에 대한 걱정보다는 탑 건립에 온 정성을 다 바치기로 작정하고 공사를 진행하였다. 그리하여 2년여 만인 645년(선덕여왕 14년) 봄 3월에 이 탑이 완성되었다.

그 후 698년(32대 효소왕 7년)에 벼락을 맞아 허물어진 것을, 720년(선덕여왕 19년)에 고쳐 세웠으며 868년(48대 경문왕 8년)에 두 번째 벼락을 맞은 것을 다음해 정월에 세 번째로 세웠다.

신라가 망한 뒤에도 황룡사탑은 건제하다가, 953년(고려 광종 4년)에 세 번째 벼락을 맞아 1021년(고려 현종 13년)에 네 번째로 세웠으며, 1035년(고려 정종 1년)에 네 번째 벼락을 맞아 1064년(고려 문종 18년)에 다섯 번째로 세웠고, 1095년(고려 헌종 말년)에 다섯 번째 벼락을 맞아 1096년 다음 왕 고려 숙종 1년에 여섯 번째로 다시 세웠는데, 그만 1238년(고려 고종 25년) 윤 4월에 몽고군들이 이 소중한 탑을 불태워 버렸다.

지금은 가로 세로 각 22.2m 길이에 8개씩의 주춧돌들이 가지런히 남아 있는 64개 초석 가운데에 심초석心礎石이 장중하게 버티고 있다.

1964년 12월 한겨울에 도굴꾼들이 이 심초석을 잭Jack으로 들어 올리고 그 안에 있던 사리장엄구를 훔쳤다.

1976년부터 7년에 걸쳐 황룡사터 발굴조사를 하였는데, 목탑의 심초석 아래쪽에 탑을 맨 처음 세울 때, 땅의 기운을 눌러 탑의 안전을 비는 의미에서 기초를 다지면서 의식을 거행하고, 봉안해 묻어둔 물건들이 발견되었다. 이것을 지진구地鎭具라고 하는데 항아리·귀걸이·여러 가지 옥·허리띠·팔찌·칼·가위·바늘통 등인데, 그 중에는 여자와 관련되는 물건들이 많아 선덕여왕이 지극한 정성으로 넣을 것으로 추정된다.

● 월성군 여근곡女根谷

누워있는 여자의 국부처럼 생긴 지형

경북 월성군 건천읍 신평리 오봉산 골짜기에 여공골(여근곡)과 오미기(옥문지玉門池)라는 곳이 있다. 여근곡은 지형이 누워있는 여자의 국부局部처럼 생겼으며 그 아래에 있는 연못은 옥문지라고 하는데, 인근 사람들이 ○○산이라 부르기 때문에 붙여진 이름이다.

신라 선덕여왕 때에 겨울인데도 이 연못에서 개구리들이 울어대므로 신하들이 여왕께 이를 아뢰자 여왕은 각간 알천과 필탄이라는 두 장수에게 군사 2천 명을 주어 여근곡에 숨어있는 백제 군사5백 명을 무찌르도록 하였다. 군사들이 적을 무찌르고 돌아오니 신하들이 여왕께 어떻게 이것을 알 수 있었는지 물었다.

여왕이 말하기를

"개구리는 눈이 불거져 있어 성난 군대를 상징하고 옥문은 즉 여근女根으로 음陰에 속하므로 흰 것을 뜻하며, 흰 것은 서쪽을 상징하는데 남근男根은 여근에 들어가면 반드시 죽으므로 그들을 잡을 수 있음을 알았느니라"

고 하였다. 이 이야기는 나비가 없는 모란꽃의 향기 없음과 자신의 임종을 예언한 것과 함께 선덕여왕의 뛰어난 지혜 세 가지로 꼽히는 것으로 ≪삼국유사≫에 실려 있다.

* 여근곡이 있는 산을 소산小山 또는 소문산小門山이라 하며 그 들판을 섶들

이라 하는데 '소문', '섶' 등의 이름도 모두 여자의 국부를 뜻하는 이름이라 고 한다.

● 사천왕사터

이리뫼에 세운 절

경주역에서 남동쪽으로 울산 가는 국도를 따라 4km 쯤의 곳. 경주시 배반 동에 사천왕사터가 있다. 역 건너편 시내버스 정류소에서 불국사 가는 차를 타고 가다가 국도와 통일전으로 가는 길이 갈라지는 삼거리에서 내린다.

도로 북쪽에 남북으로 길게 누에고치를 반으로 자른 모양을 하여 엎어 놓은 것처럼 가운데가 잘록한, 높이 104m의 야트막한 산이 낭산狼山(이리뫼) 이다.

예부터 신령스러운 곳으로 여겨져 오다가 신라 18대 실성이사금은 서기 413년 이곳의 나무 베는 것을 금지하도록 했다.

그 후 선덕여왕은 살아생전에 신하들에게 이르기를

"내가 어느 날 죽을 것인즉, 도리천에 장사지내라."

하여 모두 알지 못하여 어딘지 물었더니 낭산의 남쪽이라 하였다. 과연 미리 알아 맞춘 세 가지 일[지기삼사知幾三事] 가운데 하나로 유명한 이야기가 되었다. 이것은 불교에서 부처님 나라를 말할 때 인간세상의 위에 사왕천四 王天이 있고 그 위에 도리천이라는 곳이 있다는 데서 나온 것이다.

사천왕사四天王寺는 어떤 절이었던가?

신라는 당의 힘을 빌어 백제와 고구려를 우울러 싸움 없이 평화스런 세상 을 바랬지만, 당나라는 다른 꿍심(속마음)이 있어 웅진도독부·안동도호부를 두고는 신라마저 집어삼키려 들었다. 이에 문무왕은 당군을 공격하여 몰아

붙이니 당 고종은 그때 자기 나라에 머물고 있던 신라왕의 아우 김인문金仁 間을 불러

"너희가 우리 군사를 청하여 고구려를 없애고는 도리어 해치니 이것이 무엇이냐!"

하며 꾸짖고는 옥에 가두고, 군사를 훈련하여 신라를 치려했다. 이때 의상 법사가 당에 유학하면서 인문을 찾아 갔더니 그 일을 일러 주었다. 의상이 급히 신라로 돌아와 임금께 아뢰니 왕이 크게 걱정하여 신하들을 모아 놓고 어찌해야 좋을 것인가를 의논하였다. 각간 김천존이

"요즘 명랑법사가 있어 용궁에 들어가 신비한 법(비법)을 전하여 왔다 하니 그를 불러 물어보는 것이 좋겠습니다."

하여 명랑 스님을 부르니

"낭산 남쪽에 신유림이 있으니 그곳에 사천왕사를 지어 불공을 드리면 되겠습니다."

하는데 서해 바닷가에서 사람이 급히 와서 아뢰기를

"당나라 군사가 수 없이 배를 타고 몰려와 바다 위에 오락가락 합니다."

라고 전한다.
임금이 번사에게

"일이 급하게 되었으니 어찌해야 하나?"

하므로 우서 물을 들인 비단으로 임시로 절을 짓고, 풀로써 오방신장을 얽

어매고, 명랑이 우두머리가 되고, 스님 열 둘이 문두루비법을 펴니, 황해 바다가 갑자기 집채만 한 파도가 일어 당나라 배가 모두 물에 빠져버렸다. 그런 뒤에 절을 세워 사천왕사라고 했다.

부처님의 힘을 빌어 외적을 물리쳐 나라를 평안하게 지키려는 절이었는데, 이제 와서는 빈터만 남게 되었다. 다행히 두 곳의 목탑터와 금당자리의 주춧돌이 고스란히 남아 있고, '사천왕사四天王寺'라고 새겨진 기왓장이며 화려한 꽃무늬가 아로새겨진 벽돌과 함께 힘차고 늠름한 모습의 훌륭한 사천왕상이 발견되기도 했다.

그런데 일본이 우리 땅을 떡 주무르듯 하던 때, 동해 남부선 철도를 내면서 이 절터의 금당과 강당 사이를 잘라 철가치(철로)를 놓았고, 절터 앞에 바싹 붙여 국도를 내었으니 지금 4차선으로 넓힌 길가에서 3m 밖에 안 되는 곳에 머리 떨어진 돌 거북 두 마리와 당간지주가 서있는 우스운 꼴이 되었다. 교활한 일제가 우리의 혼을 빼고, 우리 문화유산이 망가지도록 그리했던가?

울산 쪽에서 무거운 짐을 실은 차가 굽은 길옆으로 뛰어올라 당간지주를 들이받아 부러뜨리더니, 시멘트로 붙여 놓았는데 또 박고, 다시 붙이고...

앞으로 고속철도가 경주 서쪽으로 지나게 되고 역이 새로 지어진다니 철도도 다른 곳으로 옮긴다는 말도 있고 화물차가 다니는 새 길도 낸다는데, 앞으로 잘 처리하여 본디 모습의 터라도 후손들에게 물려주어 거룩한 신라의 얼이 배인 곳으로 생각할 수 있도록 했으면 좋겠다.

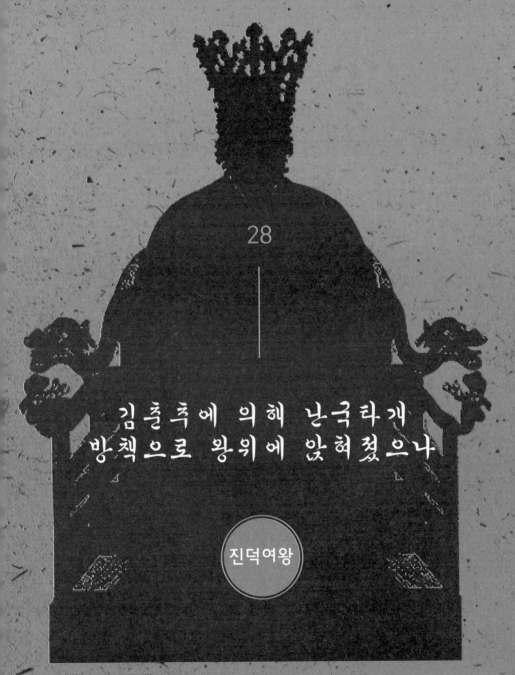

28

김춘추에 의해 난국타개
방책으로 왕위에 앉혀졌으나

진덕여왕

新羅王朝實錄

진덕여왕 眞德女王
김씨 왕 13대

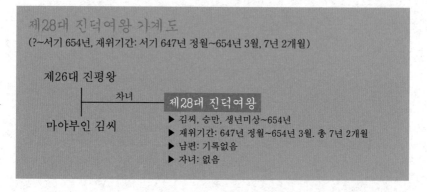

제28대 진덕여왕 가계도
(?~서기 654년, 재위기간: 서기 647년 정월~654년 3월, 7년 2개월)

제26대 진평왕
┬ 차녀
마야부인 김씨

제28대 진덕여왕
▶ 김씨, 승만, 생년미상~654년
▶ 재위기간: 647년 정월~654년 3월. 총 7년 2개월
▶ 남편: 기록없음
▶ 자녀: 없음

?~654(진덕여왕 8). 신라 제28대 왕. 재위 647~654. 성은 김씨金氏. 이름은 승만勝曼. 신라시대 3명의 여왕 중 한 사람이다. 진평왕의 친아우[동모제同母 弟]인 국반갈문왕國飯葛文王의 딸이며, 어머니는 월명부인月明夫人 박씨朴氏이 다. 진덕여왕은 자질이 풍만하고 아름다웠다고 한다.

즉위하던 해(647)에 선덕여왕 말년에 반란을 일으켰던 비담毗曇을 비롯한 30인을 붙잡아 처형하고, 알천閼川을 상대등上大等에 임명함으로써 정치적 안정을 꾀하였다. 그리고 사신을 파견해 당나라와의 외교관계를 지속시켰 는데, 이것은 당나라의 힘을 빌려 고구려와 백제를 견제하기 위함이었다.

고구려와 백제는 진덕여왕이 즉위하면서부터 계속적으로 신라를 침공하 여왔다. 이에 신라는 압독주押督州(지금의 경산慶山) 군주軍主이던 김유신金庾

信을 중심으로 백제의 공격을 막는 한편 648년(진덕여왕 2)에는 김춘추金春秋를 당나라에 보내 군사적 지원을 요청하는 청병외교請兵外交와 당나라와의 외교관계를 더욱 공고히 하는 숙위외교宿衛外交를 전개하였다.

이리하여 신라는 지금까지 신라 문제에 대해 소극적이던 당나라 태종太宗으로부터 군사적 지원을 허락받는 데 성공하였다. 또한, 당나라에서 김춘추의 외교활동은 결과적으로 신라 내정內政에도 많은 변화를 초래하여 정치개혁이 이루어지게 되었다. 즉, 649년 중조의관제中朝衣冠制를, 650년에는 즉위 직후부터 사용하던 독자적 연호인 태화太和를 버리고 당나라 고종高宗의 연호였던 영휘永徽를 사용하기 시작하였다.

이와 같이 중국의 관제官制와 연호年號의 사용은 김춘추의 건의에 따라 이루어진 것으로 당나라의 선진문물을 수용한다는 긍정적인 측면도 있지만, 당나라에 대한 신라의 정치적 예속도가 강화되었다는 부정적인 면도 무시할 수 없다. 또한, 651년에 백관百官의 왕에 대한 정조하례제正朝賀禮制의 실시와 품주稟主를 개편稟主한 집사부執事部의 설치는 왕권강화의 의미를 가지는 정치적인 개혁으로 김춘추·김유신 일파에 의하여 추진되었다. 재위한 지 8년 만에 죽었다. 시호는 진덕眞德이다.

647년(진덕여왕 원년) 정월 17일에 비담을 잡아 죽이고 그 종당從黨 30명을 죽임으로써 반란이 토평되었다. 2월에 이찬 알천을 상대등으로 삼고 대아찬 수승守勝을 우두주의 군주로 삼았다.

이때 당 태종은 지절사持節使를 파견하여 전왕인 선덕여왕을 광록대부光祿大夫로 추증하고, 아울러 진덕여왕을 주국柱國 낙랑군왕樂浪郡王으로 봉하였으며 7월에 왕은 당나라에 사신을 파견하여 그 은혜를 베풀고자 하는 뜻에 사례하고 연호를 태화太和라고 바꾸었다.

8월에 혜성이 남쪽 방향에 나타나고 또 뭇별이 북쪽으로 흘렀다. 10월에 백제가 군사를 일으켜 쳐들어가서 무산성茂山城, 감물성甘勿城, 동잠성桐岑城(세 성 모두 충주 부근)을 포위하자 왕은 김유신에게 군사 일만 명을 거느리고 이를 막게 하였다. 김유신은 군사를 거느리고 나가서 역전 고투하였으나 기세가 다하여 위급하게 되었는데, 김유신 휘하 비령자丕寧子와 그 아들 거진

舉眞이 적진으로 달려 들어가서 용감히 싸우다가 전사하니, 모든 장병들이 이를 보고 분격하여 적을 격파하고 3천여 명을 참살하였다. 11월에 왕은 친히 내을신궁에 제사를 지냈다.

648년(진덕여왕 2) 정월에 당나라에 사신을 파견하여 예물을 보냈다. 3월에 백제 장군 의직義直이 군사를 이끌고 서쪽 변방으로 쳐들어와서 요차성腰車城(현 상주부근) 등 10여 개의 성을 함락시켰다. 이에 왕은 크게 근심하여 압독주 도독 김유신으로 하여금 이를 막도록 도모하게 하였다.

김유신은 장병들을 훈련시켜 거느리고 진군하였는데, 백제 장군 의직이 앞을 가로막았다. 김유신은 군사를 3개 도로 나누어 의직을 협공하니 백제 군사들은 대패하여 도망하였다. 김유신은 적을 추격하여 이를 거의 섬멸시킨 다음 개선하였고, 왕은 크게 기뻐하여 모든 장병들에게 고루 상을 내렸다. 겨울에 감질허邯帙許로 하여금 당나라에 입조하게 하였는데 당 태종이 어사御使에게 분부하여 묻기를

"신라는 우리나라를 섬기면서 어찌하여 따로 연호를 정하는가?"

하자 질허가 말하기를

"일찍이 중국 조정에서 정삭正朔을 나누어 주지 않은 까닭입니다. 그러므로 선조 법흥왕 이래로 우리 사사로이 연호를 쓰게 되었는데, 당나라에서 못쓰게 하면 우리 나라에서 어찌 감히 그렇게 하리요."

하니, 당 태종은 그럴 것이라 하였다.

이때 왕은 이찬 김춘추와 그 아들문왕文王을 당나라에 입조하게 하니 당 태종은 광록경光祿卿 유형柳亨을 교외까지 내보내어 영접하며 위로하게 하고, 김춘추가 이르자 태종은 그의 몸가짐이 뛰어남을 보고 후하게 대접하였다. 이때에 김춘추는 국학에 가서 석전釋奠 및 그 강론하는 것을 보자고 청하니, 태종이 이를 허락하고 자기 스스로 지은 온탕溫湯 및 진사비晉祠碑

와 아울러 새로 찬수한 ≪진서晉書≫를 주었다. 당의 태종은 늘 김춘추를 불러 금과 비단을 하사하는 등 더욱 후하게 대접하면서

"경은 마음속에 어떠한 뜻이 있는가?"

하고 물었다. 김춘추는 꿇어앉아 말하기를

"신의 본국은 궁벽한 바닷가에 위치하고 있사오나 천조天朝를 섬겨온 지가 오래 되었는데, 백제가 군세고 교활하여 빈번히 국토를 침략하고 지난해에는 대군을 이끌고 깊이 쳐들어와서 수십 개의 성을 공격하여 함락함으로써 입조할 길이 막혔습니다. 만약에 폐하께서 천자의 군사를 빌려주어 흉악한 적의 피해를 없애주지 않으면 우리나라의 인민들은 모조리 그들에게 사로잡혀 앞으로 바다를 건너 조공을 할 것 같지 않사옵니다."

하니, 태종은 이를 깊이 생각하여 그럴 것이라 하고 군사를 내어 도울 것을 허락하였다.

또한 김춘추는 장복章服을 중국의 제도로 고칠 것을 청하니 태종은 곧 안으로부터 진귀한 의복을 꺼내어 김춘추와 그 종자에게 주고 조서로 김춘추에게는 특진 벼슬을 주었으며, 문왕에게는 좌위장군左衛將軍의 벼슬을 주고 그들이 귀국할 때는 3품 이상의 벼슬아치들을 모아 크게 전별의 잔치를 베푸는 등 극진한 예의를 갖추었다. 김춘추는 당 태종에게

"신에게는 7명의 아들이 있으니 원컨대 한 아들로 하여금 상의 곁에서 떨어지지 않고 숙위하도록 하여 주십시오."

말하고 곧 그 아들 문주와 대감大監을 남겨 두었다.

이후 김춘추는 돌아오다가 바다 위에서 고구려의 군사를 만났다. 이때 김춘추를 모시고 오던 온군해溫君解는 고관高冠을 쓰고 대의大衣를 입고 배 위

에 앉아 있었다. 고구려 군사들은 그를 김춘추로 알고서 잡아 죽였고, 김춘추는 작은 배를 타고 본국에 돌아올 수 있었다. 왕은 이 말을 듣고 온군해의 죽음을 슬퍼하여 온군해에게는 대아찬의 벼슬을 추증하고 그의 자손들에게는 넉넉한 상을 내렸다.

649년(진덕여왕 3) 정월에 처음으로 중국의 의관을 쓰도록 하였다.

8월에 백제 장군 은상殷相이 군사를 거느리고 쳐들어와서 석토성石吐城 등 일곱 성을 함락시키자 왕은 대장군 김유신과 장군 진춘陳春, 죽지竹旨, 천존天存 등에게 명령하여 적을 막게 하였다. 이에 김유신 등은 군사를 거느리고 나가 열흘 동안이나 여기저기서 적과 싸웠으나 물러가지 않았다.

도살성道薩城 밑에 주둔하고 김유신은 모든 장병들에게 말하기를

"오늘은 반드시 백제의 첩자가 올 것이니, 너희들은 거짓으로 알지 못하는 체 하면서 감히 누구냐고 묻지 말라."

하였다. 과연 그 말대로 백제의 첩자가 오자 김유신은 군대 안으로 사람을 파견하여 말하기를

"성벽을 굳게 지키며 조금도 움직이지 말라. 내일 구원군이 온 연후에는 결전을 할 것이다."

하니, 첩자는 돌아가서 은상에게 이를 보고하였다. 은상 등이 신라군이 증가된다는 말에 큰 두려움을 품고 있을 때, 김유신 등은 진격하여 적을 크게 격파한 후 장사 1백 명을 사로잡고 군졸 8천980명을 참살하고 말 1만 필을 노획하였으며 병기구 같은 것은 그 수를 헤아릴 수 없을 만큼 많이 얻었다.

650년(진덕여왕 4) 4월에 왕은 진골 벼슬을 가진 사람은 아홀牙笏을 지니도록 분부하였다.

6월에 왕은 사신을 당나라로 파견하여 백제 군사를 격파한 것을 알렸으며 또한 비단을 짜서 거기에 오언시의 태평송太平頌을 지어 써넣은 다음 김춘

추의 아들 법민法敏으로 하여금 당나라에 가서 고종高宗에게 바치게 하였는데, 그 글에 말하기를

"대당大唐이 나라를 세우는 큰 일을 시작하니, 드높는 임금의 모책은 창성하도다.
전쟁이 끝나니 군사들은 안정되고, 문치文治를 닦으며 백왕이 뒤를 잇는도다.
하늘을 거느림에 귀한 비 내려오고, 만물을 다스림에 물체도 빛을 머금었도다.
깊은 인덕은 일월과 짝을 짓고 순환하 운수는 태평시太平時로 향하도다.
나부끼는 깃발은 어찌 그리 혁혁하고, 징소리 북소리는 어찌 그리 굉굉한가.
오랑캐로서 명령을 어기는 자는 칼날에 엎어져서 하늘의 재앙을 입는도다.
순박한 풍속은 유현幽顯히 응결되어, 먼 곳 가까운 곳 다투어 상서로움 드리도다.
사시四詩는 옥촉玉燭같이 조화되고, 칠요七曜는 만방에 순행을 하는도다.
오직 이 땅에는 재보만을 내리우고, 황제는 정사를 충신들에게 맡기었다.
오삼성덕五三聖德을 한가지로 이루어서 당나라의 황실을 밝게 하였도다."

하였다. 당의 고종은 이 글을 보고 크게 기뻐하면서 법민에게 대부경大府卿의 벼슬을 주어 돌려보냈다. 이 해에 처음으로 중국의 연호 빙휘氷徽를 시행하게 되었다.

논하건대, 3대(하夏, 은殷, 주周)의 정삭正朔을 고치고 후대에 연호를 칭한 것은, 다 통일을 중대시하고 백성들의 이목을 새롭게 하려는 까닭이었다. 이런 때문으로 시기를 타서 서로 아울러 일어나 천하를 다투던지 또는 간웅奸雄들이 틈을 타서 신기神器를 엿보지 아니하면 편방偏旁의 소국으로서 천자의 나라에 신하로 예속된 나라는 본래 사사로이 연호를 지어 쓰지 못하는 것이다.

신라 같은 나라는 한뜻으로 중국을 섬겨 입조와 조공의 길을 그치지 않으면서도 법흥왕이 스스로 연호를 칭하였으니, 이는 잘못한 일이다. 그 뒤에도 그 허물을 이어 이를 되풀이하여 여러 해를 지냈고, 당 태종의 꾸지람을 듣고서도 오히려 이를 고치지 아니하고 머뭇거리다가 지금에 이르러서야 당의 연호를 받들어 행하게 되니, 이는 비록 부득이한 데서 나온 것이라 해

도 과실을 능히 고친 것이라고 말할 것이다.

651년(진덕여왕 5) 정월에 왕은 조원전朝元殿에 나와서 백관들의 신정 하례를 받았는데, 하정賀正의 예가 이때에 시작되었다. 2월에 품주稟主를 고쳐 집사부執事部로 하고 파진찬 죽지를 집사중시執事中侍로 삼아 기밀 사무를 맡게 하였다. 이때에 왕은 파진찬 김인문을 당나라로 파견하여 예물을 전하고 그대로 머물러 숙위하게 하였다.

652년(진덕여왕 6) 정월에 파진찬 천효天曉를 좌리방부左理方府 영슈으로 삼았으며 사신을 당나라에 파견하여 예물을 전하였다. 3월에 서울에 큰 눈이 오고 궁성의 남문이 저절로 헐렸다.

653년(진덕여왕 7) 11월에 당나라에 사신을 파견하여 금총포金摠布를 예물로 전하였다.

654년(진덕여왕 8) 3월에 왕이 돌아가시자 시호를 진덕이라 하고 사량부에 장사하였다. 당의 고종은 이 말을 듣고 영광문永光門에서 애도의 뜻을 표하고, 대상승大常丞 장문수張文收를 지절사로 파견하여 조제弔祭하게 하였으며, 왕에게 개부의동삼사開府儀同三司를 추증하고 비단 3백 필을 보냈다.

나라 사람들은 신라의 시조왕 혁거세부터 진덕여왕까지의 스물여덟 왕은 성골聖骨이라 말하고, 태종 무열왕부터는 진골眞骨이라 한다.

당나라 영호징令狐澄의 ≪신라기新羅記≫에서 말하기를 '그 나라의 왕족은 제1골이라 하고 그 나머지의 귀족들은 제2골이라 한다.' 하였다.

● 진덕여왕대의 사람들

한질허邯帙許

생몰년 미상. 신라 진덕여왕 때의 관언. 648년(진덕여왕 2) 겨울 당나라에 사신으로 갔다. 이 때 당태종唐太宗이 어사御史를 시켜 묻기를 신라는 어찌하여 당나라 연호를 사용하지 않고 따로 연호를 사용하느냐고 물었다. 이에 대답하기를

"일찍이 당나라에서 정삭正朔을 우리에게 나누어주지 않았으므로 선조先祖 법흥왕 때부터 사사로이 연호를 쓰게 되었다. 만일, 당나라에서 명을 내린다면 어찌 감히 사사로이 연호를 쓰겠는가?"

하면서 태종을 설득시켰다고 한다.

죽지竹旨

생몰년 미상. 신라 삼국통일기의 장군·대신. 일명 죽만竹曼·지관智官이라고도 한다. 진덕여왕 때 대신을 역임한 술종述宗이 일찍이 삭주朔州 도독都督으로 부임할 때, 죽지령竹旨嶺에서 한 거사居士와 기이한 인연을 맺은 뒤 출생했다 하여 이름을 죽지라 하였다.

진골眞骨 귀족 출신으로 진평왕 말년경에 화랑으로 활약했는데, 그가 낭도 득오得烏를 부역노동에서 구해내기 위해 애쓴 것은 화랑도 구성원간의 두터운 우애와 의협심을 잘 나타내주는 미담으로 전해지고 있다.

뒤에 장군이 되어 649년(진덕여왕 3) 대장군 김유신金庾信, 장군천존天存 등과 함께 신라 국경 안으로 쳐들어온 백제군을 도살성道薩城에서 크게 격파해 이름을 떨쳤다.

그 뒤 파진찬波珍湌에 올랐다가 651년 2월 새로 설치된 집사부執事部의 초대 중시中侍가 되어 655년(태종무열왕 2) 정월까지 왕의 기밀사무를 맡았다.

백제 멸망 후 661년 4월에는 부흥운동을 꾀하던 백제 잔병殘兵 소탕전에 참전하였고, 곧이어 문무왕이 즉위한 뒤 그해 7월 고구려 원정에 착수했을 때는 천존·천품天品 등과 함께 귀당총관貴幢摠管이 되어 김유신을 도왔다.

667년(문무왕 7) 가을 신라와 당나라 연합군의 고구려 원정에 참가, 이듬해 6월 결전 때는 진순陳純과 함께 경정총관京停摠管으로 평양성 공략전에서 공을 세웠다.

다시 670년 7월에 백제의 잔적 토벌에 참가, 천존 등과 함께 7성을 공취하고 2,000여 명을 죽였다.

그 뒤 당나라와의 전쟁에 종군, 이듬해 6월 백제 지역으로 쳐들어가 가림성加林城을 치고, 석성石城(현재의 충청남도 임천)에서 당나라 군사와 결전, 당병 5,300여 명을 베고, 백제 유장遺將 2명과 당나라 과의果毅(고급장교) 6명을 포로로 잡는 등 공을 세웠다.

효소왕 때 낭도였던 득오가 그를 사모해 지은 향가 <모죽지랑가慕竹旨郎歌>가 전하고 있다.

진춘陳春

생몰년 미상. 신라 선덕여왕 때의 장군. 649년(진덕여왕 3) 8월 백제의 장군 은상殷相이 무리를 거느리고 와서 석토성石吐城 등 7성을 공격해왔을 때 김유신金庾信 및 죽지竹旨·천존天存 등과 함께 백제군을 막으러 나갔다.

그러나 10여 일이 지나도 적이 물러가지 아니하므로 도살성道薩城 밑에 진을 친 뒤 백제군을 공격하여 대파하였다. 백제의 장사 100인을 죽이거나 사로잡았으며, 군졸 8,910인을 베고, 말 1만 필과 병기와 같은 것을 이루 헤아릴 수가 없을 정도로 획득하는 등 대승을 거두었다.

지인智仁

생몰년 미상. 신라시대의 고승. 자세한 행적은 전하지 않는다.
649년(진덕여왕 3) 당나라의 현장女奬이 ≪반야심경般若心經≫ 1권과 ≪인명
정리문론본因明正理門論本≫ 1권을 역출譯出하였을 때 필수筆受가 되었다.
저서로는 ≪십일면경소十一面經疏≫ 1권과 ≪사분율육권초기四分律六卷抄記
≫ 10권, ≪불지론소佛地論疏≫ 4권, ≪현양론소顯揚論疏≫ 10권, ≪잡집론
소雜集論疏≫ 5권 등이 있었다고 하나 현존하지 않는다.

천효天曉

생몰년 미상. 신라 진덕여왕 때의 관리. 신라는 법흥왕 때에 율령律令을 제
정하고 율령국가로 체제를 확립하여 나갔다. 그 과정의 하나로서 651년(진
덕여왕 5)에 율령격식律令格式을 제정하는 관부인 좌이방부左理方府를 설치하
였다. 그리고 장관으로 영令 2인을 두었다. 좌이방부가 설치된 이듬해인 정
월에 천효는 파진찬波珍湌의 관등으로서 좌이방부령에 임명되었다.

임종林宗

생몰년 미상. 신라 진덕여왕 때의 정치가. 진골眞骨 출신의 각간角干으로서
정치적 지위는 대등大等이었다. 진평왕 때에 임종은 자식이 없었으므로 비
형랑鼻荊郎이 추천한 귀신 길달吉達을 왕명에 의하여 양자로 삼았는데, 길달
로 하여금 흥륜사興輪寺 남쪽에 문루를 짓게 하고 그곳에서 자도록 하였다.
그리하여 이 문을 길달문吉達門이라고도 하였다. 이와 같은 왕실과의 관계
로 보아 성은 김씨金氏일 것으로 추측된다.
한편, 임종은 진덕여왕 때에 알천閼川·술종述宗·호림虎林·염장廉長·유신庾
信과 더불어 4영지靈地의 하나인 남산의 오지암亏知巖에 모여 국사를 의논하
는 화백회의에 참여하였다. 여기에 모이던 대신들의 사회적 신분은 진골

출신이었으며, 상대등上大等인 알천을 의장으로 하는 화백회의에서의 정치
적 지위는 대등이었다.

따라서 임종의 신분과 지위도 진골과 대등일 것으로 짐작할 수 있다.

진부설陳浮雪

신라新羅 승려. 이름은 광세光世. 진덕여왕眞德女王 때 불국사佛國寺의 원정
사圓淨師한테서 머리를 깎은 뒤에 그 이름이 높아갔다. 영조靈照, 영희靈熙와
함께 한 암자庵子에서 선禪을 닦았다.

우연祐連 (또는 右連이라고도 함)

신라新羅 891년(진성여왕 3) 사벌주촌주沙伐州村主. 사방에서 도적이 봉기하
였는데 이때 원종元宗, 애노哀奴 등이 사벌주(지금의 상주尚州)에 웅거하여 반
란을 이르켰다. 이에 왕은 내마奈麻 영기슈奇에게 명하여 도적들을 토벌케
하였는데 도적이 두려워 진격하지 못하였다. 촌주村主 우연祐連은 역전力
戰하였으나 전사戰死하였다. 왕은 명령命令을 내려 영기슈奇를 참형斬刑에 처
하고 10세된 우연祐連의 아들을 촌주村主로 삼았다.

중상仲常

백제百濟, 신라新羅. 벼슬은 대신大臣. 일명 충상忠常. 648년(의자왕 9) 좌평佐
平으로 있을 때 신라의 김유신金庾信으로부터 포로가 된 백제의 비장裨將 8
명을 신라장군 품석品釋의 부처의 백골과 교환하자는 제의를 받고, 왕에게
권하여 이를 교환케 했다. 660년 백제가 멸망할 때 신라의 포로가 되었다
가, 이듬해 신라의 상주총관上州摠管이 되었다.

거진擧眞

?~647(진덕여왕 1). 신라 진덕여왕 때의 용사. 비령자不寧子의 아들이다.

647년에 백제의 대군이 무산茂山(지금의 무주군 무풍면)·감물甘勿(지금의 금릉군 개령면)·동잠桐岑 등 세 성을 공격해오자 신라의 김유신은 1만의 군사로 이를 막았으나, 백제군의 기세를 당할 수 없어 신라군의 사기는 떨어져 있었다. 그때 비령자는 김유신으로부터 신라군의 사기를 북돋을 임무를 받고 적진 속에 뛰어들어 싸우다 죽었다. 적진으로 돌진하기에 앞서 비령자는 그의 종인 합절合節에게 아들 거진이 어린 소년에 불과하지만 장한 뜻이 있으므로 아마도 같이 죽으려 할 것이나, 부자가 모두 죽으면 가족들이 의탁할 곳이 없게 되므로 거진은 돌아가 어머니의 마음을 위로하도록 명했다.

그러나 아버지의 용감한 죽음을 본 거진은 말고삐를 잡고 만류하는 합절의 팔을 칼로 쳐 잘라버리고는 말을 달려 적진 속에 들어가 싸우다가 전사하였다. 그는 아버지의 죽음을 보고 구차하게 사는 것은 효도가 아니라고 생각했기 때문이었다. 상전의 죽음을 본 합절도 뒤따라 싸우다 죽었다.

그들의 죽음을 본 신라군은 사기를 얻어 백제군을 크게 깨뜨렸다.

김무림金茂林

생몰년 미상. 신라 진덕여왕 때에 활동한 정치가. 고승 자장慈藏의 아버지. 일반적으로 '무림공武林公'이라 불리며, '무림茂林' 또는 '호림虎林'으로도 표기되어 있다. 출신은 진골眞骨. 관등은 소판蘇判으로서 중요한 관직을 역임하였다고 하나 구체적인 기록은 사료에서 찾아보기 힘들다.

≪삼국유사≫에 의하면 진덕여왕 때에 알천공閼川公·임종공林宗公·술종공述宗公·염장공廉長公·유신공庾信公 등 당시의 중요한 인물과 더불어 신라 사영지四靈地의 하나인 남산의 오지암亏知巖에서 화백회의를 열고 국사를 의논하였다.

본래 아들이 없어서 천부관음상千部觀音像을 조성하여 자식을 얻기를 기원하였는데, 남자를 낳으면 그로 하여금 불법으로 중생을 제도하게 하리라고 맹세하여 자장을 낳았다고 한다.

신인종神印宗의 조사인 명랑明朗은 무림공의 딸인 남간부인南澗夫人의 아들 이기도 하다.

김술종 金述宗

생몰년 미상. 신라 진덕여왕 때의 정치가. 진골 출신이며 죽지랑竹旨郎의 아버지이다.

《삼국유사》에 술종공은 알천공閼川公을 비롯하여 임종공林宗公·호림공虎林公·염장공廉長公·유신공庾信公과 함께 신라의 4영지四靈地의 하나인 남산 오지암亐知巖에서 열린 화백회의에 참석하였다고 기록되어 있다. 이곳에서 회합을 가졌던 대신들의 사회적 신분은 진골이었으며, 상대등上大等인 알천공을 의장으로 하는 화백회의의 구성원이었음에 비추어볼 때 그의 정치적 지위는 대등이었다.

진덕여왕 때 지금의 춘천 방면을 포함한 영서지방 장관인 삭주도독朔州都督에 임명되어 활동하였다. 그리고 그 곳에서 뒤에 신라의 삼국통일에 지대한 공을 세운 아들 죽지랑을 낳았다.

비령자 丕寧子

?∼647(진덕여왕 1). 신라 진덕여왕 때의 용사. 출신지 및 족성族姓은 미상이다.

삼국시대 말기 신라와 백제의 항쟁이 한창이던 647년(진덕여왕 1)에 백제의 대군이 무산茂山·감물甘勿·동잠桐岑 등 3성을 공격해오자 신라의 장군 김유신金庾信은 1만의 군사로 이를 막았다. 그러나 백제군은 매우 강하여 전세는 신라에 불리해지고 신라군의 사기는 떨어졌다.

그러자 김유신은 비령자에게 이때야말로 그 용맹을 드러낼 때라 하며 군사들의 사기를 드높일 임무를 주었다.

비령자는 주저하지 않고 오히려 많은 군사들 가운데 그러한 중대한 임무를 자신에게 맡겨주는 것은 장군이 자신을 알아주는 것이라 감격하여 이에 보답하고 나라를 위하는 마음으로 적진에 돌진하여 적과 싸우다 죽었다.

이를 본 그의 아들 거진擧眞은 시종 합절合節에게 남긴 아버지의 유언도 듣지 않고 적진으로 돌진하여 싸우다 죽었으며 합절도 그의 뒤를 따랐다.

이들 3인의 용맹과 죽음은 신라군의 사기를 크게 북돋우었으며 결국 신라군은 백제군 3,000여급을 베고, 백제장수 의진義眞은 혼자 달아났다. 이로써 신라군은 큰 승리를 거두게 되었다.

김유신은 이들 3인의 시체를 거두어 자신의 옷으로 덮어주며 통곡하였고, 왕도 이 소식을 듣고는 눈물을 흘리고 예로써 반지산反知山에 장사지내주고 그 가족에게는 후한 상을 주었다.

김천존金天存

?~679(문무왕 19). 신라의 장군. 일명 천존天尊.

649년(진덕여왕 3) 김유신金庾信과 함께 장군으로 도살성道薩城에서 백제장군 은상殷相의 군대를 물리쳤다.

660년(무열왕 7) 김유신 등과 함께 황산전투(黃山戰鬪)에 참가하였으며, 661년(문무왕 1)에 귀당총관貴幢摠管이 되었다.

663년에는 백제의 잔병을 거열성居列城(지금의 거창居昌)·거물성居勿城(지금의 남원과 장수 근처로 추정됨)·덕안성德安城(지금의 은진恩津) 등에서 격파하였다.

664년에는 이찬伊湌의 관등으로 김인문金仁問과 함께 당나라의 유인원劉仁願, 백제의 왕자 부여 융扶餘隆과 더불어 웅진熊津(지금의 공주)에서 화친을 맺었다.

668년에는 각간角干으로서 대당총관大幢摠管이 되어 고구려정벌에 공을 세웠다.

671년에 당나라에 있던 의상義湘이 당나라가 신라를 침공하리라는 김인문의 말을 전하기 위하여 귀국하자, 문두루비법文豆婁祕法을 하는 명랑明朗을 추천하여서, 그의 비법으로 당나라 병사를 물리치게 하기도 하였다. 679년에는 중시中侍가 되었다.

수승守勝

생몰년 미상. 신라 진덕여왕 때의 지방관. 진골 출신으로 관등은 제5관등 인 대아찬大阿飡에 이르렀다. 647년(진덕여왕 1) 2월에 우두주牛頭州(지금의 춘 천)의 군주軍主가 되었다.

신방神昉

생몰년 미상. 신라의 고승高僧. 자세한 생애는 전하지 않으나, 650년(진덕여 왕 4)에 당나라에 머물면서 현장玄奘이 대자은사大慈恩寺 번경원翻經院에서 ≪본사경本事經≫ 7권을 번역할 때 필수筆受가 되었다.

이듬해 ≪십륜경十輪經≫ 10권을 역출譯出하였을 때에도 그 경의 서序를 지 었다. 현장 문하의 대표적인 수제자이자 유식학唯識學의 대가였던 그는 많 은 저술을 남겨 뒷날 유식학승들에게 많은 영향을 미쳤다.

통일신라시대의 도륜道倫은 ≪유가사지론기瑜伽師地論記≫를 저술하면서 신방의 설을 많이 인용하였고, 그때마다 '신라방사운新羅昉師云'이라 하였다.

또, 원신源信은 ≪일승요결一乘要決≫을 저술하면서 그의 설을 인용하고 ' 신라황룡사사문新羅皇龍寺沙門'이라 하였으며, 흔히 그를 '대승방大乘昉'이라 고 부른다.

저술은 9종이 있었던 것으로 전해진다. 그 중 ≪대승대집지장십륜경서大乘 大集地藏十輪經序≫ 1편만이 현존하고, ≪십륜경초十輪經抄≫ 3권과 ≪십륜경 소十輪經疏≫ 3·8권, ≪십륜경음의十輪經音義≫ 1권, ≪순정리론술문기서正理 論述文記序≫ 1편, ≪성유식론요집成唯識論要集≫ 13권, ≪현유식론집기顯唯識 論集記≫ 1권, ≪종성차별집種性差別集≫ 3권 등은 전래되지 않고 있다.

온군해 溫君解

?~648(진덕여왕 2). 신라 김춘추金春秋의 수행인. 648년에 군사원조를 얻으러 당나라에 들어간 김춘추金春秋가 귀국도중 해상에서 고구려의 순라병巡邏兵을 만나 체포될 위기에 처하였다. 그 때 수행인인 온군해가 김춘추를 구하기 위하여 고관高冠과 대의大衣를 입고 배 위에 앉아 있자, 고구려 순라병은 그를 김춘추로 생각하고 잡아 죽였다. 이 소식을 듣고 진덕여왕은 그에게 대아찬大阿湌을 추증하고, 그 자손에게 상을 후하게 내렸다.

합절 合節

?~647(진덕여왕 1). 신라 진덕여왕 때의 인물. 비령자不寧子의 시종이었다. 647년 백제의 대군이 신라를 쳐들어오자 신라는 김유신金庾信이 1만 군사를 이끌고 이를 막으려 출전하였다. 이 때, 주인 비령자와 그의 아들 거진擧眞과 함께 전쟁터에 나갔다.

신라는 전세가 매우 불리해지므로 김유신이 비령자에게 군사들의 사기를 돋우기 위하여 적진에 나아가 싸울 임무를 주었다. 이 때 비령자로부터 아들 거진을 잘 타일러 함께 자신의 유골을 거두어 돌아가라는 부탁을 받았다.

그러나 비령자가 용감히 싸우다가 전사하는 모습을 보고 거진이 싸우려 나가려 하자,

"대인大人(비령자)의 말씀이 합절로 하여금 아랑阿郞(거진)과 함께 집으로 돌아가서 부인을 편히 위로하라고 하였는데, 지금 아들로서 아버지의 명을 저버리고 어머니의 자애를 버린다면 효도라 할 수 없다."

라고 하며 말고삐를 잡고 놓아주지 않다가 거진으로부터 칼로 팔이 잘렸다. 이에 합절 또한,

"사천私天(상전上典)이 무너졌는데 죽지 않고 무엇을 하리오."

하고 적진에 들어가 싸우다가 죽었다. 이를 본 신라 군사들이 감격하여 용감하게 싸워 백제군을 크게 깨뜨리고 대승을 거두었다.
 김유신은 옷을 벗어 이들 시신을 덮어주고 곡읍哭泣하였다. 또 왕이 듣고 눈물을 흘리며 예로써 반지산反知山에 합장하였다.

● 진덕여왕 시대의 세계동향

▶ 동양
　　647년 1월 고구려를 침
　　　　　5월 골리간骨利幹 입공入貢
　　　　　　　일본 13개의 관을 정함
　　　　　　　인도 계일왕戒日王 죽음
　　　648년 5월 중국은 왕현책王玄策을 인도에 보냄
　　　650년 사라센과 중국 통상
　　　　　일본 개원改元의 시초

▶ 서양
　　649년 9월 사라센인 키플스섬을 공략
　　652년 1월 사라센 사람 아르메니아를 점령

● 진덕여왕대의 주요사건

신라, 극비리에 당과 동맹 체결

김춘추는 648년(진덕여왕 2) 극비리에 당나라로 건너가 여제 동맹군이 신라를 협공하여 존망의 위기에 처해 있음을 호소, 당 태종으로부터 백제 공격을 위한 군사지원을 약속받은 것으로 알려지고 있다.

또 신라와 당나라는 장차 양국이 동시에 군사를 일으켜 백제와 고구려를 공격할 것을 약속했다는 소식이다.

한편 김춘추는 당나라의 이러한 지원의 대가로 그 동안 사용해오던 자주적인 연호를 버리고 당나라 연호인 영휘永徽를 쓰기로 한 것으로 알려졌다. 김춘추는 백제의 신라 공격이 격화되자, 642년 비밀리에 고구려에 들어가 동맹조약의 체결을 시도했었으나 고구려가 이를 거부한 바 있었다.

인터뷰
당나라와 군사동맹 체결한 신라의 김춘추

백제의 공격이 격화되자, 신라의 김춘추는 642년 먼저 고구려로 달려가서 구원을 요청하였으나 성공하지 못하고 겨우 목숨만 건지고 돌아왔다. 그 후 648년에 그는 당나라로 가서 군사동맹을 맺는데 성공했다.

- 많은 사람들이 당나라에서 얻은 외교적 성과에 대해 궁금해하고 있다

군사동맹을 체결했다. 신라를 괴롭히고 있는 백제·고구려에 대해 당나라가 신라와 함께 대처하기로 약속했다. 이제 우리나라는 백제나 고구려의 공격을 보다 효율적으로 막을 수 있게 되었으며 신라에 의한 삼한 일통의 가능성이 더욱 커졌다.

－ 이번 군사동맹이 신라로서는 매우 다행스런 일이라고 할 수 있겠는데, 강대국인 당나라도 자신에게 이익이 되니까 동맹을 맺은 것이 아닌가. 당나라와 어떤 밀약을 맺었는가.

나당 연합군이 백제와 고구려를 멸망시키면 대동강 이북의 땅을 당나라가 차지하기로 했다.

－ 그것은 현재 고구려의 영토를 다 내주겠다는 것인데, 너무 굴욕적인 협약 내용이 아닌가.

신라를 구하기 위해 당나라를 끌어들여야 하고, 그러기 위해 취한 어쩔 수 없는 조치이다.

－ 당나라에 가기 전 고구려에 갔던 것으로 알고 있는데 고구려와의 협상에 실패한 이유는 무엇인가.

내 생각으로는 고구려가 당과의 대립으로 어려움을 겪고 있었고 따라서 고구려로서는 남부전선의 안정이 반드시 필요하다. 그러므로 신라가 백제에게 일방적으로 당하고 있는 것을 방관할 수만은 없는 입장이라고 생각했다. 그러나 고구려는 553년 신라가 빼앗아간 죽령 이북의 땅을 돌려주지 않으면 도와줄 수 없다는 무리한 요구를 해왔다. 이는 우리 입장에서 받아들일 수 없는 조건이다.

－ 협상 당시 고구려 정세는 어떠했는가.

억류되어 있었던 상태라 잘 알 수 없지만 관료들 사이에 부패가 심하다고 느꼈다. 나는 탈출하기 위해 고구려의 한 관료에게 뇌물을 썼는데 그가 빠져나올 방법을 일러주었다. 고구려는 뇌물이 통하는 부패된 사회였다.

독자투고
김춘추 외교 행각을 비판한다
"신라를 구한 것인가, 자신의 정치생명을 구한 것인가?"

 김춘추는 백제의 공격으로 위기에 처한 신라를 구한다는 명목하에, 당과 매우 불리한 조약을 체결하고 신라를 구하기 위해 어쩔 수 없는 일이라고 강변하고 있으나 이는 순전히 자신의 정치권력을 유지하기 위한 것이다.
 김춘추는 김유신과 더불어 신귀족세력의 대표 주자로서 선덕여왕 시기 상 대등 비담의 난을 진압하고 일방적인 추대로 진덕여왕을 즉위시킨 이후, 정 치적 실권을 장악하고 정치과정을 주도하였다.
 그러나 자신이 굳게 믿었던 오른팔이나 다름없는 사위 김품석이 대야성 전투에서 전사함으로써 상대적으로 권력 기반이 약화된 그는 백제의 공세 로 대외적 여건마저 불리해지자, 이 난국을 타개하기 위하여 당과 협력 관 계를 맺게 된 것이며, 신라에 매우 불리한 당의 요구 조건을 자신의 권력 유 지를 위해 수락하게 된 것이다.
 조약 내용을 살펴볼 때 이점은 너무나 분명하게 드러난다. 평양 이북을 내 준다 함은 고구려 땅을 모두 당나라에게 넘긴다는 것인데 이것은 백제 점 령에 그치는 것이지 김춘추김유신이 내 건 '삼한 일통'인가. 결국 김춘추가 의도하는 것은 진정한 의미의 삼한 일통을 통한 신라 국가 안정의 확보가 아니라, 대내외적인 사태로 위기에 처한 자신의 권력을 유지하기 위함이다.
– 서라벌의 진골 김모 씨

전쟁 속에 핀 사랑
가실과 설씨녀
소식없는 약혼자 6년간 기다려

 삼국간에 전쟁이 격화되면서 민중들의 희생은 커져가고 있다. 이러한 어려 움 속에서도 인간으로서의 도리를 저버리지 않고 사랑의 결실을 맺은 아름다운 이야기가 많은 사람들을 감동시키고 있다.

설시녀는 용모가 단정하고 마음과 행실이 의젓하여 보는 이들이 그 아름다움에 반하지 않은 이가 없었다. 진평왕 때 그녀의 아버지가 늙은 나이에 군대에 가게 되었는데, 딸은 아버지가 노쇠하고 병들었으므로 차마 멀리 떠나보낼 수 없고, 또 여자의 몸이라 대신 갈 수도 없어 번민하기만 하였다.

이때에 소년 가실이 일찍부터 설씨의 아름다움을 좋아하면서도 감히 말하지 못하다가 설씨의 고민을 전하여 듣고 설씨에게 가서

"아버님의 일을 대신하기를 원합니다"

라고 하였다.

이 말을 들은 설씨가 기뻐하여 아버지에게 이야기를 전하였더니 그 아버지가 가실을 불러 말하였다.

"기쁘고도 미안한 마음 금할 길이 없네. 만일 그대가 내 딸을 버리지 않는다면 아내로 삼아 그대를 받들게 하겠네."

가실이 혼인할 기약을 청하니 설씨 처녀가 말하였다.

"혼인은 큰일이라 그대가 번을 마치고 혼례를 치러도 늦지 않을 것입니다."

설씨 처녀는 자신이 쓰던 거울을 가지고 나와 절반으로 나뉘어 한 조각씩 가지고 신표로 삼아 훗날 만나면 합하여 보자고 하였다.

그렇게 변경으로 떠난 가실은 6년이 되어도 돌아오지 못하였다. 나라에서 잦은 전쟁을 치르느라 군사들의 수가 부족하였던 터라 번을 서는 기한인 3년이 두 번씩 지나도 교대를 시켜주지 않았기 때문이었다. 기다리다 지친 설씨 처녀의 아버지는 딸에게 "처음에 3년을 기약하였는데 이제 6년이 되었으니 다른 데로 시집가도록 하라"고 말하면서 비밀리에 마을 사람과

혼인을 정하고 날을 받아 혼례를 치르려고 하였다.

설씨 처녀는 굳게 거절하고 몰래 도망하려 하였으나 그러지도 못하고 한숨지으며 눈물을 흘렸다. 이때에 가실이 돌아왔는데, 몸이 비쩍 마르고 의복이 남루하여 모두들 그를 알아보지 못하였다. 가실이 쪼개진 거울을 앞에다 던지니 설씨 처녀가 받아 가지고는 소리 내어 울었다. 그제야 설씨 처녀의 아버지와 마을 사람들도 그가 가실인 것을 알고 모두 기뻐하였다. 마침내 그들은 새로 날을 받아 혼인을 하고 일생을 함께 누렸다.

'연을 타고 다시 떠오르는 유성'
김유신, 비담 반란군 진압에 성공

647년 상대등 비담이 "선덕여왕은 정사를 잘 하지 못한다"며 군사를 일으켜 왕을 폐하려 하니, 왕이 궁성 안에서 이를 막아 서로 대치하게 되었다. 비담 등은 명활산성에 주둔하고, 관군은 월성에 진영을 베풀어 10일간 공방이 계속되었다. 그러던 중 한밤중에 큰 별이 월성에 떨어지는 사건이 발생하였다.

이에 비담이 군사들에게 "내가 들으니 별이 떨어진 아래에는 반드시 유혈이 있다고 한다. 이것은 여왕이 패전할 조짐이다"라고 하였다. 이에 사기가 오른 비담 진영 군사들의 떠들어대는 소리가 땅을 진동하자, 왕은 무서워서 어쩔 줄을 몰랐으며, 관군의 사기 또한 땅에 떨어졌다.

이에 김유신은 왕을 보고 "길흉은 오직 사람 하기에 따른 것입니다. 덕이 악을 눌러 이길 수 있으니 유성이 떨어진 일은 두려울 것이 없습니다. 왕은 근심하지 마십시오"라고 말하고 곧바로 허수아비를 만들어 불을 붙이고 커다란 연에 실어 떨어진 유성이 다시 하늘로 올라가는 것처럼 꾸몄다. 그리고 이튿날 사람을 시켜 어젯밤 떨어진 별이 도로 올라갔다고 하여 적군의 사기를 꺾고 아군의 불안을 씻어주었다.

또 흰 말을 잡아 별이 떨어진 곳에 제사드리며 축원하기를 "사람의 도에 임금이 높고 신하가 낮습니다. 진실로 혹시라도 이것이 바뀌면 곧 큰 난이 되는 것입니다. 지금 비담 등이 신하로서 임금을 제거하려 하니, 이것은 이른바 '난신적자'로서 이는 사람과 신령이 함께 미워할 바요, 하늘과 땅 사이에 용납되지 못할 것입니다.

 그런데 하늘이 별의 변괴를 왕성에 보인 것이라면 이는 지극히 의심스러운 일입니다. 하늘의 위엄을 선으로 하고, 악은 악으로 하여 신령의 부끄러움이 없게 하소서"라고 하였다.

 그리고 여러 장졸들을 독려하여 전쟁에서 승리하고 패주하는 비담 등을 붙잡아 죽였다.

백제 망명 고구려 승려 보덕
불교 배척하는 분위기를 피해 망명

 고구려 승려 보덕이 백제로 망명했다. 이미 6세기 중반 고구려 혼란기에도 혜량이라는 고구려 승려가 신라에 망명한 전례가 있다.

– 망명 동기는.
 정변을 통해 권력을 장악한 연개소문은 귀족세력을 억누르고자 귀족들 사이에 널리 퍼져있는 불교를 배척하고 도교를 신봉하는 사상통제를 가하고 있다. 나는 사상 탄압을 피해 백제 땅으로 오게 되었다.

– 현재 고구려의 정세는 어떤가.
 연개소문은 당나라와의 전쟁을 승리로 이끌면서 자신의 독재권을 강화시킬 수 있었으나 여전히 고구려 내에는 연개소문에 반대하는 귀족들이 많이 있어 불안한 상황이다. 당태종의 군대를 막아낸 안시성주 양만춘 역시 연개소문의 반대파에 속하는 인물이다.

– 고구려 백성들의 생활은 어떤가.
 계속되는 전쟁과 귀족들의 세력 다툼의 틈바구니에서 고구려 백성들의 삶은 말이 아니다. 막중한 조세 부담과 지배층의 수탈 그리고 심심하면 불러내는 노역으로 파탄지경에 이르렀다고 보면 된다.

첨성대의 구조와 신비한 상징성
'천체 운행의 축소판'
360여 개의 돌과 28단의 몸체

선덕여왕 때 천문을 관측하기 위해 만들어진 첨성대는 그 구조에 여러 가지 의미가 담겨 있어 관심을 불러일으키고 있다.

첨성대의 기단을 정사각형으로 하고 몸체를 원형으로 한 것은 '천원지방天圓地方' 즉, 하늘은 둥글고 땅은 네모라는 일반인의 생각에 기반한 것이다.

몸체는 높이가 19척 5촌, 위의 원둘레가 거척 6촌, 아래의 원둘레가 35척 7촌으로 모두 27단으로 되어 있는데, 맨 위에 놓인 정자석을 합치면 28로 기본 별자리 28수를 상징한다. 여기에 기단석을 합치면 29로 한 달의 길이를 상징한다. 몸체 남쪽 중앙에는 가로 세로 1미터의 창이 있는데, 그 위로 12단, 아래로 12단이니 이는 일 년 12달과 24절기를 상징하며, 여기에 사용된 돌의 숫자는 360여개로 일 년의 날수에 가깝게 하였다.

기단석은 동서남북 4방위에 맞추고 맨 위 정자석은 그 중앙을 갈라 8방위에 맞추었으며 창문은 정남이다. 하지에 태양이 남중할 때에는 광선이 첨성대 밑바닥까지 완전히 비추게 되어 있고, 춘분추분과 동지에는 아랫부분에서 완전히 광선이 사라지므로 춘하추동의 분점과 지점의 측정이 가능하다.

황룡사 9층 목탑
자장의 건의로 제작된 '호국'불탑

645년 백제의 장인 아비지에 의해 황룡사 9층 목탑이 완성됐다. 이로써 진흥왕 14년 황룡사 공사를 처음 시작한지 근 1백 년 만에 황룡사가 드디어 절의 모습을 갖추게 되었다.

사찰 경내가 총 8천8백여 평에 이르는 황룡사의 규모에 걸맞게 이번에 완성된 9층 목탑 역시 그 규모가 상상을 초월하는 것이어서 보는 이로 하여금 경이로움을 감탄케 하고 있다. 황룡사 탑의 자리는 한 변의 길이가 사방 22.2m이고 바닥 면적만 해도 150평, 탑의 높이는 총 225척으로 약 80m가 된다.

탑의 제작은 당에서 불교를 공부하고 돌아온 지장법사의 건의에 따른 것이라고 한다. 중국에 있을 때 자장이 한 신령스러운 사람을 만나 "우리나라는 북으로 말갈, 남으로는 왜국과 인접해 있으며 고구려와 백제 두 나라가 번갈아 침입하니 이런 이웃 나라의 횡포로 백성들이 고통받고 있다"고 신라가 처한 어려움을 털어 놓았다.

그러자 그 신령스러운 사람은

"지금 그대의 나라는 여왕을 섬기고 있고. 여자가 임금이니 덕은 있으나 위엄이 없으므로 이웃 나라들이 넘겨보는 것이오. 지금 본국에 돌아가 황룡사 안에 9층탑을 세우도록 하오. 그리하면 이웃 나라들이 모두 항복하고 동방의 아홉 나라가 조공해 올 것이며 나라가 길이 평안하리라"

하였다는 것이다.

이에 지장은 귀국하자마자 왕에게 건의하여 황룡사 9층탑을 건립하기로 하였다는데, 여기서 우리는 원광과 마찬가지로 지장에게서도 다시 한 번 호국정신에 투철한 신라 승려의 모습을 발견할 수 있다.

● 선덕여왕대 주변국의 정황

당 태종, 고구려 정벌 준비 중 사망
고구려 원정 중지 명령 유언으로 남겨

649년 6월 30만 대군으로 고구려 정벌을 준비하던 당 태종 사망. 향년 51세. 사망 원인은 수은 중독으로 밝혀졌다. 불로장생을 가져다 줄 것으로 믿고 복용한 묘약이 사실은 극약인 수은이었다는 것.

당 고조의 둘째 아들로 창업의 숨은 실력자였던 당 태종(이세민)은 정치적 야심이 대단한 인물로, 28세의 나이에 형 건성과 동생 원길을 숙청하고 황제의 지위에 올랐다. 당시 그는 왕의 지위에 오르기 위해 멋들어진 연극을 꾸몄는데, 꾀를 내어 아버지 고조에게 찾아가 형 건성과 동생 원길이 자신을 제거하려는 음모를 꾸미고 있다고 거짓말을 한 것이다. 깜짝 놀란 고조가 이들을 급히 부르게 되고, 다음날 새벽 현무문에 들어서던 이들 형제는 무참히 살해되었다. 세민은 건성의 심복이었던 수비대장을 미리 매수해 두었던 것이다. 이를 '현무의 변'(626년)이라고 한다.

그 후 그는 '정관의 치'라고 불리우는 최고의 전성기를 구가, 군주의 이상형으로 칭송됐다. 그의 통치하에서 3성 6부의 중앙관제, 균전제의 토지제, 조용조의 세제, 부병제의 병제 등이 637년 율령격식으로 완성됐다.

대외적으로 그는 대원정을 강행하여 주변국가에게 책봉관계를 강요하고 중국 중심의 세계질서를 구축하였다. 그러나 고구려 원정은 번번히 실패하고 말았다.

일본에 이는 새바람, '대화개신'
당나라 제도 보다 강력한 '천황정부' 건설

일본의 나카노 황자와 내신 가마타리는 쿠데타로 집권한 이후 일련의 대정치개혁에 나섰다.

중국의 제도를 본받아 처음으로 '대화'라는 연호를 도입, '대화개신大化改新'이라고 불리는 이번 개혁의 핵심은 641년 고토쿠 천황의 칙령을 통해 발표됐다.

그 주요 내용은 ▲모든 토지는 천황에 귀속 ▲전국에 행정·군사 조직을 설치, 천황이 직접 관할 ▲인구조사로 공정한 토지분배 ▲공평한 조세제도 마련 등이다. 현재 농가 인구에 근거한 세제의 기초가 마련되고 있으며 중국식 수도의 설계도 계획 중이다. 또 법률을 처음으로 제정, 당나라의 제도를 본뜬 정부 부서들이 만들어지고 있는데, 대부분의 관직은 당나라 유학생들로 채워지고 있다.

그간 여러 씨족들이 난립, 음모·암살로 얼룩졌던 일본은 효율적이고 중앙집권직인 천황정부를 세우는데 성공한 듯 평가된다.

중대

(제29대~제36대)

29

성공한 통일야망으로
백제의 몰락을 바라보던 왕

태종
무열왕

新羅王朝實錄

태종무열왕 太宗武烈王
김씨 왕 14대

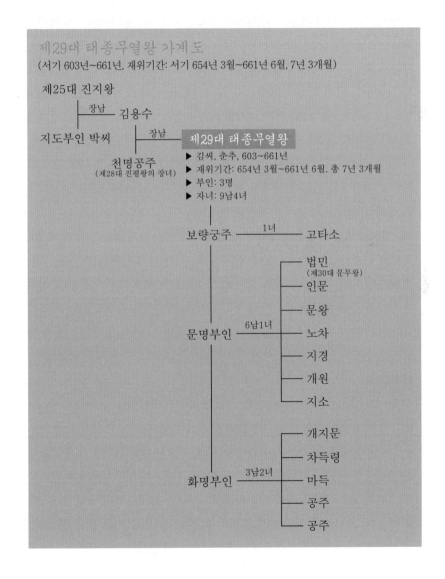

제29대 태종무열왕 가계도
(서기 603년~661년, 재위기간: 서기 654년 3월~661년 6월, 7년 3개월)

제25대 진지왕

┌─ 장남 ─ 김용수

지도부인 박씨 ─── 장남 ──┐

천명공주
(제28대 진평왕의 장녀)

제29대 태종무열왕

▶ 김씨, 춘추, 603~661년
▶ 재위기간: 654년 3월~661년 6월. 총 7년 3개월
▶ 부인: 3명
▶ 자녀: 9남4녀

보량궁주 ─── 1녀 ─── 고타소

문명부인 ─── 6남1녀 ───
- 법민 (제30대 문무왕)
- 인문
- 문왕
- 노차
- 지경
- 개원
- 지소

화명부인 ─── 3남2녀 ───
- 개지문
- 차득령
- 마득
- 공주
- 공주

603(진평왕 25)~661(문무왕 1). 신라 제29대왕. 재위 654~661. 성은 김씨. 이름은 춘추春秋. 진지왕의 손자로 이찬伊湌 용춘龍春 또는 龍樹의 아들이다. 어머니는 천명부인天明夫人으로 진평왕의 딸이다. 비는 문명부인文明夫人으로, 각찬角湌,角干 김서현金舒玄의 딸, 즉 김유신金庾信의 누이동생 문희文姬이다.

김춘추는 의표儀表가 영특하고 어려서부터 제세濟世의 뜻을 가지고 있었다. 진덕여왕을 섬겨서 관등이 이찬에 이르렀다. 진덕여왕이 죽었을 때 여러 신하들이 처음에는 왕위계승자로서 상대등 알천閼川을 천거하였으나, 알천이 자신의 늙음과 덕행의 부족함을 들어 사양하고 그 대신 제세의 영걸英傑로서 김춘추를 천거하였다. 이에 김춘추가 추대를 받아 즉위하여 신라 중대왕실中代王室의 첫 왕이 되니 당시 나이가 52세였다.

그의 즉위에는 오래 전부터 상당히 복잡한 정치적 문제가 있었다. 김춘추는 김유신의 누이인 문희와 정략적인 측면에서 혼인함으로써, 왕위에서 폐위된 진지왕계와 신라에 항복해 새로이 진골귀족에 편입된 금관가야계간의 정치적·군사적 결합이 이루어졌다.

즉, 진지왕계인 김용춘·김춘추는 김유신계의 군사적 능력이 그들의 배후세력으로 필요하였으며, 금관군주 김구해계金仇亥系인 김서현·김유신은 김춘추계의 정치적 위치가 그들의 출세에 절대적으로 필요하였던 것이다. 이러한 상호이익에 입각한 양파의 정치적 결탁은 신라 중고왕실中古王室의 진골귀족 내에서 새로운 신귀족집단을 형성하게 되어 구귀족 집단의 반발을 받았으며, 선덕여왕대 중반기까지는 적어도 신귀족과 구귀족의 세력균형이 이뤄진 듯하다.

그러나 642년(선덕여왕 11)에 신라의 서방요충인 대야성大耶城(지금의 경상남도 합천)이 백제에게 함락되고 김춘추의 사위인 김품석金品釋 부처의 죽음은 김춘추계에게 충격을 주었다. 이 사건은 김춘추로 하여금 대외적인 외교활동을 전개하게 하는 직접적인 동기가 되었다. 그리하여 대야성에서의 원한을 갚기 위해 고구려에 원병을 청하러 갔다. 그러나 고구려와의 동맹관계 수립을 위한 이 외교는 진흥왕 때에 신라가 고구려로부터 공취한 한강 상류의 영토반환문제로 인해 결렬되고, 오히려 김춘추는 고구려에 억류당했다가 겨우 탈출하였다. 그러나 이와 같은 대야성에서의 패배와 고구려에 대한 외교의 실패 등은 김춘추와 김유신계의 정치적 결합을 더욱 공고히 하는 결과를 가져왔다.

이러한 결합을 바탕으로 김춘추는 647년에 일어난 구귀족세력인 상대등 비담毗曇의 반란을 진압시킬 수 있었다. 이 사건은 구귀족 집단의 대표자인 비담이 선덕여왕을 옹립하고 있는 신귀족집단을 제거하기 위해 일으킨 것인데, 오히려 김춘추·김유신계의 신귀족세력에 의해서 30여 명이 숙청당함으로써 분쇄되고 말았다.

이 정변의 와중에서 선덕여왕이 죽자, 신귀족은 구귀족과 일시적으로 제휴하여 진덕여왕을 즉위시키고, 구귀족세력의 대표인 알천을 상대등에 임명하였다. 비담의 반란 진압과 진덕여왕의 옹립 과정에서 김춘추·김유신계는 정치적 실권을 완전히 장악할 수 있었다.

그렇기 때문에 진덕여왕대에는 김춘추에 의한 새로운 방향으로의 외교활동과 내정개혁이 이루어지게 되었다. 김춘추는 고구려와의 동맹관계 수립에 실패하자, 다시 당나라와의 관계강화를 위해 648년(진덕여왕 2)에 당나라에 파견되어 적극적인 친당정책을 추진하였으며, 당 태종으로부터 백제공격을 위한 군사지원을 약속받았다. 김춘추에 의한 친당정책은 650년에 신라가 중고시대 전기간을 통해 계속 사용해오던 자주적인 연호를 버리고 당나라 연호인 영휘永徽를 신라의 연호로 채택한 데에서 단적으로 나타난다.

한편, 김춘추는 귀국 후에 왕권강화를 위한 일련의 내정개혁을 주도하였는데, 649년 중조의관제中朝衣冠制의 채택, 651년 왕에 대한 정조하례제正朝賀禮制의 실시, 품주稟主의 집사부執事部로의 개편 등 한화정책漢化政策이 그것이다. 김춘추에 의해 주도된 내정개혁의 방향은 당나라를 후원세력으로 하고 왕권강화를 실제적 내용으로 하는 것이었다. 이것은 진덕여왕의 왕권을 강화하기 위한 것이라기보다는 오히려 김춘추 자신이 즉위할 경우에 대비한 정지작업으로서의 성격이 짙었다.

친당외교와 내정개혁을 통해 신장된 신귀족세력의 힘을 기반으로 김춘추는 진덕여왕이 죽은 뒤에 화백회의에서 섭정으로 추대되었고, 그와 일시적으로 제휴했던 구귀족 세력의 대표인 상대등 알천을 배제시키면서 왕위에 올랐다. 그리고 김춘추는 즉위에 있어서 그의 할아버지인 진지왕이 폐위되었던 만큼 화백회의에 의해 추대받는 형식을 취함으로써 구귀족으로부터 신귀족으로의 권력이양과 왕위계승의 합법성 내지 정당성을 유지하려 하였던 것이다.

태종무열왕이 즉위하기 이전인 중고시대의 상대등은 귀족회의의 대표자로서 왕권을 견제하는 존재이거나 왕위계승 경쟁자로서의 자격이 있었던 것에 대하여, 태종무열왕이 즉위한 후 왕의 측근세력인 김유신이 상대등에 임명되었다는 사실은 상대등이 귀족세력의 대표라는 본래의 기능을 상실하고 전제왕권과 밀착되었음을 의미한다. 따라서 상대등 중심의 귀족세력은 약화될 수밖에 없으며 신라 중대사회에서는 전제왕권의 방파제 구실을 하는 행정책임자인 집사부 중시의 권한이 상대적으로 강화될 수 있는 기틀이 마련되었던 것이다.

이와 같이 친당외교를 통해 당나라를 후원세력으로 삼고 내정에서는 측근세력의 정치적 포석을 통해 왕권을 안정시킨 다음 고구려 · 백제에 대한 전쟁을 수행하였다.

659년에는 백제가 자주 신라의 변경지방을 침범하므로 당나라의 군사를 청해 660년부터 본격적인 백제정벌을 추진하였다. 3월에 소정방을 비롯한 수륙水陸 13만 명이 백제를 공격하여, 5월에 왕은 태자 법민과 유신·진주眞珠·천존天存 등과 더불어 친히 정병精兵 5만명을 이끌고 당군의 백제공격을 응원하였다. 7월에는 김유신이 황산벌[黃山之原]전투에서 계백階伯이 이끄는 5,000명의 백제군을 격파하고 당군과 연합해 백제의 수도인 사비성泗沘城을 함락시켰다. 이어서 웅진성熊津城으로 피난했던 의자왕과 왕자 부여 융扶餘隆의 항복을 받음으로써 마침내 백제를 멸망시킬 수 있었다. 이는 신라의 숙원이던 백제를 병합함으로써 반도통일半島統一의 계기를 만들었다는 점에서 의미를 가진다.

사비성 함락 후, 9월에 당나라는 유인원劉仁願의 1만명과 김인태金仁泰의

7,000명의 군대로 하여금 머물러 지키게 하였다. 10월에 태종무열왕은 친히 백제지역에서 아직 정복되지 않은 이례성小禮城(지금의 온산論山) 등 20여 성의 항복을 받았다. 11월에 백제로부터 귀환해 백제정벌에서 전사한 자들과 전공을 세운 자들에게 상을 차등있게 내려주었다. 그리고 항복해온 백제의 관료들에게도 능력에 따라 신라의 관등을 주어 관직에 보임하는 회유책을 쓰기도 하였다. 재위한지 8년 만에 죽으니 나이 59세였다. 영경사永敬寺 북쪽에 장사를 지냈다. 시호는 무열武烈이다.

654년(태종무열왕 원년) 4월에 태종 무열왕은 아버지를 문흥文興 대왕으로 추봉하고, 어머니를 문정文貞 태후로 삼았으며 죄수들은 대사하였다. 이어 5월에는 이방부령理方府令 양수良首 등에게 명하여 종래의 율령을 상세하게 살펴 이방부격理方府格 60여 조를 수정하게 하였다.

또한 당나라에서 지절사를 파견하여 예의를 갖추고 왕을 개부의동삼사신라왕으로 책봉하였다. 이에 왕은 당나라에 사신을 파견하여 사례의 뜻을 표하였다.

즉위 이듬해 정월에는 이찬 김강金剛을 상대등으로 삼고 파진찬 문충文忠을 중시로 삼았다. 이때 고구려, 백제, 말갈 등과 군사를 연합해 쳐들어와 북쪽 변경의 33개 성을 공취하였으므로, 왕은 당나라에 사신을 파견하여 구원병을 청하였다.

이에 당나라는 3월에 영주營州(중국 하북성河北城 북부의 역주易州) 도독 정명진程名振과 좌우위 중랑장 소정방蘇定方으로 하여금 군사를 거느리고 고구려를 공격하게 하였다. 태종무열왕은 원자 법민法敏을 세워 태자로 삼고, 서자 문왕文王을 이찬으로 삼고, 노차老且를 해찬海湌으로 삼고, 인태仁泰를 각찬角湌으로 삼고, 지경智鏡과 개원愷元을 각각 이찬으로 삼았다.

이해에 왕은 왕녀 지조知照를 대각찬 김유신에게 시집보냈으며, 이때 고루鼓樓를 현 경주의 월성 안에 건립하였다.

656년(태종무열왕 3) 왕자 김인문이 당나라로부터 돌아와서 드디어 군주로 임명되고, 장산성獐山城의 축조를 감독하였다. 7월에는 왕자 우무위右武衛 장군 문왕文王을 당나라로 파견하였다.

657년(태종무열왕 4) 7월, 일선군에 큰 홍수가 나서 3백여 명이 죽었으며, 얼마 안 되어 경주에 있는 동쪽 토함산에 불이 나서 4년이 지나서야 꺼졌다. 또한 흥륜사의 문이 저절로 헐렸는데 북쪽에 있는 바위가 무너지고 부서져서 쌀알 같이 되어 이를 먹어 보니, 오래 묵은 창고의 쌀과 같았다고 한다.

658년(태종무열왕 5) 정월에는 중시 문충을 이찬으로 삼고 이찬 문왕을 중시로 삼았다. 3월에 왕은 하슬라의 땅이 말갈에 인접하여 백성들이 편안하지 못하므로, 소경을 파하여 주州로 하고 도독을 두어 이를 지키게 하고 또 실직음 북진北鎭으로 하였다.

4월에는 백제가 빈번히 군사를 일으켜 변경을 침범하자 왕은 장차 이를 정벌할 것을 결심하고 당나라에 사신을 파견하여 구원병을 청하였다. 또 8월에는 아찬 진주眞珠를 병부령으로 삼았다. 그러나 10월이 되어도 당에 구원병을 청하러 간 회보가 없자 태종무열왕의 얼굴에는 근심하는 빛이 나타나기 시작했다. 그런데 어느 날 홀연히 선신先臣인 장춘長春과 파랑罷郞 같은 사람이 왕의 앞에 나타나서

"신은 비록 백골이 되었사오나 오히려 보국하려는 마음이 있사와 이제 당나라에 들어가 보니, 황제가 대장군 소정방 등에게 명하여 군사를 거느리고 내년 5월에 백제로 쳐들어온다는 것을 알았습니다. 지금 대왕께서 이와 같이 근심하시는 까닭으로 이를 알려드리는 것이올시다."

하며 말을 마치고는 없어져 버렸다고 한다. 왕은 크게 놀라고 기이하게 생각하여 곧 장춘과 파랑 두 집 자손들에게 후한 상을 내리고, 유사에게 명하여 한산주에 장의사莊義寺를 창건하고 그들의 명복을 빌게 하였다.

660년(태종무열왕 7) 정월에 상대등 김강金剛이 죽으므로 이찬 김유신을 상대등으로 삼았으며, 드디어 3월 당나라 고종은 좌무위대장군左武大將軍 소정방을 신구도행군대총관神丘道行軍大總管으로 삼고, 김인문을 부대총관副大總管으로 삼고, 좌효위장군左驍衛將軍 유백영劉伯英 등 13만 군으로써 백제를 정벌하도록 명령하고 또 왕을 우이도행군총관嵎夷道行軍總管으로 삼아 군사를

거느리고 이에 성원하도록 하였다.

　태종무열왕은 5월 26일에 김유신, 진주, 천존天存 등의 장병을 거느리고 서울을 출발하여 6월 18일에 한산주에 있는 남천정南川停에 행차하고, 소정방은 내주萊州를 출발하였는데, 전선이 천리에 뻗쳐 바다를 건너왔다.

　드디어 6월 21일, 왕은 태자 법민으로 하여금 당나라의 군사를 맞게 하니, 그는 전선 1백 척에 군사를 거느리고 나가서 소정방을 덕물도德物島(현 덕적도德積道)에서 맞았다. 소정방이 법민에게 말하기를

"나는 7월 10일에 백제의 남쪽에 이르러 대왕의 군사와 만나 백제 의자왕의 도성을 격파하고자 한다."

하므로, 법민은 말하기를

"대왕은 지금 대군이 오는 것을 서서 기다리고 있는 터이므로, 대장군이 왔다는 것을 들으면 반드시 음식을 만들어 가지고 올 것이다."

하니, 소정방은 크게 기뻐하며 법민을 돌려보내어 신라의 병마를 징발하게 하였다. 법민이 돌아와서 왕에게 소정방의 군세가 매우 강성한 것을 말하자, 왕은 기쁨을 이기지 못하였고 곧 태자에게 명하여 대장군 김유신, 장군 품일과 흠춘欽春(또는 흠순欽純) 등과 더불어 정병 5만 명을 데리고 나가서 당나라군과 호응하도록 하였으며, 왕은 상주 금돌성今突城으로 행차하였다. 이어 7월 9일에 김유신 등은 황산벌로 진격하였는데, 백제의 장군 계백은 군사를 거느리고 와서 먼저 험한 곳을 의지하여 삼영三營을 설치하고 기다리고 있었다. 김유신 등은 군사를 삼도三道로 나누어 백제와 4번 싸웠으나, 싸움마다 불리하여 군사들의 기력이 다하였다. 이때 장군 흠순은 아들 반굴盤屈에게 말하기를

"신하된 도리로서는 충성만 한 것이 없고, 자식된 도리로서는 효성만 한 것이 없는

데, 이러한 위급함을 보고 목숨을 내어던지면 충효를 둘 다 완전히 이룰 수 있는 것이다."

하고는, 곧 적진으로 뛰어 들어 힘차게 싸우다가 전사하였다.
이때 좌장군 품일은 아들 관창을 불러 말 앞에 세우고 모든 장병을 가리키며 말하기를

"나의 아들은 나이가 겨우 16세이나 의지와 기개가 자못 용감하다. 너는 오늘의 전쟁에 능히 삼군三軍의 표적이 되겠느냐?"

하니, 관창은 '예' 하고 대답한 다음 갑옷을 입고 창을 들고 말을 달려 적진으로 달려 들어갔다가 적에게 사로잡혀 계백에게로 끌려갔다. 계백은 그의 갑옷을 벗겨 보고, 그가 아직 어린 소년임에도 그토록 용감한 것을 어여삐여겨 차마 죽이지 못하고 감탄하기를

"신라와는 능히 대적할 수 없겠구나. 소년도 이와 같은데, 하물며 장사들이야."

하고 그를 살려 돌려보내도록 하였다. 관창은 돌아와서 아버지에게 말하기를

"소자가 적진으로 들어가기는 하였으나 능히 적장을 베고 깃발을 빼앗아오지 못하였음은, 죽음을 두려워한 것이 아닙니다."

하고는, 손으로 우물물을 움켜 마시고 또다시 적진으로 달려 들어가 용감히 싸우다가 다시 계백에게 사로잡혔다. 이에 계백은 그 머리를 잘라서 말안장에 달아매어 돌려보내니, 품일은 아들의 머리를 안고 흐르는 피를 옷깃에 적시면서 말기를

"내 아들의 면목은 산 것 같다. 능히 국사를 위하여 죽은 것은 다행한 일이다."

하자, 삼군은 이를 보고 강개하여 모두 결사의 뜻을 가지고 북을 울리고 함성을 지르며 진격하여 적을 격파하니, 백제군은 대패하여 계백은 전사하고 좌평 충상忠常과 상영常永 등 20여 명은 포로가 되었다.

 이날 소정방은 부총관 김인문 등과 더불어 기벌포伎伐浦(금강 하류)에 이르러 백제 군사를 만나서 이를 대파하고 쳐들어왔다. 그런데 소정방은 김유신 등이 백제 군사를 격파하고 당나라의 병영에 이르자, 약속한 기일에 늦었다 하여 신라 독군督軍 김문영金文穎(또는 金文永)을 군문軍門에 참형하려고 하였다. 이에 김유신은 그들에게 말하기를

"대장군은 황산의 전역을 보지 못하고 기일에 늦었다 하여 죄를 논하려 하나, 나는 죄 없이 욕을 받지 않을 것이다. 나는 먼저 당나라군과 결전한 연후에 백제를 격파할 것이다."

하고 곧 군문 철월鐵鉞을 잡고 섰는데, 크게 노하여 털은 꼿꼿이 일어나 심어 놓은 것 같고 허리에 찬 보검은 저절로 칼집에서 튀어나오는 것 같았다. 이때 소정방의 우장군 동보량董寶亮이 발을 구르며 말하기를

"신라 군사들의 변고가 있을까 두렵습니다."

하자, 소정방은 결국 김문영의 죄를 묻지 않았다.

 이때 백제 왕자는 좌평 각기覺伽로 하여금 글을 지어 당나라 장군에게 보내어 퇴병할 것을 애걸하였다. 그러나 7월 12일에 나당 연합군이 합세하여 백제의 도성으로 쳐들어가 성을 포위하기 위해 소부리所夫里(부여읍)의 벌판에 진격하였다.

그런데 소정방이 두려워하며 앞으로 나가지 않으려 하자, 김유신은 이를 설복시켜 양군 합세로 용감히 사기를 떨치며 군사를 정제하여 사도四道로

쳐들어갔다. 이에 백제 왕자는 상좌평으로 하여금 많은 음식을 갖추어 보냈으나 소정방은 이를 거절하여 물리쳤고, 또 왕의 서자가 몸소 좌평 6명과 더불어 앞으로 나와서 죄를 빌었으나 이 또한 물리쳤다. 다음날 의자왕은 좌우 신하들을 거느리고 밤에 도망쳐 웅진성熊津城(현 공주公州)으로 피하였으며, 의자왕의 아들 부여융扶餘隆은 대좌평 천복千福 등과 함께 나와 항복하였다. 이때 법민은 융을 말 앞에 꿇어앉히고 낯에 침을 뱉으며 꾸짖기를

"먼저 너의 아비는 나의 누이동생을 참혹하게 죽여 옥중에 묻어놓아 나로 하여금 20년 동안 마음을 아프게 하고 고민하게 하였다. 오늘 너의 목숨은 나의 손에 있다."

하였으나, 융은 땅에 엎드려 아무런 말도 하지 못하였다.
결국 7월 18일에 이르러 의자왕은 태자와 웅진 방면으로 군사를 거느리고 웅진성에서 돌아와 항복하였다. 태종무열왕은 의자왕이 항복하였다는 말을 듣고 7월 29일에 금돌성으로부터 소부리성所夫里城(부여 사비성泗沘城)에 이르러서 제감 천복天福을 당나라로 파견하여 승전을 알렸다. 8월 2일에는 승전을 기념하기 위해 크게 잔치를 베풀고 모든 장병들을 위로하였는데, 왕은 소정방 및 여러 장수들과 더불어 당상에 앉아 의자왕 및 그 아들 융을 당하에 앉혀놓고, 때로 의자왕에게 술을 부어 올리게 하니, 백제의 좌평 등 군신들이 울며 눈물을 흘리지 않는 이가 없었다.
이날에 신라에서는 모척毛尺을 잡아 처형하였다. 모척은 본래 신라 사람으로서 백제로 도망하였었는데, 그는 대야성의 검일과 더불어 공모하여 성을 함락시켰으므로 신라를 배반한 죄로 잡아 죽였다. 또 검일은 잡아서 죄를 들어 말하기를

"너는 대야성에 있으면서 모척과 함께 공모하고 백제의 군사를 끌어들여 창고를 불태워 성 안의 식량을 궁핍하게 하여 실패하게 한 것이 죄의 첫째요, 품석 부부를 죽도록 한 것이 죄의 둘째요, 백제와 더불어 본국으로 쳐들어온 것이 죄의 셋째이다."

하고, 사지를 찢어 죽여 그 시체를 강물에 던져 버렸다.

그런데 백제의 도성이 함락되자 그 남아 있는 적들은 남잠성南岑城, 정현성貞峴城 등 성에 의지하고, 또 좌평 정무正武는 무리를 모아 두시원악豆尸原嶺에 진을 치고 나당군에 대항하였다. 8월 26일이 되자 나당군은 임존任存(현 대흥大興)의 대책大柵을 공격하였으나, 백제의 많은 군사들은 험한 지형에 의지하여 있으므로 이를 격파하지 못하고 다만 소책小柵만을 격파하였다. 9월 3일에 이르러 당의 낭장 유인원劉仁願은 군사 1만 명으로 사비성에 유진留鎭하고 신라 왕자 인태仁泰는 사찬 일원日原과 급찬 길나吉那와 더불어 군사 7천 명으로써 유인원과 함께 사비성에 머물렀다. 한편 소정방은 백제의 왕과 왕족 및 그 신료 93명과 백성 1만2천 명을 데리고 사비성에서 떠나 배를 타고 당나라로 돌아가는데, 이때 김인문은 소찬 유돈儒敦과 대내마 중지中知 등과 함께 당으로 들어갔다.

9월 23일에 백제의 남은 적들이 여사비성으로 쳐들어와서 이미 항복한 사람들을 도로 빼앗으려 하자, 유수留守 유인원劉仁願은 나당을 거느리고 나가 이를 격파 퇴주시켰다. 적들은 사비성 남령南嶺(금성산錦城山) 위로 물러서서 사·오책을 굳게 쌓아놓고 무리를 모아 진을 친 다음, 틈을 보아서는 성읍을 돌며 약탈하니, 백제 사람들은 반란을 일으켰으며 20여 성이 이에 호응하였다. 이렇게 되자 당 고종은 좌위중랑장左衛中郎將 왕문도王文度를 웅진 도독으로 삼아 파견하였다. 그는 9월 28일에 삼년산성에 이르러서 왕에게 전서를 전달하였다. 이때 왕문도는 동쪽에 면하여 서고 대왕은 서쪽에 면하여 서서 황제의 명을 전한 뒤에 왕문도가 예물을 왕에게 바치려 하는데, 갑자기 왕이 병이 나서 돌아가실 지경에 이르자, 종자가 대신 왕의 자리에 서서 모든 일을 끝마쳤다.

그러나 곧 건강을 회복한 왕은 10월 9일, 태자와 모든 장병을 거느리고 이례성尒禮城(부여 동남쪽)을 공격하여 10월 18일에 성을 공취하고 관리를 두어 이를 지키게 하니 백제의 모반한 20여 성이 크게 두려워하며 모두 항복하였고 이어 같은 달 30일에는 사비성 남령의 군책을 공격하여 1천5백 명을 참살하였다.

그런데 11월 1일에 고구려가 군사를 일으켜 칠중성에 침입하여, 군주 필부匹夫는 적을 막다가 전사하고 말았다. 11월 5일에 왕은 계탄雞灘(부여 서강西江)을 건너가서 왕흥사잠성王興寺岑城(부여군 울성산성蔚城山城)을 공격하여 7일에 적을 격파하여 이기고 7백 명을 참살하였다. 이어 22일, 왕은 백제로부터 돌아와 논공하는데, 계금졸罽衿卒 선복宣服을 급찬으로 삼고, 군사軍師 두질豆迭을 고간高干으로 삼았는데, 그들은 전사하였다.

　　유사지儒史知, 말지활末知活, 보홍이寶弘伊, 설유屑儒 등 4명에게 벼슬을 주되 차등을 두었고 백제인이라도 재능을 보아서 등용하는데 좌평 충상忠常, 상영常永과 달솔達率, 자간自簡은 일길찬의 벼슬을 주어 총관으로 삼고, 무수武守 은솔恩率은 대내마의 벼슬을 주어 대감으로 삼고, 인수仁守 은솔恩率은 대내마의 벼슬을 주어 제감으로 삼았다.

　　661년(태종무열왕 8)이 되어서도 백제와의 싸움은 계속 이어졌다. 2월에 백제의 잔적들이 사비성을 침공하므로 왕은 이찬 품일을 대당 장군으로 삼고, 잡찬 문왕과 대아찬 양도良圖와 아찬 충상忠常 등을 부장으로 삼고 잡찬 문충文忠을 상주上州 장군으로 삼고 아찬 진왕眞王을 부장으로 아찬 의복義服을 하주下州 장군으로 삼고, 무훌武欻과 욱천旭川 등을 남천南川 대감으로, 문품文品을 서당誓幢 장군으로, 의광義光을 낭당郞幢 장군으로 삼아 사비성을 구원하였다. 이어 3월 5일에 중로中路에 이르러 품일은 거느린 군사들을 나누어 먼저 가도록 하여 두량윤豆良尹(또는 두량이豆良伊) 남성南城에 병영을 칠 곳을 살피게 하였는데, 백제인들은 진영이 정비되지 못한 것을 바라보고 갑자기 내달아서 급히 공격하므로 모든 군사들은 불의의 습격을 받고 크게 놀라 도망하였다. 같은 달 20일에 대군은 고사비성古沙比城 밖에 진을 쳤다가 두량윤성豆良尹城으로 쳐들어갔으나 한 달 엿새가 되도록 성을 빼지 못하자, 4월 19일에 회군하기 시작했다. 먼저 대당大幢과 서당誓幢을 가게하고, 하주(현 창녕)의 군사들을 뒤에 따르게 하여 돌아가다, 빈골양賓骨壤(현 고부古阜 동쪽)에 이르러서 백제군을 만나 서로 싸웠으나 패하여 물러섰다. 이 때, 죽은 사람은 비록 적었으나 병기구와 군량 등을 잃은 것은 심히 많았다. 상주 낭당은 적을 각산角山(고부 부근)에서 만났으나 진격하여 이기고 드디어는 백제의 진영으로 쳐들어가서 그 보루를 격파하고 2천명을 참획하였다.

왕은 군사들이 패하였다는 말을 듣고 크게 놀라서 장군 김순金純, 진흠眞欽, 천존天存, 죽지竹旨 등을 파견하여 이를 구원하게 하였는데, 그들은 가시혜진加尸兮津에 이르러서 군사들이 가소천加召川(현 거창居昌 가천加川)으로 물러갔다는 말을 듣고 군사를 돌리고 말았다. 이에 왕은 모든 장수들의 패배한 죄를 논하여 벌을 주었다.

5월 9일(11일이라는 설도 있음)이 되자 고구려의 장군 뇌음신惱音信이 말갈의 생해生偕 장군과 더불어 군사를 연합하여 술천성述川城(현 여주驪州 오포梧浦)으로 쳐들어왔으나, 이기지 못하고 북한산성으로 옮겨서 포차를 벌려 세우고 돌을 쏘아 성옥城屋을 파괴하자, 성주 대사 동타천冬陀川은 사람들을 시켜 철질려鐵疾藜를 성 밖으로 던졌고 인마人馬가 범접하지 못하였다. 또 안양사安養寺의 창고를 파괴하여 그 재목을 가져다가 성의 헐린 곳을 수리하고 누로를 만들며 굵은 밧줄로 얽고 소와 말의 가죽과 무명옷을 걸어 매고 그 안에 노포弩砲를 설비하여 놓고 굳게 지켰다. 이때에 성 안에는 남녀 2천 8백 명이 있었는데, 성주 동타천은 외롭고 약한 성민들을 격려하여 강대한 적을 잘 막으며 20여 일을 싸웠다.

그러나 군량이 다 떨어지고 힘이 다하여 피로하게 되자 마지막 방법으로 지성으로 하늘에 축원을 하기 시작하였다. 그랬더니 갑자기 큰 별이 적진으로 떨어지고 또 우레가 울리고, 비가 쏟아지며 벼락이 떨어져 적들은 크게 두려워하며 포위를 풀고 돌아가 버렸다고 한다. 이 말을 들은 왕은 크게 기뻐하여 곧 동타천을 대내마로 진급시켰다. 이때 대야에 옮기고 아찬 종정宗貞을 도독으로 삼았다.

6월에 대관사大官寺의 우물물이 피와 같이 붉게 되었고, 금마군金馬郡(현 익산益山)에서는 땅에서 피가 흘러 5보나 넓게 퍼졌다. 그런데 왕이 돌아가시므로 무열이라 시호하고 영경사의 북쪽에 장사하고 태종太宗의 호를 올렸다. 당 고종은 왕의 부음을 듣고 당나라 서울에 있는 낙성문洛城門에 나와 애도의 뜻을 표하였다.

● 태종무열왕대의 사람들

필부匹夫

?~660(태종무열왕 7). 신라의 장수. 경주 사량부沙梁部 출신. 아찬阿湌 존대尊臺의 아들이다. 659년에 칠중성七重城(지금의 경기도 적성) 밑의 현령으로 임명되었다. 고구려·백제·말갈이 연합하여 신라의 북쪽 변경을 침공하자 태종무열왕은 이 방면의 방비에 힘을 기울였다. 660년 7월 백제가 멸망하자 이에 위협을 느낀 고구려가 그해 10월 군사를 내어 칠중성을 포위, 공격하였다. 이때 그가 신라군을 이끌고 힘을 다하여 대항하자 고구려군은 성을 함락할 수 없음을 알고 돌아가려 하였으나, 대나마大奈麻 비삽比歃이 성안에 식량이 떨어지고 힘이 다하였음을 고구려군에게 알렸다. 이에 비삽의 머리를 베어 성 밖으로 던지고 군사들을 독려하여 싸웠으나, 성은 함락되고 그도 전사하였다. 급찬級湌의 벼슬에 추증되었다.

적득狄得

?~655(태종무열왕 2). 신라 태종무열왕 때의 무장. 관직은 소감少監이었다. 655년 태종무열왕이 백제와 고구려가 함께 신라의 변경을 침범함을 분하게 여겨 정벌을 모의하고 군사를 출동시킬 때 낭당대감郎幢大監 김흠운金歆運을 따라 소감으로 출전하였다. 신라군은 양산陽山(지금의 충청북도 영동군 양산면) 아래에 진영을 치고 조천성助川城(지금의 영동군 양산면 비봉산성)을 공격하다가 김흠운이 전사하자, 적득도 대감大監 예파穢破와 함께 용감히 싸우다가 전사하였다. 뒤에 태종무열왕에 의하여 대나마大奈麻의 관등에 추증되었다.

중지中知

생몰년 미상. 신라 태종무열왕 때의 관리. 관등은 대나마大奈麻에 이르렀다. 660년(태종무열왕 7) 7월 백제를 멸망시키자 같은 해 9월 3일 당나라 장군 소정방蘇定方이 낭장郎將 유인원劉仁願으로 하여금 사비성泗沘城(지금의 부여)을 지키게 하고 자신은 백제왕 및 왕족과 신료 등 93명과 주민 1만 2000명을 데리고 돌아갈 때, 김인문金仁問·유돈儒敦 등과 함께 사비에서 배를 타고 귀환하는 소정방을 동행하여 당나라로 갔다.

종정宗貞

생몰년 미상. 신라 태종무열왕 때의 지방관. 신라가 중국의 당나라와 연합하여 660년(태종무열왕 7)에 백제를 멸망시키고, 661년 5월에 압독주押督州를 신라와 백제간의 쟁탈지였던 대야大耶(지금의 경상남도 합천)로 옮길 때, 아찬阿湌의 관등으로서 압독주의 장관인 도독都督에 임명되었다.

천복天福

660년(태종무열왕 7) 제감弟監. 왕王은 나당羅唐 군군軍에 의해 백제百濟 의자왕義慈王이 항복하였다는 소식을 듣고 7월 29일에 금돌성今突城 상주尙州로부터 소부리성所夫里城(부여사비성扶餘泗泚城)에 이르러 왕명王命을 받고 당唐나라에 파견되어 전과를 알렸다.

문정文貞

신라新羅 진평왕眞平王의 딸. 일명 천명부인天明夫人. 이찬伊湌 김용춘金龍春의 아내로 태종무열왕을 낳았다. 654년 태종무열왕이 즉위하자 문정태후文貞太后에 추봉追封되었다.

문충文忠

신라新羅 장군. 661년(태종무열왕 8) 잡찬迊湌으로 상주장군上州將軍이 되어 사비성泗泌城을 공격하는 백제의 유민을 격퇴, 668년(문무왕 8) 대당총관大幢總管이 되고, 670년에 백제의 유민을 토벌했다.

문노文努

신라新羅 화랑花郎. 태종무열왕太宗武烈王 때 사람으로 김흠운金歆運의 문하생門下生이다.

반굴盤屈

?~660(태종무열왕 7). 벼슬은 무장武裝. 성은 김金. 사량泗梁사람 각간角干 흠순欽純의 아들. 황금서당 보기감黃衿誓幢步騎監 영윤令胤의 아버지. 660년(무열왕 7) 7월 황산黃山 싸움에서 흠순의 뜻을 받들어 충효忠孝로서 임할 것을 맹세, 홀로 적진에 들어가 용전 끝에 전사했다. 관창官昌과 함께 신라군의 사기를 높여 황산 싸움을 승리로 이끌었다.

지미제支美齊

신라新羅 군인軍人. 660년(태종무열왕 7) 고구려가 군사를 일으켜서 칠중성七重城(적성積城)에 침입함으로 군주軍主 필부匹夫와 함께 싸우다가 필부는 전사戰死했다.

석체昔諦

생몰년 미상. 신라시대의 유학자. 중원경中原京 사량沙梁 사람. 관등은 나마

奈麻. 문장가로 유명한 강수強首의 아버지이다. 임나가야任那加耶의 유예遺裔로서 6두품인 듯하다.

갓 태어난 강수의 머리 뒷부분의 뼈가 높이 솟아 있음을 이상히 여겨 당시의 현자賢者에게 물어서 강수가 장차 국사國士가 될 것임을 짐작하였다.

뒤에 강수가 장성하자 그 뜻을 시험하여 보려고 불도佛道를 배울 것인가, 유도儒道를 배울 것인가 묻자, 유도를 배우겠다고 하여 허락하여 주었다.

또, 강수가 일찍이 부곡釜谷의 풀무장이 딸과 야합하여 애정이 깊었는데, 20세가 되자 읍중의 용모와 행실이 아름다운 자를 중매하여 장가들게 하였지만 강수가 사양하였다. 이에

"네가 세상에 이름이 나서 나라 사람으로 모르는 자가 없는데, 미천한 자로 짝을 삼는다면 수치스러운 일이 아닌가."

하고 강권하였으나 뜻을 이루지 못하였다.

자장慈藏

590년(진평왕 12)?~658년(태종무열왕 5)? 신라시대의 고승. 성은 김씨. 속명은 선종랑善宗郎. 무림茂林의 아들이다.

무림은 진골 출신으로 신라 17관등 중 제3위에 해당하는 소판蘇判의 관직에 있었다. 늦게까지 아들이 없었던 그는 불교에 귀의하여 아들을 낳으면 시주하여 법해法海의 진량津梁이 되게 할 것을 축원하면서, 천부관음千部觀音을 조성하였다. 어느 날 어머니가 별이 떨어져 품안으로 들어오는 태몽을 꾸고 석가모니가 탄생한 4월 초파일에 자장을 낳았다.

천성이 맑고 슬기로워 학문을 깊이 닦아 익혔으며, 어버이를 여읜 뒤부터 세속의 번거로움을 싫어하여 처자를 버리고 홀로 깊은 산으로 들어가 고골관枯骨觀을 닦았다. 조그만 집을 지어 가시덤불로 둘러막고 벗은 몸으로 그 속에 앉아 움직이기만 하면 곧 가시에 찔리도록 하였고, 끈으로 머리를

천장에 매달아 정신의 혼미함을 물리쳤다.

그때 조정의 재상 자리가 비어 그를 기용하려 하였으나 부름에 응하지 않았으므로, 왕은 취임하지 않으면 곧 목을 베라는 엄한 명을 내렸다. 그는 칙명을 듣고,

"내 차라리 계戒를 지키고 하루를 살지언정 계를 깨뜨리고 100년을 살기를 원하지 않는다(吾寧一日持戒而死 不願百年破戒而生)"

고 하였다. 이 말을 전해들은 왕은 출가를 허락하였다.

그 뒤 더욱 깊은 산속으로 들어가 수행하였는데 그때 이상한 새가 과일을 물고 와서 공양하였고, 천인天人이 와서 5계를 주는 꿈을 꾸었다고 한다. 그 뒤 그 산골로부터 나오자 각처의 사람들이 찾아와서 다투어 계를 받았다.

636년(선덕여왕 5) 승실僧實 등 제자 10여명과 함께 당나라로 가서, 먼저 문수보살文殊菩薩이 머물러 있다는 청량산淸凉山의 문수보살상에 은밀한 감응을 기도하였다. 7일 동안의 기도 후 꿈에 대성大聖이 나타나 4구게四句偈를 주었다. 그 게송이 범어였으므로 뜻을 알 수가 없었다. 이튿날 아침 한 승려가 금점金點이 있는 가사袈裟 한 벌과 부처의 바루 한 벌, 그리고 불두골佛頭骨 한 조각을 가지고 와서,

"일체의 법은 모두가 자성自性이 있는 바 없다. 법성法性을 이렇게 요달할지면 곧 노사나불盧舍那佛을 보게 되리라"

고 4구게를 번역해준 다음 가사 등을 주었다.

또, 신라의 동북방 명주溟州경계에 있는 오대산은 일만의 문수文殊가 항상 거주하는 곳이므로 그곳에서 문수보살을 친견하라고 하였다.

그 뒤 장안長安으로 갔는데, 당나라 태종은 사신을 보내어 그를 위로하고 승광별원勝光別院에 머무르게 하였으며 후한 대접을 하였다.

어느날 한 장님이 그의 설법을 듣고 참회하자 곧 눈을 뜨게 된 일이 있었

다. 이러한 소문이 퍼지자 그를 찾아와 계를 구하는 사람이 매일 1,000여 명에 이르렀다.

그 뒤 태종에게 글을 올려 승광별원을 떠나 장안의 남쪽 50리쯤에 있는 종남산終南山 운제사雲際寺의 동쪽 산록으로 들어갔다. 그곳에서 바위에 의지하여 집을 짓고 3년 동안 수도하다가 다시 장안으로 가서 태종으로부터 비단 200필을 받는 등 두터운 예우를 받았다.

643년 선덕여왕은 당태종에게 글을 보내어 자장을 보내줄 것을 요청하였다. 귀국길에 본국 신라에 불상과 불경 등이 미비함을 생각하고 대장경 한 질과 번당幡幢·화개華蓋 등을 골고루 마련하였으며, 7년 만에 귀국하였다. 왕은 그를 분황사芬皇寺에 머무르게 하고 대국통大國統으로 임명하였다.

645년 황룡사皇龍寺에 9층탑을 세우고 그 절의 제2대 주지로 취임하였다. 그가 왕에게 9층탑 건립을 건의한 것은 당시의 어려운 국난을 극복하고자 하는 호국정신과 삼국통일의 염원에서였다. 불력佛力에 의하여 나라를 지킨다는 소박한 신앙심만이 아니라, 신라의 서울 경주에 거대한 탑을 세움으로써, 왕실의 권위와 신라의 국력을 과시하고자 한 현실적인 필요성 또한 깊이 작용한 것이다.

649년(진덕여왕 3)에는 국가의 복식을 중국의 제도와 같게 하기를 권하여 실행을 보았으며, 그 이듬해에는 당나라 연호를 쓰도록 하였다.

그의 생애에서 보다 중요한 것은 불교의 홍통弘通을 통한 국민교화와 불교교단의 기강확립이었다. 어느 해 여름 궁중에서 대승론大乘論을 강하였고, 황룡사에서 7일 동안 ≪보살계본菩薩戒本≫을 강하였다.

그러나 당시 신라불교는 기강이 세워져 있지 못하였고, 조정에서 대국통이라는 높은 직위를 주었던 것도 그로 하여금 전국의 승니僧尼들을 관장하도록 하기 위해서였다.

그는 전국의 모든 승니에게 불경을 공부하게 하여 매년 봄·가을 두 차례에 걸쳐 시험을 보도록 하였다. 또한, 한 달에 두 번씩 계를 설하게 하고, 순검사巡檢使를 전국에 파견하여 지방의 사찰을 일일이 살피고 승려들의 과실을 징계하며 불경과 불상 등을 정중히 모시도록 하는 등 교단의 기강을 바로잡는 데 힘을 기울였다. 이러한 노력으로 불교를 믿는 사람들 대부분이 계를 받고 불교에 귀의하는 법도를 확립시켰으며, 많은 사람들이 승문僧門에 들 것을 자청하게 되는 결과를 가져왔다.

또한, 출가승려가 될 것을 원하여 모여드는 사람들을 입문시키기 위하여 통도사通度寺를 창건하고 그곳에 금강계단金剛戒壇을 쌓았다.

한편, 일찍이 자기 집을 절로 바꾸었던 원녕사를 다시 증축하고, ≪화엄경≫을 강하여 화엄교법華嚴敎法을 천명할 때 52명의 여인이 나타나 법을 듣고 깨닫자 문인門人들이 그 수만큼의 나무를 심어 이적異蹟을 기념하였는데, 그 나무를 지식수知識樹라고 불렀다. 이로 인하여 신라에 화엄사상을 최초로 소개한 인물을 자장이라고 보고 있다.

특히, 그는 신라야말로 예로부터 불교와 인연이 깊은 터전이라고 믿었는데, 그러한 불국토사상佛國土思想은 ≪삼국유사≫의 여러 곳에 나타나 있다. 그 대표적인 한 사례는 오대산의 신라적 설정이다. ≪화엄경≫에 의하면 오대산은 문수보살의 상주도량常住道場으로서 중국에 있는 것으로 되어 있다.

그러한 오대산이 신라에도 있으며, 문수진신文殊眞身과 5만의 여러 불·보살이 머무르고 있다는 신앙을 신라에 전하였던 것이다.

그는 신라 10성聖의 1인으로 추대되어 흥륜사興輪寺 금당金堂에 모셔졌다.

저서로는 ≪아미타경소阿彌陀經疏≫ 1권, ≪아미타경의기阿彌陀經義記≫ 1권, ≪사분율갈마사기四分律羯磨私記≫ 1권, ≪십송율목차기十誦律木叉記≫ 1권, ≪관행법觀行法≫ 1권 등이 있다. 그러나 이들 저서는 현재 전해오지 않기 때문에 그의 깊은 학문적 업적을 구체적으로 알 수 없다.

다만, 일본승려 양충良忠의 ≪법사찬사기法事讚私記≫ 중에 자장의 ≪아미타경의기阿彌陀經義記≫에서 따서 옮긴 구절이 있을 뿐이다.

품일品日

생몰년 미상. 신라 태종무열왕 때의 장군. 화랑 관창官昌의 아버지이다. 진골眞骨 출신으로, 관등은 이찬伊湌에 이르렀다.

660년(태종무열왕 7) 신라와 당나라 연합군이 백제를 공격할 때, 김유신金庾信·흠순欽純 등과 함께 신라군을 이끌고 백제를 공략하였다. 백제의 수도 사비성泗沘城(지금의 부여)으로 진격하는 도중에 황산黃山(지금의 연산連山)에서 백제의 계백階伯이 이끄는 5,000의 결사대의 강력한 저항에 부딪치게 되었다. 이에 신라군은 3군으로 나누어 백제군과 4번이나 싸웠으나 모두 패퇴함으로써 군졸들의 사기가 크게 저하되었다.

이 때 좌장군左將軍의 직을 맡고 있던 그는 아들 관창을 불러

"오늘 싸움에서 네가 능히 3군의 모범이 되겠는가?"

하고 묻고, 그렇게 하겠다는 그를 단신으로 나가 싸우게 하였다.

그러나 관창은 마침내 계백에게 사로잡혀 죽음을 당하고 베어진 그의 머리만 계백의 선처에 의해 말안장에 매달려 신라군에게로 되돌아왔다. 품일은 관창의 머리를 잡고 흐르는 피로 옷깃을 적시며 말하기를,

"우리 아이의 면목이 살아 있을 때와 다름이 없다. 나랏일을 위하여 죽었으니 다행이다."

라고 하였다. 이것을 본 신라의 3군은 비분강개하여 백제군으로 진격하여 계백을 전사시키고 좌평佐平 충상忠常·상영常永 등 30여 인을 포로로 잡는 등 큰 승리를 거두었다.

661년에 이미 멸망한 백제의 남은 군사들이 다시 사비성을 탈환하기 위해 침공하자, 왕으로부터 대당장군大幢將軍에 임명되어 상주장군上州將軍 문충文忠, 하주장군下州將軍 의복義服 등과 함께 백제군을 토벌하기 위해 출전하였다. 그러나 군사를 나누어 먼저 가서 두량윤성豆良尹城(지금의 금산군 부리면)

남쪽에서 주둔할 장소를 살피던 중에 백제군의 불의의 습격을 받아 패퇴하였다. 한편, 하주군은 빈골양賓骨壤(지금의 고부古阜 동쪽)에서 백제군의 공격을 받아 군수품의 손실이 많았다. 이로 인해 이 싸움에서 패배한 신라의 장군들은 책임의 경중에 따라 왕으로부터 죄를 받았다.

두질豆迭

?~660(태종무열왕 7). 신라의 무관. 관직은 군사軍師였다.

660년(태종무열왕 7) 9월에 신라가 이미 빼앗은 사비성에 백제군사들이 다시 쳐들어와 치열한 싸움이 일어났다.

당시 유수留守였던 유인원劉仁願이 사비성 내의 백제군사를 격퇴시켰으나 이들은 완전히 돌아가지 않고 사비성의 남령南嶺으로 일보 후퇴하여 계속 성읍을 돌면서 나당연합군과 충돌하게 되었다.

마침내 주위에 있던 옛 백제 20여 성의 주민들도 합세하여 신라는 대단히 난처하게 되었다. 10월에는 왕이 친히 군사를 이끌고 모반한 백제의 이례성尒禮城 등을 공격하여 항복을 받고, 사비성의 남령에 있던 백제인 1500여 명을 참살하였다.

그러나 그해 11월에 고구려가 군사를 일으켜 칠중성七重城에 침입했으므로 군주軍主 필부匹夫가 이를 막아 잘 싸웠으나 전사하고 말았다.

왕이 다시 군사를 이끌고 고구려와 맞서 계탄鷄灘을 건너 왕흥사王興寺 잠성岑城을 공격하여 고구려 군사 700여 명을 참살하고 승리를 거두었다.

이처럼 잦은 전쟁에서 두질은 당나라 군사와 더불어 백제를 정벌하는데 대단한 공을 세웠다. 왕이 전쟁을 마치고 돌아와 논공을 하는데 이미 전사한 계금졸劚衿卒 선복宣服에게는 급찬級飡을, 군사 두질에게는 고간高干을 주어 전공을 치하하였다.

무흘武紇

생몰년 미상. 신라 태종무열왕 때의 장수. 661년(태종무열왕 8) 2월 백제의 유민들이 사비성泗沘城(지금의 충청남도 부여)을 공격하였을 때, 욱천旭川과 함께 남천정南川亭(지금의 경기도 이천)의 대감大監에 임명되어 구원군으로서 사비성에 파견되었다.

문충文忠

생몰년 미상. 신라 태종무열왕·문무왕 때의 중시中侍·장군. 655년(태종무열왕 2) 1월 파진찬波珍飡으로서 집사부執事部의 장관인 중시中侍에 임명되었으며, 3년 뒤인 658년 1월 이찬伊飡으로 임명됨과 동시에 중시의 직책으로부터 물러났다. 이것은 집사부의 창설 당시는 중시가 이찬으로서는 임명될 성질의 것이 아니었기 때문이다. 그 뒤 661년 2월 상주장군上州將軍이 되어 사비성泗沘城을 공격하는 백제유민을 격퇴하였다. 또한, 668년(문무왕 8) 신라가 당나라 군대와 연합하여 고구려를 토벌할 때, 각간角干 김인문金仁問·흠순欽純·천존天存과 잡찬迊飡 진복眞福, 파진찬 지경智鏡, 대아찬大阿飡 양도良圖·개원愷元·흠돌欽突과 함께 대당총관大幢摠管이 되어 출전하였다. 문충은 670년 7월 품일品日·중신衆臣·의관義官 등과 함께 백제부흥군을 토벌하여 63개의 성을 빼앗고 그 백성을 신라로 옮겼다.

문품文品

생몰년 미상. 신라 태종무열왕 때의 장군. 661년(태종무열왕 8) 2월 백제유민들이 사비성泗沘城(지금의 부여)을 공격하였을 때, 서당장군誓幢將軍에 임명되어 구원군으로 사비성에 파견되었다.

양수良首

생몰년 미상. 신라 태종무열왕 때의 관료. 654년(태종무열왕 1) 5월 이방부理方府의 장관인 영令에 있으면서 왕명을 받아 율령을 심사하여 이방부격理方府格 60여조를 정비하였다.

욱천旭川

생몰년 미상. 신라 삼국통일기의 군관. 61년(태종무열왕 8) 2월에 백제의 유민이 부흥운동을 일으켜 사비성泗沘城(지금의 부여)을 공격해 왔다. 이에 신라의 무열왕은 이찬伊飡 품일品日을 대당장군大幢將軍에 임명하여 여러 장수를 거느리고 출전하여 사비성의 수비군을 구원하고 백제군을 토벌하게 하였다. 이 때 욱천은 남천대감南川大監에 임명되어 출전하여 공을 세웠다.

예파穢破

?~655(태종무열왕 2). 신라 태종무열왕 때의 무관. 관직은 양산陽山(지금의 충청북도 영동군 양산면) 대감大監을 지냈다. 655년 백제·고구려가 함께 신라의 변경을 쳐들어오자 화랑 김흠운金欽運과 함께 양산 조천성助川城(지금의 영동군 양산면 비봉산성飛鳳山城)에서 백제군과 싸우다가 김흠운과 함께 전사하였다. 무열왕은 일길찬一吉飡에 추증하여 무훈을 찬양하였고, 세인들은 이 양산전투를 <양산가陽山歌>로 지어 슬퍼하였다고 한다.

의복義服

생몰년 미상. 신라 태종무열왕 때의 장수. 관등은 아찬阿飡이었다. 삼국통일전쟁기 백제유민이 661년(무열왕 8) 봄 2월에 사비성泗沘城(지금의 부여)을 공격해왔다. 무열왕은 이찬伊飡 품일品日을 대당장군大幢將軍으로 임명하고 잡찬迊湌 문충文忠을 상주장군上州將軍에 임명하는 등 수십명의 장수로 하여금 가서 구원하게 하였다. 이 때 의복은 하주장군下州將軍에 임명되어 출전하였다. 신라군은 백제군을 제대로 공격도 하지 못하다가, 4월 19일에는 퇴각하게 되었다. 대당군과 서당군誓幢軍이 먼저 떠나고, 하주군이 뒤에 떨어져 빈골양賓骨壤(지금의 고부 동쪽)에 다다랐을 때, 백제군을 만나 싸웠으나 패퇴하였다. 죽은 자는 비록 적었으나 수레와 무기를 많이 잃었으므로 논죄의 대상이 되었다.

진왕眞王

생몰년 미상. 신라 삼국통일전쟁기의 장수·지방관. 관등은 아찬阿湌에 이르렀다. 661년(태종무열왕 8) 2월에 백제의 부흥군이 사비성泗沘城을 공격하였으므로, 왕명을 받고 잡찬迊湌 상주장군上州將軍 문충文忠을 지원하였다. 672년(문무왕 12) 신라가 백제의 옛 땅에 소부리주所夫里州를 설치하자, 그 도독都督에 임명되었다.

지소부인智炤夫人

생몰년 미상. 신라 중대의 왕족. 김유신金庾信의 부인으로, 태종무열왕 김춘추金春秋의 셋째 딸이다. 김유신과의 사이에서 삼광三光·원술元述·원정元貞·장이長耳·원망元望 등 아들 다섯과 딸 넷을 두었다.
그녀의 자녀들에 대한 법도는 대단히 엄하여 당나라 군대와의 전투에서 패배한 아들 원술이 감히 아버지 김유신을 보지 못하고 숨어 살다가 김유신이 죽은 뒤에 그녀를 뵙기를 청하였으나, 그녀는

"부인婦人은 삼종三從의 의리가 있는데, 지금 내가 과부가 되었으니 아들을 따라야 하겠지만, 원술은 이미 선군先君에게 아들 노릇을 하지 못하였으니 내가 어찌 그 어미가 될 수 있느냐."

하면서 만나주지 않았다. 712년(성덕왕 11) 8월에 부인夫人에 봉해졌다.
이 때 성덕왕은

"지금 안팎이 편안하고 군신이 베개를 높이 베고 근심이 없는 것은 곧 태대각간太
大角干의 사물賜物이요, 부인이 집안을 잘 다스려 서로 경계하여 음덕陰德의 공
이 무성한 것이며, 과인이 그 덕에 보답하려는 마음을 하루라도 잊은 적이 없소. 남
성南城의 조租를 매년 1,000석石씩 주겠소."

라고 하였다. 그리하여 그녀는 매년 곡식 1,000석을 받게 되었다. 뒤에 머리
를 깎고 베옷을 입고 여승이 되어 생애를 마쳤다.

일원日原

생몰년 미상. 신라통일기의 장수. 660년(태종무열왕 7) 9월 3일 신라와 당나
라 연합군이 백제를 공격할 때 참전하였다. 사찬沙湌의 관등으로서 왕자 인
태仁泰 등과 함께 병사 7,000명을 거느리고, 병사 1만 명을 이끌고 사비성泗
沘城을 진수鎭守하던 당나라 장수 유인원劉仁願을 보좌하였다. 667년문무왕
7 당나라 왕이 칙명으로 지경智鏡과 개원愷元을 장군으로 하여 요동遼東의
역役에 나가게 하고, 당시에는 관등이 사찬에서 대아찬大阿湌으로 올라있던
일원을 운마장군雲摩將軍을 삼으니 왕이 궁정에서 그 칙령을 받았다.

인수仁守

생몰년 미상. 신라 태종무열왕 때의 군관. 원래 백제의 장군이었는데, 660
년(태종무열왕 7) 7월 신라의 백제 공격 때 포로가 된 것으로 추정된다.
그는 그 해 11월 신라의 백제 정벌에 군공을 세운 것이 인정되어 대나마大
奈麻의 관등을 받고 제감弟監직에 임명되었다. 이와 같은 신라의 관등과 관
직은 그가 지녔던 백제의 은솔恩率 관등이 참작된 것이다.

아울러 이 때 백제장군이었다가 신라에 투항한 충상忠常·상영常永·자간自簡·무수武守 등도 신라의 관등과 관직을 받았다.

금강金剛

?~660(태종무열왕 7). 신라 태종무열왕 때의 상대등上大等. 655년(태종무열왕 2) 정월에 이찬伊湌의 관등으로 상대등上大等이 되었다. 마지막 활동을 한 시기는 태종무열왕의 초기로 상대등의 관직을 차지하였다는 데 의미가 있다. 신라 중대에 들어와 왕권이 강화되면서 상대등은 상징적 관직이 되었는데, 이러한 시기에 상대등의 관직을 차지하였다는 사실이 의미를 더하여 준다. 더욱이 660년에 그가 죽자 그 후임에 김유신金庾信이 또한 이찬의 관등으로 상대등이 된 사실이라든지, 653년에 왕자 김인문金仁問이 군주軍主의 자리에 오른 것과 655년에 왕자 문왕文王이 중시中侍의 벼슬에 오른 사실 등은 이 시기의 역사적 중요성을 알 수 있다.

김개원金愷元

생몰년 미상. 신라의 왕족. 이름을 '예원禮元'이라고도 하였다. 아버지는 태종무열왕이고, 어머니는 김유신金庾信의 동생으로 문명왕후文明王后가 된 문희文姬이다. 형으로는 문무왕이 된 법민法敏을 비롯해 인문仁問·문왕文王·노차老且·지경智鏡 등이 있다.

655년(태종무열왕 2) 맏형인 법민이 태자로 책봉되자 지경과 함께 이찬伊湌에 임명되었다고 하지만, 그의 관등 승진 순서에 비추어 볼 때 아찬阿湌의 잘못일 것이다.

≪삼국유사≫ 태종춘추공조太宗春秋公條에는 '태자 법민, 각간 인문·문왕·노차·지경·개원 등은 모두 문희의 소생이고, 그 밖에 서자 급간級干 개지문皆知文, 차득령공車得令公, 아간阿干 마득馬得과 딸 다섯이 있었다.'라고 하였는데, ≪삼국사기≫ 진덕여왕 2년 조에, 김춘추가 당나라 태종에게 주청하기를

"신에게 아들이 일곱이 있으니 원컨대 성명聖明의 곁을 떠나지 않고 숙위하도록 하겠습니다."

라고 하였는데, 여기서 7명이라 함은 ≪삼국유사≫에 나오는 적출 여섯 명에 어느 아들을 더 말한 것인지 알 수 없다.

667년(문무왕 7)에 당나라 고종이 칙명으로 '지경과 개원을 장군으로 삼아 요동의 역役에 보내라.' 하니 문무왕이 곧 지경을 파진찬波珍飡으로 삼고 개원을 대아찬大阿飡으로 삼아 고구려 정벌에 출전시켰다.

이듬해인 668년 6월에는 대당총관大幢摠管에 임명되었다.

671년 1월에는 이찬으로서 중시中侍에 임명되어 2년 7개월간 재임하였다.

683년(신문왕 3)에는 왕이 김흠운金欽運의 딸을 맞아 부인을 삼으려 하자, 이찬 김문영金文穎과 함께 김흠운의 집에 가서 그의 딸을 부인으로 책봉하기도 하였다.

695년(효소왕 4) 상대등에 임명되었는데, 706년(성덕왕 5)에 인품仁品이 새로 상대등에 임명될 때까지 상대등 직에 있었던 듯 싶다. 또는 706년에 김개원이 죽어 상대등이 교체되었을 가능성도 있다.

그렇지만 719년에 만들어진 경주 <감산사아미타여래조상기甘山寺阿彌陀如來造像記>나 <감산사미륵보살조상기甘山寺彌勒菩薩造像記>에 김개원이 성덕왕과 함께 발원자인 김지성金志誠의 추복追福 대상으로 등장하고 있어, 해석에 따라서는 719년 직전이나 그 이후까지 생존했을 가능성도 있다.

김삼광金三光

생몰년 미상. 신라의 대신. 고조부는 금관가야의 마지막 왕인 구형왕, 증조부는 무력武力, 할아버지는 서현舒玄이며, 유신庚信의 6남 4녀 중 큰아들이다. 어머니는 태종무열왕의 셋째 딸 지소부인智炤夫人인데 동복 형제로 원술元述·원정元貞·장이長耳·원망元望이 있으며, 군승軍勝은 이복 형제이다.

666년(문무왕 6) 4월 나마奈麻로서 천존天存의 아들 한림漢林과 함께 당나라에 파견되어 좌무위익부중랑장左武衛翊府中郎將의 직을 받고 숙위宿衛하였다.
668년 6월 당나라에서 사찬沙湌의 관등에 올라 있으면서 당나라 장수 유인
궤劉仁軌를 따라 당나라 고종高宗의 고구려 정벌 칙지勅旨를 가지고 당항진黨
項津(지금의 경기도 화성군 남양면)에 도착하였다.

그 뒤 한동안 기록이 없어 자세한 것은 알 수 없으나 집안이 대대로 출장
입상出將入相의 집안이었던 점이나, 아버지 유신이 당시 고구려 정벌군의
최고 사령관인 대당대총관大幢大摠管의 직책에 있었던 점으로 보아, 고구려
와의 전쟁에서 크게 활약했으리라는 것을 짐작할 수 있다.

683년(신문왕 3)에 왕이 일길찬一吉湌 김흠운金欽運의 딸을 왕비로 맞아들이
게 되자 이찬伊湌 문영文穎과 함께 그 집에 가서 가례嘉禮 날을 정하였다. 납
채納采는 대아찬大阿湌 지상知常이 하였다. 이 때 관등은 파진찬波珍湌이었는
데 뒤에 제2관등인 이찬까지 올랐다.

아버지의 휘하에서 고구려와 싸울 때 큰 공을 세워 사찬의 관등에 있던 열
기裂起가 정치를 맡고 있던 그에게 군수郡守를 희망했으나 들어주지 않은
일이 있었다. 이에 열기가 기원사祇園寺의 승려 순경順憬에게

"그가 나의 청을 들어주지 않는 것은 아마 그의 아버지가 죽어 나를 잊은 모양인가
보다."

라고 말했는데, 뒤에 그가 이 말을 듣고 삼년산군三年山郡의 태수太守로 천거
하였다.

김서현金舒玄

생몰년 미상. 신라의 귀족. 유신庾信의 아버지이며, 금관가야의 시조인 수
로왕의 11세손이다. 아버지는 신주군주新州軍主를 역임했던 김무력金武力이
며, 아내는 입종갈문왕의 손녀인 만명부인萬明夫人으로서 김유신을 낳았다.
딸 문희文姬는 태종무열왕의 비가 되었다. 만노군萬弩郡(지금의 충청북도 진천)

의 태수를 지냈으며, 양주良州(지금의 경상남도 양산) 총관이 되어 백제와의 싸움에서 여러 차례 공을 세웠다. 629년(진평왕 51)에는 소판蘇判으로서 김용춘金龍春 및 김유신 등과 함께 고구려의 낭비성娘臂城(지금의 충청북도 청주)을 공격하여, 5,000여 명을 참살하고 성을 함락시키는 전과를 올렸다.

김순 金純

생몰년 미상. 신라 삼국통일전쟁 때 활약한 장군. 백제군이 금산군 부리면 두량윤성豆良尹城에서 강력한 진지를 구축하고 있을 때, 신라는 661년(태종무열왕 8)에 대군으로 이를 공격하였으나 36일이 지나도록 이기지 못하고 부득이 퇴진하게 되었다. 신라 퇴진군이 고부古阜 동쪽 빈골양賓骨壤에 이르렀을 때, 백제군을 만나 싸웠으나 신라군은 또 패하여 퇴진하였다. 이 같이 잇따른 신라군의 패전소식을 들은 태종무열왕은 장군 김순·진흠眞欽·천존天存·죽지竹旨 등을 파견하여 신라군을 구원하게 하였다. 그러나 김순 등이 이끄는 신라군이 고령 가야천伽倻川 가시혜진加尸兮津에 도착하였을 때, 백제군은 이미 거창 동쪽 가소천加召川으로 물러가버렸다. 이 소식을 들은 신라군도 다시 되돌아오게 되었다. 왕은 대노하여 출전한 장군들의 허물을 논하고, 죄를 차등 있게 내렸다.

보용나 寶用那

?~655(태종무열왕 2). 신라 태종무열왕 때의 무관. 655년 신라가 백제를 침입하여 양산陽山(지금의 옥천현 남쪽 59리쯤에 위치) 아래에 진을 치고 조천성助川城을 공격하려 할 때, 보용나는 신라군 대장 낭당대감郎幢大監 김흠운金歆運 밑에 보기당주步騎幢主로 출전하였다.
그런데 신라군이 진용을 채 갖추기도 전에 백제군이 야음을 틈타 신라군을 습격하였다. 이 싸움에서 김흠운이 분투하다 죽었는데, 보용나는 소식을 듣고 말하기를

"저 골족骨族이 가진 세도와 영광을 사람들이 아끼고 사랑하는 바이나, 오히려 죽음으로써 절개를 지켰는데 하물며 보용나가 산다고 이익이 없으며, 죽는다고 손해가 있겠는가!"

하고는 적진으로 달려가 여러 명을 베고 죽었다. 태종무열왕은 이 소식을 듣고 크게 슬퍼했으며 보용나에게 대나마大奈麻를 추증하였다. 이 때 사람들이 이 사실을 가지고 <양산가陽山歌>를 지어 부르며 이를 슬퍼하였다.

김흠순金欽純

 생몰년 미상. 신라통일기의 장군. 서현舒玄의 아들이며, 유신庾信의 동생이다. 일명 흠춘欽春이라고도 한다. 어려서 화랑이 되어 인덕과 신의가 깊어 크게 존경을 받았다.
 660년(태종무열왕 7) 6월 나당 연합군이 백제를 정벌할 때 품일品日과 함께 김유신을 도와 계백階伯의 백제군과 황산黃山에서 결전을 벌이게 되었는데, 신라군은 네 번 싸워 모두 패하였다. 이 때 흠순이 아들 반굴盤屈에게

"신하 노릇을 하자면 충忠만한 것이 없고, 자식 노릇을 하자면 효孝만한 것이 없다. 나라가 위기에 처해 목숨을 바치면 충효를 함께 하는 것이다."

라고 말하니, 반굴은 곧 적진에 뛰어들어 용맹히 싸우다가 죽었다. 이어 품일의 아들 관창官昌(또는 官狀)도 싸우다 죽자, 이를 본 신라 병졸들이 목숨을 걸고 싸워 계백의 결사대를 물리치고 사비성泗沘城을 함락시킬 수 있었다고 한다. 662년(문무왕 2) 8월 백제의 잔민이 내사지성內斯只城(지금의 유성)에서 반란을 일으키자, 그는 19명의 장군을 이끌고 이를 토벌하였다.
 663년 3월에는 천존天存과 함께 백제의 거열성居列城(지금의 거창)을 공격해 빼앗고 700여 명의 목을 베었으며, 거물성居勿城과 사평성沙平城을 쳐서 항복을 받았다. 이어 덕안성德安城(지금의 은진)을 쳐서 1,000여 명의 반민을 토

벌하였다.

668년 6월의 고구려 정벌 때 이미 각간角干에 올라 있던 그는 김인문金仁問·천존·문충文忠·진복眞福·지경智鏡·양도良圖·개원愷元·흠돌欽突 등과 함께 대당총관大幢摠管이 되어 김유신을 도와 출정하였다. 그는 항상 형인 김유신을 도왔다.

고구려 정벌 이후, 신라는 부흥 운동을 꾀하는 백제·고구려의 잔민을 포섭, 회유하는 한편으로 대당 항쟁을 꾀하였다. 그리하여 양국간의 긴장이 고조되던 669년에 그는 파진찬波珍飡인 양도와 같이 사신으로 당나라에 건너갔다. 문무왕은 격앙된 양국간의 대립을 완화시키고자 그들을 파견한 것이었으나, 그가 당나라에서 어떠한 외교 활동을 했는지는 알려져 있지 않다.

670년 당나라에서 귀국했으며, 그 뒤의 기록은 없다. 그의 가문은 멸사봉공의 희생정신으로 일관되어 삼국통일에 큰 역할을 하였다.

김인태 金仁泰

생몰년 미상. 신라의 왕족. 태종무열왕의 아들이다. 655년(태종무열왕 2)에 각찬角飡이 되었다. 660년에 신라가 나당연합군을 편성하여 백제를 공격할 때 당나라의 낭장 유인원劉仁願과 함께 사비성泗沘城에서 백제군과 싸웠다. 유인원이 군사 1만인으로 사비성에 주둔하자, 사찬沙飡 일원日原과 급찬級飡 길나吉那 등과 함께 신라군사 7,000명으로 사비성에 머물렀다. 신라군의 사비성 주둔은 백제 잔류세력의 공격을 막아내는 임무뿐만 아니라 당나라 군사를 견제하는 목적도 가지고 있었다.

김흠운 金歆運

?~655(태종무열왕 2). 신라시대의 군인. '김흠운金欽運'으로 쓰기도 한다. 내물마립간의 8세손으로, 아버지는 잡찬迊飡 달복達福이다. 태종무열왕의 사위이며, 신문왕의 장인이다. 어려서는 화랑 문노文努의 낭도로서 수행하였

으며, 명예와 기개를 중시하였다.

655년 신라가 고구려와 백제에 북쪽 변방 33성을 빼앗기자 낭당대감郞幢大監으로 출전하여, 병사들과 고락을 같이하며 전쟁에 참여하였다. 백제 땅 양산陽山(충청북도 영동) 밑에서 진을 치고 조천성助川城(영동 비봉산성 飛鳳山城)을 공략하려다가 백제군의 기습을 받아 패배, 대사大舍 전지詮知가 일단 후퇴하여 후일을 기약하자고 권유하는 것을 뿌리치고 적과 싸우다가 끝내 대감大監 예파穢破와 소감小監 적득狄得과 함께 전사하였다. 죽은 뒤 일길찬一吉湌에 추증되었으며, 사람들은 <양산가陽山歌>를 지어 그의 죽음을 슬퍼하였다고 한다. 딸은 683년(신문왕 3) 왕비가 되어 효소왕을 낳았다.

김정여金貞茹

생몰년 미상. 신라의 왕족. 태종무열왕의 8세손으로 할아버지는 이찬伊湌 주원周元이고, 아버지는 소판蘇判 종기宗基, 아들은 양陽이며, 김장여金璋如와 형제간이다. 관등은 파진찬波珍湌에 이르렀다. ≪삼국사기≫ 김양전金陽傳에 의하면 김주원·김종기·김정여가 대대로 장상將相이 되었다고 하였으므로, 김정여가 시중을 비롯한 관직을 역임했을 것으로 추정되고 있다. 그러나 그의 시중 재직 연한과 관직 등은 확실하지 않다. 한편, 원성왕계의 왕위 독점에 저항한 김헌창金憲昌(정여의 작은아버지)의 난이 진압된 뒤 자기 편당 239인이 죽음을 당하였는데, 김정여의 아들 양이 후대에 활동한 사실로 미루어볼 때, 김헌창과 정치적 노선을 달리했음을 알 수 있다.

김지경金智鏡

생몰년 미상. 신라 태종무열왕의 다섯째 왕자. 보통 성씨를 생략하고 '지경智鏡'이라고 한다. 어머니는 김유신金庾信의 누이동생인 문명왕후文明王后로, 그 소생으로는 태자 법민法敏(문무왕文武王)·문왕文王·노차老且·인문仁問·개원愷元 등이 있다. 655년(태종무열왕 2)에 개원과 함께 이찬이 되었으며

667년(문무왕 7) 7월 당나라 고종高宗이 개원과 함께 장군으로 삼아 요동遼
東의 전투에 나가게 하자, 문무왕이 파진찬波珍湌으로 봉하였다. 그리고 668
년 3월 파진찬으로서 중시中侍에 임명되었으며 6월에는 대당대총관大幢大摠
管이 되어 고구려정벌에 참가하였다. 그 뒤 670년 12월 중시에서 물러났다.

다미 多美

  생몰년 미상. 신라 삼국통일기의 장군. 660년(태종무열왕 7) 신라와 당나라
연합군이 백제를 정벌할 때, 태자 법민法敏(문무왕)이 대장군 김유신金庾信,
장군 품일品日·흠춘欽春·진주眞珠·천존天存·양도良圖 등과 함께 장군으로 출정
하였다.
  이들은 황산벌에서 백제의 계백階伯이 거느린 5,000명의 결사대를 전멸시
키고 진격하여 의자왕의 항복을 받아 백제를 멸망시켰다. 원정군을 총지휘
하여 경주를 출발한 무열왕은 6월 18일 남천정南川亭에 이르러 대군을 진
격시키고, 금돌성今突城에 머물러 있다가 백제의 항복소식을 듣고 7월 29일
소부리성所夫里城에 입성하였다.
  이때 당나라 군대는 백제를 멸한 뒤 신라를 정복하려고 하매 신라왕이 여
러 장수들을 불러 대책을 의논하니, 다미가 아군으로 하여금 백제군으로 위
장시켜 당군을 공격하게 하면 당군이 공격할 것이니, 그때 함께 싸우면 당
군을 제압할 수 있다고 계략을 건의하였다.
  그러나 왕은 당군이 우리를 위하여 적을 멸하였는데, 도리어 당군을 친다
면 하늘이 우리를 돕겠는가 하였다. 이에 유신이

"개가 주인을 두려워하지만 주인이 그 다리를 밟으면 무는 것"

이라 하여 다미의 계략을 따르기를 주장하였다. 이에 다미의 계책이 받아들
여지고 당군과 싸울 태세를 취하게 되었다.
  이에 당군이 이 사실을 알고 신라정벌을 취소하게 되었다.

동타천 冬陁川

생몰년 미상. 신라 태종무열왕 때 북한산성의 산주. 661년(태종무열왕 8)에 고구려의 장군 뇌음신惱音信과 말갈 장군 생계生偕가 술천성述川城(지금의 여주)을 공격하다가 이기지 못하자 군대를 옮겨 북한산성을 공격하였다.

당시 북한산성의 성주였던 대사大舍 동타천은 마름쇠를 성 밖에 던져놓아 적의 군마가 접근하지 못하게 하고 적군의 공격으로 파괴된 성벽을 안양사安養寺 창고를 헐어 그 목재로 수리하고, 또한 우마피牛馬皮와 천을 걸어 매어 그 안에 노포弩砲를 설치하여 방어하였다. 이 때 성안에는 남녀 2,800명만이 있었는데, 동타천은 이들을 격려하여 20여일을 견디었다.

그러나 양식이 다하고 힘이 쇠진하여 더 이상 지탱하기 어렵게 되자 동타천이 지성껏 하늘에 빌었더니 홀연히 큰 별이 적의 진영에 떨어지고, 뇌우가 진동하매 적이 두려워하여 포위를 풀고 물러갔다고 한다.

태종무열왕은 동타천의 공을 가상히 여겨 그에게 대나마大奈麻의 관등을 수여하였다.

검일 黔日

?~660년(무열왕 7) 선덕왕 때 사람. 대야성大耶城 도독都督, 김품석金品釋의 막객幕客으로 있다가 아내를 김품석에게 빼앗기고 원한을 품고 있던 중 642년(선덕여왕 11) 백제군이 대야성을 공격하자 백제군과 내통하여 성을 함락케 하였다. 무열왕이 660년(무열왕 7) 당나라 장수 소정방蘇定方과 함께 백제를 평정하자 검일은 같이 모의하였던 모척毛尺과 함께 붙잡혀 죽었다.

관창 官昌

645년(선덕여왕 14)~660년(무열왕 7). 신라 무열왕 때의 화랑. 일명 관장官狀. 장군 품일品日의 아들이다. 어려서 화랑이 되어 사람들과 널리 사귀었으며,

660년에 왕에게 천거되었다.

신라가 당나라와 더불어 백제를 치고자 출병할 때, 좌장군인 아버지 밑의 부장副將으로 출전하였다. 신라군은 황산벌에서 백제군과 대치하였다.

그러나 계백階伯이 이끄는 백제군의 결사대는 매우 용맹하였으며, 먼저 험한 곳을 차지한 채 신라군에 대항하였으므로, 처음 네 차례의 전투에서 모두 이기지 못하고 오히려 병사들의 사기만 떨어지고 힘이 다할 뿐이었다.

신라와 백제 양국의 운명을 건 황산벌싸움에서 전세가 불리해지자, 아버지가 불러 이 싸움에서 공과 명예를 세울 것을 독려하였다.

관창은 곧 적진에 달려 들어가 싸우다가 적에게 사로잡혔으나, 계백은 그의 어리고 또 용맹함에 탄복하여 죽이지 않고 돌려보냈다. 그러나 적장을 죽이고 적기敵旗를 빼앗아 오지 못한 것을 분하게 여겨, 다시 적진으로 돌진해 싸우다가 또 적군에게 사로잡혔다. 계백도 이번에는 목을 베어 말 안장에 매달아 돌려보냈다.

용감한 죽음에 자극받은 신라군은 분연히 진격하여 계백을 죽이고 백제군을 대파함으로써 백제를 평정할 수 있었다. 무열왕은 그 전공을 높이 기려 급찬級飡을 추증하고, 예를 갖추어 장사 지내 주었다.

그의 용맹과 충절은 후대인들에게 칭송되어, 고려 말기에는 경주 지방에서 관창의 가면검무假面劍舞가 공연되었다고 한다. 그러나 조선시대의 유학자들 사이에서는 나이 어린 소년이 적진에 홀로 뛰어 들어가 전사하게 한 것은 후세에 교훈이 될 만한 것이 못 된다는 비판도 있었다.

김문영 金文穎

생몰년 미상. 신라시대의 장군. 문영文永으로도 알려져 있다. 660년(무열왕 7) 당나라 군대와 동맹한 신라군이 백제를 공격할 때 독군督軍이 되었다. 그런데 신라군이 당나라 군대와의 합류기일을 어김에 따라 당나라 장군 소정방蘇定方은 그를 문책하여 베려고 했으나, 대장군 김유신의 적극적인 대응으로 소정방은 그의 죄를 더 이상 거론하지 못했다.

661년(문무왕 1) 7월에 수약주首若州(지금의 강원도 춘천) 총관이 되었으며, 668년에는 대아찬大阿飡으로서 비열성주 행군총관卑列城州行軍摠管에 임명되었다. 그해 사천원蛇川原에서 고구려군사를 크게 격파하는 전공을 세웠다. 683년(신문왕 3)에는 이찬伊飡이 되어 왕비간택에도 참여하였고, 694년(효소왕 3)에는 상대등에 임명되었다.

김의원金義元

생몰년 미상. 신라 무열왕 때의 귀족. 안혜安惠 등 승려 4명 및 김유신金庾信·김술종金述宗 등의 귀족들과 함께 사찰 창건을 발원하여 경주에서 동남쪽으로 20여 리 떨어진 곳에 원원사遠源寺라는 절을 창건하였다.

의광義光

생몰년 미상. 신라 삼국통일기의 장수. 661년(무열왕 8) 2월 백제 유민이 사비성泗沘城을 침공하므로 신라 무열왕이 이찬伊飡 품일品日을 대당장군大幢將軍으로 삼아 여러 장수들을 거느리고 가서 사비성을 구원하게 하였다. 이때 의광은 낭당장군郎幢將軍에 임명되어 출전하였다.

3월 5일에 품일이 휘하의 군대를 나누어 먼저 가서 두량윤성豆良尹城 남쪽에서 진을 칠 곳을 살펴볼 때, 백제 사람들이 신라군의 진영이 정비되어 있지 않음을 보고 급히 공격하니 신라의 군사들은 놀라 무너졌다.

3월 12일에 대군이 고사비성古沙比城 밖에 주둔하고 두량윤성을 진공하였지만 한 달 엿새가 되도록 이기지 못하였다.

4월 19일에 부득이 군사를 돌려서 빈골양賓骨壤으로 돌아오다가 백제군을 만나 싸웠으나 패하였다. 오직 의광과 상주장군上州將軍 문충文忠만이 백제군을 각산角山에서 격파하고 나서 백제군의 진 안으로 들어가 2,000여명을 목 베었다.

같은 해(문무왕 1)7월 17일에 낭당총관郎幢摠管에 임명되어, 8월에 문무왕이 당나라 군대와 연합하여 고구려를 치기 위하여 대군을 거느리고 시이곡정始飴谷停에 이르러 머물렀다. 이 때 백제의 유민들이 옹산성甕山城(지금의 대전광역시 대덕구 회덕면 계족산성)을 차지하고 길을 막자 25일에 군사를 내어 공격하여 27일에 항복받았다. 이 전투에서의 공으로, 뒤에 논공행상을 할 때 관등이 일품一品 오르고 창[戟]을 하사받았다.

지통智通

655(무열왕 2)~? 통일신라시대의 승려. 의상의 10대 제자 가운데 한 사람이다. 이량공伊亮公의 하인으로 지내다가 7세 때 까마귀가 날아와 영축산靈鷲山에 있는 낭지朗智의 제자가 되라고 하였다. 영축산 골짜기에서 보현보살普賢菩薩을 만나 계품戒品을 받고 낭지를 찾아가 제자가 되었다.

그가 영축산 동쪽에 있을 때 영축산 서북쪽의 반고사磻高寺에 있던 원효와 자주 접촉하였고, 원효는 그를 위하여 ≪초장관문初章觀文≫과 ≪안신사심론安身事心論≫을 저술하였다.

그 뒤 의상의 제자가 되어 화엄종을 선양하였으며, 의상이 소백산 추동錐洞에서 90일 동안 3,000명의 대중에게 ≪화엄경≫을 강의하였을 때 그 요지를 뽑아 ≪추동기錐洞記≫ 2권을 지어 세상에 유포하였다. 또, ≪열반경라습역출십사음변涅槃經羅什譯出十四音辨≫ 1권을 저술하였으나 현존하지 않는다.

장춘랑長春郎

?~660(무열왕 7). 신라 태종무열왕 때의 병사. 이름으로 보아 낭도郎徒가 아닐까 추측된다. 660년 7월 신라가 백제를 원정할 때 황산전투에서 분전하다가 동료인 파랑罷郎과 함께 전사하였다.

≪삼국유사≫에 의하면, 그 뒤에 그와 파랑의 혼백이 태종무열왕의 꿈속에 나타나 당나라 장군 소정방蘇定方의 위세를 꺾기 위해서라도 종군할 것을

청하므로, 왕은 이에 놀라는 한편 괴이하게 여겨 두 사람의 영혼을 위하여 하루 동안 모산정牟山亭에서 불경을 강설하고 또한 북한산주北漢山州(지금의 서울특별시 종로구 신영동)에 장의사莊義寺를 세워 그 명복을 빌게 하였다고 한다.

이한李翰

생몰년 미상. 전주 이씨의 시조. ≪선원계보璿源系譜≫·≪태조실록≫·≪문헌비고≫ 등에 따르면, 그는 조선 태조 이성계李成桂의 21대조로 신라에서 벼슬하여 사공司空이 되었고, 무열왕의 10세손인 군윤軍尹 김은의金殷義의 딸과 혼인하여 시중侍中 자연自延을 낳고, 자연은 복야僕射 천상天祥을 낳았다. 그 뒤 대가 이어져 안사安社(뒤에 목조穆祖로 추존)·행리行里(뒤에 익조翼祖로 추존)·춘椿(뒤에 도조度祖로 추존)·자춘子春(뒤에 환조桓祖로 추존)·성계로 이어졌다. 그는 전주의 호족으로, 신라 때의 혼인관계와 벼슬 등은 확실하다고 할 수는 없지만 왕실의 선대인 관계로 상세한 편이다.

조미곤祖未坤

신라新羅. 벼슬은 문신文臣. 태종무열왕太宗武烈王 때 관등官等은 급찬級湌으로 천산현령天山縣令을 지내다가 백제의 포로가 되어 좌평佐平 임자任子의 종으로 있었다. 부지런히 일해서 임자의 신임을 얻은 후 신라로 탈출, 김유신金庾信에게 백제의 실정을 고하고 다시 백제로 가서 임자에게 신라가 망하면 김유신이 백제에 의탁하고 백제가 망하면 임자가 신라에 의탁하는 것이 어떤가 하는 김유신의 말을 임자에게 전하여 그의 동의를 얻은 뒤에 다시 신라에 가서 김유신에게 이 사실을 알리자 김유신은 급히 백제의 병탄倂吞을 도모하게 되었다.

◉ 태종무열왕 시대의 세계동향

▶ 동양
654년 10월 경사京師 나곽을 축소
655년 2월 중국은 정명진程名振, 소정방蘇定方을 보내 고구려를 치게 함
657년 10월 소정방 돌궐 사발라가한을 생포
658년 5월 안서安西 도호부를 구자에 옮김

▶ 서양
654년 10월 사라센 로우드스도(섬)를 침략함
655년 2월 사라센 사람 동로마 해군을 격파
658년 5월 사라센군軍 동로마와 수호

◉ 태종무열왕릉

삼국통일의 웅대한 꿈, 선도산 자락에 묻고

경주의 서산인 선도산 동남쪽 자락에는 여러 기基의 고분이 있다.
그 가운데 하나가 무열왕릉이다. 이 무열왕릉은 수많은 신라 무덤 중에서
가장 중요한 무덤이다. 솥 발처럼 벌려 있던 세 나라를 아우르는 기틀을 마
련한 임금의 무덤이니 마땅히 여러 왕의 능 가운데서 가장 중요한 위치를
차지할 수밖에.
그러나 그 이전에 무엇보다도 이 능의 존재가치를 높이는 것은 '무덤 속에
묻힌 피장자被葬者'가 태종 무열왕이 확실하다는 점이다. 신라 쉰여섯 임금
중에서 무덤을 확실히 아는 것은 태종무열왕릉과 흥덕대왕릉 단 둘 뿐이다.
어느 왕의 능이냐, 누구의 묘냐를 아는 것은 가장 신빙성 있고 오래된 기록

인 ≪삼국사기≫나 ≪삼국유사≫ 또는 이것을 바탕으로 해서 쓴 여러 책이나 후손들의 주장에 따르는 것인데, 이 기록이 애매모호하거나 다른 부분이 많기 때문에 지금도 능과 피장자가 일치하느니 어긋나느니 시시비비하고 있는 무덤이 많다.

또 달리 아는 방법은 금석문으로 돌에 새겨진 글, 즉 비석碑石인데 신라의 왕릉이라 비정되는 곳에는 비석이 세워졌던 흔적이 남아 있는 데가 여러 곳 있다.

그러나 비 몸체돌[비신碑身]은 남은 곳이 하나도 없고, 답만 비편碑片 조각만 몇 군데서 발견되었을 뿐이다.

그런데 이곳에는 확실한 증거물이 있으니 바로 돌에 새겨진 글씨다. 돌로 만든 거북 받침돌인 귀부 위에 지금은 없어진 비신碑身이 얹혔었고, 그 위에 얹힌 것이 뿔 없는 용모습으로 표현한 이수다. 지금은 귀부 위에 이수가 바로 얹혀있다.

앞에 있는 두 마리 용이 살아 움직이듯이 앞발을 마주하여 여의주를 받들고 있고, 그 이래쪽에 오른쪽 위에서 아래로 두 줄로 글씨가 새겨져 있다. 전서체篆書體로 <太宗武烈大王之碑(태종무열대왕지비)>라는 여덟 글자가 돋을 새김 되어 있다.

태종 무열왕은 김춘추金春秋다. 그는 579년 귀족회의 결과 왕위에서 쫓겨난 신라 제 25대 진지왕의 손자이며, 그의 아버지 용춘龍春은 왕실의 재산과 인력을 관장하는 부서의 초대장관이었으며, 그의 어머니는 선덕여왕의 언니였다.

어려서부터 응대한 뜻을 품은 그는 청년시절의 동무인 김유신과는 더욱 결속을 굳게 하였으니, 유신의 작은 누이동생 문회文姬와 극적인 인연으로 혼인에 성공하게 된다.

선덕여왕과 진덕여왕을 보필하면서, 강한 백제와의 싸움에 힘을 다하였으나 족탈불급足脫不及인지라, 위험을 무릅쓰고 홀몸으로 고구려에 들어가 동맹을 맺은 것을 요청하기도 했지만 실패하고, 백척간두百尺竿頭에 선 신라의 안녕을 도모하기 위하여 울며 겨자먹기로 당나라와 동맹을 맺었다.

나중에 귀족회의에서 왕으로 추대되어 백제는 통합을 했지만 삼국의 통일은 보지 못하고 662년에 돌아가시니 이곳에 장사지냈다.

● 김인문묘

타국 생활 22년, 고국을 위한 밑거름

김인문金仁問은 신라 제29대 태종무열왕의 둘째 아들이다. 어머니 문명왕후는 김유신의 누이로 친가는 신라 왕족이요, 외가는 가야 왕족의 후손이다. 공은 929년(진평왕 51)에 태어났는데, 어려서부터 공부를 즐겨하여 유가儒家의 책을 많이 읽었으며, 동시에 ≪장자≫, ≪노자≫ 및 불교서적을 두루 읽었다. 또한 예서隷書를 잘 쓰고, 활쏘기·말타기·향악鄕樂도 잘하였는데, 이처럼 기예에 능숙하고 식견과 도량이 넓어 당시 사람들이 그를 추앙하였다. 김인문은 23세 때인 651년(진덕여왕 5), 왕의 명령을 받들고 당나라에 가서 숙위(궁중에서 지내는 일)하였다. 당 고종은 그가 멀리서 바다를 건너와 자기를 도와주므로 충성이 지극하다 하여 특별히 좌령군위장을 시켰다. 2년 뒤에는 조칙을 내려 본국인 신라로 돌아가 부모를 만나게 하였다.
진덕여왕을 이어서 왕이 된 아버지 무열왕은 그를 압독주(지금의 경산) 총관으로 임명하였다. 이에 그가 장산성을 쌓아 요새를 설치하고 방어를 굳게 하였으므로 왕이 공로를 치하하고 식읍 300호를 지웠다.
신라가 여러 번 백제의 침공을 받게 되자 무열왕은 당나라 군대의 원조를 얻어 원수를 갚고자 하여, 다시 숙위하러 가는 인문으로 하여금 당 원군을 청하려 하였는데 때마침 당의 고종이 소정방蘇定方을 신구도 대총관으로 삼아 군사를 거느리고 백제를 치도록 하였다.
고종이 인문을 불러 백제 땅의 지형과 도로 상황이며 군사들의 공격지점에 대하여 물었는데, 인문이 하나하나 자세하게 대답하니, 왕이 기뻐하며 인문에게 신구도부대총관의 관직을 주어, 소정방과 함께 바다를 건너 덕물도(황해의 덕적도)에 이르렀다. 신라의 무열왕은 태자(법민)에게 명령하여 김유신, 진주, 천존을 장수로 삼고 큰 전함 1백 척에 군사를 태워 싣고 당군을 맞이하게 하였다.

나·당 연합군에 의해 백제 의자왕은 항복하게 된 것이다.

무열왕은 인문의 공적을 기려 파진찬(4등급) 벼슬을 주었다가 또 벼슬을 각간(1등급)으로 높이었다.

그 후 다시 당에 가서 전과 같이 숙위하였다.

661년 당 고종이 불러 말하기를

"내가 백제를 격멸하여 너희나라의 근심을 제거하였으나, 지금 고구려가 견고한 요새를 믿고 예맥과 더불어 악한 짓을 하여 선린의 의리를 저버리고 있다. 내가 군사를 파견하여 토벌코자 하니 너도 돌아가서 국왕에게 이 말을 여쭈어 군사를 출동시켜 우리와 함께 거의 망하게 된 고구려를 섬멸케 하라."

하니, 인문은 즉시 본국으로 돌아와 당 임금의 말을 전달하니, 왕은 인문으로 하여금 김유신 등과 함께 군사를 정비하여 기다리게 하였다.

당 고종은 소정방을 요동도행군대총관으로 삼아 대군을 거느리게 하고 만리 길을 달려 패강浿江(대동강)에서 고구려 군사를 격파하고, 그 길로 평양을 포위하였다.

그러나 평양성은 수비가 완강하고 당군의 군량미도 떨어져 추위와 굶주림에 지쳐 있었다. 인문은 김유신과 더불어 백제 땅에 남아있던 당나라 장수 유인원劉仁願과 함께 군사를 거느리고 쌀 4천 석과 벼 2만 곡을 싣고 평양으로 갔다. 이렇게 하여 식량을 얻은 당나라 군사는 눈 내린 길로 후퇴하는 처량한 처지가 되었다.

식량을 보내준 신라군이 적군 몰래 되돌아오는데, 고구려군이 따라와 추격을 하자 인문 등이 반격하여 크게 이기고 1만여 명의 목을 베고 5천여 명을 생포하여 돌아왔다.

그 후 인문이 다시 당에 갔더니 추가로 우효위대장군으로 지위를 높이고 식읍을 더 늘려주었다.

고종은 다시 무진년(668)에 이적李勣에게 고구려를 치게 하고, 또한 인문을 보내 신라도 군사를 보내게 하였다. 문무왕은 20만 대군을 동원하여 인문과 함께 북한산성으로 갔다. 인문 등이 당군과 협공하여 크게 이기자 고구려 보장왕寶藏王이 드디어 항복하였다.

문무대왕은 인문의 지략이 훌륭하고 공로가 뛰어났다 하여 상을 주었다. 당 고종도 인문이 여러 차례 전공을 세웠다는 말을 듣고

"훌륭한 장수요, 문무를 겸비한 영재다."

하고는 작위를 올리고 식읍을 상으로 주었다.

그 뒤로 그는 당나라 궁궐에서 당나라와 신라의 외교 업무를 수행하며 지냈다.

674년(문무왕 14)에 신라는 고구려 유민들을 받아들이고, 백제의 옛 땅을 차지하였다. 당나라 임금은 크게 노하여 유인궤劉仁軌를 계림도대총관으로 삼아 군사를 출동시켜 신라를 공격케 하고, 김인문을 신라왕으로 삼아 본국으로 돌아가서 형을 대신케 하였다.

인문은 이를 간곡히 사양하였으나 여의치 못하여 신라를 향하여 길을 떠났는데, 그때 무침 문무왕이 사신을 보내 공물을 바치고 사죄하므로 당 임금은 문무왕의 자리를 그대로 두고, 인문은 중도에서 되돌아가 이전의 관작을 다시 맡았다.

그 후로도 여러 번 직급이 더 올랐으나 694년 4월 29일 당나라 서울에서 죽었다. 향년 66세였다.

당 중종은 부음을 듣고 슬퍼하며 수의를 주고 관등을 더 높여 주었다. 또한 높은 벼슬의 신하들을 시켜 그의 시신을 신라로 운구케 하였다.

효소왕은 그에게 태대각간을 추증하고 유사에게 명령하여 다음해 10월 27일 서라벌 서쪽들에 장사지내게 하였으니, 지금 무열왕릉 동쪽 아래에 그의

무덤이 있다.

묘 앞에는 비석을 세웠는데, 돌거북은 남아있고 그 위에 세웠던 비석 조각은 국립경주박물관에 있다.

김인문묘의 내력

경주 서악동 선도산 동남쪽 자락에는 신라 29대 태종무열왕릉과 왕자 김인문金仁問, 후손 김양의 묘가 있다.

이런 능역을 가로질러 일제 강점기인 1920년대에 신작로를 냈답시고 4번 국도를 만들어 능역을 두동강이로 잘랐을 뿐만 아니라, 1930년대에는 평야 쪽에 무덤 높이만큼이나 둑을 쌓아 철로를 내는 바람에 서악 갯들과 이 능역을 완전히 갈라놓았고, 정숙해야 될 능묘 주위를 자동차 소리, 기차소리로 시끄럽게 만들어 버렸으니 애석하기 짝이 없다.

≪삼국사기≫ 열전에 '김인문金仁問은 서라벌 서쪽들(경서원京西原)에 장사지냈다'고 기록되어 있고, 묘 앞에는 비를 세웠던 돌거북이 있고, 부근에는 김인문의 묘비 조각이 발견되었다.

박방룡 국립경주박물관 학예연구사의 글에 따르면 이 빗돌은 1931년 12월 11일 조선고적연구회 연구원에 의해 발견되었는데, 그 며칠 전 서악서원 다락문인 영귀루를 수리하다가 북쪽 축대에서 희미하게 글씨가 새겨진 돌이 있길래 한켠에 둔 것을 보게 된 것이다. 너비 95cm, 두께 27cm, 높이 63cm로 비석 아랫부분이 있는데, 전체 높이는 200cm로 추정된다.

세로로 26줄을 줄친 속에 해서체楷書體로 새겨진 글인데, 모두 4백자가 넘지만 3/4 정도를 읽을 수 있을 따름이다. 삼국사기 열전에 기록된 바와 같은 내용이었고, 특히 비문 가운데 '문흥대왕文興大王'이란 글이 있는데, 문흥대왕은 무열왕이 즉위하여 아버지(김용춘金龍春)를 높여 붙인 명칭이므로, 이 묘비는 태종무열왕 아들의 것이 확실하고, 그는 바로 인문이다. 돌거북 등에 패인 홈구멍은 가로 93cm, 세로 20cm이므로 비석 아랫부분에 붙었던 촉이 꼭 들어 맞는 크기이다.

≪삼국사기≫에 기록된 사실과 발견된 묘비 조각, 묘 앞에 있는 비석 받침

이 모두 일치하는 것이니, 이 무덤은 김인문묘가 틀림없다.

모양은 둥근 흙무덤으로 밑둘레 82m, 높이 6.5m인데 아래쪽에는 자연석을 둘렀던 흔적이 보인다.

인문은 일곱 번이나 당나라에 들어갔으며 당나라 궁궐에서 숙위로 있는 기간을 낱달로 계산하면 무려 22년에 달한다.

≪삼국유사≫에선 이렇게 기록하고 있다.

김인문은 문무왕을 따라 당나라 군사와 더불어 고구려를 멸망시켰다. 그런데 당군은 고구려 땅에 머무르면서 장차 신라를 습격하려는 계획을 세웠다. 우리나라 문무왕은 이를 알아채고 당군을 공격하였더니 당 고종高宗은 (당에 가 있던)인문을 불러 꾸짖어 말하기를

"네가 우리(당) 군사를 청하여 고구려를 멸하고는 도리어 우리 군사를 해치려는 것은 어찌된 까닭인가?"

하고는 곧 감옥에 가두고 50만 군사를 조련하여 설방薛邦을 대장으로 삼아 신라를 치려하였다.

이때 의상법사義湘法師가 불법공부를 위해 당나라에 머물던 차에 인문을 찾아가 보니, 인문이 이 일을 법사에게 일러주었다.

의상이 곧 귀국하여 왕에게 보고하였더니 문무왕이 매우 염려하여 여러 신하들을 모아 방어할 계책을 물었다. 그래서 명랑법사明朗法師를 불러 낭산 남쪽 신유림에서 문두루비법文豆婁秘法으로 비니, 당나라 군함이 모두 황해에서 침몰하였다. 그 후 671년에도 당나라 조헌趙憲이 군사 5만을 거느리고 왔으나 배들이 그 전처럼 침몰되었다.

이때에 한림랑 박문준朴文俊이 인문을 보러 감옥에 갔었는데 고종이 문준을 불러

"너희 나라에 무슨 비법이 있길래 두 번이나 군사를 보냈는데 살아 돌아온 사람이 없느냐?"

"저희들이 이 나라에 온지 10년이나 되어 본국 일을 잘 알 수 없지만, 윗나라(당)의 은덕에 보답하기 위해 새로 천왕사天王寺를 짓고 황제님의 만수무강을 빈다고 합니다."

 이렇게 하여 당 고종은 사신을 보내 확인해보라 하였는데, 신라에 와서 뇌물을 받은 악붕귀樂鵬龜는

"신라는 천왕사를 세우고 새 절에서 황제의 장수를 빌 뿐이었습니다."

고 하였다. 문무왕은 문준이 대답을 잘하여 당나라 황제가 관대히 처분할 뜻이 있다는 말을 듣고 곧 강수强首 선생을 시켜, 인문의 석방을 청하는 글을 지어 사인舍人 원우遠禹를 보내 당나라에 올렸다.

 황제가 글을 보고 눈물을 흘리면서 인문을 용서하여 위로해 보냈다.

 인문이 감옥에 있을 때에 나라 사람들이 그를 위하여 절을 지은 다음 이름을 인용사仁容寺라 하고 관음도량觀音道場을 개설하였는데, 인문이 돌아오다가 바다에서 죽자,(《삼국사기》 열전에 당나라 서울에서 죽었다는 것과 조금 다르다) 고쳐서 미타도량彌陀道場이라 하였는데 지금(일연 스님이 《삼국유사》를 쓴 1280년대)도 남아있다.

 이 절터는 월성 남쪽 문천 건너에 있는데 도로 옆 논바닥에는 이리저리 탑돌들이 일부 남아있고 동네이름은 인왕동仁旺洞이다.

● 성부산

'별 뜬 산'인가, '솥뚜껑 산'인가?

경주 시외버스 정거장에서 남서쪽으로 보면 내남에서 내려오는 기린내[기천(祁川)] 서편에 둥그스럼하게 생긴 망산(望山)이 있고 그 서쪽에 세모꼴의 뾰족한 산이 있다. 성부산星浮山, 성손호산星損乎山이라는 산인데 지방사람들은 소두방산이라 부른다.

생김새가 솥뚜껑 같다고 해서 솥뚜껑산, 토박이말로 '소두뱅이산'이라고도 부른다. 한문으로 된 성부산星浮山은 별 성星, 뜰 부浮, 우리말로 '별뜬산'이고 성손호산星損乎山은 별 성星, 덜(덜다=줄이다) 손損, 어조사 호乎(뜻없음). '별던산'이다. '뜬'이나 '던'은 비슷한 발음이니 둘 다 '별뜬산'이다. 별이 이 산 꼭대기에서 뜬 이야기가 ≪삼국유사≫에 두 가지 적혀 있으니 하나는 이렇다.

신라 때 이야기다. 도림都林의 남쪽에 외봉우리가 우뚝한 산이 있다. 서라벌에 사는 사람으로 관직에 나아가고자 하는 자가 있는데, 나라에 공을 세우려고 하루는 아들을 시켜 높다란 횃불을 만들어 이 산 꼭대기에 올라가 불을 붙이라 시켰다. 밤에 서라벌 사람들이 이 불을 보고 모두 괴이한 별[성星]이 나타났다고 술렁거렸다.

신라 때는 별의 움직임에 따라 왕이나 왕실, 나아가서는 전쟁의 승리나 패배 등이 좌우된다고 믿었기에, 왕은 이 소문을 듣고 근심에 싸여 이 일을 하늘에 빌어 없애고자 사람을 뽑는데 그 아비가 해결사로 응모했다.

그런데 일관(日官 나라일을 점치는 직책을 맡은 사람)이 아뢰기를

"이 일은 큰 변고가 아니옵고, 다만 한 집안에 아들이 죽고 아비가 슬피 울 징조일 뿐입니다."

하니 괴이한 별을 없애는데 공들이는 일을 그만 뒀다. 그날 밤 아들이 산을

내려오다가 범에게 물려죽고 말았다고 한다. 그래서 이 산을 '별뜬산(성부
산星浮山, 성손호산星損乎山)'이라 불렀다 한다.

또 한가지는 이렇다.

 신라 29대 태종 무열왕이 백제 왕조를 멸망시키고 난 뒤 백제 왕조의 명맥
을 지키려는 무리들을 다스리고 붙잡기 위해 백제 땅 여러 고을에 군사들
을 주둔시킨 661년 5월이었다.
 고구려 장군 뇌음신惱音信과 말갈 장군 생해生偕가 이끄는 연합군이 한산
성寒山城의 신라군을 공격했는데 40여일이나 공방이 계속되었다. 날쌔고
용감한 공격군은 활 뿐이 아니고, 돌을 쏴 날리는 도구인 포석砲石으로 성
을 파괴하니 절을 뜯어 임시로 기워가면서 성주 동타천冬陀川을 비롯한 군
사들과 주민들이 죽기 아니면 살기로 막아 냈지만 화살은 동이 나고 먹거
리는 바닥이 났다.
 성 안의 모든 백성들은 구원병이 오기를 목이 빠지게 기다렸건만 구원병
은커녕 적군의 화살만 날아들었다. 어찌할 수 없는 지경에 부딪쳐 남녀노
소 모두 서로 붙들고 울고불고 할 뿐이었다.
 무열왕은 신하들을 모아놓고 한산성에 대한 대책을 논의했지만 신하들도
모두 뾰족한 수가 없어 머뭇거리고만 있었다. 김유신이 달려와 아뢰기를

"일이 급하온데, 이 일은 사람의 힘으로는 미치지 못하오니, 다만 신술神術로만 구
할 수 있겠습니다."

하였다. 이에 소두방산에 단壇을 설치하고 신술을 닦으니 갑자기 큰 항아리
[대옹大瓮] 같은 불덩어리가 단 위에서 솟구쳐 올라 살별처럼 북쪽으로 날
아갔다.
 한편 한산성 안의 군사와 백성들은 어찌 할 바를 몰라 하늘만 쳐다보고
있었는데 홀연히 큰 불덩어리가 남쪽 하늘로부터 날아오더니 벼락과 같은

소리로 내리치면서 적의 포석기 30여 곳을 때려부수고, 활과 화살·방패 등을 모조리 부수었다.

적군은 모두 땅에 엎드려 죽은 듯이 있더니 한참만에 깨어 일어나 비실비실 거리다가 부리나케 도망가 버렸다.

이 사건은 ≪삼국유사≫뿐만 아니고 ≪삼국사기≫에도 기록돼 있는 ≪삼국유사≫에는 날짜까지 6월 22일로 나와 있다.

성부산은 내남면 화곡리와 덕천리에 걸쳐 있으며 동남쪽에는 경덕왕릉景德王陵이 있고 동쪽에는 모지사毛祇寺 절터가 있다.

이것은 신라 문무왕 때의 일이다.

어느 날 왕이 배다른 아우[서제庶弟] 차득車得(거득)공公을 불러

"자네에게 재상宰相의 직책을 맡기려고 하니, 백관百官을 고르게 뽑아 쓰고 온 나라를 평안하게 다스리게 하라."

하니 공公이 대답하기를

"임금님, 저를 재상으로 시키시려면 먼저 나라 안을 몰래 돌아보게 윤허해 주십시오. 백성들의 일이 고된지, 노는 사람은 없는지, 조세의 부과가 힘겹지가 않은지, 적게 매겨지지는 않는지, 관리들의 마음보가 깨끗한지, 더러운지 등을 살펴 본 뒤에야 맡기시는 직책에 나아가고자 합니다."

하니 왕이 그리하라 하였다.

공은 중처럼 먹물 옷을 입고 비파琵琶라는 악기를 들고 거사居士차림으로 길을 떠났다.

동해안을 따라 북쪽으로 하슬라주何瑟羅州(강릉 방면), 우수주牛首州(춘천), 북원경北原京(원주)을 거쳐 서남쪽 무진주武珍州(광주)에 이르러 마을을 돌아다

니고 있었는데, 고을의 관리官吏인 안길安吉이 보고 보통 사람이 아님을 알아차리고는 그를 집으로 모시고 가서 극진히 대접하였다.

밤에 부인[처첩妻妾] 세 사람을 불러 말하기를

"오늘 밤에 거사居士 손님을 모시고 자는 사람은 종신終身토록 해로偕老하리라."

하였다.

두 부인은 말하기를

"차라리 임자와 같이 살지 못할망정, 어찌 남의 남자와 잠자리를 같이 하겠습니까?"

하는데 한 부인이 한참 생각하더니

"당신이 세상 끝날 때까지 함께 살기를 허락하신다면, 말씀을 따르겠습니다."

하고 외간 남자의 방에 들어갔다.

그 이튿날 일찍 거사가 떠나면서

"나는 서라벌(서울) 사람인데 내 집은 황룡사黃龍寺·황성사皇聖寺 두 절 가운데 있고 이름은 단오端午이니 주인이 만일 서울에 오거든 꼭 나를 찾아오십시오."

하였다.

서라벌에 돌아온 김차득金車得 공은 재상의 자리에 앉았다.

당시 나라의 제도制度 가운데 상수리上守吏라는 것이 있었는데, 지방 각주各州에서는 관리 한 사람씩을 뽑아 서울 각 부처에 보내어 일정 기간 근무하게 하는 것이었다. 마침 안길安吉이 당번 차례가 되어 서울에 올라 왔다.

두 절 사이에 있다는 단오거사의 집을 물었으나 아는 사람이 없었다.

안길이 막막하여 해가 넘어갈 무렵까지 길가에 서서 이 궁리 저 궁리를 하는데 늙은이 한 사람이 지나가므로 실낱같은 바램으로 물었더니, 노인이 한참이나 생각하다가 말하기를

"황룡사황성사 두 절 상이에 있는 집은 대궐이고, 단오端午라는 것은 수리[차의車衣= 수레車, 옷衣)니 거득車得 영공令公(높은 자리에 있는 사람)"

이라 일러 주었다. 그러면서

"그대와 무슨 인연을 맺어 약속이라도 있었소?"

하므로 어찌나 고마운지 그는 그제야 공이 밀행密行했을 때의 지난 일을 말하였다.

"그대가 궁성 서쪽 귀정문歸正門 앞에 가서 드나드는 궁녀宮女를 만나거든 면회를 신청하시오."

하므로 안길은 땅에 엎드려 절하고 귀정문 앞에 가서

"무진주 안길이 뵈러 왔습니다."

하고 전갈했다.
거득(차득) 공이 전갈을 받고 뛰어 나와 반가이 맞으며, 손을 붙잡고 궁宮으로 들어가 자기 부인을 불러 인사를 시키고 안부를 묻고, 잔치상을 차리게 했는데 반찬이 무려 50가지나 되었다.
이 이야기를 들은 왕은 성부산星浮山(별뜬산) 아래 땅을 무진주武珍州(오늘날의 전남 광주지방) 상수리上守吏의 땔나무 갓(산)으로 삼아 말림갓을 하였고 다른 사람이 나무를 베지 못하게 하니 감히 사람들이 가까이 가지 못하고

모두가 부러워하였다.

산 밑에 밭이 서른 마지기로 종자 3섬[三石]을 뿌리는 땅인데, 이 밭농사가
풍작이면 무진주도 풍년이 들고 이 밭이 흉작이면 무진주도 농사가 잘되지
않았다 고 한다.

이 이야기는 ≪삼국유사≫ 문무왕조條 끝부분에 실려 있다.

부 록

● 부록 차례

1. 신라 56대 왕 계보

(?: 미확인 또는 연대 미상)

사기 史記	유사 遺事	대	왕 명	이 름	재위년	생몰년
상고 上古	상대	1	혁거세 거서간赫居世居西干	혁거세赫居世, 불구내弗矩內	기원전 57~4	기원전 70~4
		2	남해 차차웅南解次次雄	?	4~24	?~24
		3	유리 이사금儒理尼師今	?	24~57	?~57
		4	탈해 이사금脫解尼師今	?	57~80	기원전 5~80
		5	파사 이사금破娑尼師今	?	80~112	?~112
		6	지마 이사금祗摩尼師今	지미祉味	112~134	?~134
		7	일성 이사금逸聖尼師今	?	134~154	?~154
		8	아달라 이사금阿達羅尼師今	?	154~184	?~184
		9	벌휴 이사금伐休尼師今	발휘發暉	184~196	?~196
		10	내해 이사금奈解尼師今	?	196~230	?~230
		11	조분 이사금助賁尼師今	제귀諸貴, 제분諸賁	230~247	?~247
		12	첨해 이사금沾解尼師今	이해理解, 점해詁解	247~261	?~261
		13	미추 이사금味鄒尼師今	미조味照, 미고未古, 미소未召	262~284	?~284
		14	유례 이사금儒禮尼師今	유리儒理, 유례儒禮	284~298	?~298
		15	기림 이사금基臨尼師今	?	298~310	?~310
		16	흘해 이사금訖解尼師今	?	310~356	?~356
		17	내물 마립간奈勿尼師今	?	356~402	?~402
		18	실성 마립간實聖尼師今	?	402~217	?~417
		19	눌지 마립간訥祇尼師今	?	417~458	?~458
		20	자비 마립간慈悲尼師今	?	458~479	?~479
		21	소지 마립간炤知尼師今	비처毗處	479~500	?~500
		22	지증 마립간智證尼師今	지대로智大路, 지철로智哲路, 지도로智度路	500~514	437~514
		23	법흥왕法興王	원종原宗, 모진慕秦	514~540	?~540
중고 中古		24	진흥왕眞興王	삼맥종彡麥宗, 심맥부深麥夫	540~576	534~576
		25	진지왕眞智王	사륜舍輪, 금륜金輪	576~579	?~579
		26	진평왕眞平王	백정白淨	579~632	572~632
		27	선덕여왕善德女王	덕만德曼	632~647	?~647
		28	진덕여왕眞德女王	승만勝曼	647~654	?~654

사기 史記	유사 遺事	대	왕 명	이 름	재위년	생몰년
하고 下古	중대	29	태종무열왕太宗武烈王	춘추春秋	654~661	602~661
		30	문무왕文武王	법민法敏	661~681	?~681
		31	신문왕神文王	정명政明, 명지明之	681~692	?~692
		32	효소왕孝昭王	이홍理洪, 이공理恭	692~702	643~702
		33	성덕왕聖德王	융기隆基, 흥광興光	702~737	?~737
		34	효성왕孝成王	승경承慶	737~742	?~742
		35	경덕왕景德王	헌영憲英	742~765	?~765
		36	혜공왕惠恭王	건운乾運	765~780	758~780
	하대	37	선덕왕宣德王	양상良相	780~785	?~785
		38	원성왕元聖王	경신敬信	785~798	?~798
		39	소성왕昭聖王	준옹俊邕	798~800	?~800
		40	애장왕哀莊王	청명淸明, 중희重熙	800~809	788~809
		41	헌덕왕憲德王	언승彦昇	809~826	?~826
		42	흥덕왕興德王	수종秀宗, 경휘景暉, 수승秀升	826~836	?~836
		43	희강왕僖康王	제융悌隆, 제옹悌顒	836~838	?~838
		44	민애왕閔哀王	명明	838~839	?~839
		45	신무왕神武王	우징祐徵	839~839	?~839
		46	문성왕文聖王	경응慶應	839~857	?~857
		47	헌안왕憲安王	의정誼靖, 우정祐靖	857~861	?~861
		48	경문왕景文王	응렴膺廉, 의렴疑廉	861~875	846~875
		49	헌강왕憲康王	정晸	875~886	?~886
		50	정강왕定康王	황晃	886~887	?~887
		51	진성여왕眞聖女王	만曼, 탄坦	887~897	?~897
		52	효공왕孝恭王	요嶢	897~912	?~912
		53	신덕왕神德王	경휘景暉, 수종秀宗	912~917	?~917
		54	경명왕景明王	승영昇英	917~924	?~924
		55	경애왕景哀王	위응魏膺	924~927	?~927
		56	경순왕敬順王	부傅	927~935	?~979

* 차차웅次次雄: 무당을 뜻하는 말로서 제사와 정치가 일치하던 시대의 수장임을
   나타낸다.

* 이사금尼師今 / 마립간麻立干: 신라 때 임금을 이르던 칭호의 하나이다.

2. 신라 건국 계통 연표 新羅建國繼統年表

왕대	왕호	휘	재위 연수	연도	혈족 계통	비고
1	시조왕始祖王	박혁거세朴赫居世	60년	기원전 57년	신라 건국 시조	박씨 1대왕
2	남해왕南解王	박남해朴南解	20년 6개월	4년	혁거세의 아들	박씨 2대왕
3	유리왕儒理王	박유리朴儒理	33년 1개월	24년	남해왕의 아들	박씨 3대왕
4	탈해왕脫解王	석탈해昔脫解	약37년	43년	다파나국 왕의 아들/ 남해왕의 사위	석씨 1대왕
5	파사왕破娑王	박파사朴破娑	32년 2개월	80년	유리왕의 아들	박씨 4대왕
6	지마왕祇摩王	박지마朴祇摩	21년 10개월	112년	파사왕의 아들	박씨 5대왕
7	일성왕逸聖王	박일성朴逸聖	19년 6개월	134년	유리왕의 아들	박씨 6대왕
8	아달라왕 阿達羅王	박아달라朴阿達羅	30년 1개월	154년	일성왕의 아들	박씨 7대왕
9	벌휴왕伐休王	석벌휴昔伐休	12년 1개월	184년	탈해왕의 손자	석씨 2대왕
10	내해왕奈解王	석내해昔奈解	33년 11개월	196년	벌휴왕의 장손	석씨 3대왕
11	조분왕助賁王	석조분昔助賁	17년 2개월	230년	벌휴왕의 2손	석씨 4대왕
12	첨해왕沾解王	석첨해昔沾解	14년 7개월	247년	조분왕의 아들	석씨 5대왕
13	미추왕味鄒王	김미추金味鄒	22년 10개월	261년	대보공大輔公의 7세손 구도仇道의 아들 조분助賁의 사위	김씨 1대왕
14	유례왕儒禮王	석유례昔儒禮	14년 2개월	284년	조분왕의 아들	석씨 6대왕
15	기림왕基臨王	석기림昔基臨	11년 6개월	298년	조분왕의 손자	석씨 7대왕
16	흘해왕訖解王	석흘해昔訖解	45년 10개월	310년	내해왕의 손자	석씨 8대왕
17	내물왕奈勿王	김내물金奈勿	45년 10개월	356년	미추왕의 조카	김씨 2대왕
18	실성왕實聖王	김실성金實聖	15년 3개월	402년	미추왕의 조카	김씨 3대왕
19	눌지왕訥祇王	김눌지金訥祇	41년 3개월	417년	내물왕의 아들	김씨 4대왕
20	자비왕慈悲王	김자비金慈悲	20년 6개월	458년	눌지왕의 아들	김씨 5대왕
21	소지왕炤知王	김소지金炤知	21년 9개월	479년	자비왕의 아들	김씨 6대왕

왕대	왕호	휘	재위 연수	연도	혈족 계통	비고
22	지증왕智證王	김지대로 金智大路	13년 8개월	500년	내물왕의 아들	김씨 7대왕
23	법흥왕法興王	김원종金原宗	26년	514년	지증왕의 아들	김씨 8대왕
24	진흥왕眞興王	김삼맥종 金彡麥宗	36년 1개월	540년	법흥왕의 동생 갈문왕葛文王/ 입종立宗의 아들	김씨 9대왕
25	진지왕眞智王	김사륜金舍輪	2년 11개월	576년	진흥왕의 아들	김씨 10대왕
26	진평왕眞平王	김백정金白淨	52년 6개월	579년	진흥왕의 손자	김씨 11대왕
27	선덕여왕 善德女王	김덕만金德曼	15년	632년	진평왕의 장녀	김씨 12대왕
28	진덕여왕 眞德女王	김승만金勝曼	7년 2개월	647년	진평왕의 동생 갈문왕 국반國飯의 아들	김씨 13대왕
29	태종무열왕 太宗武烈王	김춘추金春秋	7년 3개월	654년	진지왕의 손자 추존 문흥왕의 아들	김씨 14대왕
30	문무왕文武王	김법민金法敏	20년 1개월	661년	태종무열왕의 아들	김씨 15대왕
31	신문왕神文王	김정명金政明	11년	681년	문무왕의 아들	김씨 16대왕
32	효소왕孝昭王	김이홍金理洪	10년	692년	신문왕의 아들	김씨 17대왕
33	성덕왕聖德王	김융기金隆基	34년 7개월	702년	신문왕의 둘째 아들	김씨 18대왕
34	효성왕孝成王	김승경金承慶	5년 3개월	737년	성덕왕의 아들	김씨 19대왕
35	경덕왕景德王	김헌영金憲英	23년 1개월	742년	효성왕의 아들	김씨 20대왕
36	혜공왕惠恭王	김건운金乾運	14년 10개월	765년	경덕왕의 아들	김씨 21대왕
37	선덕왕宣德王	김양상金良相	4년 9개월	780년	내물왕 10세손 해찬海飡 효방孝方의 아들	김씨 22대왕
38	원성왕元聖王	김경신金敬信	13년 11개월	785년	내물왕 12세손	김씨 23대왕
39	소성왕昭聖王	김준옹金俊邕	1년 5개월	799년	원성왕의 태자 인겸의 아들	김씨 24대왕
40	애장왕哀莊王	김청명金淸明	9년 1개월	800년	소성왕의 아들	김씨 25대왕
41	헌덕왕憲德王	김언승金彦昇	17년 3개월	809년	소성왕의 동복동생	김씨 26대왕
42	흥덕왕興德王	김수종金秀宗	10년 2개월	826년	헌덕왕의 동복동생	김씨 27대왕
43	희강왕僖康王	김제륭金悌隆 김제옹金悌顒	1년 1개월	836년	원성왕의 손자 이찬 헌정憲貞 의 아들	김씨 28대왕
44	민애왕閔哀王	김명金明	1년 1개월	838년	원성왕의 증손자 대아찬 충공의 아들	김씨 29대왕

왕대	왕호	휘	재위 연수	연도	혈족 계통	비고
45	신무왕神武王	김우징金祐徵	6개월	839년	원성왕의 손자 상대등 균정의 아들	김씨 30대왕
46	문성왕文聖王	김경응金慶膺	18년 2개월	839년	신무왕의 아들	김씨 31대왕
47	헌안왕憲安王	김의정金誼靖 김우정金祐靖	3년 4개월	857년	신무왕의 이복동생	김씨 32대왕
48	경문왕景文王	김응렴金膺廉	14년 6개월	861년	희강왕의 아들 아찬 계명啓明의 아들	김씨 33대왕
49	헌강왕憲康王	김정金晸	10년 10개월	875년	경문왕의 아들	김씨 34대왕
50	정강왕定康王	김황金晃	1년	886년	경문왕의 둘째 아들	김씨 35대왕
51	진성여왕 眞聖女王	김만金曼	9년 11개월	887년	헌강왕의 여동생	김씨 36대왕
52	효공왕孝恭王	김요金嶢	14년 10개월	897년	헌강왕의 서자	김씨 37대왕
53	신덕왕神德王	박경휘朴景暉	5년 5개월	912년	아달라 이사금의 후손	박씨 8대왕
54	경명왕景明王	박승영朴昇英	7년 1개월	917년	신덕왕의 아들	박씨 9대왕
55	경애왕景哀王	박위응朴魏膺	3년 3개월	924년	경명왕의 동복동생	박씨 10대왕
56	경순왕敬順王	김부金傅	7년	927년	문성왕의 현손 실홍實虹의 차자	김씨 38대왕
마의태자麻衣太子		김부			이찬 효종孝宗의 아들 경순왕의 장자	

* 갈문왕葛文王: 신라 때에 왕의 아버지나 장인, 외조부, 형제 또는 여왕의 남편 등에게 내리던
　 칭호로서 왕에 버금갈 정도의 높은 지위였다.

3. 신라 건국 연원

<신라 건국의 시작>

옛날 진한辰韓에는 6촌村이 있었다.

첫 번째로 알천양산촌閼川楊山村은 경상북도 경주시 오릉五陵 남쪽에 있었던 담암사曇嚴寺 방면이다. 촌장은 알평謁平이라 하여 처음에 하늘에서 표암봉瓢嚴峯으로 내려오니 이가 급양부及梁部 이씨李氏의 조상이 되었다. 제3대 유리 이사금노례왕弩禮王 9년인 서기 32년에 부部를 두어 급양及梁이라 하였는데 고려 태조太祖 천복天福 5년 경자庚子에 중흥부中興部라 바꾸었다. 파잠波潛, 동산東山, 피상彼上, 동촌東村이 이에 속한다.

두 번째는 돌산고허촌突山高墟村으로 촌장은 소벌도리蘇伐都利라 하여 처음 형산兄山에 내려와 사량부沙梁部 최씨崔氏의 조상이 되었는데, 고려 태조 때에는 남산부南山部라 하여 구량벌仇良伐, 마등조麻等烏, 도북道北, 회덕廻德 등 남촌南付이 이에 속했다.

세 번째는 무산대수촌茂山大樹村으로서 촌장은 구례마俱禮馬(또는 仇禮馬)라 하여 처음에 이산伊山(또는 개비산皆比山)으로 내려와 점량부漸梁部(또는 점탁부漸涿部) 일운一云 모량부牟梁部 손씨孫氏의 조상이 되었는데, 고려 태조 때에는 장복부長福部라 하여 박곡촌朴谷村 등 서촌西村이 이에 속했다.

네 번째는 취산진지촌嘴山珍支村(또는 보지賓之, 보자영지賓子永之)으로서 촌장은 지백호智伯虎라 하여 처음 화산花山에 내려와 본피부本彼部 정씨鄭氏의 조상이 되었는데, 고려 태조 때에는 통선부通仙部라 하여 시파柴巴 등 동남촌東南村이 이에 속했다.

다섯 번째는 경주 북천北川 북쪽 금강산의 백률사栢栗寺 부근에 있었던 금산가리촌金山加里村으로서 촌장은 지타祗沱(또는 只他)라 하여 처음 명활산明活山에 내려와 한지부漢歧部 일운一云 한지부韓歧部 배씨裵氏의 조상이 되었다. 고려 태조 때에는 가덕부加德部라 하여 상서지上西知, 하서지下西知, 내아乃兒 등 동촌東村이 이에 속했다.

여섯 번째는 명활산고야촌明活山高耶付으로서 촌장은 호진虎珍이라 하여 처음 금강산金剛山으로 내려와 습차부習比部 설씨薛氏의 조상이 되었다. 고려 태조 때에는 임천부臨川部로서 물이촌勿伊村, 잉구미촌仍仇彌村, 궐곡闕谷(또는 갈곡葛谷) 등 동북촌東北村이 이에 속했다.

이들 촌장이 진한의 여섯 촌장, 즉 신라의 개국 좌명공신인 것이다.

위의 글을 보면 이 6부部의 조상들이 모두 하늘에서 내려온 것으로 되어 있는데 이는 신라의 기원을 신격화하기 위한 상징으로 보인다. 32년(유리왕 9)에 왕은 6부의 이름을 고치고 또 여섯 촌장에게 각각의 성姓을 주었다. 양산부楊山部를 양부梁部라 하여 그 성을 이씨李氏라 하고, 고허부高墟部를 사량부沙梁部라 하여 그 성을 최씨崔氏라 하고, 대수부大樹部를 점량부漸梁部(또는 모량부牟梁部)라 하여 그 성을 손씨孫氏라 하고, 진지부珍支部를 본피부本彼部라 하여 그 성을 정씨鄭氏라 하고, 가리부加利部를 한지부漢祇部라 하여 그 성을 배씨裵氏라 하고, 명활부明活部를 습차부習比部라 하여 그 성을 설씨薛氏라 하였다. 6부, 곧 6촌은 신라 구성을 이루는 근본으로서 현재 경주慶州를 중심으로 한 경상북도 일대이다. 한편 그 당시 여섯 촌의 백성들은 나라의 왕이 없음을 항상 크게 근심한 나머지 6부 촌장들이 각기 자제들을 데리고 알천閼川에 모여

"우리가 위에 백성을 다스릴 군주가 없어, 백성들이 모두 방탕하여 제멋대로 하니, 어찌 덕이 있는 사람을 찾아 임금으로 삼아 나라를 세우고 도읍을 청하지 아니하겠는가."

하고는, 3일간 목욕재계한 후에

"우리들에게 거룩하신 임금님 한 분을 내려 보내 주시옵소서."

하며 천신께 경건한 마음으로 정성껏 기원하였다.

이윽고 기원전 69년(전한前漢 선제宣帝 지절地節 원년, 임자壬子) 3월 초 1일에 고허촌장 소벌공蘇伐公이 우연히 양산楊山 아래 나정蘿井(또는 계정鷄井)이란

우물이 있는 곳을 바라보니, 울창한 숲 사이에서 오색의 상서로운 기운이 번갯불과 같이 땅에 비치더니, 그 가운데에 한 마리 말이 크게 소리쳐 울며 그 옆에는 선인仙人 한 분이 재배하는 현상이 보였다. 소벌공은 이것을 보고 신기하게 여겨 곧 그곳으로 가서 보니 말과 신선은 없어지고 다만 큰 알 같기도 하고 큰 바가지 같기도 한 것이 있기에 깨어보니, 그 속으로부터 옥 같이 귀엽고 아름다우며 모습이 늠름한 아기가 탄생하였다. 이 어른이 곧 박씨朴氏의 시조이며 신라의 왕이 된다.

경이로운 일로 여긴 촌장들이 그 아이를 동천東泉에서 목욕시키니 몸에서 광채가 나고 새와 짐승이 따라 춤을 추며 하늘과 땅이 진동하고 해와 달이 청명하게 빛났다. 여섯 마을 촌장들은 그 출생을 신기하게 여겨 아기에게 하례를 올리고 받들어 기르게 되었는데. 그 당시 방언으로 바가지를 '박'이라 하므로 '박朴' 자로 성을 삼고 그 빛남이 당대에 거하신다 하여 '혁거세赫居世' 세 자로써 휘를 삼았다. 이 일로 인하여 그 사내아이를 혁거세왕赫居世王이라 이름하였다. 또는 불구내왕弗矩內王이라고도 하니 이는 밝게 세상을 다스린다는 뜻이다. 위호位號를 거슬한居瑟邯 또는 거서간居西干이라고도 하는데, 이는 그가 처음 입을 열 때 스스로 말을 하되

"알지거서간閼智居西干이 한번 일어난다"

하였으므로 그 말로 인해서 일컫게 된 것이다. 이로부터 왕자의 존칭이 거슬한 또는 거서간이 되었다. 시인詩人이 서로 다투어 치하하기를 이제 천제天帝의 아들이 내려왔으니 마땅히 덕이 있는 황후를 찾아서 짝을 지어야 할 것이라 하였다.

이날에 사양리沙梁里 알영정閼英井 또는 아리영정娥利英井가에 계룡鷄龍이 나타나 왼편 갈비에서 여자아이 하나를 낳았다. 또는 용이 나타나 죽으니, 그 배를 갈라 여자아이를 얻었다는 설도 있다. 여자아이의 자태와 얼굴은 유달리 고왔으나 입술이 닭의 부리와 같았는데, 월성月城 북천北川에 가서 목욕을 시키니 그 부리가 빠짐으로 그 내를 발천撥川이라 하고, 여자아이의

이름은 알영정에서 발견되었으므로 알영閼英이라고 하였다.

촌장들은 궁실宮室을 남산南山 서쪽 기슭에 세워서(창림사昌林寺가 있던 곳) 성스러운 두 아이를 받들어 극진히 부양하였다.

혁거세가 7세가 되었을 때, 하루는 성인이 나오는 꿈을 꾸었다. 신인神人이 금으로 된 자(금척金尺)를 주면서 말하기를

"이 자로 금구金甌를 정하라."

하였는데, 꿈을 깨어보니 혁거세의 손에 금척이 들려 있었다. 그 금척으로 사망한 사람과 병든 사람을 재어본 즉 죽은 자는 다시 살아나고 병든 자는 완쾌되어 사람들이 신의 공덕이 깃들었다고 하였다.

기원전 57년(전한 선제 오봉五鳳 원년, 갑자甲子) 그의 나이 열세 살에 벌써 늠름한 대장부와도 같으므로 6부의 백성들은 혁거세를 추존하였고, 그는 즉위하여 호를 거서간이라 하고 알영을 왕후로 삼았으며, 국호를 서라벌徐羅伐이라고 하였다. 또는 서벌徐伐, 사라斯羅, 사로斯盧라고도 하였다. 고려 때에 '서울 경京'자를 가르침에 있어 서벌이라 하던 것도 이 까닭이다.

시조왕 탄생에 대하여 말하기를 이는 서술성모西述聖母 가 낳은 바이니, 중국 사람들이 선도성모仙桃聖母를 찬양한 말에 '현인을 낳아 나라를 창시한다'는 뜻의 신현조방娠賢肇邦이란 말이 있는 것도 이 까닭이다. 계통이 상서로움을 나타내고 박혁거세의 왕비인 알영을 낳았다는 이야기도 서술성모의 현신을 말한 것이 아닐까 싶다. 처음에 왕이 계정에서 태어난 까닭에 계림국鷄林國이라 하였는데 계룡이 상서로움을 나타낸 까닭이었다. 일설에는 제4대 탈해 이사금 즉위시 김알지金閼智를 얻을 때 닭이 숲 속에서 울었으므로 국호를 고쳐 계림鷄林이라 하였다고 한다.

혁거세 거서간은 그 뒤에 다시 국호를 고쳐서 신라新羅라고 하니 '신新'은 어진 업적을 날마다 새롭게 한다는 뜻이오, '나羅'는 사방을 망라한다는 큰 뜻을 갖고 있다.

혁거세가 나라를 다스린 지 60년 만에 하늘로 올라가더니 그 후 7일 만에

유체遺体가 흩어져 땅에 떨어지며 왕후도 따라 돌아갔다고 한다. 신라인들이 합장하고자 하니 큰 뱀이 쫓아와 방해하므로 몸 다섯 부분을 각각 장사지내어 5릉이라고 하였다. 또 사릉蛇陵이라고도 하는데 담암사曇巖寺 북릉北陵이 이것이다.

<신라 개국 좌명공신>
≪삼국사기三國史記≫ <신라본기新羅本紀> 제1면에는 이李, 최崔, 정鄭, 손孫, 배裵, 설薛 등의 순서로 기록되어 있다. 경주 정씨慶州鄭氏 문중의 기록에는 ≪삼국사기≫와 같은 순서로 기록되어 있고, 손씨孫氏 문중의 기록에는 이, 최, 손, 정, 배, 설 등의 순서로 기록되어 있다.
여섯 촌장은 656년태종 3 제29대 태종 무열왕에 의해 왕으로 추봉되었다, 먼저 알천양산촌 촌장 알평은 은렬왕恩烈王으로 추봉되었으며, 돌산고허촌 촌장 소벌도리는 문열왕文烈王으로, 무산대수촌 촌장 구례마는 문의왕文義王으로, 취산진지촌 촌장 지백호는 감문왕甘文王으로, 금산가리촌 촌장 지타祗沱는 장렬왕壯烈王으로, 명활산고야촌 촌장 설호진은 장무왕壯武王으로 추봉되었다.

박씨 왕계편 朴氏王系篇

<시조 편>

5년(남해왕 2)에 시조 묘를 세워 사시四詩로 제사 지내고 시조 혁거세 거서간의 딸이자 제2대 남해 차차웅의 친 여동생 아로阿老를 제주祭主로 삼았었다. 제3대 유리 이사금이 즉위 원년에 시조 묘를 배알하고 죄인들을 사면하여 주었으며, 이후부터는 새 왕이 즉위하면 종묘를 배알하고 죄수들을 사면해 주는 것이 상례로 되었다.

<신궁>

487년(소지왕 9)에 내을신궁奈乙神宮을 설치하였다. 내을奈乙은 시조 왕이 탄생한 곳으로서 나정蘿井 이후부터 새로 임금의 자리에 오르면 반드시 이 신궁에서 친히 제사하였다.

박씨 왕 계통표 朴氏王系統表

(10명의 박씨 왕이 232년간 재위하였다.)

박씨 왕 대수	신라 조朝 대수	왕호	휘	아버지	어머니	비	재위 연수	즉위 원년	즉위 서기	왕릉 소재지
1	1	시조 왕 혁거세 거서간	박혁거세 朴赫居世	6촌 군장 軍長이 양육함			60	갑자 甲子	기원전 57년	경주시 탑동
2	2	남해 차차웅	박남해 朴南解 해자海字	혁거세 거서간	알영 閼英 부인	운제 雲帝 또는 아루 阿婁 부인	20	갑자 甲子	4년	경주시 탑동
3 .	3	유리 이사금	박유리 朴儒理 흡리洽理	남해 차차웅	운제 부인	일지日知 갈문왕의 딸 또는 허루왕 許婁王의 딸	33	갑신 甲申	24년	경주시 탑동
4	5	파사 이사금	박파사 朴破娑	유리 이사금		김씨 사성史省부인	32	경진 庚辰	80년	경주시 탑동
5	6	지마 이사금	박지마 朴祗摩	파사 이사금	김씨 사성 부인	김씨 애례愛禮부인	22	임자 壬子	112년	경주시
6	7	일성 이사금	박일성 朴逸聖	유리 이사금		박씨 지소례왕 支所禮王의 딸	20	갑술 甲戌	134년	경주시 장전동
7	8	아달라 이사금	박아달라 朴阿達羅	일성 이사금	박씨 소례왕의 딸	박씨 내례 內禮 부인 지마왕 祗摩王의 딸	30	갑오 甲午	154년	경주시 배일산
8	53	신덕왕	박경휘 朴景暉	예겸乂 兼 또는 銳謙	정화 貞和 부인	김씨 헌강왕의 딸	5	임신 壬申	912년	경주시 배일산
9	54	경명왕	박승영 朴昇英	신덕왕	의성 義成 왕후		7	정축 丁丑	917년	경주시 배일산
10	55	경애왕	박위응 朴魏膺	신덕왕			3	갑신 甲申	924년	경주시 배일산

<추존왕>

* **이비**伊非(일휘一諱 이칠伊漆)

　제6대 지마 이사금의 아들로서 갈문왕葛文王으로 추존되었다.

* **벽방**碧芳

　제8대 아달라 이사금의 아들로서 갈문왕으로 추존되었다.

* **예겸**乂謙

　성순成順의 아들이다. 제53대 신덕왕이 즉위하고 부친 예겸을 선성왕

　宣聖王으로 추존하였다.

석씨 왕 계통표昔氏王系統表

(8명의 석씨 왕이 174년간 재위하였다.)

석씨 왕 대수	신라 조 대수	왕호	휘	아버지	어머니	비	재위 연수	즉위 원년	즉위 서기	왕릉 소재지
1	4	탈해 이사금	석탈해 昔脫解 일작一作: 토해吐解	완하국 玩夏國 함달파왕 含達婆王 일작一作: 화하국왕花 夏國王	여국왕 女國 王의 딸	아로 부인 / 남해 이사금의 딸	23년	정사 丁巳	57년	경주시 동천동 산 17
2	9	벌휴 이사금	석벌휴 昔伐休	탈해 이사금의 아들	지진내례 只珍內 禮 부인 김씨		12년	갑자 甲子	184 년	실전
3	10	내해 이사금	석내해 昔奈解	벌휴 이사금의 장손	내례 內禮 부인	석씨 조분 이사금의 여동생	34년	병자 丙子	196 년	실전
4	11	조분 이사금	석조분 昔助賁	벌휴 이사금의 손자 / 골정骨 正의 아들	옥모玉帽 부인 김씨 / 구도 갈문왕의 딸		17년	경무 庚戊	230 년	실전
5	12	첨해 이사금	석첨해 昔沾解	조분 이사금의 친동생			15년	정묘 丁卯	247 년	실전
6	14	유례 이사금	석유례 昔儒禮	조분 이사금의 아들	○소○ 김 부인 박씨 / 갈문왕 내음奈 音의 딸		15년	갑진 甲辰	284 년	실전
7	15	기림 이사금	석기림 昔基臨	조분 이사금의 손자 / 이찬 걸숙의 아들	아이 阿爾 부인		12년	무우 戊于	298 년	실전
8	16	흘해 이사금	석흘해 昔訖解	내해 이사금의 손자 / 각간 유노의 아들	명원 命元 부인		46년	경우 庚于	310 년	실전

석씨 왕릉 실전표

신라 조대 수	석씨 왕대 수	연수	왕호	휘	재위 연수
9	2	184년	벌휴 이사금	석벌휴昔伐休	12년
10	3	196년	내해 이사금	석내해昔奈解	34년
11	4	230년	조분 이사금	석조분昔助賁	17년
12	5	247년	첨해 이사금	석첨해昔沾解	15년
14	6	284년	유 례 이사금	석유례昔儒禮	14년
15	7	298년	기림 이사금	석기림昔基臨	12년
16	8	310년	흘해 이사금	석흘해昔訖解	46년

김씨 왕계편 金氏王系篇

<신라 김씨 선원 新羅金氏璿源>

신라 제4대 탈해 이사금 즉위 9년째인 65년 3월에 왕은 밤에 금성金城 서쪽 시림始林 사이에서 닭이 우는 소리를 듣고 날이 밝자 호공瓠公을 파견하여 살펴보게 하였는데 그가 시림에 이르러 보니 금색으로 된 조그만 궤짝이 나뭇가지에 달려 있고 흰 닭이 그 밑에서 울고 있었다. 그가 돌아와 이 사실을 알리니 왕은 사람들을 시켜 그 궤짝을 가져오게 한 다음 열어 보니 조그만 사내아이가 그 속에 들어 있는데 용모가 기이하게 뛰어났다. 왕은 크게 기뻐하며 군신들에게 이르기를

"이 어찌 하늘이 나에게 아들을 보내준 것이 아니겠는가."

하며 거두어 길렀다. 사내아이는 자람에 따라 아주 총명하고 지략이 많았는데 이름을 알지閼智라 하고 그가 금궤에서 나왔으므로 성을 김씨金氏라 하였고 또 시림을 고쳐 계림鷄林으로 이름하고 이로써 국호를 삼았다. 알지는 세한勢漢을 낳고, 세한은 아도阿道를 낳고 아도는 수류首留를 낳고, 수류는 욱보郁甫를 낳고 욱보는 구도仇道를 낳고 구도는 미추味鄒를 낳았는데 미추가 신라 제13대 왕위에 오르니 신라의 김씨는 대보공大輔公 김알지에서 시작되었다.

김씨 왕 계통표 金氏王系統表

(38명의 김씨 왕이 587년간 재위하였다.)

김씨 왕 대수	신라 조 대수	왕호	휘	아버지	어머니	비	재위 연수	즉위 원년	즉위 서기	왕릉 소재지
1	13	미추왕	미추 味鄒	구도 九道	박씨 갈문왕 이칠伊柒의 딸	광명光明 부인 석씨 / 제11 대왕 조분왕의 딸	2	임오 壬午	262	부남府南 황남리 黃南里 죽엽릉 竹葉陵 대릉 大陵
2	17	내물왕	내물 奈勿	말구 末仇	휴례休禮 부인 김씨	희례希禮 부인 김씨	46	병진 丙辰	356	첨성대 瞻星臺 서남쪽 금성金城 남쪽 10리
3	18	실성왕	실성 實聖	대서지 大西知	이리伊利 부인 석씨 / 아간 등보登 保의 딸	아류阿留부인 김씨	16	임인 壬寅	402	
4	19	눌지왕	눌지 訥祗	내물왕	희례希禮 부인 김씨	아노阿老부인 김씨	4	정사 丁巳	417	부산 남산 南山 아래
5	20	자비왕	자비 慈悲	눌지왕	아노阿老 부인 김씨	희도希道 부인 김씨	21	무오 戊午	458	
6	21	소지왕	소지 炤知	자비왕	희도希道 부인 김씨	선혜善兮 부인 김씨 / 이찬 내숙乃宿의 딸	21	기미 己未	479	
7	22	지증왕	지대로 智大路	습보 習寶	조생鳥生 부인 김씨	연례延禮 부인 박씨 / 등흔登 欣의 딸	14	경진 庚辰	500	
8	23	법흥왕	원종 原宗	지증왕	연례延禮 부인 박씨	보도保刀 부인 박씨	26	갑오 甲午	514	와와리 臥瓦里 산 위 애공사 哀公寺 북쪽 산
9	24	진흥왕	삼맥종 三麥宗	입종 立宗	식도息道 부인 박씨	사도思道 부인 박씨	36	경신 庚申	540	서악리 西岳里 애공사 북쪽 산

김씨 왕 대수	신라 조 대수	왕호	휘	아버지	어머니	비	재위 연수	즉위 원년	즉위 서기	왕릉 소재지
10	25	진지왕	사륜 舍輪	진흥왕의 둘째 아들	사도思道 부인 박씨	지도知道 부인 박씨	3	병신 丙申	576	진문리 晋門里 영경사永敬寺 북쪽
11	26	진평왕	백정 白淨	동륜 銅輪	만호萬呼 부인 김씨	마야摩耶 부인 김씨 /복승福 勝의 딸	53	기사 己巳	579	내동면 內東面 한지漢只
12	27	선덕 여왕	덕만 德曼	진평왕	마야摩耶 부인 김씨	*부夫 김인평 金仁平	15	임진 壬辰	632	부동府東 낭산狼山 남쪽 고개
13	28	진덕 여왕	승만 勝曼	국반 國飯	월명月明 부인 박씨	*부夫 김기안 金基安	7	정미 丁未	647	사양부 沙梁部 금견곡 今見谷
14	29	태종 무열왕	춘추 春秋	용춘 龍春	문명文明 왕후 김씨	문명文明 부인 김씨 /서현舒 玄의 딸	7	갑인 甲寅	654	서악西岳 평야 영경사 북쪽
15	30	문무왕	법민 法敏	태종 무열왕	문명文明 왕후 김씨	자의慈儀 왕후 김씨	20	신유 辛酉	661	동해 대석암 大石岩 아래
16	31	신문왕	정명 政明	문무왕	자의慈儀 왕후 김씨	신목神穆 왕후 김씨 / 일길찬 흠운欽運의 딸	11	신사 辛巳	681	천왕사 天王寺 동쪽 금배반리 今排盤里
17	32	효소왕	이홍 理洪	신문왕	신목神穆 왕후 김씨	김씨	10	임진 壬辰	692	부동 방남리 方南里 도지道只
18	33	성덕왕	융기 隆基 흥광 興光	신문왕의 둘째 아들	신목神穆 왕후 김씨	소덕昭德 왕후 김씨 / 소판 원태元泰의 딸	35	임인 壬寅	702	부동 부지곡 部只谷
19	34	효성왕	승경 承慶	성덕왕의 둘째 아들	소덕昭德 왕후 김씨	혜명惠明 왕후 김씨 / 이찬 순원順元의 딸	5	정축 丁丑	737	화장 후 수장

김씨 왕 대수	신라 조 대수	왕호	휘	아버지	어머니	비	재위 연수	즉위 원년	즉위 서기	왕릉 소재지
20	35	경덕왕	헌영 憲英	성덕왕의 셋째 아들	소덕昭德 왕후 김씨	만월滿月 부인 김씨 / 서불감 의충義忠의 딸	24	임오 壬午	742	모지사 毛祇寺 서쪽 봉우리
21	36	혜공왕	건운 乾運	경덕왕	만월滿月 부인 김씨	창화昌花 부인 김씨 / 이찬 유성維 誠의 딸	15	을사 乙巳	765	천왕리 天王里 금배반리
22	37	선덕왕	양상 良相	효방 孝方	사소四炤 부인 김씨	구족具足 부인 김씨 / 각간 양품良 品의 딸	5	병신 丙申	780	화장 후 동해에 수장
23	38	원성왕	경신 敬信	효양 孝讓	계오繼烏 부인 박씨	숙정淑貞 왕후 신씨 / 각간 신술神 述의 딸	14	을축 乙丑	785	봉덕사 奉德寺 남동쪽 활성리 活城里 곡칭谷稱 괘릉掛陵
24	39	소성왕	준옹 俊邕	인겸 仁謙	성목聖穆 왕후 김씨 / 신미神 迷의 딸	계화桂花 부인 김씨 / 숙명叔明의 딸	2	기묘 己卯	799	
25	40	애장왕	청명 淸明	소성왕	계화桂花 부인 김씨	정화貞和 부인 박씨	9	경진 庚辰	800	
26	41	헌덕왕	언승 彦昇	인겸 仁謙	성목聖穆 왕후 김씨	귀승貴勝 부인 김씨	17	기축 己丑	809	부동 천림리 泉林里
27	42	흥덕왕	수종 秀宗	인겸 仁謙	성목聖穆 왕후 김씨	장화章和 부인 김씨	10	병오 丙午	826	안강安康 육통리 六通里 북쪽 / 장화 부인 능에 합장
28	43	희강왕	제융 悌隆	헌정 憲貞	순성順成 왕후 박씨	문목文穆 왕후 김씨 / 충공忠恭의 딸	2	병진 丙辰	836	소산 蘇山 금청도군속 淸道郡

김씨 왕 대수	신라 조 대수	왕호	휘	아버지	어머니	비	재위 연수	즉위 원년	즉위 서기	왕릉 소재지
29	44	민애왕	명明	충공忠恭	선의宣懿 태후 박씨	윤용允容 왕후 김씨 / 시중 영공永恭의 딸	1	무오戊午	838	부남사 府南社 골짜기 북쪽 야산
30	45	신무왕	우징祐徵	균정均貞	헌목憲穆 태후 박씨	진종眞從 부인 박씨 / 명해明海의 딸	4개월	기미己未	839	내동면 동방리 東方里 제형산 弟兄山
31	46	문성왕	경응慶應	신무왕	진종眞從 왕후 박씨	소성昭聖 태후 김씨 / 위흔魏欣의 딸	18	기미己未	839	서악 西岳 공작지 孔雀地
32	47	헌안왕	의정誼靖 우정祐靖	균정	조명照明 부인 김씨	안정安貞 왕후 김씨	4	정축丁丑	857	서악 공작지
33	48	경문왕	응렴膺廉	계명啓明	광의光義 왕후 박씨	문의文懿 왕후 김씨	14	신사辛巳	861	
34	49	헌강왕	정晸	경문왕	문의文懿 왕후 김씨	의명懿明 왕후 김씨	11	을미乙未	875	보제사 菩提寺 동남쪽 금산산 今南山 아래
35	50	정강왕	황晃	경문왕	문의文懿 왕후 김씨	문숙文淑 왕후 김씨	1	병오丙午	886	남유상 南由上
36	51	진성 여왕	만曼	경문왕	문의文懿 왕후 김씨	*부夫 김필대 金必大	10	정미丁未	887	양산군 梁山郡 황산 黃山
37	52	효공왕	요嶢	헌강왕	의명懿明 부인 김씨	계아桂娥 부인 박씨 / 이찬 예겸乂謙의 딸	15	정사丁巳	897	사자곡 獅子谷 천왕 天旺 동랑산 東狼山
38	56	경순왕	부傅	효종孝宗	계아桂娥 부인 김씨	죽방竹房 부인 박씨 / 낙랑樂浪 공주 왕씨	9	정해丁亥	927	장단부 長湍府 남팔리 南八里 천향동 泉向洞

김씨 왕릉 실전표

신라 조대 수	김씨 왕대 수	연수	왕호	휘	재위 연수
18	3	402년	실성實聖	실성實聖	15년
19	4	417년	눌지訥祇	눌지訥祇	41년
20	5	458년	자비慈悲	자비慈悲	22년
21	6	479년	소지炤知	소지炤知	21년
22	7	500년	지증智證	지대로智大路	14년
34	19	737년	효성孝成	승경承慶	5년
36	21	765년	혜공惠恭	건운乾運	15년
37	22	780년	선덕宣德	양상良相	5년
39	24	799년	소성昭聖	준옹俊邕	1년
40	25	800년	애장哀莊	청명淸明	9년
48	33	861년	경문景文	응렴膺廉	14년
51	36	887년	진성眞聖	만曼	10년

추존왕追尊王

<시조 대보공大輔公 김알지金閼智>

공의 7세손 미추味鄒가 신라 제13대 왕위에 오른 다음 김알지를 세조 대왕으로 추존하였다.

<세한勢漢(일휘一諱 열한熱漢)>

시조 대보공 알지의 아들이다. 벼슬은 이찬으로 100년(파사왕 21)에 거서간(왕)의 호를 받았다.

<아도阿道(일휘 아도阿都)>

세한의 아들이다. 벼슬은 이찬으로 111년(파사왕 32)에 파진찬에 올랐다. 파진찬은 파미간波彌干으로서 '파미波彌'는 지명이며 군장君長의 칭호이다.

<수류首留(일휘 수류壽留)>

파진찬 아도의 아들이다. 벼슬은 이벌찬으로서 126년(지마왕 15)에 각간이 되었다.

<욱보郁甫(일휘 욱보郁甫)>

각간 수류의 아들이다. 벼슬은 이벌찬으로서 148년(일성왕 15)에 각간이 되었다.

<추존 갈문왕葛文王 구도仇道(일휘 구도俱道)>

각간 욱보의 아들이며 비는 술예述禮 부인 박씨로서 제6대 지마 이사금의 아들 이비伊非의 딸이다. 벼슬은 파진찬으로 185년(벌휴왕 2)에 좌 군주左軍主가 되어 우 군주右軍主인 구수혜仇須兮와 같이 소문국召文國을 평정하였다. 188년(벌휴왕 5) 2월에 모산성母山城을 침략한 백제의 군대를 격퇴하였고 이듬해 7월에 구양拘壤에서 다시 백제군과 교전하여 크게 승리하였다.

또 190년(벌휴왕 7) 8월에 백제군이 신라 국경 서쪽의 원산향圓山鄕을 격파하고 악곡성岳谷城을 침공하자, 왕은 우수한 군사들을 거느리고 친히 싸움터로 나가 적을 격퇴한 후 적지인 주산柱山까지 추격하였으나 적의 반격으로 인하여 패전하고 말았다. 이에 좌 군주 구도는 전투의 실패에 대한 책임을 지고 악곡성주岳谷城主로 물러났으나, 아들 미추가 왕위에 오르고 갈문왕으로 추존하였다.

<추존 갈문왕 미구未仇(일휘 미굴未屈)>

 구도의 셋째 아들이자, 제13대 미추 이사금의 동생이며 비는 휴례休禮 부인 김씨이다. 미구는 천성이 충성스럽고 절개가 곧았으며 지략 또한 비범하여 유례 이사금은 매번 정사를 문의하였다. 356년(흘해왕 47)에 각간이 되었으며, 아들 내물奈勿이 왕위에 오른 다음 모문왕募文王으로 추존하였다.

<추존 갈문왕 복호卜好(일휘 보로寶露)>

 제17대 내물 마립간의 둘째 아들이자 제19대 눌지 마립간의 동생이다. 412년(실성왕 11)에 볼모로 고구려에 가서 10년을 지내다 눌지訥祗가 실성 마립간의 뒤를 이어 즉위한 지 2년째에 박제상朴堤上으로 하여금 모셔 오게 하였다. 그 후 손 지증智證이 왕위에 오르고 갈문왕으로 추존하였다.

<추존 갈문왕 습보習寶(일휘 사보斯寶)>

 복호의 아들이며 비는 조생鳥生 부인 김씨이다. 벼슬은 이찬으로 459년(자비왕 2)에 각간이 되었다. 아들 지증智證이 왕위에 오르고 나서 조부 복호와 부친을 갈문왕으로 추존하였다.

<추존 갈문왕 입종立宗>

 제22대 지증 마립간의 둘째들이자 제23대 법흥왕의 동생이며 비는 식도息道 부인 김씨이다. 벼슬은 이찬이었으며, 아들 진흥眞興이 왕위에 오르고 갈문왕으로 추존하였다.

<추존 갈문왕 동륜銅輪>

제24대 진흥왕의 아들이며 비는 만호萬戶 부인 김씨이다. 불행하게도 세상을 빨리 떠났으며, 아들 진평眞平이 왕위에 오르고 갈문왕으로 추존하였다.

<추존 성덕왕聖德王 국반國飯>

갈문왕 동륜의 둘째들이자 제26대 진평왕의 동생이며 비는 명월明月 부인 박씨이다. 벼슬은 이찬으로서 딸 진덕 여왕이 왕위에 오른 다음 갈문왕으로 추존하였다.

<추존 흥문왕興文王 용수龍樹(일휘 용수龍壽 또는 용춘龍春)>

제25대 진지왕의 아들이며 비는 천명天明 부인 김씨이다. 벼슬은 이찬으로서 622년(진평왕 44)에 내성內省 사신으로 628년(진평왕 50)에 대장이 되어 고구려 낭비성娘臂城을 정벌하였다. 그 후 아들 춘추春秋가 왕위에 오르자 문흥왕文興王으로 추존하고 비 천명 부인은 문정文貞 태후로 추봉되었다.

<추존 현성왕玄聖王 법선法宣>

서간 마차摩次의들이다. 벼슬은 대아찬으로 현손 원성元聖이 왕위에 오르고 현성왕玄聖王으로 추존하였다.

<의관義寬(일휘 의관義官)>

추존 현성왕 법선의 아들이다. 벼슬은 이찬으로 증손 원성元聖이 왕위에 오르고 신영왕神英王으로 추존하였다.

<추존 개성왕開聖王 효방孝芳>

아간 원훈元訓의 아들이며 비는 사소四召 부인 김씨이다. 벼슬은 각간으로 아들 선덕宣德이 왕위에 오른 다음 개성왕開聖王으로 추존되고 사소 부인은 정의貞懿 태후로 추봉하였다.

<추존 흥평왕興平王 위문魏文>

 의관의 아들이다. 벼슬은 이찬을 거쳐 시중이 되었으며 손 원성元聖이 왕위에 오른 다음 흥평왕興平王으로 추존하였다.

<추존 명덕왕明德王 효양孝讓>

 위문의 아들이며 비는 계오繼烏 부인 박씨로 창도昌道의 딸이다. 벼슬은 일길찬으로서 아들 원성元聖이 왕위에 오르고 명덕왕明德王으로 추존되었으며 계오 부인은 소문昭文 태후로 추봉되었다.

<추존 혜충왕惠忠王 인겸仁謙(일휘 인선仁譔)>

 제38대 원성왕의 아들이며, 비는 신씨申氏로 신술神述의 딸이다. 처음 태자로 책봉되었으나 조졸하였으므로, 아들 소성昭聖이 왕위에 오른 다음 혜충왕惠忠王으로 추존하고 비는 성목聖穆 왕후로 추봉하였다.

<추존 혜강왕惠康王 예영豫英(일휘 효진孝眞)>

 제38대 원성왕의 셋째 아들이자, 추존 혜충왕 인겸의 동생이다. 벼슬은 각간으로 손 희강僖康이 왕위에 오르고 혜강왕惠康王으로 추존하였다.

<추존 익성왕翼城王 헌정憲貞>

 예영의 아들이며 비는 미도美道 부인 박씨이다. 벼슬은 이찬으로 아들 희강僖康이 왕위에 오른 후 익성왕翼城王으로 추존하고 미도 부인은 순성順成 왕후로 추봉하였다.

<추존 성덕왕成德王 균정均貞>

 추존 혜강왕 예영의 둘째 아들로서 비는 박씨朴氏이다. 벼슬은 대아찬으로서 812년(헌덕왕 4)에 상대등 시중이 되었다가 같은 해 웅천 도독 김헌창金憲昌이 반란을 일으키자 군장軍將이 되어 이를 토평하였다.
 이후 제42대 흥덕왕이 사망하였을 때 후손이 없으므로 종질 제륭悌隆과

왕위 계승을 위하여 서로 다투다가 김명金明, 이홍利弘 등에게 살해당하였다. 아들 신무神武가 왕위에 오른 다음 성덕왕成德王으로 추존되고 비는 헌목憲穆 태후로 추봉되었다.

<추존 선강왕宣康王 충공忠恭>
제39대 소성왕의 셋째 아들이고 비는 박씨朴氏이다. 벼슬은 시중으로 아들 민애閔哀가 왕위에 오른 다음 선강왕宣康王으로 추존하고 비는 의의宜懿로 추봉되었다.

4. 삼국시대 관등표 三國時代官等表

(≪삼국사기≫에 의함)

나라이름 / 관등 官等	백제 삼국사기	백제 수서隋書	신라 삼국사기 중앙	신라 삼국사기 지방	고구려 삼국지위지 三國志魏志	고구려 주서 周書	고구려 수서 隋書	고구려 통전 通典	고구려 통전 通典	고구려 책부원구 冊府元龜	고구려 책부원구 冊府元龜	고구려 신당서 新唐書	고구려 한원 翰苑
1품	좌평 佐平	좌평 佐平	이벌찬 伊伐飡 (이벌간 伊罰干, 간벌찬 干罰飡, 각간 角干, 각찬 角粲, 서발한 舒發翰, 서불한 舒弗邯)		상가 相加	대대로 大對盧	태대형 太大兄	상가 相加	토졸 土拙 (대대로 大對盧)	대대로 大對盧	대대로 大對盧 (토졸 土拙)	대대로 大對盧	(토졸 土拙)
2품	달솔 達率	대솔 大率	이척찬 伊尺飡 (이찬 伊飡)		대로 對盧	태대형 太大兄	대형 大兄	대로 對盧	태대형 太大兄	태대형 太大兄	울절 鬱折	태대형 太大兄	(막하라지 莫何羅支)
3품	은솔 恩率	은솔 恩率	잡찬 迊飡 (잡판 迊判, 소판 蘇判)		패자 沛者	대형 大兄	소형 小兄	패자 沛者	울절 鬱折	대형 大兄	태대사자 太大使者	울절 鬱折	(주부 主簿)
4품	덕솔 德率	덕솔 德率	파진찬 波珍飡 (해간 海干, 파미간 破彌干)		고추가 古雛加	소형 小兄	대로 對盧	고추대가 古雛大加	태대부인사자 太大夫人使者	소형 小兄	조의두대형 皂衣頭大兄	대부사자 大夫使者	(알사 閼奢)
5품	한솔 扞率	간솔 杆率	대아찬 大阿飡		주부 主簿	의후사 意侯奢	의후사 意侯奢	주부 主簿	조의두대형 皂衣頭大兄	의후사 意侯奢	대사자 大使者	조의두대형 皂衣頭大兄	(중리조의 中裏皂衣) (두태형 頭大兄)
6품	나솔 奈率	나솔 奈率	아찬 阿飡 (아척간 阿尺干, 아찬 阿粲) (사중 四重)		우태 優台	오졸 烏拙	오졸 烏拙	우태 于台	대사자 大使者	오졸 烏拙	대형 大兄	대사자 大使者	(대사 大奢)

나라이름	백제		신라		고구려								
					승丞	태대사자太大使者	태대사자太大使者	사자使者	대형大兄	태대사자太大使者	상위사자上位使者	대형가大兄加	(힐지纈支)
7품	장덕將德	장덕將德	일길찬日吉湌(을길간乙吉干)	악간嶽干	승丞	태대사자太大使者	태대사자太大使者	사자使者	대형大兄	태대사자太大使者	상위사자上位使者	대형가大兄加	(힐지纈支)
8품	시덕施德	시덕施德	사찬沙湌(살찬薩湌, 사돌간沙咄干)	술간述干	사자使者	대사자大使者	대사자大使者	조의皂衣	수위사자收位使者	대사자大使者	제형諸兄	발위사자拔位使者	(유사儒奢)
9품	고덕固德	고덕固德	급벌찬級伐湌(급찬級湌, 급복간及伏干)	고간高干	조의皂衣	소사자小使者	소사자小使者	선인先人	상위사자上位使者	소사자小使者	소사자小使者	상위사자上位使者	(을사乙奢)
10품	계덕季德	계덕季德	대나마大奈麻(대내말大奈末)[구중九重]	귀간貴干	선인先人	욕사褥奢	욕사褥奢		소형小兄	욕사褥奢	과절過節	소형小兄	(실원失元)
11품	대덕對德	대덕對德	나마奈麻(나말奈末)[칠중七重]	선간選干		예속翳屬	예속翳屬		제형諸兄	예속翳屬	선인先人	제형諸兄	(예속翳屬)
12품	문독文督	문독文督	대사大舍(한사韓舍)	상간上干	선인先人	선인先人			과절過節	선인先人	고추대가古雛大加	과절過節	
13품	무독武督	무독武督	사지舍知(소사小舍)	간干		욕살褥薩				불과절不過節	욕살褥薩	불절不節	
14품	좌군佐軍	좌군佐軍	길사吉士(계지稽知, 길차吉次)	일벌一伐					선인先人			선인先人	
15품	진무振武	진무振武	대오大烏(대오지大烏知)	일척一尺									
16품	극우剋虞	극우剋虞	소오小烏(소오지小烏知)	피일彼日									
17품			조위造位(선저지先沮知)	아척阿尺									

5. 통일신라 직관표 統一新羅職官表

<≪삼국사기≫에 의함>

<문관직>

관청	관직	관등	연혁
상대등上大等(상신上臣)			531년 설치
집사성 執事省	중시中侍(651)→시중侍中(747) 전대등典大等(565)→시랑侍郎(747) 대사大舍(685)→낭중郎中(759) 사지舍知(685)→원외랑員外郎(759) →사지舍知(776) 사史→낭郎(경景)→사史(혜惠)	2~5 6~11 11~13 12~13 12~17	본명은 품주稟主(조주祖主). 651년에 집사부執事部로, 829년에 집사성執事省으로 고침.
병부兵部	영令(516) 대감大監(623)→시랑侍郎(경)→대감大監(혜) 제감弟監(589)→대사大舍(658) →낭중郎中(경)→대사大舍(혜) 노사지弩舍知(672)→사병司兵(경) →노사지弩舍知(혜) 사史 노당弩幢(671)→소사병小司兵(경) →노당弩幢(혜)	태太~5 6~? 11~13 12~13 12~17 12~17	
조부調部	영令(651) 경卿 대사大舍(진眞)→주부主簿(경)→대사大舍(혜) 사지舍知(685)→사고(司庫(경)→사지舍知(혜) 사史	태太~금衿 6~? 11~13 12~13 12~17	584년에 설치, 제35대 경덕왕 때 대부大府로 개칭. 제38대 혜공왕 때 환원.
경성주 작전 京城周作典	영令(732) 경卿(733) 대사大舍→주부主簿(경)→대사大舍(혜) 사지舍知→사공司功(경)→사지舍知(혜) 사史	대大~5 6~11 10~13 12~13 12~17	경덕왕 때 수성부修城府로 개칭. 혜공왕 때 환원.
사천왕 사성전 四天王 寺成典	금하신衿荷臣→감령監令(경) →금하신衿荷臣(혜)→감령監令(애哀) 상당上堂→경卿(경)→상당上堂(혜) →경卿(애) 적위赤位→감監(경)→적위赤位(혜) 청위靑位→주부主簿(경)→청위靑位(혜) →대사大舍(애) 사史	1~5 6~11 11~13	경덕왕 때 감사천왕사부監 四天王寺府로 개칭. 혜공왕 때 환원.

* 통일 신라는 신라가 백제와 고구려를 멸망시키고 삼국을 통일한 676년 이후의 신라를 말한다.

관청	관직	관등	연혁
봉성사성전 奉聖寺成典	금하신衿荷臣→검교사檢校使(경) →금하신衿荷臣(혜)→영令(애) 상당上堂→부사副使(경)→상당上堂 적위赤位→판관判官(경)→적위赤位 청위青位→녹사綠事(경)→청위青位 사史→전典(경)→사史		경덕왕 때 수영봉성사사원修營奉 聖寺使院으로 개칭. 후에 환원.
감은사성전 感恩寺成典	금하신衿荷臣→검교사檢校使(경) →금하신衿荷臣(혜)→영令(애) 상당上堂→부사副使(경)→상당上堂(혜) →경卿(애) 적위赤位→판관判官(경)→적위赤位 청위青位→녹사綠事(경)→청위青位 사史→전典(경)→사史		경덕왕 때 수영감은사사원修營感 恩寺使院으로 개칭. 후에 환원.
봉덕사성전 奉德寺成典	금하신衿荷臣→검교사檢校使(경) →금하신衿荷臣(혜)→영令(애) 상당上堂→부사副使(경)→상당上堂(혜) →경卿(애) 적위赤位→판관判官(경)→적위赤位 청위青位→녹사綠事(경)→청위青位 사史→전典(경)→사史(혜)		759년 수영봉덕사사원修 營奉德寺使院으로 개칭. 후에 환원.
봉은사성전 奉恩寺成典	금하신衿荷臣(혜)→영令(애) 부사副使(혜)→상당上堂→경卿(애) 대사大舍 사史		
영묘사성전 靈廟寺成典	상당上堂→판관判官(경)→상당上堂 청위青位→녹사綠事(경)→대사大舍 사史		759년 수영영묘사사원修 營靈廟寺使院으로 개칭. 후에 환원.
영흥사성전 永興寺成典	대사마大舍麻→감監(경) 사史		684년 설치. 759년 감영흥사관監永興寺使 館으로 개칭.
창부倉部	영令 경卿(651)→시랑侍郎(경)→경卿(혜) 대사大舍(진眞)→낭중郎中(경)→대사大舍(혜) 조사지祖舍知(699)→사창司倉(경)→조사지祖舍知(혜) 사史(진眞)	대大~5 6~? 11~13 12~13	651년 품주稟主에서 나뉨.

관청	관직	관등	연혁
예부禮部	영令(586) 경卿(648) 대사大舍(651)→낭중郎中(경)→대사大舍 사지舍知→사례司禮(경)→사지舍知 사史(651)	태太~5 6~? 6~13 12~13 12~17	
승부乘部	영令(584) 경卿 대사大舍→주부主簿(경)→대사大舍 사지舍知→사목司牧(경)→사지舍知 사史	1~5 6~? 11~13 12~13 12~17	경덕왕 때 사어부司馭府로 개칭. 혜공왕 때 환원.
사정부 司正部	영令 경卿(544) 좌佐→평사評事(경)→좌佐 대사大舍 사史	1~5 6~? 10~11 11~13	659년 설치. 경덕왕 때 숙정대肅正臺로 개칭. 혜공왕 때 환원
예작부 例作府 (예작전 例作典)	영令(686) 경卿(신神) 대사大舍(805)→주부主簿(경)→대사大舍 사지舍知→사례司禮(경)→사지舍知 사史	1~5 6~? 11~13 12~13	경덕왕 때 수례부修例府로 개칭. 혜공왕 때 환원.
선부船府	영令 경卿(663) 대사大舍→주부主簿(경)→대사大舍(혜) 사지舍知→사주司舟(경)→사지舍知(혜) 사史	1~5 6~? 11~13 12~13	678년 병부兵部에서 나뉨. 경덕왕 때 이제부利濟府로 개칭. 혜공왕 때 환원.
영객부 領客府	영令(651) 경卿 대사大舍→주부主簿(경)→대사大舍(혜) 사지舍知→사의司儀(경)→사지舍知(혜) 사史	1~5 6~? 11~13 12~13	본명은 왜전倭典. 621년 영객전領客으로, 경덕왕 때 사빈부司賓府로 개칭. 혜공왕 때 영객전領客典으로 개칭.
위화부 位和府	금하산衿荷山→영令(805) 상당上堂(신)→경卿(애) 대사大舍→주부主簿(경)→대사大舍 사史	대大~2 6~9	581년 설치. 경덕왕 때 사위부司位府로 개칭. 혜공왕 때 환원.

관청	관직	관등	연혁
좌리방부 左理方府	영令 경卿(진) 좌佐(진)→평사評事(경)→좌佐(혜) 대사大舍 사史	3~9 6~? 10~11 11~13	651년 설치. 692년 의방부議方府로 개칭.
우리방부 右理方府	영令 경卿 좌佐 대사大舍 사史		667년 설치.
상사서 賞賜署	대정大正(624)→정正(경)→대정大正 좌佐 대사大舍(651)→주서主書(경)→대사大舍(혜) 사史	6~9 9~10 11~13	창부倉部에 속한 것을 경덕왕 때 사훈감思勳 監으로, 혜공왕 때 상사서(賞賜署)로 개칭.
대도서 大道署 (사전寺典, 내도감內 道監)	대정大正(624)→정正(경)→대정大正 주서主書→주사主事(경) 사(史)	6~9 11~13	예부(禮部) 소속.
전읍서 典邑署	경卿 감監 대사읍大司邑 중사읍中舍邑 소사읍小司邑 사史 목척木尺	8~11 10~11 11~13 12~13 12~13	경덕왕 때 전경부典京 府로 개칭. 혜공왕 때 환원.
영창궁성전 永昌宮成典	상당上堂(경)→경(卿)→상당上堂(혜) →경卿(805) 대사大舍→주부主簿(경)→대사大舍(혜) 사史	6~9 11~13	676년 설치
국학國學	경卿→사업司業(경)→경卿(혜) 박사博士 조교助教 대사大舍(651)→주부主簿(경)→대사大舍(혜) 사史	6~? 11~13	예부禮部 소속. 경덕왕 때 대학감大學監으로 개칭. 혜공왕 때 환원.

관청	관직	관등	연혁
음성서 音聲書	장長→경卿(687)→사락司樂(경)→경卿(혜) 대사大舍(651)→주부主簿(경)→대사大舍 사史	6~? 11~13	예부 소속. 경덕왕 때 대악감大樂監으로 개칭. 혜공왕 때 환원.
대일임전 大日任典	대도사大都司→대전의大典儀(경) 　　→대도사大都司 소도사少都司→소전의小典儀(경) 　　→소도사少都司 도사대사都事大舍→대전사大典事(경) 　　→도사대사都事大舍 도알사지都謁舍知→전알典謁(경) 　　→도알사지都謁舍知 도인사지都引舍知→전인典引(경) 　　→도인사지都引舍知 당幢→소전사小典事(경)→당幢 도사계지都事稽知 도알계지都謁稽知 도인계지都引稽知(도인당都引幢, 소전인小典引) 비벌수比伐首	11~13 12~13 11~13 12~13 12~13 12~17	657년 설치. 경덕왕 때 전경부典京府에 병합.
공장부 工匠府	감監(682) 주서主書(651, 또는 주사主事, 대사大舍) 사史	9~10 11~13	경덕왕 때 전사서典祀書로 개칭. 후에 환원.
채전彩典	감監(682) 주서主書(651) 사史	10~11 11~13	경덕왕 때 전채서典彩書로 개칭. 후에 환원.
좌사녹관 左司祿館	감監 주서主書(주사主事) 사史	10~11 11~13	677년 설치.
우사녹관 右司祿館	감監 주서主書 사史		681년 설치.
전사서 典祀署	감監 주서主書(651) 사史	10~11 11~13	예부에 소속. 713년 나눔.
신궁新宮	감監 주서主書 사史	10~11 11~13	717년 설치. 경덕왕 때 전설관典設館으로 개칭. 후에 환원.

관청	관직	관등	연혁
동시전 東市典	감監 대사大舍→주사主事(경)→대사大舍 서생書生→사직司直(경)→서생書生 사史	10~11 11~13	508년 설치.
서시전 西市典	감監 대사大舍→주사主事(경)→대사大舍 서생書生→사직司直(경)→서생書生 사史		695년 설치.
남시전 南市典	감監 대사大舍→주사主事(경)→대사大舍 서생書生→사직司直(경)→서생書生 사史		695년 설치.
사범서 司範署	대사大舍(주서主書)→주사主事(경)→대사大事 사史	12~13	예부 소속.
경도역 京都驛	대사大舍 사史	11~13	경덕왕 때 도정역都亭 驛으로 개칭. 후에 환원.
누각전 漏刻典	박사博士 사史		718년 설치.
육부소감전六部小監典	양부 梁部 및 사양부 沙梁部	감랑監郎 대내마大奈麻 대사大舍 사지舍知 사史		
	본피부 本彼部	감랑監郎 감대사監大舍 사지舍知 감당監幢 사史		
	모량부 牟梁部	감신監臣 대사大舍 사지舍知 감당監幢 사史		
	한기부 漢祈部 및 습비부 習比部	감신監臣 대사大舍 사지舍知 감당監幢 사史		

관청	관직	관등	연혁
식척전 食尺典	대사大舍 사史		
직도전 直徒典	대사大舍 사지舍知 사史		
고관가전 古官家典	당幢(계지稽知) 구척鉤尺 수주水主 화주禾主		
내성內省	사신私臣→전중령殿中令(경)→사신私臣 경卿 감監 대사大舍 사지舍知	금衿~태太 6~11 8~11	759년에 전중성殿中省으로 개칭. 후에 환원. 삼궁三宮(대궁大宮, 양궁梁宮, 소양궁少梁宮)을 관할.
내사정전 內司正典	의결議決 정찰貞察 사史		746년에 설치. 759년 건평성建平省으로 개칭. 후에 환원.
전대사전 典大舍典	전대사典大舍 전옹典翁 사史		
상대사전 上大舍典	상대사上大舍 상옹上翁		
흑개감 黑鎧監	대사大舍 사史		경덕왕 때 위무감衛武監으로 개칭. 후에 환원.
본피궁 本彼宮	우虞 사모私母 공옹工翁 전옹典翁 사史		681년 설치.
인도전 人道典	상인도上引道 위인도位引道 궁인도宮引道		경덕왕 때 예성전禮成典으로 개칭. 후에 환원.

관청	관직	관등	연혁
촌도전 村徒典	간干 궁옹宮翁 대척大尺 사史		670년 설치.
고역전 尻驛典	간옹看翁 궁옹宮翁		
평진음전 平珍音典	간옹看翁 연옹筵翁 전옹典翁		경덕왕 때 소궁掃宮으로 개칭. 후에 환원.
연사전 煙舍典	간옹看翁		718년 설치.
상문사 詳文師			714년 통문박사通文博 士로, 경덕왕 때 한림翰 林으로 개칭. 뒤에 학사學 士를 둠.
소내학생 所內學生			721년 설치.
천문박사 天文博士			후에 사천박사四天博士로 개칭.
의학醫學	박사博士		691년 설치.
공봉승사 供奉乘師			
율령전 律令典	박사博士		
수궁전 藪宮典	대사大舍 사史		
청연궁전 靑淵宮典	대사大舍 사史 궁옹宮翁		경덕왕 때 조추정造秋 亭으로 개칭. 후에 환원.
부천궁전 夫泉宮典	대사大舍 사史 궁옹宮翁		

관청	관직	관등	연혁
차열음궁전 且熱音宮典	대사大舍 사史 궁옹宮翁		
좌산전 坐山典	대사大舍 사史 궁옹宮翁		
병촌궁전 屛村宮典	대사大舍 사史 궁옹宮翁		경덕왕 때 현룡정玄龍 亭으로 개칭. 후에 환원.
북토지궁전 北吐只宮典	대사大舍 사史		
홍현궁전 弘峴宮典	대사大舍 사史		
갈천궁전 葛川宮典	대사大舍 사史		
선평궁전 善坪宮典	대사大舍 사史		
이동궁전 伊同宮典	대사大舍 사史		
평립궁전 平立宮典	대사大舍 사史		
명활전 明活典	대사大舍 간옹看翁		913년 설치.
원곡양전 源谷羊典	대사大舍 간옹看翁		829년 설치.
염곡전 染谷典	간옹看翁		
벽전壁典	간옹看翁 하전下典		

관청	관직	관등	연혁
자원전 藉園典	간옹看翁 하전下典		
두화탄전 豆冷炭典	옹看翁		
소년감전 少年監典	대사大舍 사史		경덕왕 때 조천성釣天 省으로 개칭. 후에 환원.
회궁전 會宮典	궁옹宮翁 조사지助舍知		경덕왕 때 북사설北司 設으로 개칭. 후에 환원.
상신모전 上新謨典	대사大舍 사史		
하신모전 下新謨典	대사大舍 사史		
좌신모전 左新謨典	대사大舍 사史		
우신모전 右新謨典	대사大舍 사史		
조전祖典	대사大舍 사史		
신원전 新園典	대사大舍 사史		
빙고전 氷庫典	대사大舍 사史		
백천목숙전 白川苜宿典	대사大舍 사史		
한지목숙전 漢祇苜宿典	대사大舍 사史		

관청	관직	관등	연혁
문천목숙전 蚊川苜宿典	대사大舍 사史		
본피목숙전 本彼苜宿典	대사大舍 사史		
능색전 陵色典	대사大舍 사史		
예궁전 穢宮典	치성雉省 궁옹宮翁 조사지助舍知 종사지從舍知		경덕왕 때 진각성珍閣 省으로 개칭. 후에 환원.
조하방 朝霞房	모母		
염궁染宮	모母		
소전疏典	모母		
홍전弘典	모母		
소방전 蘇芳典	모母		
찬염전 攢染典	모母		
표전 漂典	모母		
왜전倭典			
금전錦典			경덕왕 때 직금방織錦 房으로 개칭. 후에 환원.

관청	관직	관등	연혁
철유전 鐵鍮典			경덕왕 때 축야방築冶 房으로 개칭. 후에 환원.
사전寺典			
칠전漆典			경덕왕 때 식기방飾器 房으로 개칭. 후에 환원.
모전毛典			경덕왕 때 취췌방聚毳 房으로 개칭. 후에 환원.
피전皮典			경덕왕 때 포인방鞄人 房으로 개칭. 후에 환원.
추전鞦典			
피타전 皮打典			경덕왕 때 운공방韗工 房으로 개칭. 후에 환원.
마전磨典			경덕왕 때 재인방梓人 房으로 개칭. 후에 환원.
탑전鞜典			
화전靴典			
타전打典			
마이전 麻履典			
어용성 御龍省	사신私臣(801) 어백랑御伯郎(780)→봉어奉御→경卿(750) 　　　　→감監 치성雉省		

관청	관직	관등	연혁
세택洗宅	대사大舍 종사지從舍知		경덕왕 때 중서성中書 省으로 개칭. 후에 환원.
숭문대 崇文臺	낭郎 사史 종사지從舍知		
악전嶽典	대사大舍 사史 종사지從舍知		
감전監典	대사大舍 사지舍知 사史 도관都官 종사지從舍知 악자樂子		
능전廩典	대사大舍 사지舍知 사史 능옹廩翁 종사지從舍知		경덕왕 때 천녹사天綠司로 개칭. 후에 환원.
춘전春典	사지舍知 사史		
제전祭典	사지舍知 사史		
약전藥典	사지舍知 사史 종사지從舍知		경덕왕 때 보명사保命司로 개칭. 후에 환원.
공봉의사 供奉醫師			
공봉복사 供奉卜師			

관청	관직	관등	연혁
마전麻典	간干 사史 종사지從舍知		759년 직방국織紡局으로 개칭. 후에 환원
폭전曝典			
육전肉典	간干		경덕왕 때 상선국尙膳 局으로 개칭. 후에 환원.
재전滓典	간干 사史		
아니전 阿尼典	모母		
기전綺典	모母		경덕왕 때 별금방別錦 房으로 개칭. 후에 환원.
석전席典	모母		경덕왕 때 봉좌국奉坐 局으로 개칭. 후에 환원.
궤개전 机槪典	간干 사史		경덕왕 때 궤반국机盤 局으로 개칭. 후에 환원.
양전楊典	간干 사史		경덕왕 때 사비국司匪 局으로 개칭. 후에 환원.
와기전 瓦器典	간干 사史		경덕왕 때 도등국陶登 局으로 개칭. 후에 환원.
감부대전 監夫大典	대사大舍 사史 종사지從舍知		

관청	관직	관등	연혁
대전전 大傳典	대사大舍 사史 종사지從舍知		
행군전 行軍典	대사大舍 사史 종사지從舍知		
영창전 永昌典	대사大舍 사史		
고창전 古昌典	대사大舍 사史		
번감番監	대사大舍 사史		
원당전 願堂典	대사大舍 종사지從舍知		
물장전 物藏典	대사大舍 사史		
북상전 北廂典	대사大舍 사史		
남하소궁 南下所宮	옹翁 조助		경덕왕 때 잡공국雜工 局으로 개칭. 후에 환원.
남도원궁 南桃園宮	옹翁		
북원궁 北園宮	옹翁		
신청연궁 新靑淵宮	옹翁		
침방針房	여자女子		

관청	관직	관등	연혁
동궁관 東宮官			
동궁아 東宮衙	상대사上大舍 차대사次大舍		752년 설치.
어용성 御龍省	대사大舍 치성稚省		
세택洗宅	대사大舍 종사지從舍知		
급장전 給帳典	전典 치稚		
월지전 月池典			
승방전 僧房典	대사大舍 종사지從舍知		
포전包典	대사大舍 사史 종사지從舍知		
월지악전 月池嶽典	대사大舍 수주水主		
용왕전 龍王典	대사大舍 사舍		

<문관직>

관청	관직	관등	연혁
시위부 侍衛府	삼도三徒(651) 장군將軍(681) 대감大監 대두隊頭 항項 졸卒	6~9 9~11 8~13 10~13 12~17	
제군관 諸軍官	장군將軍 대관대감大官大監(549) 대대감隊大監 ─┐ 영마병領馬兵 　　　　　　 └ 영보병領步兵 제감弟監(562) 감사지監舍知(523) 소감少監(562) 대척大尺 군사당주軍師幢主(524) 대장척당주大匠尺幢主 보기당주步騎幢主 삼천당주三千幢主 착금기당주着衿騎幢主 비금당주緋衿幢主 사자금당주師子衿幢主 법당주法幢主(백관당주百官幢主) 흑의장창말보당주黑衣長槍末步幢主 삼무당주三武幢主 만보당주萬步幢主 군사감軍師監 대장대감大匠大監 보기감步騎監 삼천감三千監	1~9 6~13 6~11 10~13 12~13 12~17 12~17 7~11 7~11 8~11 8~13 8~13 8~13 7~13 9~13 10~13 10~13 11~13 10~13 11~13 10~13	
	사자금당주師子衿幢主 법당감法幢監 비금감緋衿監 착금감着衿監 개지극당감皆知戟幢監	11~? 11~13 11~? 11~13	
	법당두상法幢頭上 법당화척法幢火尺 법당벽주法幢辟主 삼천졸三千卒	 10~17	
정관政官 (정법전 政法典)	대사大舍 사史　　→승관僧官(785)		

관청	관직	관등	연혁
국통國統 (사주寺主)	도유나랑都唯那郎 아니대도나阿尼大都那 대서성大書省 소년서성少年書省 주통州統 군통郡統		551년 설치.

<외관직>

관청	관직	관등	연혁
	도독都督→군주軍主(508)→총관摠官(661) 　　　→도독都督(785)	2~9	
	사신仕臣(사대등仕大等, 564) 주조州助(주보州輔) 군태수郡太守 장사長史(사마司馬) 사대사仕大舍(소윤小尹) 외사정外司正(673) 소수少守(제수制守) 현령縣令	4~9 6~11 6~13 10~13 10~13 10~? 8~17	
패강진전 浿江鎭典	두상대감頭上大監(782) 대감大監 두상제감頭上大監 제감弟監 보감步監 소감少監	6~9 6~13 10~13 11~? 8~17 12~17	

<주註>

(1) – 관직 부분에서 ( ) 안의 한자는 왕을 표시한다.

　　(경景) = 경덕왕景德王　　(진眞) = 진덕왕眞德王　　(애哀) = 애장왕哀莊王

　　(신神) = 신문왕神文王　　(혜惠) = 혜공왕惠恭王

　　– ( ) 안의 숫자는 서기를 표시한다.

(2) 관등 부분의 숫자는 신라 16관등의 순위를, 또 태太는 태대각간太大角干, 대大는
　　대각간大角干, 금衿은 금하신衿荷臣을 표시한다.

(3) 무관은 관청별로 정리가 되어 있지 않으므로 군관의 명칭관 관등만 밝혔다.

6. 세계표

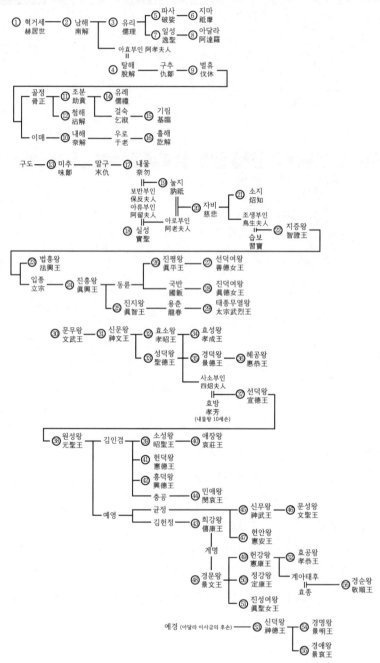

7. 신라의 속국屬國

– 가락국駕洛國은 일명 가야국伽倻國(또는 가락국駕洛國)이니 후에 금관국金官國(지금의 김해부金海府)이라 했다. 동東은 황산강黄山江에 이르고, 서남은 바다에 닿았으며, 서북은 진주晉州 지리산智異山에 이르렀고, 동북은 합천陜川 가야산伽倻山에 이르렀다.

– 신라 유리왕 19년 임인(한漢 광무제光武帝 건무建武 18년)에 구간九干 추장 아도我刀·여도汝刀·피도彼刀·오도五刀·유수留水·유천留天·신천神天·오천五天·신귀神鬼 등이 물가에서 계禊하고 술을 마시다가 귀지봉龜旨峯에 이상한 기운이 있음을 바라보고, 가서 보니 자주빛 새끼 중에 금합金合이 매달려 내려와 있었다.

열어보니 금빛 나는 알이 여섯 개 있었는데 둥글기가 해[日]와 같았다. 아도我刀의 집으로 가져가 모셔두니, 다음 날에 껍질이 깨어지면서 여섯 동자童子가 나왔는데, 용모가 매우 잘났으며 날로 무럭무럭 자라나 10여 일만에 신장身長이 구척九尺이나 되었다.

여러 사람이 맨 먼저 나온 사람을 추대하여 임금으로 삼고, 성을 김씨, 이름은 수로首露(최치원崔致遠의 글에는 책예責裔라 하였다)라 하고 국호를 가락駕洛이라 하였다. 나머지 다섯 사람은 각각 5가야로 돌아갔다. <여지승람> 5가야조에 있다.

– 무신년(건무建武 24년) 7월에 허왕후許王后가 아유타국阿踰陁國으로부터 바다를 건너 왔는데, 배에는 붉은 비단돛과 붉은 비단기를 달고 있었다. 왕이 만전幔殿(장막으로 만든 임시 궁전)을 배설하고 기다리니, 왕후가 배를 매고 높은 등성이에서 쉬면서 비단바지를 벗어 산령山靈에게 예물로 드리니 왕이 만전으로 맞아들여 왕후로 삼았다.

혹은 말하기를, 왕후는 남천축국南天竺國의 왕녀인데, 성은 허씨이고 이름은 황옥黃玉이며 보주태후普州太后라고 불렀다고 한다. <여지승람>에는 허후許后의 능이 귀지산에 있으며, 나이는 157세라고 한다.

– 건안建安 4년 기묘에 돌아가니 재위 158년이다.(위와 같다)

– 아들 거등居登에게 전위하였는데, 그 아들이 마품麻品이며, 그 아들이 거질미居叱彌, 그 아들이 이시품伊尸品, 그 아들이 좌지坐知, 그 아들이 취희吹希, 그 아들이 질지銍知, 그 아들이 겸화鉗知, 그 아들이 구해仇亥로서 서로 이어 왕이 되니 10세世 491년이었다.(여지승람)

– 신라 법흥왕 19년 임장에 가락왕 김구형金仇衡(혹은 구해仇亥라고도 한다.)이 항복해 왔으므로 금관군金官郡을 설치하여 구형을 상등上等에 임명하고, 그 의 나라를 식읍으로 주었다.(동문광고)

– 수로왕의 사당은 수릉首陵 옆에 있다. 신라 말기에 영규英規라는 자가 사 당의 음식을 훔쳐, 사신邪神의 제사에 썼는데, 뒤에 사당으로 들어갈 때 대 들보[樑]가 부러져 압사壓死했다.

또 도적이 떼를 지어 사당으로 들어가서 제기祭器를 훔쳐 내니, 홀연히 갑 옷 입은 용사勇士가 활을 가지고 나타나서 도적들을 쏘므로, 도적들이 흩어 졌다가 며칠 뒤에 다시 가 보니, 크기가 삼장三丈이나 되고, 눈이 번개 같은 큰 구렁이가 나와 아홉 사람을 물어 죽였다.

임진왜란 때 왜구들이 그 무덤을 파 보니 관 속에 금과 옥이 들어 있었으 며, 두골頭骨의 크기는 구리 동이[銅盆]만했고, 관 밖에 두 미인美人이 있었는 데 얼굴빛이 산 사람 같았으나 무덤 밖에 내어 놓으니, 햇빛을 보자 곧 녹아 버렸다. 이는 대개 그 당시 순장殉葬한 사람인 것이다.(동문광고)

– 대가야국大伽倻國(지금의 고령高靈)의 시조는 이진아시왕伊珍阿豉王(혹은 내진 주지內珍朱智)이며 신라 유리왕 20년 계묘에 건국했다.

– 최치원의 <석리정전釋利貞傳>에, '가야산신伽倻山神 왕현모주王見母主가 천신天神 이비가夷毗訶에게 감응이 되어, 대가야왕 뇌질주일惱窒朱日과 금관 국왕 뇌질청예惱窒靑裔 두 사람을 낳았다'고 하였는데, 주일은 곧 아시왕의 별칭이요, 청예는 곧 수로왕의 별칭이다. 그러나 <가락고기駕洛古記>의 육 란설六卵說과 더불어 모두 허탄虛誕해서 믿을 수가 없다.(여지승람)

– 주일朱日의 8세손 이뇌왕異腦王이 신라에 구혼求婚하여 이찬夷粲 비지배比 枝輩의 딸을 맞아들여, 월광태자月光太子를 낳았다.(최치원崔致遠의 석순응전釋順 應傳)

- 16세世 520년을 전하다가 진흥왕 23년 임오에 도설지왕道設智王이 신라에게 멸망당하고 대가야군大伽倻郡이 설치되었다.
- 소가야국小伽倻國(지금의 고성固城)은 신라가 멸망시키고, 고자군古自郡을 설치했는데 연조年條는 상세하지 않다.
- 고령가야국古寧伽倻國(지금의 함창咸昌)은 신라가 멸망시키고, 고동람군古冬攬郡을 설치했는데 연조는 알 수 없다.
- 아나가야국阿那伽倻國(지금의 함안咸安)은 아라가야阿羅伽倻라고도 하고, 아시량국阿尸良國이라고도 하는데, 신라 법흥왕이 멸망시키고 아시량군을 설치했다.
- 벽진가야국碧珍伽倻國(지금의 성주星州)은 성산가야星山伽倻라고도 하며, 신라가 멸망시키고 본피현本彼縣을 설치했는데, 연조는 상세하지 않다.
이서국伊西國(지금의 청도淸道)은 신라 유리왕이 정벌하여 빼앗았는데, 후에 구도성仇刀城(다시 악현岳縣으로 고쳤다)과 경내솔이산境內率伊山(소산현蘇山縣으로 고쳤다)·경산驚山(형산현刑山縣)·오도산烏刀山 등 3성城과 합쳐 대성군大城郡을 설치했다.
- 우시산국于尸山國(지금의 영해寧海)은 신라 탈해왕이 멸망시켰다.
- 거칠산국居漆山國(지금의 동래東萊)은 탈해왕이 멸망시켰다.
- 장산국萇山國(지금의 동래) <여지승람>에는 신라가 장산국을 빼앗아 거칠산군을 두었다고 했고, <문헌비고>에는 두 나라를 함께 열거했다.
- 음즙벌국音汁伐國(지금의 경주 소속 안강현安康縣)은 신라 파사왕破娑王이 멸망시켰다.
- 보라국保羅國(지금은 어느 땅인지 상세하지 않다)은 신라 내해왕奈解王 기축년에 가라伽羅에 침입했다가 신라新羅에게 패하였다. 포상팔국浦上八國의 하나이다.
- 고자국古自國(지금의 사천泗川)은 내해왕 기축년에 가라에 침입했다. 포상팔국의 하나이다.
- 압독국押犢國(지금의 경산慶山)은 압량국押梁國이라고도 하는데, 신라 파사왕 때에 항복해 왔다. <여지승람>에는 지마왕祗摩王이 빼앗았다고 하였다.

- 비지국比只國(지금은 어느 곳인지 알 수 없다)은 파사왕이 멸망시켰다.
- 다벌국多伐國(지금은 어느 곳인지 알 수 없다)은 파사왕이 멸망시켰다.
- 초팔국草八國(지금의 초계草溪)은 파사왕이 멸망시켰다.
- 소문국召文國(지금의 의성義成)은 신라 벌휴왕이 멸망시켰으며, 경덕왕이 문소군聞韶郡으로 고쳤다.
- 감문국甘文國(지금의 개령開寧)은 신라 조분왕이 빼앗었다.
- 유산柳山 북쪽에 궁궐터가 있고, 현의 북쪽 20리 되는 곳에 대총大冢이 있는데 민간에서 전하기를, 감문국 금효왕金孝王의 능이라고 하며, 현의 서쪽 웅현리熊峴里에는 장부인獐夫人의 능이 있다.(여지승람)
- 골벌국骨伐國(지금의 영천永川) 소속 임천현臨川縣은 골화국骨火國이라고도 하는데, 조분왕이 정벌하여 빼앗아 임천현臨川縣을 설치했다.
- 사벌국沙伐國(지금의 상주尙州)은 사량벌沙梁伐이라고도 하고, 또 사불국沙弗國이라고도 하는데, 신라 첨해왕沾解王이 장수 우로于老를 보내어 쳐서 멸하여 주로 설치했으니 은밀히 백제와 통한 까닭이다.
- 골포국骨浦國(지금의 창원昌原 소속 합포현合浦縣)
- 칠포국漆浦國(지금의 어느 곳인지 상세하지 않다. <여지승람>에는 흥해興海에 칠포영漆浦營이 있다고 하였다)
- 고포국古浦國(지금의 어느 곳인지 알 수 없다. <여지승람>에는 경산慶山에 고포성古浦城이 있다고 하였다)
- 가라국伽羅國(지금의 어느 곳인지 상세하지 않다) 신라 진평왕眞平王이 멸망시켰다. <여지승람>에는 거제巨濟 남쪽 30리에 가라산加羅山이 있어 대마도對馬島를 가장 가깝게 바라볼 수 있다고 하였다.
- 임라국任羅國(지금의 어느 곳인지 상세하지 않다)은 혹 임나국任那國이라고도 하며 진평왕이 멸망시켰다.
- 창녕국昌寧國(지금의 안동安東)
- 구령국駒令國(지금의 안동)
- 소라국召羅國(지금의 안동)
- 대방국帶方國(지금의 남원南原)은 신라 기림왕 때에 항복해 왔다.

- 실직국悉直國(지금의 삼척三陟)은 파사왕 때에 항복해 왔다.
- 우산국于山國(지금의 울진蔚珍 동해東海의 섬)은 우릉羽陵(지금의 울릉도)이라고
도 하며, 신라 지증왕智證王 때에 험준한 것만 믿고 완강하게 버티었는데,
하슬라주何瑟羅州의 군주軍主 이사부異斯夫가 그들이 미련하나 사나워서 힘
으로 굴복시키기 어려울 것을 알고 나무사자[木獅子]를 많이 만들어, 그 형
태를 아주 이상스럽게 하여 전함戰艦에 나누어 싣고 들어가서 속여 말하기
를, '너희들이 만약 항복하지 않으면 곧 이 짐승을 놓아 짓밟아 죽이게 하리
라'하니, 우산국 사람들이 겁을 내어 항복했다.(여지승람)
- 신라에서 그들이 왜구倭寇를 인도하여 올까 두려워하여 거주민들을 모
두 데리고 나와 섬을 비웠다.(동문광고)
- 후에 고려에 속했다. 조선에 이르러 태종·세종 때에 유민流民으로 도망
해 들어간 자를 데리고 나왔다.(모두 제도諸島조에 상세하다)

8. 시대별 지명 변화

도명道名	연혁	현대	조선	고려	통일신라	삼국	비고
서울 특별시	1948년 특별시로 승격	서울 특별시	한성군 漢城郡	양주 楊州	한양군 漢陽郡	북한성 남평양성	조선 및 현 수도
경기도 京畿道	**- 삼국시대三國時代** 경기도 일원은 본래 마한의 영토로서 뒤에 백제의 영토가 됨 서기 497년 고구려 장수왕이 한강 유역을 점거하자 고구려에 소속, 뒤에 신라 진흥왕이 임진강 이남을 확보하면서 신라의 영토가 됨 후삼국 때 궁예가 철원에 도읍하자 그 중심지역이 되었다	양주시 楊州市	양주군 楊州郡	견주 見州	내소현 來蘇縣	매성군 買省郡 (창화昌化)	고려 현종 때 견주라 개칭하고 양주에 편입
		파주시 적성면	적성군 積城郡	적성현 積城縣	중성현 重城縣	칠중현 七重縣 난은별 難隱別	현 파주시 속면
		광주시 廣州市	광주군郡 광주부府 광주목牧	광주 廣州	한주황 漢州黃	한산군 漢山郡	백제의 수도首都 (남한산성)
		이천시 利川市	이천군, 현	이천군 利川郡	무현 武縣	남천현 南川縣 남매南買	현 이천시 전역 (천녕 포함)
	- 고려高麗 왕건의 건국으로 고려의 영토가 되었고 서기 995년(성종 14) 관제 제정으로 전국이 10도로 분할될 때 현 황해도를 포함하여 관내도로 호칭함 뒤에 양광도楊廣道에 소속되었으나 이후 부府, 목牧 중심의 통치 형식에 따라 명확한 도道 구분이 없이 이 지역 일대에 대한 통칭이었음. 공양왕 때 좌·우도로 분할	용인시 龍仁市	용인군, 현	용구현 龍駒縣	거서현 巨黍縣	구성현 駒城縣 멸조滅鳥	현 용인시 전역
		교하읍	교오라군 交汚羅郡	교하군 交河郡	교하군 交河郡	천정구현 泉井口縣 굴화군 屈火郡 어을매곶 於乙買串	현 파주시 속읍
		파주시 坡州市	파주군 坡州郡 (원평부 原平府)	서원군 瑞原郡	봉파현 峰坡縣		현 파주시 일부
		파평면 坡平面	파주에 속함	파평현 坡平縣	파평현 坡平縣	파해해 坡害害 평사현 平史縣 (액달額達)	현 파주시 속면
	- 조선朝鮮 태조 초에 경이도京異道라 호칭하고 좌우도로 분할 태조 때 다시 양도를 병합하여 경기도로 호칭 1896년(건양) 한성부가 그 관할로부터 독립 경기를 경절京折로도 표기했음	고양시 高陽市	고양경, 군 高陽經, 郡	고봉현 高烽縣	고봉高烽 고봉현縣	달을성현 達乙省縣	현 고양시 일부
		행주 幸州		행주幸州 덕양군 德陽郡	우왕遇王 왕봉현 王逢縣	개백현 皆伯縣	현 고양시 속지
		포천시 抱川市	포천현縣 포천군郡	포천군	견성군 堅城郡	마홀군 馬忽郡 (명지命旨)	
		영평 永平	영평현縣 영평군郡	동음현 洞陰縣	동음현 洞陰縣	양골현 梁骨縣	현 포천시 속지

도명道名	연혁	현대	조선	고려	통일신라	삼국	비고
경기도 京畿道		부평富平	부평군郡	수주樹州 부평부府	장제군 長堤郡	주부토군 主夫吐郡	인천시 속지
		김포시 金浦市	김포현縣 김포군郡	김포金浦 금양현 金陽縣	금진현 金津縣	유포현 黝浦縣	일부 서울시에 편입
		통진通津	통진현縣 통진군郡	통진현 通津縣	분진현 分津縣	평유압현 平淮押縣 북사성 北史城 별사파아 別史坡兒	김포시 속면
		과천시 果川市	과천현縣 과천군郡	과천果川	율진군 栗津郡	율진군 석사혜 夕斯肹	서울시에 일부 편입
		시흥시 始興市		금주衿州	곡양현	내벌로현	현 김포시 속면
		양천陽川	양천현縣 양천군郡	공암현 孔巖縣	공암현	제차거의현	백제 때 이양홀
		인천시 仁川市	인천부府 인천군郡	인주仁州	소성군 邵城郡	매소홀현	
		남양南陽	남양현縣	당성군 唐城郡	당은현 唐恩縣	당성군 唐城郡	현 평택시 속면
		진위振威	진위군郡	진위라 振威羅	진위현縣	부산라 釜山羅 (금산金山)	
		수원시 水原市	수원부府	수주水州	수성군 水城郡	매홀군 買忽郡 (성수城水)	
				광덕현 廣德縣			조선 때 수원에 소속
		안산시 安山市	안군산 安郡山	안산현縣	장구군 獐口郡	장항구현 獐項口縣 사야홀차 斯也忽次	현 시흥시 속지
		강화군 江華郡	강화부府 강화군郡	강화현縣	혈구군 穴口郡 감비고차해도		
		교동喬桐	교동현縣 교동군郡	교동현	교동현	고목근현 高木根縣 대운도 戴雲島 고림高林 달을신 達乙新	현 강화군 속면
		개성시 開城市	개성부府	송악군 松嶽郡	개성부	부산갑 扶山甲	고려 수도
		풍덕豊德	풍덕부府 풍덕군郡	정주貞州		정주貞州	현 개풍군 속지

367

도명道名	연혁	현대	조선	고려	통일신라	삼국	비고
경기도 京畿道		장단군 長湍郡	장단현縣 장단군郡 장임長臨 임단臨湍	단주 湍州	장단현縣	장천성현 長淺城縣 야야耶耶 야아夜牙	
				임진현 臨津縣	임진현	진임성현 津臨城縣 도아홀 島阿忽	
		여주시 驪州市	여주부, 군 여흥부 驪興府	황효黃驍 황리黃利 영의永義	황효현 黃驍縣	골단근현 骨丹斤縣	
		죽(결) 竹缺	양근군 楊根郡	양(결)근	빈양현 濱陽縣	양근군 楊根郡 항양恒陽 사참斯斬	현 양평군 속면
		근산根山	죽산현, 군 竹山縣, 郡	죽주군 竹州郡	개산군 介山郡	개차산군 皆次山郡	현 안성시 속면
		안성군 安城郡	안성현縣 안성군郡	안성군	백성군 白城郡	내혜홀 奈兮忽	
		음죽陰竹	음죽현縣 음죽군郡	음죽현	음죽현	노음죽현 奴陰竹縣	현 이천시 속면
		양성陽城		양성현縣	적성현 赤城縣	사복현 沙伏縣	현 안성시 속면
		연천군 連川郡	연천현縣 연천군郡	장주현 漳(獐)州縣	공성현 功城縣	공목달현 功木達縣 웅섬산 熊閃山 공목달 工木達	
		삭녕朔寧	삭녕군 朔寧郡	삭녕현 朔寧縣	삭읍현 朔邑縣	소읍두현 所邑豆縣	현 연천군 속면
		지평砥平	지평현縣 지평군郡	지평현	지평현	지현현 砥峴縣	현 양평군 속면
		가평군 加平郡	가평현縣 가평군郡	가평군, 현 嘉平郡, 縣 加平郡, 縣	근평현 斤平縣	근평현 斤平縣 (병평並平)	
		마전麻田	마전현縣 마전군郡	마전현	임단현 臨湍縣	마전천현 麻田淺縣 니사파홀 泥沙彼忽	현 연천군 속면
		평택시 平澤市	평택현縣 평택군郡	평택현		하팔현 河八縣	본래 충청도 소속

도명道名	연혁	현대	조선	고려	통일신라	삼국	비고
충청도 忠淸道	**- 삼국시대三國時代** 고대 마한의 영토로서 뒤에 백제의 영토가 됨 75년 백제의 수도가 웅자(충남공주 근처) 으로 천도하자 그 중심지가 됨	공주시 公州市	공주군郡	공주公州	웅주熊州	웅주	한때 백제의 수도
		노성魯城	노성군郡	니산현 尼山縣	니산현	열야산현 熱也山縣	현 논산시 속면
		회덕懷德	회덕현縣 회덕군郡	회덕현	비풍군 比豊郡	우술현 雨述縣 (후천朽淺)	현 대전시 대덕구 소속
	- 고려高麗 왕건의 건국으로 고려 의 영토가 되었고 995 년(성조 14) 관제 제정 으로 전국이 10도로 분할될 때 충청도忠 淸道, 하남도河南道로 분할됨 1106년(목종 9) 양광 도楊廣道, 충청도忠淸 道 뒤에 또 다시 양광 도라 했으나 부府, 목 牧 중심의 통합 형식에 따라 명확한 도道 구 분이 없이 이 지역 일 대에 대한 통칭이었음	부여군 扶餘郡	부여현縣 부여군郡	부여군	부여군	소부리군 所扶里郡 (사비泗沘)	한때 백제의 수도
		석성石城	석성현縣 석성군郡	석성현	석성현	진악산군 珍樂山郡	현 논산시 속면
		정산定山	정산현縣 정산군郡	정산현	열성현 悅城縣	열기현 悅己縣	현 청양군 속면
		연산連山	연산현縣 연산군郡	연산군	황산군 黃山郡	황등야산군 黃等也山郡	현 논산시 속면 황산 전투지
		홍성洪城	홍주군 洪州郡	홍주洪州 (연주連州)			현 홍성군
		면천沔川	면천군 沔川郡	혜성군 槥成郡	혜성군	혜성槥成	현 당진시 속면
		당진시 唐津市	당진군郡	당진현縣	당진현	복수지현 伏首只縣 (부지夫只)	
	- 조선朝鮮 태조 초에 충청도라 호칭하다가 좌左, 우 右도로 분할 인조 때 공청도公淸道 로, 이어서 공홍도公 洪道, 충청도忠淸道로 각각 개칭, 후에 충청 도로 복칭復稱함 1777(정조 1) 공청도 公淸道로 하다가 182 5년(순조 25) 공청도 公淸道로 개칭改稱 1834년 충청도로 복칭 1896년(건양 1) 다시 좌우도로 분할했다가 남북도로 분도分道	서천군 舒川郡	서천군	서림군 舒林郡	서림군	설림군 舌林郡	
		남포南浦	남포현縣 남포군郡	남포현	남포현	사포현 寺浦縣	현 보령시 속면
		비인庇仁	비인현縣 비인군郡	비인현	비인현	비중현 比衆縣	현 서천군 속면
		서산시 瑞山市	서산군郡	부성현 富城縣	부성군郡	기부基部	
		진잠鎭岑	진잠현縣 진잠군郡	진잠현	진잠현	진현현 眞峴縣	현 대덕구
		청원군 淸原郡	청주군 淸州郡	청주淸州	서원경 西原京	상당현 上黨縣 낭비성 娘臂城 낭자곡 娘子谷	현 청주시
		청주시 淸州市	청주군 淸州郡				
		문의文義	문의현縣 문의군郡	연산군 燕山郡	연산군	일모산현 一牟山縣	현 청주시 소속
		연기군 燕岐郡	연기군	연기현縣	연기현	두내지현 豆仍只縣	현 세종시
		회인 懷仁	회인현 懷仁縣	회인현	미곡현 昧谷縣	미곡현 未谷縣	현 보은군 속면
			결성현 結城縣	결성현	결성현	결기현 結己縣	현 홍성군 속면

도명道名	연혁	현대	조선	고려	통일신라	삼국	비고
충청도 忠淸道		보령시 保寧市	결성현 結城縣	보령현 保寧縣	신읍현 新邑縣	신촌현 新村縣	
		덕산德山	덕산현縣 덕산군郡	이산현 伊山縣	이산현	마시산군 馬尸山郡	현 예산군 속면
		해미海美	해미현縣 해미군郡	정해현 貞海縣			현 예산군 속면
		대흥大興	대흥현縣 대흥군郡	대흥군	임성군 任城郡	임존성 任存城 (금주今 州)	
		청양군 淸陽郡	청양현縣 청양군郡	청양현	청정현 靑正縣	고양부리현 古良夫里縣	
		예산군 禮山郡	예산현縣 예산군郡	예산현	고산현 孤山縣	조산현 烏山縣	
		임천林川	임천현縣 임천군郡	가림현 嘉林縣	가림군 嘉林郡	가림군 加林郡	현 부여군 속면
		한산韓山	한산군郡	한산현縣	마산현 馬山縣	마산현	현 서천 속면
		홍산鴻山	홍산현縣 홍산군郡	홍산현	한산현 翰山縣	대산현 大山縣	현 부여군
		목천木川	목천현縣 목천군郡	목주군 木州郡	대록군 大麓郡	대목악군 大木岳郡	현 천원군 속면
		전의全義	전의현縣 전의군郡	전의현	금지金地 금지현 金池縣	구지현 仇知縣	현 더덕군 속면
		천안시 天安市	선안군 宣安郡	천안부 天安府			
		천원군 天原郡	천안군 天安郡				
		남양濫陽	남수군 濫水郡	도수군 渡水郡	탕정군 湯井郡	탕정군	현 아산시 속면
		아산시 牙山市	아산군郡	아주현縣	음봉陰峰 음잠陰岑	아술현 我述縣	
		평택시 平澤市	평택현縣 평택군郡	평택현		하팔현 河八縣	현 경기도로 편입
		태안泰安	태안군郡	소태현 蘇泰縣	성태현 省泰縣	성대호현 省大號縣 성대기 省大肌	현 서산시 속면
		은안恩安	은진현, 군 恩津縣, 郡	덕은군 德恩郡	덕은군 德殷郡	덕근군 德近郡	
		충원군 忠原郡 충주시 忠州市	충주군 忠州郡	충주忠州 중원경 中原京	탁장성 託長城	국원國原 (성말을성 城末乙省)	현 논산시 속면
		괴산군 槐山郡	괴산현縣 괴산군郡	괴주군 槐州郡	괴양군 槐壤郡	내근내군 乃斤內郡	
		연풍延豊	연풍현縣 연풍군郡	장연현 長延縣		상모현 上芼縣	현 괴산군 속면
		진천군 鎭川郡	진천군	진주鎭州	흑양黑壤 (황양黃壤)	금물노군 今勿奴郡 (만노萬弩)	

도명道名	연혁	현대	조선	고려	통일신라	삼국	비고
충청도 忠淸道		음성군 陰城郡	음성현縣 음성군郡	음성현	음성현	내홀현 仍忽縣	
		직산稷山	직산현縣 직산군郡	직산현	사산현 蛇山縣	부산현 芙山縣	현 천원군
		제천시 堤川市	제산현, 군 堤山縣, 郡	제주군 堤州郡	내제군 奈堤郡	내규군 奈叫郡 (대제大堤)	
		단양군 丹陽郡	단양현縣 단양군郡	단양현	적산현 赤山縣	적산(성)현 赤山(城)縣	
		청풍淸風	청풍현縣 청풍군郡	청풍군	청풍현	사열이현 沙熱伊縣	현 제천시 속면
		보은군 報恩郡	보은현縣	보령현 保齡縣	삼년군 三年郡	삼년산군 三年山郡	
		청산靑山	청산현縣 청산군郡	청산현	기산현 耆山縣	굴산현 屈山縣	현 옥천군 속면
		영동군 永同郡	영동군	영동현縣	연동군	길동군 吉同郡	
		황간黃澗	황간군郡	황간현	황간현	소라현 召羅縣	현 영동군 속면
		옥천군 沃川郡	옥천군	관성군 管城郡	관성군	고호산 古戶山	
		영춘永春	영춘군郡	영춘군	사춘현 士春縣	을아단현 乙阿旦縣	현 단양군 속면
				안읍현 安邑縣	안정현 安貞縣	아다호현 阿多號縣 아동기 阿冬肌	현 옥천군 속면
		금산군 錦山郡	금산군	계례현 繼禮縣	진례군 進禮郡	진내군 進乃郡	전라도 소속이었음
				이산현 利山縣	이산현	소리산현 所利山縣	현 옥천군 소속
				시진현 市津縣	시진현	가지내현 加知奈縣 가을내 加乙乃	현 논산시 소속
				지곡현 地谷縣	지육현 地育縣	지육현 知六縣	현 서산군 소속

도명道名	연혁	현대	조선	고려	통일신라	삼국	비고
전라도 全羅道	- 삼국시대三國時代 변한弁韓의 중심지로 서 뒤에 백제百濟의 영토가 되었으며, 660 년(의자왕 20) 백제의 멸망으로 한때 웅진도 독부熊津都督府가 설치되어 당唐의 속령 이 되었고, 676년(문 무왕 16)에 당唐을 축 출逐出한 신라新羅의 영토가 됨 - 후삼국시대 後三國時代 891년(진성왕 5) 견훤 의 건국으로 후백제의 영토가 됨 당시 궁예의 장수로 있던 왕건의 활약으로 서남해안과 현 신라 영광 일원이 태봉泰封 의 관할이 됨 뒤에 왕건王建이 건국 하자 고려의 영토가 되었고 995년(성종 1 4) 관재 재정으로 건국 이 10도로 분할되어 강남도江南道, 해양도 海陽道로 분할 그 뒤에 전라도全羅道 라 했으나 부府, 목牧 중심의 통치형식에 따 라 명확한 도道 구분이 없이 지역 일대에 대 한 통칭이었음	전주全州	전주부府 전주군부	전주	전주	완산주 完山州	후백제의 수도
		익산군 益山郡	익산현縣 익산군부	금마군 金馬郡	금마군	금마저군 金馬渚郡	
		여산礪山	여산현縣 여산군부	여량현 礪良縣	여량(양)현 礪良(陽)縣	지량초현 只良肖縣	현 익산시 속면
		남원시 南原市	남원부府 남원군부	남원부 대방군 帶方郡	남원소경 南原小京	대방군 고룡군 古龍郡	
		임실군 任實郡	임실현縣 임실군부	임실현	임실군	임실군	
		순창군 淳昌郡	순창현縣 순창군부	순창군	순화군 淳化郡	도실군 道實郡	
		장수군 長水郡	장수현縣 장수군부	장수현	우평현 雨坪縣		
		진안군 鎭安郡	진안현縣 진안군부	진안현	진안현	탄진아현 灘珍阿縣 (월량月良)	
		고안古安	고부현, 군 古阜縣, 郡	구부군	고부군	고사부리군 古沙夫里郡	현 정읍시 속면
		부안군 扶安郡	부안현縣 부안군부	부령현 扶寧縣	부령현	개화현 皆火縣	
		흥덕興德	흥덕현縣 흥덕군부	상질현 尙質縣	상질현	상미현 上未縣	현 정읍시 속면
		태인泰仁	태인현縣 태인군부	태산군 泰山郡	대(태)산군 大(泰)山郡	상호산군 上戶山郡	현 정읍시 속면
		정읍시 井邑市	정읍군부	정읍현縣	정읍현	정촌현 井村縣	
		임피臨陂	임피현縣 임피군부	임피현	임피군	시산군 屎山郡 소조실조출피산 所鳥失鳥出陂山	현 군산시 소속
		옥구沃溝	옥구현縣 옥구군부	옥구현	옥구현	마서량현 馬西良縣	
		함열咸悅		함열현縣	함열현	감물아현 甘勿阿縣	익산시 속면
		용안龍安	용안현縣 용안군부	용안현			현 익산시 속면
		김제시 金堤市	김제군부	김제군	김제군	벽골군 碧骨郡	
		만경萬頃	만경군부	만경현縣	만경현	두내산현 豆乃山縣	김제시 속면
		금산군 錦山郡	금산군	진례현 進禮縣	진례군부	진내군 進乃郡	현 충남에 편입

372

도명道名	연혁	현대	조선	고려	통일신라	삼국	비고
전라도 全羅道	**- 조선朝鮮** 태조太祖 초초에 전라도라 칭하고 좌·우도로 분할 인조仁祖 때 금라도金羅道라 개칭 되었다가 다시 전라도로 복칭復稱 그 후 한때 광남도光南道 개칭改稱 1728년(영조 4) 전광도全光道로 개칭 1738년(영조 14) 전라도로 복칭되고, 1896년(고종 33, 건양 1) 다시 좌우도로 좌합座合된 뒤 남북도南北道로 분할 됨	용담龍潭	용담현縣	청거현 淸渠縣	청성현 淸城縣	물거현 勿渠(居)縣	현 진안군 속면
		무주군 茂州郡	무주현縣	무계현 茂溪縣	단천현 丹川縣	적천현 赤川縣	
		광주시 光州市	무진군, 목 武珍郡, 牧 광주군 光州郡	해양현 海陽縣	무주武州	무진주 武珍州	
		광산군 光山郡	광주군 光州郡	해양현 海陽縣			
		남평南平	남평현縣 남평군郡	영평永平 남평군	현웅현 玄雄玄	미다부리현 未多夫里縣	현 나주시 속면
		창평昌平	창평현縣 창평군郡	창평현	기양현 祈陽縣	굴지현 屈支縣	현 삼양군 속면
		나주군 羅州郡	나주군郡 나주목牧	나주羅州	금성군 錦城郡	발라군 發羅郡 (통의通義)	
				흑산현 黑山縣			현 무안군 속면 흑산도
				반남현 潘南縣			
		담양군 潭陽郡	담양부府 (군郡)	담양군	추성군 秋城郡	추자혜군 秋子兮郡	현 나주시 속면
		옥과玉果	옥과현縣 옥과군郡	옥과현	옥과현	과지현 菓支縣	현 곡성군 속면
		영광군 靈光郡	영광군	영광군 (정주靜州)	무령군 武靈郡	무호이군 武戶伊郡	
		무장茂長	무장현縣 무장군郡	장사현 長沙縣	장사현	상노현 上老縣	현 고창군 속면
		고창군 高敞郡	고창현縣 고창군郡	고창현	고창현	모량부리현 毛良夫里縣	
		무안군 務安郡	무안현縣 무안군郡	무안현	무안군	물내혜군 勿奈兮郡 (수입水入)	
		함평군 咸平郡	함평현縣 함평군郡	함풍현 咸豊縣	함풍현	굴내현 屈乃縣	
		진도군 珍島郡	진도군	이도현 里島縣	진도군	인진도군 因珍島郡	
		장성군 長城郡	장성군	장성군	갑군岬郡	고호이현 古戶伊縣	
		영암군 靈巖郡	영암해 靈巖海	영암군	영암군	월내현 月柰縣	
		해남현 海南縣	해남현	해남군郡	침군浸郡 기연현 技演縣	새금현 塞琴縣	
		강진군 康津郡	강진군	강진현縣	탐진현 耽津縣	다음현 多音縣	
		보성군 寶城郡	보성군	보성군	보성군	복물군 伏勿郡	
		장흥군 長興郡	장흥현縣 장흥군郡	장흥부府 장흥군郡	조아현 鳥兒縣	조차현 鳥次縣	
		능주綾州	능성현, 군 綾城縣, 郡	능성현	능성군	현릉부리군 縣綾夫里郡 인부리 仁夫里	현 화순군 속면

도명道名	연혁	현대	조선	고려	통일신라	삼국	비고
전라도 全羅道		화순군 和順郡	화순군	화순현縣	여위汝渭 해연여연현 海漣汝漣縣	내리아현 仍利阿縣	
		업안業安	낙안군 樂安郡	낙안군	분령군 分嶺郡	분차군 分嵯郡	현 승주군 소속
		곡성군 谷城郡	곡성군	곡성군	곡성군	욕내군 欲乃郡	
		동복同福	동복현縣 동복군郡	동복현	동례현 同禮縣	두부현 豆夫縣	현 화순군 속면
		영예군 永禮郡			수례현 水禮縣	구차지현 仇次知縣 구차례현 仇次禮縣	
		순천시 順天市	순천부府 순천군郡	순천부府	승평군 昇平郡	감평군 欿平郡 사평沙平	
		승주군 昇州郡	순천부, 군 順天府, 郡	순천부	승평현 昇平縣		
		여수시 麗水市	여수군郡	여수현縣	해읍현縣	원촌현 援村縣 원평援平	
		돌산突山	돌산현縣 돌산군郡	돌산현	노산현 盧山縣	돌산현	현 여수시 속면
		광양군 光陽郡	광양군	광양현縣	희양현 晞陽縣	마로현 馬老縣	
		제주濟州	제주목 濟州牧	탐라현 耽羅縣	탐라국 耽羅國	탐라국	1945년 도道로 승격 현 북제주 속면
		대정大靜	대정현縣 대정군郡				
		진산珍山	진산군郡	진동현 珍洞縣	진동현 珍同縣		현 남원시 소속
		운봉雲峰	운봉군郡	운봉현縣	모산현 母山縣 아영성현 阿英城縣		현 남원시 속면
		정의旌義	정의군郡				현 고창군 소속
		흥양興陽	흥양현縣	고흥현 高興縣			현 완주군 속면
		고산高山	고산군郡	고산현縣	고산현	종산현 宗山縣	
		완주군 完州郡	전주군 全州郡				전주시 참조
				거령현 居寧縣	거사물현 居斯勿縣		조선조 남원군 속면
				마령현 馬靈縣	마령현	마돌현 馬突縣 마진馬珍 마등량 馬等良	현 진안군 소속
				적성현 赤城縣	적성현	역평현 礫平縣	현 순창군 속면

도명道名	연혁	현대	조선	고려	통일신라	삼국	비고
경상도 慶尙道	**- 삼국시대三國時代** 부족국가 형태의 상대 신라가 경주 일대를 중심으로 웅거함 서남쪽 낙동강에서 이산異山에 이르는 지역은 가야제국이 할거하다가 뒤에 신라의 영토領土로 병합 **- 고려高麗** 왕건王建의 건국으로 고려의 영토가 되었고 995년(성종 14) 관제 정정으로 전국이 10도로 분할할 때 영남도 嶺南道(상주를 중심한 경상북도와 충북 일부), 영동도嶺東道(경주를 중심한 경상남도 동남부 일대), 산남도山南道(진주를 중신한 낙동강 이서 일대)로 분할 뒤에 경남진주도慶南晉州道, 진창주도晉悵州道, 경상慶尙, 진안晉安, 상진尙晉, 안도安道 등으로 불렸으나 명확한 도 구분 없이 이 지역 일대에 대한 통칭이었음 1332년(충숙왕 1) 경상도慶尙道라 호칭함	경주시 慶州市	경주부府 경주군郡	경주慶州 동경東京 계림鷄林	서라벌 徐耶伐	서라벌 徐耶伐 徐羅伐	신라의 수도
		월성군 月城郡	경주군 慶州郡				
			촌계현 村溪縣	기계현 杞溪縣	모혜현 芼兮縣 (화계化溪)		
		양산시 梁山市	양산군郡	양주梁州	양주良州	삽라군 歃羅郡 삽량주 歃良州	
		흥해興海	흥해군郡	흥해군	의창군 義昌郡	퇴화군 退火郡	현 포항시 소속
		영일군 迎日郡	연일현縣 연일군郡	연일군. 현	임정현 臨汀縣	근조지현 斤烏支縣 조량우 烏良友	
		포항시 浦項市	연일군 延日郡	장산군 章山郡	장산군	압양국 押梁國	
		경산시 慶山市	경산현縣 경산군郡	장기현 長鬐縣	기립군 鬐立郡	지답현 只沓縣	영일군 속면
		장기長鬐	장기현縣 장기군郡	자인현 慈仁縣	자인현	노기화현 奴斯火縣	현 경산시 속면
		자인慈仁	자인현縣 자인군郡				
		영천시 永川市	영천군郡	영천永川	임부군 臨阜郡	공야화군 功也火郡	
		신령新寧	신령현縣 신령군郡	신령현	신령 화산花山	사정화현 史丁火縣	현 영천시 속면
		울산시 蔚山市	울산군郡	울주蔚州	하곡河曲 하서河西	굴아화현 屈阿火縣	
		동래東萊	동래부府 동래군郡 동래현縣	동래현	동래군	거칠산군 居漆山郡 장산국 萇山國 내산국 萊山國	
		기장機張	기장현縣 기장군郡	기장현	기장현	갑화량곡현 甲火良谷縣	
		김해시 金海市	김해군郡	금주장 金州獐	김해소경 金海小京	금관국 金官國	
		웅천熊川	웅천군郡	웅신현 熊神縣	웅신울 熊神蔚	웅지현 熊只縣	현 창원시 속면
		진해鎭海	진해현縣 진해군郡	진해현			

도명道名	연혁	현대	조선	고려	통일신라	삼국	비고
경상도 慶尙道	**- 조선朝鮮** 조선 태조 초에 경상 도로 호칭되고 좌·우 도로 분할 1519년(중종 14) 다시 좌·우도로 분할(낙동 강 동쪽을 우右, 좌左 로 되었으나 다시 폐 합廢合) 1592년(선조 25) 임진 왜란으로 도로道路가 불통不通하자 좌·우도 를 분할, 이듬해에 속 합됨 1896(건양 1) 좌·우도 가 복설復設되었다가 남북도南北道도로 분 할分割 됨	창원시 昌原市	창원군郡	의안군 義安郡 의창현 義昌縣	의안군 義安郡	굴자군 屈自郡	
		칠원漆原	칠원현縣 칠원군郡	칠원현	칠원현	칠토현 漆吐縣	현 창녕군 속면
		밀양시 密陽市	밀양군郡	밀성군 密城郡	밀성군	추화군 推火郡	
		영산靈山	영산현縣 영산군郡	영산현	상약현 尙藥縣	서화현 西火縣	현 창녕군 속면
		청도군 淸道郡	청남군 淸南郡	청도군 淸道郡	조악현 烏嶽縣 추량실현 推良失縣 삼량화 三良火	조야현 烏也縣 구도仇道 조례산 烏禮山 조도산성 烏刀山城	
		창녕군 昌寧郡	창녕현縣 창녕군郡	창녕군	화왕군 火王郡	비자화군 比自火郡 비사벌 比斯伐	
		현풍玄風	현풍군郡	현풍현縣	현효현 玄曉縣	추량화현 推良火縣 삼량화 三良火	
		대구시 大邱市	대구부府 대구군郡	대구현縣	대구현	달구화현 達句花縣 달불성 達弗城	
		칠곡군 漆谷郡	칠곡현縣 칠곡군郡	팔거현 八莒縣	팔리현 八里縣	팔거리현 八居里縣	
		거제시 巨濟市	거제군郡	거제현縣	거제군	상군해도 裳郡海島	현 통영시
		통영統營	거제군 巨濟郡				
		상주시 尙州市	상주군郡		상주尙州	사벌국 沙伐國 상주上州 상락上洛 사벌주 沙伐州	
		개령開寧	개령현縣 개령군郡		개령군	감문국 甘文國 청주靑州	현 김천시 속면
		금릉金陵	금산군 金山郡	금산현縣	금산현		
		지례知禮	지례	지례현縣	지례현	지품천현 知品川縣	
		선산군 善山郡	선산군	일선현 一善縣	일선군郡	일선군	
		군위군 軍威郡	군위軍威	군위현縣	군위칠 軍威七	노동멱혜현 奴同覓兮縣	

376

도명道名	연혁	현대	조선	고려	통일신라	삼국	비고
경상도 慶尙道		함창咸昌	함창현縣 함창군郡	함창현	고령군 古寧郡		
		문경시 聞慶市	문경군郡	문경聞慶 문희군郡 聞喜郡	관산군 冠山郡	고동람군 古冬攬郡 고령가현국 古寧伽縣國 관문현 冠文縣 관현고사갈이성 冠縣高思葛伊城	
		용궁龍宮	용궁현縣 용궁군郡	용군군	능산稜山 원산園山		현 예천군 속면
		안동시 安東市	안동부府 안동현縣 안동군郡	안동부	고창군 古昌郡	고타야군 古陀耶郡	
		예천군 醴泉郡	예천부府 예천현縣 예천군郡	기양현 基陽縣	예천군	수주현 水酒縣	
		풍기豊基	풍기현縣 풍기군郡	기양현 基陽縣	기본진 基本鎭		
		함안군 咸安郡	함안군	함안군	함안군	아시량국 阿尸良國	
		의성군 義城郡	의성군	의성군	개소군 開韶郡	소문국 召文國	
		비안比安	비안현縣 비안군郡	비옥현 比屋縣	비옥현	음화옥현 陰火屋縣	현 의성군 속면
		의흥義興	의흥현縣 의흥군郡	의흥현			현 군위군 속면
		진주시 晉州市	진주군郡	진주晉州	강주康州	거열주 居烈州 (거타居陀)	
		진양군 晉陽郡	진주군 晉州郡	함양현 含陽縣	천령군 天嶺郡	속함현 速含縣 (함성含城)	
		함양군 咸陽郡	함양군	사천泗川	사수현 泗水縣	사물현 史勿縣	
		사천시 泗川市	사천현縣 사천군郡				
		삼천포시 三千浦市	삼가현, 군 三嘉縣, 郡	가수현 嘉壽縣	가수현	가주화현 加主火縣	
		삼가三嘉					합천군 속면
		하동군 河東郡	하동현縣 하동군郡	하동군	하동군	한다사군 韓多沙郡	
				악양현 嶽陽縣	악양현	다소사현 多小沙縣	현 사천시 속면

377

도명道名	연혁	현대	조선	고려	통일신라	삼국	비고
경상도 慶尙道		곤양昆陽	곤양 곤남군 昆南郡	곤명현 昆明縣			
		합천군 陜川郡	합천군	합천	강진군 江鎭郡	대량주군 大良州郡 대야주 大耶(野)州	
		초계草溪	초계군郡	초계현縣	팔계현 八谿縣	초팔혜거 草八兮居	현 합천군 속면
		거창군 居昌郡	거창군	거창군	거창군	거열군 居烈郡	
		의령군 宜寧郡	의령현縣 의령군郡	의령군	의령군	장함군 獐含郡	
		고성군 固城郡	고성현縣 고성군郡	고성군	고성군	고자군 古自郡	
		안의安義	안의安義 안음현 安陰縣	의안군 義安郡	의안현	마리현 馬利縣	현 함양군 속면
		고령군 高靈郡	고령현縣 고령군郡	고령군	고령군	대가야국 大伽倻國	
		성주군 星州郡	성주군	경산부 京山府	신안군 新安郡 벽진군 碧珍郡	본피현 本彼縣	
		인동仁同	인동현縣 인동군郡		수동현 壽同縣	기동화현 其同火縣	현 칠곡군 속면
		하양河陽	하양현縣 하양군郡	하양군			현 경산시 속면
		남해군 南海郡	남해군	남해현縣	남해군	전야산군 轉也山郡	
		순흥順興	순흥군郡	흥주興州	급산군 岌山郡	급벌산 及伐山	현 영주시 속면
		영주시 榮州市	영천榮川	순안현 順安縣	내령군 奈靈郡	내사군 奈巳郡	
		예안禮安	예안현縣 예안군郡	예안군	선곡현 善谷縣	매곡현 買谷縣	현 안동군 속면
		봉화군 奉化郡	봉화현縣 봉화군郡	봉화현	옥마현 玉馬縣	고사마현 古斯馬縣	
		영덕군 盈德郡	영덕현縣 영덕군郡	영덕현	야성군 野城郡	야시홀군 也尸忽郡	
		청송군 靑松郡	청송군	청송현縣	적선군 積善郡	청기현 靑己縣	
		진보眞寶	진보현縣	보성부 甫城府	진보현	칠파화현 漆巴火縣	현 청송군 속면
		영해寧海	영해군郡	예주禮州	유린군 有麟郡	우시군 于尸郡	현 영덕군 속면
		영양군 英陽郡	영양군	영양英陽 연양延陽 익양군 益陽郡			
		청하淸河	청하군郡	청하현縣	해하현 海河縣	아혜현 阿兮縣	

도명道名	연혁	현대	조선	고려	통일신라	삼국	비고
강원도 江原道	**- 삼국시대三國時代** 본래 예국, 맥국의 본거지로 고구려와 신라에 각각 딸렸음 뒤에 각지에서 초적草賊들이 일어나 신라의 국력이 미치지 못함 **- 고려高麗** 왕건의 건국으로 고려에 복속됨 995년(성종 14) 관제개혁 육로 전국이 10도로 분할될 때 삭방도朔方道로 호칭됨 이듬해에 명주도溟州道로 개칭 후에 춘주도春州道, 동주도東州道, 교주도交州道, 강릉도江陵道, 교주강릉도交州江陵道 등으로 불렸으나 명확한 도道 구분없이 이 일대에 대한 통칭이었음 **- 조선朝鮮** 태조 초에 강원도江原道로 호칭	명주溟州	강릉군 江陵郡	명주	명주	하서량 河西良 하슬라 河瑟羅	
		강릉시 江陵市	강릉군郡				
		정선군 旌善郡	정선군	정선군	정선군	내치(원)현 仍置(員)縣	
		삼척시 三陟市	삼척부府 삼척군郡	삼척군	삼척군	실직군 悉直郡	
		울진군 蔚珍郡	울진현縣 울진군郡	울진현	울진군	우진야현 于珍也縣	현 경상북도 소속
		고성군 高城郡	고성현縣 고성군郡	고성현	고성군	달홀達忽	
		간성杆城	간성현縣 간성군郡	간성군	수성군 守城郡	가성군 加城郡 가라홀 加羅忽	
		양양군 襄陽郡	양양부府 양양군郡	익령군 翼嶺郡	익령현縣	익령현 (이문伊文)	
		통천군 通川郡	통천현縣 통천군郡	금양현 金壤縣	금양군郡	금양군 휴양군 休壤郡 금뇌金惱	
		흡곡歙谷	흡곡현縣 흡곡군郡	흡곡현	습계현 習谿縣	습비곡현 習比谷縣	현 통천군 속면
		영월군 寧越郡	영월부府 영월군郡	영월군	내성군 奈城郡	내생군 奈生郡	
		평창군 平昌郡	평창군	평창현縣	백조현 白鳥縣	욱조현 郁鳥縣	
		평해平海	평해군郡	평해군		근을어 斤乙於	현 울진군 속읍
		횡성군 橫城郡	횡성현縣 횡성군郡	횡성현	횡천현 橫川縣	횡천현	어사매 於斯買
		화천군 華川郡	화천현縣 화천군郡	양천현 良川縣	양천군郡	성생군 狌生郡 야시매 也尸買	
		양구군 楊口郡	양구현縣 양구군郡	양구현 楊構縣	양록군 楊麓郡	양구군 楊口郡 요은홀차 要隱忽次	
		인제군 麟蹄郡	인제현縣 인제군郡	인제현	희제현 稀蹄郡	저족현 猪足縣	
		회양군 淮陽郡	회양부府 회양군郡	교주交州	연성군 連城郡	각연성군 各連城郡	
		철원군 鐵原郡	철원부府 철원군郡	동주東州	철성군 鐵城郡	철원군 모을동비 毛乙冬非	태봉국의 수도
		안협安峽	안협현縣 안협군郡	안협현	안협현	아진압현 阿珍押縣	현 이천군
		이천군 伊川郡	이천부府 이천군郡	이천현縣	이천현	이진매현 伊珍買縣	
		김화군 金化郡	김화현縣 김화군郡	김화현	부평군 富平郡	부여군 夫如郡	

도명道名	연혁	현대	조선	고려	통일신라	삼국	비고
강원도 江原道		평강군 平康郡	평강현縣 평강군郡	평강현	광평현 廣平縣	부양현 斧壤縣	
		춘성군 春城郡	춘천부, 군 春川府, 郡	춘주春州	삭주朔州	어사내 於斯內	
		춘천시 春川市	춘천부府 춘천군郡	춘주春州	삭주朔州	벌력천현 伐力川縣	
		홍천군 洪川郡	홍천현縣 홍천군郡	홍천현	녹효현 綠驍縣	단성현 丹城縣 야차홀 也次忽	
		금성金城	금성현縣 금성군郡	금성군	익성군 益城郡		
		원주시 原州市	원주현縣 원주군郡	원주原州	북원北原 소경小京	평원군 平原郡 북원北原	
황해도 黃海道	**- 삼국시대三國時代** 고대 마한馬韓의 영토로서 확보되고 후삼국시대에 고구려의 영토가 됨 한때 고구려를 정벌한 당唐의 속령으로 되었다가 신라의 영토이었으며, 후삼국시대에는 태봉泰封의 대요지가 됨	황주군 黃州郡	황주군	황주黃州	취성군 取城郡	동홀冬忽 우동어홀 于冬於忽	
		신계군 新溪郡	신계군	신은현 新恩縣			
		곡산군 谷山郡	곡산군	곡천谷川	진서현 鎭瑞縣	십곡성현 十谷城縣 덕둔홀현 德頓忽縣 고곡군 古谷郡	
	- 고려高麗 왕건의 건국으로 고려의 영토가 되고 995년 (성종 14) 관제개혁으로 전국이 10도로 분할될 때 개성부開城府 일대를 제외한 경기도와 통합되어 개내도開內道라 호칭됨 뒤에 해서도海西道로 불렀으나 명확한 도 구분 없이 이 지역에 대한 통칭이었음	평산군 平山郡	평산부府 평산군郡	평주平州	영풍군 永豊郡	대곡군 大谷郡	
		수안군 遂安郡	서흥군 瑞興郡	동주洞州	오관군 五關郡	오곡군 五谷郡 공화궁화 弓火 우차탄홀 于次吞忽	
		서흥군 瑞興郡	금천군, 현 金川郡, 縣	강음현 江陰縣	강음현	강서江西	
		금천군 金川郡	수안부, 군 遂安府, 郡	수안현縣	장새獐塞	장새현 獐塞縣	
		토산兎山	토산군郡 토산현縣	토산현	토산군	조사사달현 鳥斯舍達縣	
	- 조선朝鮮 태조 초 풍해도豊海道로 불렀다가 태종 때 곤제를 제정을 하게 되자 황해도黃海道라 호칭됨 광해군 때 황연도黃延道라 했다가 다시 황해도黃海道라 개칭됨	해주군 海州郡	해주현縣 해주군郡	해주海州	폭지군 瀑池郡	내미홀군 內未忽郡 지성장지 池城長池	
		해주시 海州市	해주군郡				
		재령군 載寧郡	재령현縣 재령군郡	안주安州	중반군 重盤郡	식성홀 息城忽 한성한성 漢城 한홀漢忽 내홀乃忽	
		연백군 延白郡	연안부, 군 延安府, 郡	남주濫州	해고군 海皐郡	동의홀 冬意忽 동삼군 冬三郡	

도명道名	연혁	현대	조선	고려	통일신라	삼국	비고
황해도 黃海道		백천白川	백천군郡	백주현 白州縣	택현澤縣	도○현 刀○縣	
		봉산군 鳳山郡	봉산군	봉주鳳州	루군樓郡		
		장연군 長淵郡	장연부府 장연군郡	장연현縣	장연長淵 장담長潭		
		장연長連	장연현縣 장연군郡	장명현 長命縣			
		안악군 安岳郡	안악군	안악현縣		양악楊岳	현 은률군 속면
		은률군 殷栗郡	은률현縣 은률군郡	은률현		율구栗口 율천栗川	
		문화文化	문화현縣 문화군郡	유주군 儒州郡		궐구현 闕口縣	현 신천군 속면
		신천군 信川郡	신천현縣 신천군郡	신천현		승산군 升山郡	
		송화군 松禾郡	송화현縣 송화군郡	청송현 靑松縣		마경리 麻耕伊	
		옹진군 甕津郡	옹진현縣 옹진군郡	옹진현		옹천甕遷	
		백령도 白翎島		백령진 白翎鎭		곡조鵠鳥	
평안도 平安道	- 삼국시대三國時代 본래 단군이 평양성에 도읍을 정하고 고조선을 건국한 옛터로서 위씨 조선이 차지하였다가 뒤에 한서군이 되어 한漢의 속령이 됨 313년 고구려의 영토가 되고 이후 그 중심지로서 등장함 그 뒤 나당羅唐연합군에 의해 고구려가 망하자 한때 당唐의 속령으로 되었다가 신라에 의해 수복되었으나 평안북도平安北道는 대부분 야인野人들이 정거함 후삼국시대에는 태봉泰封의 영토가 됨	평양시 平壤市	평양부府 평양시市	평양부		평양성 平壤城 (고구려수도)	고조시대: 왕검성 王儉城
		강동군 江東郡	강동군	강동현縣			
		강서군 江西郡	강서군郡 강서현縣	강서현			
		증산甑山	진산군 鎭山郡	향화현 響和縣			
		대동군 大同郡	평양부 平壤府	향화현 響和縣			현 평원군 속면
		순안順安	순안현縣 순안군郡				
		삼화三和	삼화현縣 삼화군郡	이화현 二和縣			현 용강군 속면
		삼등三登	삼등현縣 삼등군郡	이등현 二登縣			현 강동군 속면
		안주군 安州郡	안주목牧 안주군郡	안북부 安北府			
		성천군 成川郡	성천부府 성천군郡	강덕진 剛德鎭			현 평원군 속면
		숙천군肅川郡	숙천부府 숙천군郡	통덕진 通德鎭			현 향천군 속면
		자산군 慈山郡	자산부府 자산군郡	태안주 太安州			
		개천군 价川郡	개천군	안수진 安水鎭			
		양덕군 陽德郡	양덕현縣 양덕군郡	양암진 陽岩鎭			
		선천군 宣川郡	선천부府 선천군郡	선주宣州			
			운산군 雲山郡	위화진 威化鎭			

도명道名	연혁	현대	조선	고려	통일신라	삼국	비고
평안도 平安道	**- 고려高麗** 왕건의 건국으로 고려의 영토領土가 되었으나 평안북도의 대부분을 잃었다 995년(성종 14) 관제 제정시 패서浿西로 호칭됨 말기에 점차 잃던 땅을 수복함 **- 조선朝鮮** 태종 때 평안도平安道로 호칭 건양 1년에 남·북도로 분할	가산嘉山	가산군郡	가주嘉州			현 박주군 속면
		순천군 順川郡	순천군	향주響州			현 향천군 소속
		은산殷山	은산군郡	은주殷州			
		맹산군 孟山郡	맹산현縣	맹주孟州			
		덕천군 德川郡	덕천군	덕주德州			
		용천군 龍川郡	용천부府 용천군郡	용주龍州			
		삭주군 朔州郡	삭주부府 삭주군郡	삭주朔州			
		진산군 鎭山郡	진산부府 진산군郡	철주鐵州			
		영원군 寧遠郡	영원현縣 영원군郡	영원주 寧遠州			
		창성군 昌城郡	창성군	창주昌州			
		희천군 熙川郡	희천군	청새진 淸塞鎭			
		정주군 定州郡	정주부府 정주군郡	수주隨州			
		영변군 寧邊郡	영변부府 영변군郡	위주渭州			
		영유永柔	영유현縣 영유군郡	영청현 永淸縣			
		함종咸從	함종현縣 함종군郡	함종현			
		여강군 麗岡郡	용강현, 군 龍岡縣, 郡	용강현			
		의주군 義州郡	의주목牧 의주군郡	의주義州			
		강계군 江界郡	강계부府 강계군郡	강계부			
		자성군 慈城郡	자성군				
		벽동군 碧潼郡	벽동부府 벽동군郡	음동陰潼			
		초산군 楚山郡	초산군				
		위원군 渭原郡	위원군				
		상원祥原	상원군郡	토산현 土山縣	토산현	식달현 息達縣	현 중화군 속면
		중화군 中和郡	중화군	중화현縣	당악현 唐岳縣	가화압 加火押	

382

도명道名	연혁	현대	조선	고려	통일신라	삼국	비고
함경도 咸鏡道	**- 삼국시대三國時代** 고대 동부여東夫餘의 요지要地로서 후에 고 구려의 영토가 됨	안변군 安邊郡	안변부府 안변군郡	등주登州	삭정군 朔庭郡	비열군 比列郡 한성군 漢城郡	
	- 고려高麗 1107년(예종 2) 윤관 이 여진토벌로 6성六 城이 설치되고 야인을 추방한 뒤 성城을 찾아 오면서 말기末期까지 원元의 쌍성총관부가 설치되어 그 속령이 됨 공민왕恭愍王 때 온전 히 수복됨	덕원군 德源郡	덕원부府 덕원군郡	의주宜州	정천군 井川郡	천정군 泉井郡 어을매 於乙買	
		고원군 高原郡	고원군	고주高州			
		영흥군 永興郡	영흥부府 영흥군郡	화주和州		장령진 長嶺鎭	
		문천군 文川郡	문천군	문주文州			
		함흥시 咸興市	함주咸州				
	- 조선朝鮮 1413년(태종 13) 영길 도永吉道로 호칭하다 가 1416년(태종 16) 함길도咸吉道, 1470 년(성종 1) 영안도永 安道로 개칭 1509년(중종 4) 함경 도咸鏡道가 되고 고종 高宗 때 남·북도로 분 할 확정됨 군사상 두만강 일대 등 북방 경계의 방비를 전담하는 북도병마절 도사北道兵馬節度使, 그 이남의 관할구역을 맡은 남도병마절도사 南道兵馬節度使가 있었으나 행정상 구획 과는 무관하였음	함주군 咸州郡	함주咸州	함주			
		단천군 端川郡	단천부府 단천군郡	복주福州			
		길주군 吉州郡	길주현縣 길주군郡	길주吉州			
		북청군 北靑郡	북청군	북청주州			
		이원군 利原郡	이원군	이성현 利城縣			
		갑산군 甲山郡	갑산부府 갑산군郡	갑주甲州			
		삼수군 三水郡	이수부, 군 二水府, 郡				
		홍원군 洪原郡	홍원부府	홍원현縣			
		장진군 長津郡	장진부府 장진군郡				
		경원군 慶源郡	경원군	경원군			
			경흥부, 군 慶興府, 郡	경흥군			
		경성군 鏡城郡	경성부, 군 慶城府, 郡	경성군			
		회령군 會寧郡	회령부府 회령군郡				
		종성군 鐘城郡	종성부府 종성군郡	종성군			
		무산군 茂山郡	무산군	무산군			
		성진군 城津郡	성진부府 성진군郡				
		부령군 富寧郡	부령군	부령군			
		신흥군 新興郡	신흥군				
		풍산군 豊山郡	풍산군				

※ 註

1. 증보문헌비고 여지고를 중심으로 함(삼국사기三國史記, 고려사高麗史, 신증동국
   여지승람新增東國興地勝覽 자료를 종합 정리 하였음)
2. 별칭으로 사용된 명칭은 괄호로 처리하였음
3. 현대에 신설된 도시都市는 넣은 것과 넣지 않은 것도 있음

도서출판 타오름의 한국사 시리즈

발로 뛰며 찾아낸 역사 기행이 더해주는 생생한 현장감

문밖에서 부르는 조선의 노래 이은식 저 / 12,000원
노비, 궁녀, 서얼... 엄격한 신분 사회의 굴레 속에서
외면당한 자들이 노래하는 또 다른 조선의 역사.

불륜의 한국사 이은식 저 / 13,000원
베개 밑에서 찾아낸 뜻밖의 한국사! 역사 속에 감춰졌던
애정 비사들의 실체가 낱낱이 드러난다.

불륜의 왕실사 이은식 저 / 14,000원
고려와 조선을 넘나들며 펼쳐지는 왕실 불륜사! 엄숙한
왕실의 장막 속에 가려진 욕망의 군상들이 적나라하게 그
모습을 드러낸다.

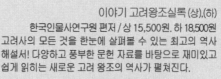

이야기 고려왕조실록 (상),(하)
한국인물사연구원 편저 / 상 15,500원. 하 18,500원
고려사의 모든 것을 한눈에 살펴볼 수 있는 최고의 역사
해설서! 다양하고 풍부한 문헌 자료를 바탕으로 재미있고
쉽게 읽히는 새로운 고려 왕조의 역사가 펼쳐진다.

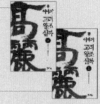

우리가 몰랐던 한국사 이은식 저 / 16,000원
제한된 신분의 굴레 속에서도 자신의 삶을 숙명으로
받아들이지 고 꿈을 이루기 위해 노력한 선현들의
진실된 이야기.

선정도서 모정의 한국사 이은식 저 / 14,000원
위인들의 찬란한 생애 뒤에 말없이 존재했던 큰 그림자,
어머니! 진정한 영웅이었던 역사 속 어머니들이 들려주는
시대를 뛰어넘는 교훈과 감동을 만나본다.

문화체육관광부 우수교양도서 선정

읽기 쉬운 고려왕 이야기
한국인물사연구원 편저 / 23,000원
쉽고 재미있게 읽히는 새로운 고려 왕조의 역사. 500여 년 동안
34명의 왕들이 지배했던 고려 왕조의 화려하고도 찬란한 기록들.

원균 그리고 이순신 이은식 저 / 18,000원
417년 동안 짓밟혔던 원균의 억울함이 벗겨진다.
이순신의 거짓 장계에서 발단한 원균의 오명과
임진왜란을 둘러싼 오해의 역사를 드디어 밝힌다.

신라 천년사 한국인물사연구원 편저 / 13,000원
고구려와 백제를 멸망시킨 작은 나라 신라! 전설과도 같은
992년 신라의 역사를 혁거세 거서간의 탄생 신화부터
제56대 마지막 왕조의 이야기까지 연대별로 풀어냈다.

풍수의 한국사 이은식 저 / 14,500원
풍수와 무관한 터는 없다. 인문학과 풍수학은 빛과
그림자와 같다. 각각의 터에서 태어난 역사적 인물들에
얽힌 사건을 통해 삶의 뿌리에 닿게 될 것이다.

기생, 작품으로 말하다 이은식 저 / 14,500원
기생은 몸을 파는 노리개가 아니었다. 기생의 연원을
통해 그들의 역사를 돌아보고, 예술성 풍부한 기생들이
남긴 작품을 통해 인간 본연의 삶을 들여다본다.

여인, 시대를 품다 이은식 저 / 13,000원
제한된 시대 환경 속에서도 자신들의 재능과 삶의 열정을
포기하거나 방관하지 않던 여인들. 조선의 한비야 김금원과 조선의
힐러리 클린턴 동정월을 비롯한 여인들이 우리들의 삶을 북돋아 줄
것이다.

미친 나비 날아가다 이은식 저 / 13,000원
정의를 꿈꾼 혁명가 홍경래와 방랑 시인 김삿갓 탄생기.
시대마다 반복되는 위정자들의 부패, 그 결과로 폭발하는
민중의 울분, 역사 속 수많은 인간 군상들이 현재의
우리를 되돌아보게 한다.

지명이 품은 한국사 -1, 2, 3, 4, 5, 6
이은식 저 / 15,000원~19,800원
지명의 정의와 변천 과정, 지명의 소재 등 지명의 기본을 확실히 정리하고, 1천여 년 역사의
현장이 도처에 남긴 독특한 고유 지명을 알아보자.

핏빛 조선 4대 사화 첫 번째 무오사화 한국인물사연구원 저 / 19,800원
사림파와 훈구파의 대립은 부조리한 연산군 통치와 맞물리면서 수많은
희생자를 만들게 된다. 사회, 경제적 변동기의 상세한 일화를 수록함으로써
혼란한 시대를 구체적으로 그려냈다.

핏빛 조선 4대 사화 두 번째 갑자사화 한국인물사연구원 저 / 19,800원
임사홍의 밀고로 어머니가 사사된 배경을 알게 된 연산군의 잔인한 살상.
그리고 왕의 분노를 이용해 자신들의 세력을 확고히 하려던 왕실 세력과 훈구
사림파의 암투!

핏빛 조선 4대 사화 세 번째 기묘사화 한국인물사연구원 저 / 17,000원
조광조를 선두로 한 사림파가 급진적 왕도 정치를 추구하면서 중종과
소외받던 훈구파는 반발하게 되고, 또 한 번의 개혁은 멀어져 간다.

핏빛 조선 4대 사화 네 번째 을사사화 한국인물사연구원 저 / 19,000원
왕실의 외척 대윤과 소윤은 권력을 차지하기 위해 극렬한 투쟁을 벌였다.
이때 그간 정권에 참여하지 못했던 사림들도 대윤과 소윤으로 갈리면서, 조선
시대 붕당 정치의 시작을 예고한다.

계유년의 역신들 한국인물사연구원 편저 / 23,000원
세조의 왕위 찬탈 배경과 숙청되는 단종, 왕권의 정통성을 보전하려던
사육신과 생육신 사건부터 김문기가 정사의 사육신인 이유를 분명히 밝힌
역사서!

한국사의 희망 부모와 청소년 이야기
이은식 저 / 19,800원

우리는 인간됨의 씨앗을 줄기차게 뿌려야 합니다

문제 청소년 뒤에는 반드시 문제의 가정과 부모가 있다는 사실을
우리 모두 자각해야 할 것이다. 따라서 전인적 교육의 필요성은
매우 시급하다. 전인적 교육의 장으로 가정만한 곳은 없다고 본다.
…… 누가 이 세상에서 제일 어려운 것이 무어냐고 묻는다면
본인은 단연코 자녀 교육이라 답하고 싶다.

피바람 인수대비 (상), (하)
이은식 저 / 각권 19,800원

세상의 모든 원리는 질서와 양보와 용서를 요구하고있다.
오직 자기 중심으로 되어주길 바라는 것은 결코 그 열매가
달지 못하듯, 정해진 선을 넘나드는 사람은 참인격자라
평가하지 않는다
장독안에든 쥐를 잡기위해 그독을 깨었다면 무엇이 남았겠는가
한사람의 지나친 욕망으로 인하여 피바람의 역사는
기록되고있다. 이는 바람직한 역사도 유산도 될수없다.

신라왕조실록 - 1, 2, 3, 4권
한국인물사연구원 편저 / 각권 19,800원
신라사의 모든 것을 한눈에 살펴볼 수 있는 최고의 역사 해설서! 다양하고 풍부한 문헌 자료를
바탕으로 재미있고 쉽게 읽히는 신라 왕조의 역사가 펼쳐진다.